이렇게
기막힌
적중률

컴퓨터그래픽스
운용기능사
실기 기본서

★

2권·문제집

"이" 한 권으로 합격의 "기적"을 경험하세요!

차례

PART 04 포토샵 기출 변형 문제

▶ 합격 강의

Section 01　　　2-6
한국 전통차 박람회 포스터

Section 02　　　2-54
경주전 포스터

Section 03　　　2-102
도시농업박람회 포스터

Section 04　　　2-164
예약부도 근절 캠페인 포스터

Section 05　　　2-208
4차산업혁명 포스터

PART
05
**일러스트레이터
기출 변형 문제**

▶ 합격 강의

Section 01   2-278
호흡 명상 클리닉 포스터

Section 02   2-338
한국의 조각과 문양전 포스터

Section 03   2-376
가죽칠가공 기능전승자 포스터

Section 04   2-422
쌀 문화축제 포스터

Section 05   2-468
문화가 있는 날 포스터

부록   **기출 변형 문제 PDF 4회** (암호 cg20242024##)

영진닷컴 이기적 수험서 사이트(license.youngjin.com)
[자료실]–[컴퓨터그래픽스]에서 '2024 컴퓨터그래픽스운용기능사 실기 기본서
부록자료'를 다운받으실 수 있습니다.

자주 질문하는 Q&A

Q 무작정 따라해서 될까요?

이 책의 목표는 따라하면 100% 합격입니다. 최근 실기 시험이 많이 어려워짐에 따라 최근 출제된 기출문제들의 유형 분석과 재수정을 통해, Part 03~05에 파트별로 '초급 → 중급 → 고급'순으로 예제들을 개발하였습니다. 해당 도서는 시행처 공개 문제를 그대로 싣는 대신 각 문제의 강점인 **중요한 '기능'을 학습할 수 있도록 '강점 기출 변형 문제'로 변형하여 수록하였습니다**. 이 책의 예제를 따라한 후, 어려운 부분을 복습한다면 어떠한 난이도의 시험이 출제되더라도 최단 시간 내에 시험에 합격할 것입니다.

Q 초보자도 할 수 있나요?

실기 시험장에서 실기 문제는 한 문제이지만, 이를 풀어가는 방법은 여러 가지가 있습니다. 이 책은 컴퓨터그래픽스를 처음 접하는 초보자들이 가장 쉽게 따라할 수 있는 방법을 안내하였습니다. 또한 10여 년 동안 질문답변 게시판을 통해 모은 수험생의 다양한 질문을 책 구석구석에 '기적의 Tip'으로 제시하였습니다.

Q 예제와 시행처 공개 문제가 다른데 괜찮나요?

컴퓨터그래픽스운용기능사의 경우 기출문제가 비공개되었고, 시행처에서 공개한 문제는 저작권의 보호를 받고 있어 그대로 도서에 싣는다면 문제가 될 수 있습니다. 또한 실제 시험문제의 반출이 100% 가능하지 않기 때문에 수험서에는 기출 변형 문제로 실제 시험에 가까운 문제로 제공해 드리고자 노력하였습니다. 공단에서 공개한 문제 중 일부는 유사한 형태로 수록하였습니다. 시행처에서 공지한 바에 따르면 **앞으로 시행될 시험에서 공개 문제를 바탕으로 일부 변경 또는 다른 문제로 출제된다고 안내되고 있습니다**. 따라서 '공개 문제와 똑같은가' 보다는 툴 기능 부분을 위주로 완벽히 학습하는 것이 더 중요합니다. 또한 **이 도서에서 다루어진 툴 기능 '강점' 문제를 통해 공개 문제와 동일한 툴 기능을 다룰 수 있도록 충분히 시험 대비가 가능합니다**.

Q 시행처 공개 문제는 어디서 얻을 수 있나요?

공단에서 공개한 54문제 또한 구매자에게 제공 중이오니(1권 1~3쪽 '도서 구매자 혜택 BIG6'의 QR코드로 바로 접속), 수험서 학습 후 풀어보고 시험에 응시하는 것을 추천드립니다.

Q 이 책의 프로그램 버전은 무엇인가요?

이 책의 예제들은 Adobe사의 CS6 버전과 CS4 버전의 동영상 강좌가 혼용되어 있습니다. 현재 전국 대다수의 실기고사장은 'CS6 버전'이 설치되어 있고, 간혹 CS4나 CC 버전이 설치된 곳도 있기 때문입니다. 하지만 버전에 따른 차이는 크지 않으니 응시할 고사장 버전을 확인하고 본인이 편한 버전으로 공부하여 당황하지 말고 침착하게 대응하면 됩니다.
(고사장별 버전 문의 ☎1644 - 8000)

Q 이 책으로 공부하면 실무에도 도움이 될까요?

이 책의 차별화는 'Illustrator와 Photoshop의 실무 노하우'입니다. 기존의 시험문제들에서 아쉬움은 '시험을 위한 시험'이라는 의문입니다. 따라서 이 책의 예제에서는 실무형 디자인으로 수정하여 '컴퓨터그래픽스운용기능사 시험'과 '디자인 실무'가 다르다는 모순을 보완하였습니다. 특히 Illustrator와 Photoshop은 전자출판 이외에도, 웹디자인, 영상, 3D, 미디어아트, 프레젠테이션 기획 등 사용 용도가 무궁무진하다는 사실에 주목해야 합니다. 독자 여러분이 이 책을 처음부터 끝까지 따라하고 복습한다면 합격은 물론 '컴퓨터그래픽스운용기능사'로 서의 기본적인 소양을 갖추리라 여깁니다. 수험생 여러분의 합격을 기원합니다.

PART 04

포토샵
기출 변형 문제

차례

Section 01 상 한국 전통차 박람회 포스터

Section 02 상 경주전 포스터

Section 03 상 도시농업박람회 포스터

Section 04 상 예약부도 근절 캠페인 포스터

Section 05 상 4차산업혁명 포스터

국가기술자격 실기 시험 문제

자격종목	컴퓨터그래픽스운용기능사	과제명	한국 전통차 박람회 포스터

※ 시험시간 : 4시간

1. 요구사항

※ 다음의 요구사항에 맞도록 주어진 자료(컴퓨터에 수록)를 활용하여 디자인 원고를 시험시간 내에 컴퓨터 작업으로 완성하여 A4 용지로 출력 후 A3 용지에 마운팅(부착)하여 제출하시오.

※ 모든 작업은 수험자가 컴퓨터 바탕화면에 폴더를 만들어 저장하시오.

가. 작품규격(재단되었을 때의 규격) : 160mm×220mm ※A4 용지 중앙에 작품이 배치되도록 하시오.

나. 구성요소(문자, 그림) : ※(디자인 원고 참조)

① 문자요소

• 한국 전통차 박람회
• 맛과 향으로 음미하는 한국 전통차 박람회에 여러분을 모십니다.
• 주최 : 전통문화연구회
• 일시 : 2018 10월 10일
• 장소 : 코엑스 컨벤션홀
• 전통문화연구회
• 전통문화

② 그림요소 : 디자인 원고 참조

찻잔.jpg

차 밭.jpg

차 말리기.jpg

말린 차.jpg

다. 작업내용

01) 주어진 디자인 원고(그림, 사진, 문자, 색채, 레이아웃, 규격 등)와 동일하게 작업하시오.

02) 디자인 원고 내용 중 불명확한 형상, 색상코드 불일치, 색 지정이 없는 부분, 원고에 없는 형상 등이 있을 때는 수험자가 완성도면 내용과 같이 작업하시오.

03) 디자인 원고의 서체(요구서체)가 사용 컴퓨터 및 소프트웨어와 맞지 않을 경우는 가장 근접한 서체를 사용하시오.

04) 상하, 좌우에 3mm 재단여유를 갖도록 작품을 배치하고, 재단선은 작품규격에 맞추어 용도에 맞게 표시하시오.
(단, 디자인 원고 중 작품의 규격을 표시한 외곽선이 있을 때는 원고의 지시에 따라 표시여부를 결정한다.)

05) 디자인 원고 좌측 하단으로부터 3mm를 띄워 비번호를 고딕 10pt로 반드시 기록하시오.

06) 출력물(A4)는 어떠한 경우에도 절취할 수 없으며, 반드시 A3 용지 중앙에 마운팅하시오.

라. 컴퓨터 작업범위

01) 10MB 용량의 폴더에 수록될 수 있도록 작업범위(해상도 및 포맷형식)를 계획하시오.

02) 규격 : A4(210×297mm) 중앙에 디자인 원고 내용과 같은 작품(원고규격)을 배치하시오.

03) 해상도 및 포맷형식 : 제한용량 범위 내에서 선택하시오.

04) 기타 : ① 제공된 자료범위 내에서 활용하시오.
② 3개의 2D 응용프로그램을 고루 활용하되, 최종작업 및 출력은 편집프로그램(퀵 익스프레스, 인디자인)에서 하시오. (최종작업 파일이 다른 프로그램에서 생성된 경우는 출력할 수 없음)

작품명 : 한국 전통차 박람회 포스터

※ 작품규격(재단되었을 때의 규격) : 가로 160mm×세로 220mm, 작품 외곽선은 표시하고, 재단선은 3mm 재단 여유를 두고 용도에 맞게 표시할 것.

※ 지정되지 않은 색상 및 모든 작업은 "최종결과물" 오른쪽 디자인 원고를 참고하여 작업하시오.

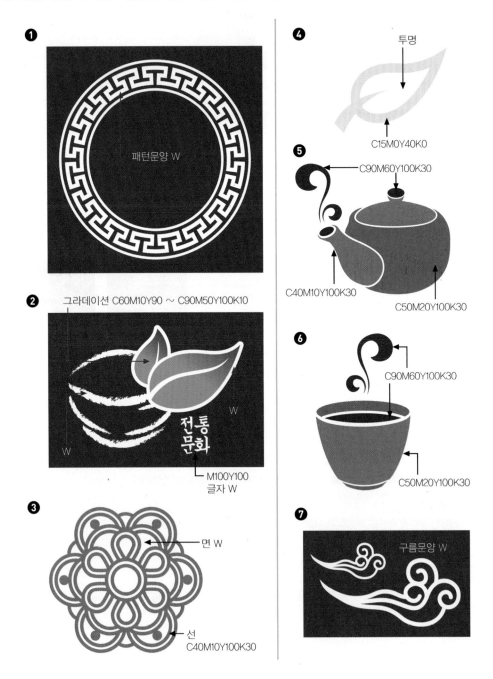

❶ 패턴문양 W

❷ 그라데이션 C60M10Y90 ~ C90M50Y100K10

W

W

M100Y100 글자 W

❸ 면 W

선 C40M10Y100K30

❹ 투명 C15M0Y40K0

❺ C90M60Y100K30

C40M10Y100K30

C50M20Y100K30

❻ C90M60Y100K30

C50M20Y100K30

❼ 구름문양 W

투명도 : 65%
그림자효과 적용

구름 문양 패턴
투명도 : 15%

배경 그라데이션
C88M40Y100K42 ~ W

글자 Y100
그림자효과 적용

글자 W

글자 W

흐림효과 및
그림자효과 적용

이미지 배경제거하고
그림자효과 적용

투명도 20%

투명도 30%
투명도 30%
반사효과 적용

글자 C33M50Y90K30

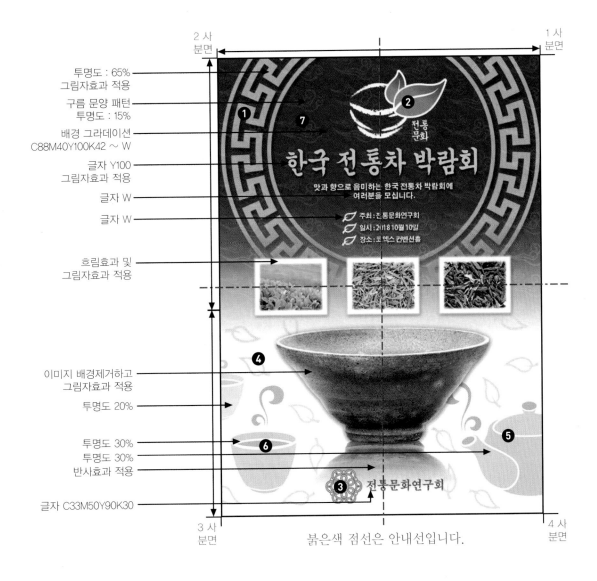

붉은색 점선은 안내선입니다.

01 작업 그리드 그리기

배부 받은 디자인 원고의 완성 이미지 위에 필기구와 자를 이용하여 가로, 세로의 크기를 측정한 후 각 4등분으로 선을 그어 줍니다. 16등분의 직사각형이 그려지면 가로와 세로선이 교차되는 지점을 기준으로 대각선을 그립니다.

🎓 기적의 Tip

작업 그리드를 그리는 이유?
컴퓨터 작업 시 각 이미지나 도형의 크기, 위치, 간격을 파악하기 위해 필요한 작업입니다. 빨간색 볼펜 등의 튀는 색상의 필기구로 기준선 그리기 작업을 하는 것이 좋습니다.

02 실제 작업 크기 분석 및 계획 세우기

작품규격 160mm×220mm를 확인합니다. 작품 외곽선을 표시하고, 재단선은 3mm의 재단 여유를 두고 용도에 맞게 표시할 것을 염두에 둡니다. 작품규격에 위쪽, 아래쪽, 왼쪽, 오른쪽으로 각 3mm씩 재단여유를 주면 실제 작업 크기는 166mm×226mm가 됩니다. 그리고 각 요소를 표현하기 위해 사용될 프로그램을 계획해 줍니다.

03 그리드 제작하기

01 일러스트레이터를 실행하고, [File] 〉 [New]를 선택하여 'Units : Millimeters, Width : 166mm, Height : 226mm, Color Mode : CMYK'로 설정한 후, [OK] 버튼을 클릭합니다.

> 🎓 **기적의 Tip**
>
> Ctrl + N : New Document(새 문서 만들기)

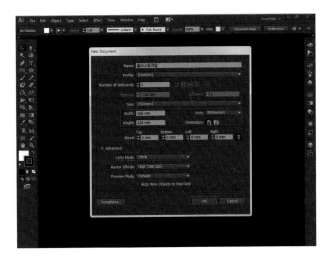

02 'Rectangular Grid Tool'을 선택하고, 작업창을 클릭하여 대화상자를 엽니다. 작품규격대로 Default Size 'Width : 160mm, Height : 220mm'로 설정하고, 16등분으로 나누기 위해 Horizontal Dividers, Vertical Dividers 'Number : 3'으로 입력한 후, [OK] 버튼을 클릭합니다.

> 🎓 **기적의 Tip**
>
> 레이어의 이름을 바꾸는 이유는 작업 과정에서 레이어가 많이 생성될 경우, 원하는 레이어를 빠르게 찾기 위해서입니다.

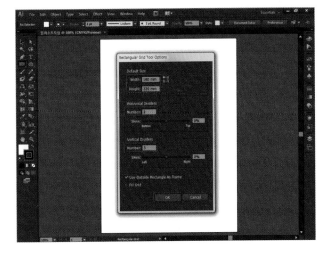

03 [Window]〉[Align] 패널에서 'Align To : Align to Artboard'를 선택하고 'Align Objects : Horizontal Align Center, Vertical Align Center'를 차례로 클릭합니다. Ctrl + 2 를 눌러 격자도형을 잠그고, 'Line Segment Tool'로 좌측 상단에서 우측 하단으로 대각선 7개를 그린 후, Reflect Tool을 이용하여 반대방향으로 대각선을 복사합니다. Alt + Ctrl + 2 를 눌러 격자도형의 잠금을 해제하고, Ctrl + A 를 눌러 오브젝트를 모두 선택합니다. Stroke 색상을 빨간색으로 변경하고 Ctrl + G 를 눌러 그룹으로 지정한 후, 일러스트 작업.ai로 저장합니다.

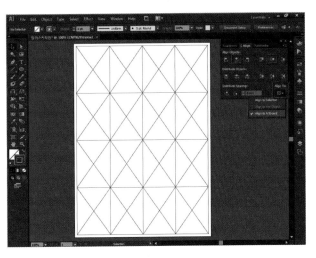

01 원형 전통 문양 패턴 만들기

01 원형 전통 문양 패턴을 만들기 위해서 'Pen Tool'을 선택하고, 작업창의 빈 공간에 [Shift]를 누른 채 다음과 같은 선 모양을 그린 후, 면색은 None, 선색은 C0M0Y0K0으로 설정합니다. 옵션 바에서 'Stroke : 임의의 수치'를 입력하여 적당한 선 두께로 설정합니다.

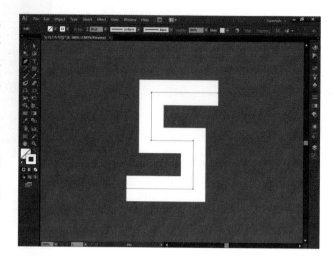

🎓 기적의 Tip

- 복잡한 패턴이 문제로 나온 경우, 가장 먼저 해야 할 일은 반복되는 패턴의 기본 오브젝트를 파악하여 그리는 것입니다.
- 양쪽으로 빠져나온 선의 길이를 같게 맞출수록 패턴의 모양이 정렬되어 나옵니다.

02 선이 선택된 상태에서 'Reflect Tool'을 선택하고, [Alt]를 누른 채 선의 가장 오른쪽 점을 클릭합니다. [Reflect] 대화상자에서 'Vertical'로 설정하고, [Copy] 버튼을 클릭합니다.

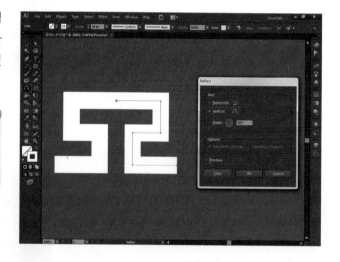

🎓 기적의 Tip

Reflect Tool로 [Alt]를 누른 채 점을 클릭하는 이유는 복사의 기준점을 설정하는 것입니다. 이때 Smart Guides가 설정되어 있으므로 점을 쉽게 선택할 수 있습니다.

03 만들어진 기본 오브젝트를 패턴으로 등록하기 위해서 [Window] 〉 [Brushes]를 선택하여 Brushes 패널을 엽니다. 'Selection Tool'로 두 개의 선을 모두 선택하고, Brushes 패널에 드래그합니다. [New Brush] 대화상자가 열리면 'Select a new brush type : Pattern Brush'를 선택하고, [OK] 버튼을 클릭합니다.

🎓 **기적의 Tip**

Pattern Brush는 선의 모양을 패턴으로 적용할 수 있는 기능입니다.

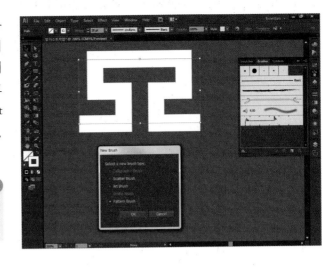

04 [Pattern Brush Options] 대화상자가 열리면 기본 설정대로 [OK] 버튼을 클릭하고, Brushes 패널에 새 패턴이 등록되어 있는지 확인합니다.

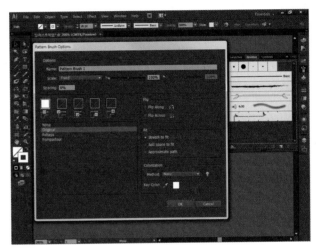

05 이제 패턴을 적용할 원을 만들어야 합니다. 'Ellipse Tool'을 선택하고, Shift 를 누른 채 작업창을 드래그하여 원을 그린 후, 면색은 None, 선색은 임의로 설정합니다.

🎓 **기적의 Tip**

정원을 그리기 위해서 Shift 를 누른 채 드래그 해야 합니다.

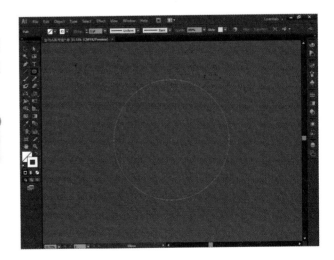

06 원이 선택된 상태에서 Brushes 패널의 새로 등록된 패턴을 클릭합니다. 다음과 같이 선의 모양을 따라 패턴이 적용됨을 확인합니다. 패턴의 크기를 조절하기 위해서 'Selection Tool'을 선택하고, 원의 크기 조절점을 Shift 를 누른 채 드래그하여 적당한 패턴의 크기대로 조절합니다.

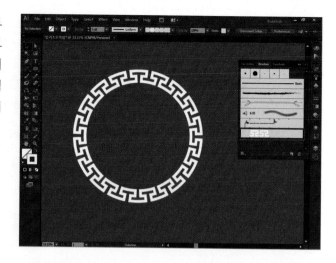

07 'Ellipse Tool'을 선택하고, 패턴의 안쪽과 바깥쪽에 원을 그린 후, 선 두께를 적당히 설정합니다.

> 🎓 **기적의 Tip**
>
> • Ellipse Tool로 패턴의 중심을 정확히 클릭하고, 드래그하여 원을 그릴 때 Alt + Shift 를 누르면 패턴에 맞게 정원을 그릴 수 있습니다. 아니면 원을 그린 후, Align 패널에서 정렬 기능을 이용해도 됩니다.
> • 디자인 원고를 참고로 원의 선 두께는 패턴의 두께보다 조금 얇게 설정합니다.

08 'Selection Tool'로 패턴만 선택하고, [Object] 〉 [Expand Appearance]를 선택하여 일반 오브젝트로 변환합니다. 이어서 패턴과 원들을 모두 선택하고, [Object] 〉 [Path] 〉 [Outline Stroke]를 선택하여 선 오브젝트를 면으로 변환합니다.

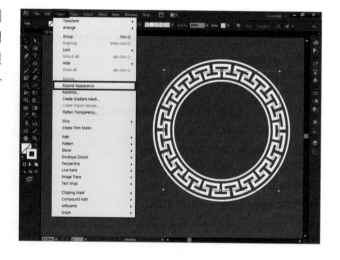

09 'Selection Tool'로 모두 선택하고, [Object] 〉 [Group]을 선택하여 그룹으로 만듭니다. 디자인 원고와 비교하여 원형 전통 문양 패턴 모양을 확인하고, [File] 〉 [Save]를 선택하여 저장합니다.

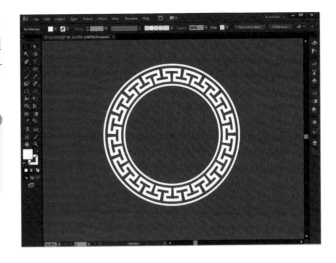

기적의 Tip

· Ctrl + G : Group
· 항상 작업 시작과 도중에는 Ctrl + S를 눌러 수시로 저장하는 습관을 기르도록 합니다.

02 심벌마크 만들기

01 심벌마크의 찻잔 모양을 그리기 위해서 'Pen Tool'을 선택하고, 작업창의 빈 공간에 다음과 같이 선을 그린 후, 면색은 None, 선색은 C0M0Y0K0으로 설정합니다. 거친 붓 자국 느낌의 선으로 만들기 위해서 [Window] 〉 [Brushes]를 선택하여 Brushes 패널을 열고, 왼쪽 하단에 위치한 Brush Libraries Menu 아이콘을 클릭한 후, [Artistic] 〉 [Artistic_ChalkCharcoalPencil]를 선택합니다.

02 Artistic_ChalkCharcoalPencil 패널이 열리면 'Charcoal' 계열의 브러쉬를 클릭합니다. 선이 거친 붓 자국처럼 변한 것을 확인하고, 상단 옵션바에서 'Stroke'를 적절히 입력하여 선두께를 조절합니다.

기적의 Tip

선 두께 수치 설정은 각자 모두 다를 수 있습니다. 수치를 조절하고, 화면을 확인하면서 적당한 값을 찾도록 합니다.

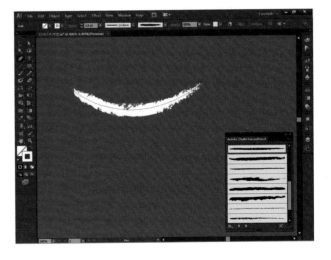

03 같은 방법으로 위쪽에 선을 그리고, Char-coal 브러쉬를 적용합니다.

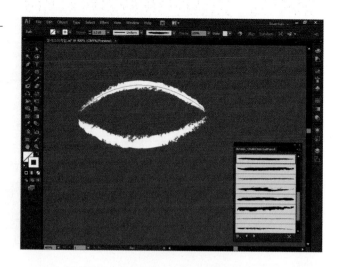

04 찻잔을 만드는데 필요한 나머지 부분을 다음과 같이 모두 그린 후, 'Selection Tool'로 모두 선택하고, [Object] 〉 [Path] 〉 [Outline Stroke]를 선택하여 모두 면 오브젝트로 변환합니다.

> 🎓 **기적의 Tip**
>
> 선 두께를 조금씩 다르게 설정하여 자연스럽게 만들어야 합니다.

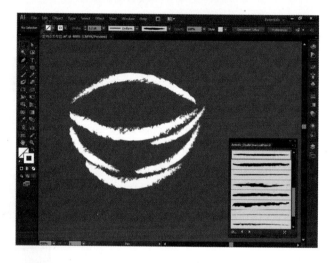

05 다음으로 찻잔 위쪽에 장식을 추가해 보겠습니다. 'Pen Tool'로 잎사귀 모양을 그립니다. 선 모양은 일반 'Uniform'으로 설정합니다.

06 잎사귀의 선색은 None, 면색은 'Gradient Tool'을 더블클릭하여 Gradient 패널을 엽니다. 'Type : Linear, Angle : 55˚, Gradient 의 왼쪽 슬라이더는 'Location : 40%, Color : C60M10Y90K0', 오른쪽 슬라이더는 'Location : 100%, Color : C90M50Y100K10'으로 설정합니다.

🎓 **기적의 Tip**

그라데이션을 적용할 때 툴 박스에서 면색이 선택되어 있어야 합니다.

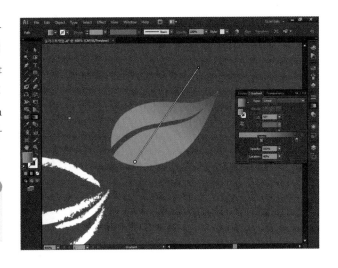

07 잎사귀에 테두리를 만들기 위해서 [Object] 〉 [Path] 〉 [Offset Path]를 선택합니다. [Offset Path] 대화상자에서 'Offset : 임의의 수치, Joins : Round'로 설정한 후, [OK] 버튼을 클릭합니다.

🎓 **기적의 Tip**

잎사귀의 크기에 따라서 Offset 수치가 모두 다르므로 수치를 입력하고, Preview를 체크하여 화면을 보면서 적당한 값으로 수정합니다.

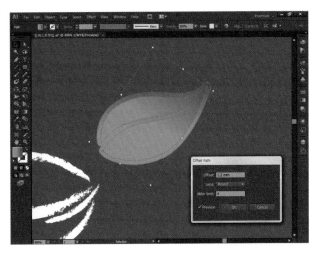

08 잎사귀 테두리의 면색을 C0M0Y0K0으로 설정합니다. 'Selection Tool'로 잎사귀와 테두리를 모두 선택하고, 찻잔 모서리의 다음과 같은 위치로 배치한 후, 찻잔의 크기와 비교하여 크기 역시 조절합니다.

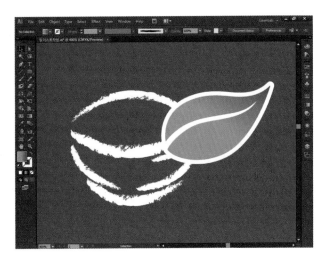

09 같은 방법으로 잎사귀를 하나 더 만들고 테두리를 적용한 후, 다음과 같은 위치에 배치합니다.

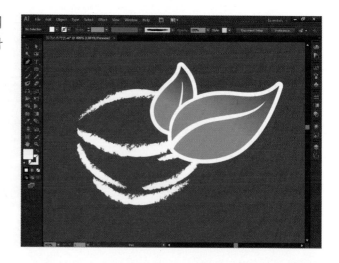

10 다음으로 심벌마크의 도장을 만들기 위해서 'Rounded Rectangle Tool'을 선택하고, 찻잔 아래쪽에 둥근 모서리 사각형을 그린 후, 면색은 C0M100Y100K0, 선색은 None으로 설정합니다. 'Convert Anchor Point Tool'을 선택하고, 각 점을 드래그하여 자유로운 변형이 가능한 곡선으로 만듭니다.

🎓 **기적의 Tip**

Convert Anchor Point Tool로 점을 드래그하면 점을 이어주는 선들이 곡선이 되고, 클릭하면 직선이 됩니다.

11 'Direct Selection Tool'을 선택하고, 각 점의 소설기를 움직여 곡선을 좀 더 자연스럽게 변형합니다.

🎓 **기적의 Tip**

그라데이션을 적용할 때 툴 박스에서 면색이 선택되어 있어야 합니다.

12 도장에 들어갈 글자를 입력하기 위해서 'Type Tool'을 선택하고, 전통문화를 입력합니다. 색상은 C0M0Y0K0, 폰트는 궁서 그리고 크기, 자간 등을 디자인 원고와 비슷하게 설정합니다.

🎓 **기적의 Tip**

- Type Tool로 글자를 입력할 때 도장 오브젝트의 외곽선을 클릭하면 선을 따라 입력되는 패스 문자가 되니 주의해야 합니다.
- [Window] 〉 [Type] 〉 [Character]를 선택하여 Character 패널을 열어 폰트, 크기, 자간 등을 설정할 수 있습니다.

13 'Selection Tool'로 입력된 글자를 선택하고, [Type] 〉 [Create Outlines]를 선택하여 일반 오브젝트로 변환합니다.

🎓 **기적의 Tip**

글자를 수정하기 위해서는 먼저 Create Outlines를 적용하여 일반 오브젝트로 변환해주어야 합니다.

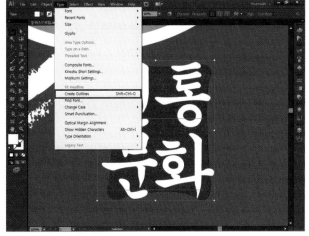

14 'Selection Tool'로 도장과 글자를 모두 선택하고, Pathfinder 패널에서 'Pathfinders : Divide'를 클릭하여 오브젝트를 분리합니다.

🎓 **기적의 Tip**

Pathfinder 패널 보이기 : [Window] 〉 [Pathfinder]를 선택합니다.

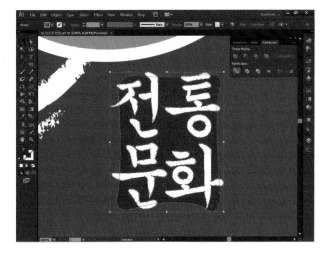

15 'Direct Selection Tool'로 도장 오브젝트 외곽으로 튀어나온 글자 부분을 선택하고, Delete 를 두 번 눌러 삭제합니다. 같은 작업을 여러 번 반복하여 튀어나온 글자를 모두 삭제합니다.

16 디자인 원고와 비교하여 전체적으로 확인하고, 'Selection Tool'로 심벌마크와 관련된 모든 오브젝트를 함께 선택한 후, [Object] 〉 [Group] 을 선택하여 그룹으로 만듭니다.

 기적의 Tip

Ctrl + G : Group

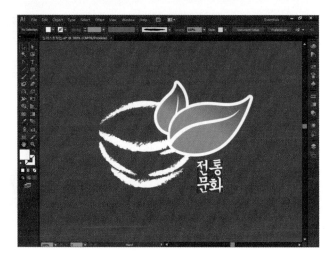

03 전통문화연구회 심벌 만들기

01 다음으로 전통문화연구회 심벌을 만들어 보겠습니다. 'Ellipse Tool'을 선택하고, Shift 를 누른 채 작업창의 빈 공간을 드래그하여 적당한 크기로 정원을 그린 후, 면색은 C0M0Y0K0, 선색은 C40M10Y100K30으로 설정합니다. 옵션 바에서 'Stroke'를 조절하여 다음과 같은 선 두께로 설정합니다.

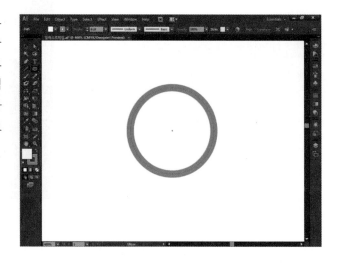

02 원이 선택된 상태에서 'Scale Tool'을 더블 클릭하여 [Scale] 대화상자가 열리면 'Uniform : 70%'로 입력한 후, [Copy] 버튼을 클릭하여 원을 축소 복사합니다.

🎓 **기적의 Tip**

Uniform 수치가 100% 이하면 축소, 100% 이상이면 확대됩니다.

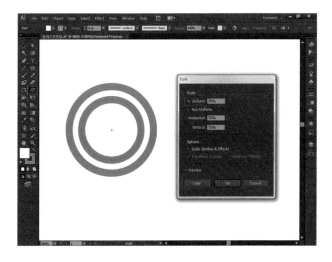

03 'Ellipse Tool'로 Shift 를 누른 채 원들의 위쪽에 다음과 같은 크기로 원을 그리고, 모든 원이 수직 정렬되도록 배치합니다.

🎓 **기적의 Tip**

원들을 정렬하기 위해서 원들을 모두 선택하고, Align 패널에서 'Align To : Align to Selection'으로 설정한 후, 'Align Objects : Horizontal Align Center'를 차례로 클릭합니다.

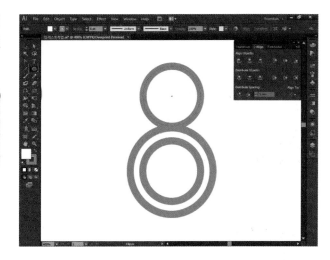

04 'Convert Anchor Point Tool'을 선택하고, 새로 그린 원의 가장 아래 점을 클릭합니다. 'Direct Selection Tool'로 가장 아래 점을 선택하고, ↓ 을 여러 번 눌러 다음과 같이 아래 원과 겹치도록 합니다.

🎓 **기적의 Tip**

원들 중에서 새로 그린 원을 가장 나중에 만들었기 때문에 가장 위쪽에 위치하게 됩니다. 따라서 새로 만든 원이 아래쪽에 위치한 원을 가리게 됩니다.

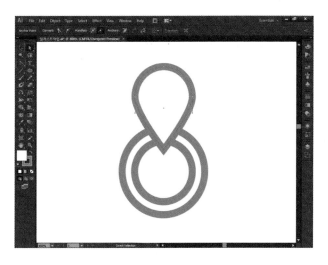

05 모든 선택을 해제합니다. 'Selection Tool'
로 변형된 원을 선택하고, [Object] 〉 [Path] 〉
[Offset Path]를 선택합니다. [Offset Path] 대화
상자에서 'Offset : 임의의 마이너스 수치, Joins
: Miter'로 설정한 후, [OK] 버튼을 클릭합니다.

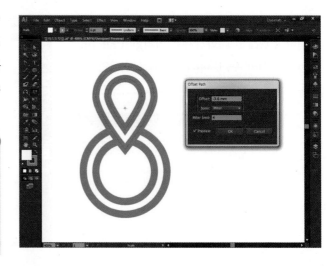

06 'Selection Tool'로 변형된 원 두 개를 함께 선
택하고, 마우스 오른쪽 버튼을 클릭한 후, [Ar-
range] 〉 [Send to Back]을 선택하여 정원보다 뒤
쪽으로 배치합니다.

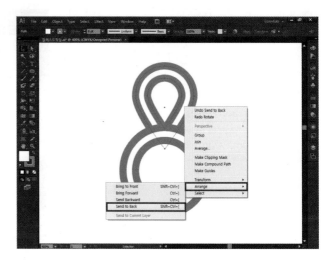

07 변형된 원 두 개가 선택된 상태에서 'Rotate
Tool'을 선택하고, Alt 를 누른 채 앞서 그렸던
정원의 중심점을 클릭합니다. [Rotate] 대화상자
가 열리면 'Angle : 60°'로 입력한 후, [Copy] 버
튼을 클릭하여 회전 복사합니다.

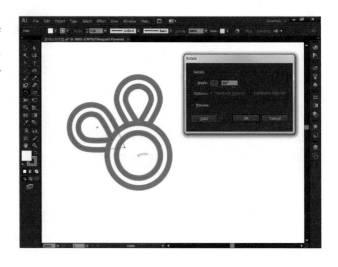

08 Ctrl + D 를 네 번 눌러서 앞서 적용한 회전 복사를 반복합니다.

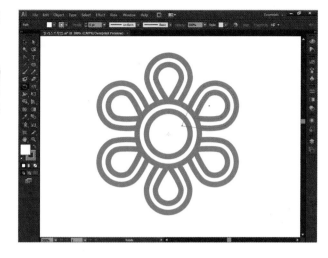

09 이제부터는 같은 기능을 반복하여 나머지 심볼을 만들어야 합니다. 'Ellipse Tool'로 정원을 다음과 같은 위치에 만들고, 'Scale Tool'을 더블 클릭하여 원을 축소 복사합니다.

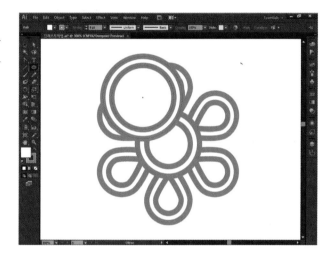

10 새로 그린 원 두 개를 함께 선택하고, [Send to Back]을 이용하여 뒤쪽으로 보낸 후, 'Rotate Tool'을 이용하여 회전 복사로 배치한 후, Ctrl + D 를 눌러 반복 적용합니다.

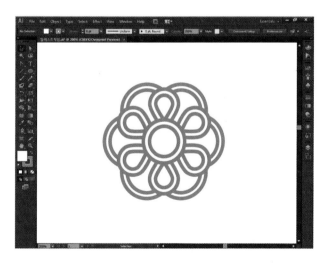

11 같은 방법으로 바깥쪽에 나머지 심볼 오브젝트를 만들어 완성합니다. 'Selection Tool'로 모든 심볼 오브젝트를 선택하고, [Object] 〉 [Path] 〉 [Outline Stroke]를 선택하여 모두 면 오브젝트로 변환한 후, Ctrl+G를 눌러 그룹으로 만듭니다.

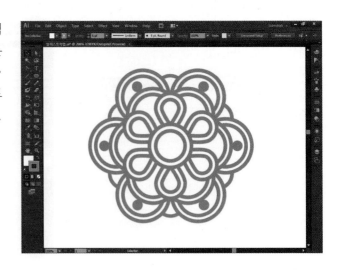

04 나뭇잎 문양 만들기

01 나뭇잎 문양을 만들기 위해서 'Pen Tool'을 선택하고, 작업창에 나뭇잎 모양을 그린 후, 면색은 None, 선색은 C15M0Y40K0으로 설정합니다. 옵션 바에서 선두께를 적절하게 설정한 후, [Object] 〉 [Path] 〉 [Outline Stroke]를 선택하여 면 오브젝트로 변환합니다.

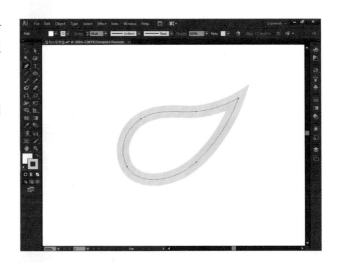

02 이어서 나뭇잎 줄기 부분을 그리기 위해서 'Pen Tool'로 다음과 같은 모양을 그린 후, 면색은 C15M0Y40K0, 선색은 None으로 설정합니다. 'Selection Tool'로 모든 나뭇잎을 선택하고, Ctrl+G를 눌러 그룹으로 만듭니다.

05 차 주전자 만들기

01 다음으로 차 주전자를 만들어 보겠습니다. 'Ellipse Tool'을 선택하고, 작업창의 빈 공간을 드래그하여 적당한 크기로 타원을 그린 후, 면색은 C90M60Y100K30, 선색은 None으로 설정합니다. 이제 타원을 기준으로 나머지 오브젝트를 추가해 보겠습니다.

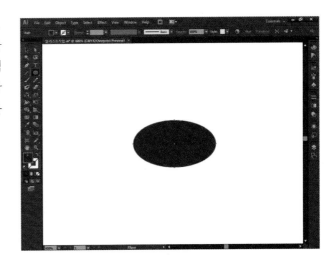

02 차 주전자 뚜껑 부분을 만들기 위해서 'Pen Tool'을 선택하고, 타원을 기준으로 다음과 같은 뚜껑 모양을 그립니다.

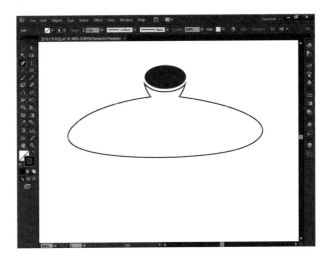

03 이어서 나머지 차 주전자 몸통, 주둥이 부분을 그립니다.

> **기적의 Tip**
>
> 최근 시험의 일러스트 난이도가 점차 올라가고 있습니다. 특히 복잡한 드로잉 요소가 많이 출제되므로 100% 똑같이 그릴 수는 없더라도 주어진 시간 내에 어느 정도 비슷한 형태를 만들 수 있도록 Pen Tool을 이용한 드로잉을 충분히 연습하도록 합니다.

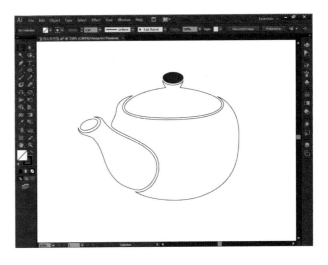

04 면색을 뚜껑과 주둥이는 C40M10Y100K30, 몸통은 C50M20Y100K30, 주둥이 입구는 C90M60Y100K30, 선색은 모두 None으로 설정합니다.

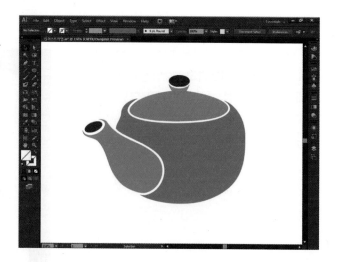

05 같은 방법으로 연기 모양을 'Pen Tool'로 그린 후, 면색은 C90M60Y100K30, 선색은 None으로 설정합니다. 'Selection Tool'로 모든 차 주전자 오브젝트를 선택하고, Ctrl+G를 눌러 그룹으로 만듭니다.

> 🎓 **기적의 Tip**
>
> 작업 시간이 부족한 경우, Pen Tool 대신 Pencil Tool을 이용하여 적당한 모양으로 그려도 됩니다.

06 🔵 찻잔 만들기

01 다음으로 찻잔을 만들어 보겠습니다. 몸통 부분을 만들기 위해서 'Pen Tool'을 선택하고, 다음과 같은 찻잔 모양을 그립니다.

> 🎓 **기적의 Tip**
>
> Pen Tool로 오브젝트를 그릴 때, 면색은 None으로 설정한 후, 그리면 모양을 만들어나가는 과정이 편리합니다.

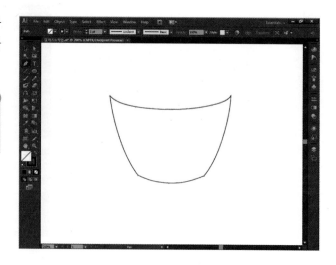

02 이어서 'Pen Tool'로 찻잔의 나머지 부분을 모두 그립니다.

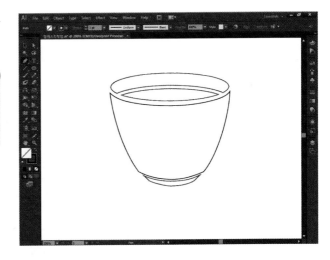

03 찻잔의 면색은 C50M20Y100K30, 찻잔에 담긴 차는 C90M60Y100K30, 선색은 모두 None으로 설정합니다.

04 앞서 차 주전자를 그릴 때 사용한 연기 오브젝트를 복사하여 다음과 같이 배치합니다. 'Selection Tool'로 모든 찻잔 오브젝트를 선택하고, Ctrl + G 를 눌러 그룹으로 만듭니다.

07 구름 문양 만들기

01 다음으로 구름 문양을 만들기 위해서 'Pen Tool'을 선택하고, 디자인 원고를 참고로 문양에서 가장 아래쪽 선을 그린 후, 옵션 바에서 선 두께를 적절히 설정합니다. 선색을 C0M0Y0K0으로 설정한 후, [Window] 〉 [Stroke]를 선택하여 Stroke 패널을 열고, 'Cap : Round Cap'으로 설정합니다. 선이 선택된 상태에서 [Object] 〉 [Path] 〉 [Outline Stroke]를 선택하여 면 오브젝트로 변환합니다.

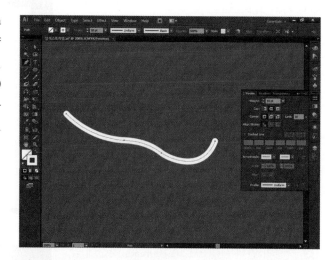

02 선의 왼쪽 끝 부분을 확대합니다. 가장 왼쪽 끝점을 'Convert Anchor Point Tool'로 클릭하여 뾰족하게 만들고, 'Direct Selection Tool'로 수정하여 바늘과 같은 모양으로 만듭니다.

> **기적의 Tip**
> • Ctrl + + : Zoom In
> • Ctrl + - : Zoom Out
> • Space Bar + 드래그 : Pan(화면 이동)

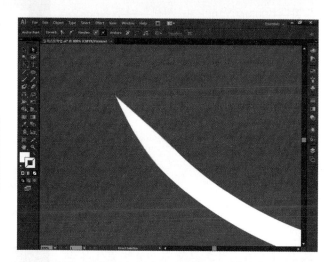

03 'Pen Tool'을 선택하고, 다음과 같이 위쪽에 선을 추가하여 그린 후, Stroke 패널에서 'Cap : Round Cap'으로 설정합니다. [Object] 〉 [Path] 〉 [Outline Stroke]를 선택하여 모두 면 오브젝트로 변환합니다.

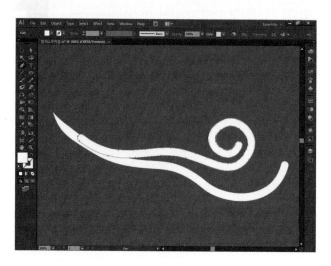

04 구름 문양의 나머지 부분도 같은 방법으로 그려 문양 하나를 완성합니다.

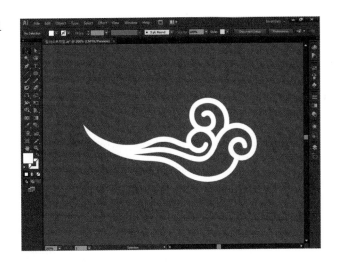

05 'Selection Tool'로 모든 구름 문양 오브젝트를 선택하고, Alt 를 누른 채 드래그하여 복사합니다. 크기 조절점을 Shift 를 누른 채 드래그하여 크기를 줄이고, 다음과 같이 배치한 후, 전체를 선택하여 Ctrl + G 를 눌러 그룹으로 만듭니다. 디자인 원고와 전체적으로 비교한 후, Ctrl + S 를 눌러 일러스트 작업을 저장합니다.

01 작업 준비하기

01 포토샵을 실행하고, [File] > [New]를 선택하여 [New] 대화상자에서 'Width : 166Millimeters, Height : 226Millimeters, Resolution : 300Pixels/Inch, Color Mode : CMYK Color'로 설정한 후, [OK] 버튼을 클릭합니다.

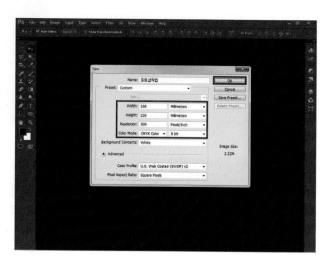

> 🎓 **기적의 Tip**
>
> • Ctrl + N : New(새로 만들기)
> • Resolution : 300Pixels/Inch은 인쇄, 출판을 위한 최적의 해상도 설정입니다. 하지만 작업 파일의 크기가 커지고 고 사양의 컴퓨터가 요구됩니다. 시험에서 제출할 파일의 총 용량은 10MB 이하이기 때문에 파일크기는 크게 문제가 되지 않지만 시험장마다 다른 컴퓨터 사양으로 인해 작업 진행에 어려움이 예상되는 경우, 150~250 정도의 해상도를 설정하는 것이 좋습니다.

02 '일러스트작업' 창에서 그리드를 선택하고, Ctrl + C 를 눌러 복사합니다.

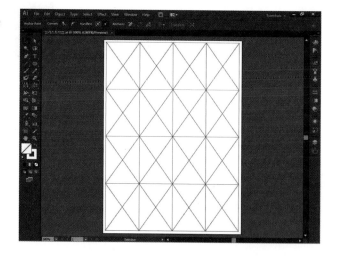

03 '포토샵작업' 창에 Ctrl+V를 눌러 붙여넣기한 후, [Paste] 대화상자에서 'Pixels'를 선택하고, [OK] 버튼을 클릭합니다. Enter를 눌러 그리드를 확정하고, Layers 패널에서 이름을 그리드로 변경합니다. 'Move Tool'을 선택하고, Ctrl을 누른 채 'Background' 레이어와 함께 선택한 후, 옵션 바에서 Align vertical centers, Align horizontal centers를 클릭하여 정렬합니다. '그리드' 레이어만 선택하고, 'Lock all' 아이콘을 클릭하여 잠근 후, [File] 〉 [Save]를 선택하여 포토샵작업.psd로 저장합니다.

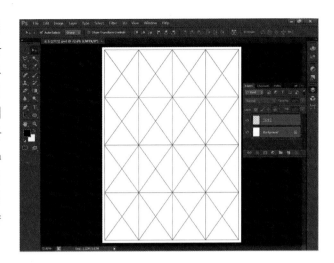

 기적의 Tip

항상 작업 시작과 도중에는 예기치 못한 상황을 대비하여 수시로 하는 저장하는 습관을 길러야 합니다.

02 패턴 배경 만들기

01 배경을 만들기 위해서 새 레이어를 만들고, 이름을 배경으로 입력한 후, '그리드' 레이어 아래로 이동합니다. 그라데이션 배경을 만들기 위해서 'Gradient Tool'을 선택하고, 전경색을 C88M40Y100K42, 배경색을 C0M0Y0K0으로 설정한 후, 옵션 바에서 'Foreground to Background'를 선택합니다. 작업창의 상단을 클릭하고, Shift를 누른 채 아래로 드래그하여 그라데이션 배경을 만듭니다.

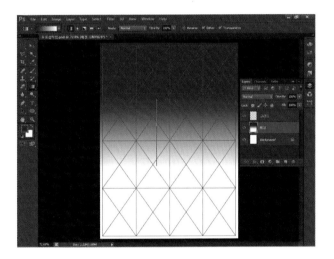

기적의 Tip

새 레이어 만들기 : [Layer] 〉 [New] 〉 [Layer]를 선택하거나, Layer 패널에서 [Create a new layer] 아이콘을 클릭합니다.

02 '일러스트작업' 창에서 구름 문양을 선택하고, Ctrl + C 를 눌러 복사합니다.

03 패턴을 만들기 위해서 새 작업창을 만들어야 합니다. 포토샵에서 [File] 〉 [New]를 선택하고, [New] 대화상자가 열리면 [OK] 버튼을 클릭합니다.

> 🎓 **기적의 Tip**
>
> 일러스트에서 구름 문양 오브젝트를 복사해두었기 때문에 포토샵에서 새 작업창을 만들 때 자동으로 크기를 설정해 줍니다.

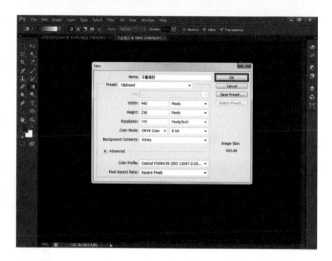

04 포토샵의 새로 만든 창에 Ctrl + V 를 눌러 붙여넣기합니다. [Paste] 대화상자에서 'Pixels'를 선택하여 붙여 넣고, 크기를 살짝 축소 조절하여 외곽에 여백이 있도록 배치합니다. Layers 패널에서 'Background' 레이어의 눈 아이콘을 클릭하여 숨깁니다.

> 🎓 **기적의 Tip**
>
> • 눈 아이콘 : Indicates layer visibility 해당 레이어를 화면에서 보이지 않도록 잠시 숨기거나 보이게 합니다.
> • 크기 조절점을 이용하여 크기 조절을 할 때 Shift 를 누른 채 조절하여 원래 비율을 유지해야 합니다.

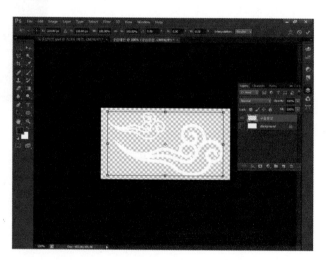

05 패턴을 등록하기 위해서 [Edit] 〉 [Define Pattern]을 선택하여 [Pattern Name] 대화상자가 열리면 구름패턴으로 입력한 후, [OK] 버튼을 클릭합니다.

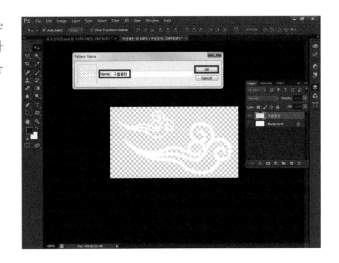

06 '포토샵작업' 창으로 돌아와 Layers 패널에서 '배경' 레이어를 더블클릭하고, [Layer Style] 대화상자에서 'Styles : Pattern Overlay'를 클릭합니다. Pattern Overlay 설정에서 'Pattern' 옆의 작은 화살표를 클릭하여 앞서 등록한 구름 패턴을 선택하고, 'Blend Mode : Normal, Opacity : 15%, Scale : 25%'로 설정한 후, [OK] 버튼을 클릭합니다.

🎓 **기적의 Tip**

Scale 수치는 각자 다를 수 있으니 적용된 결과물을 확인하며 적당한 수치로 설정합니다.

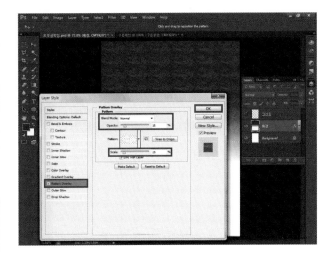

07 그라데이션 배경에 구름 문양 패턴이 제대로 적용되었는지 디자인 원고와 비교하여 확인한 후, [Ctrl]+[S]를 눌러 저장합니다.

🎓 **기적의 Tip**

'그리드' 레이어는 계속 켜둘 필요는 없습니다. 디자인 원고와 비교하여 위치나 크기 등을 조절해야 할 경우 잠시 켜두는 정도로 활용하면 됩니다.

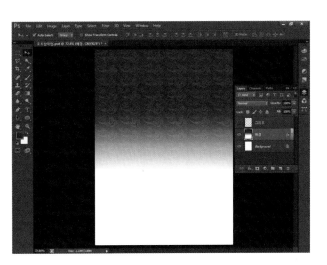

03 찻잔 배치하기

01 다음으로 제공된 이미지를 불러와 배치하기 위해서 [File] > [Open]을 선택하고, 찻잔.jpg를 불러옵니다.

🎓 **기적의 Tip**

Ctrl + O : Open

02 'Pen Tool'을 선택하고, 찻잔의 외곽을 따라 선을 그린 후, Ctrl + Enter 를 눌러 선택영역으로 전환하고, Ctrl + C 를 눌러 복사합니다.

🎓 **기적의 Tip**

Pen Tool을 선택하고, 옵션 바에서 Path로 설정되어 있는지 확인합니다.

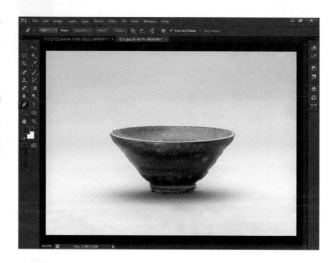

03 '포토샵작업' 창으로 돌아와 Ctrl + V 를 눌러 붙여 넣습니다. Layers 패널에서 레이어의 이름을 찻잔으로 변경한 후, 위치를 '그리드' 레이어 아래로 이동합니다. Ctrl + T 를 눌러 크기 조절점을 나타내고, 크기와 위치를 조절하여 작업 창의 아래 부분에 다음과 같이 배치합니다.

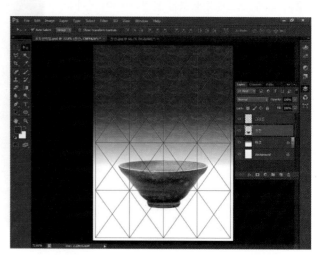

04 이미지의 밝기와 대비를 수정하기 위해서 [Image] 〉 [Adjustment] 〉 [Levels]를 선택하고, [Levels] 대화상자에서 Input Levels의 슬라이더를 다음과 같이 조절한 후, [OK] 버튼을 클릭합니다.

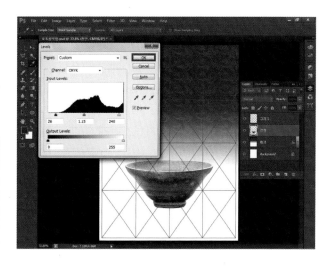

🎓 **기적의 Tip**

- Ctrl + L : Levels
- [Levels] 대화상자에서 중앙에 위치한 3개의 슬라이더는 밝기 조절 역할을 합니다. 왼쪽 슬라이더는 어두운 부분을 어둡게, 중앙 슬라이더는 전체 밝기를, 오른쪽 슬라이더는 밝은 곳을 밝게 조절할 수 있습니다.

05 찻잔의 반사표현을 위해서 레이어를 복사하여 만들어 보겠습니다. Ctrl + J 를 눌러 '찻잔' 레이어를 복사하고, 이름을 찻잔 반사로 변경한 후 위치를 '찻잔' 레이어 아래로 이동합니다. Ctrl + T 를 눌러 크기 조절점을 나타내고, 이미지에 마우스 오른쪽 버튼을 클릭하여 [Flip Vertical]을 선택합니다.

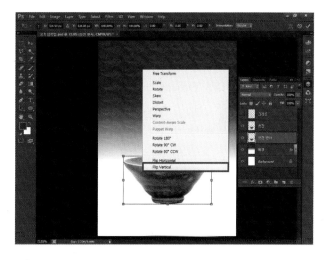

🎓 **기적의 Tip**

- Flip Vertical : 이미지를 상하로 뒤집습니다.
- Flip Horizontal : 이미지를 좌우로 뒤집습니다.

06 Free Transform이 적용된 상태에서 위치를 아래로 이동하고, 상하 크기를 줄여 납작하게 만든 후, 다음과 같은 위치에 배치합니다. 그리고 '찻잔 반사' 레이어의 Opacity를 60%로 설정해 줍니다.

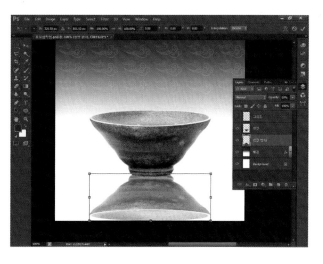

🎓 **기적의 Tip**

- Free Transform : Ctrl + T
- 변형 결과가 마음에 들지 않을 경우, Ctrl + T 를 다시 눌러 Free Transform을 여러 번에 걸쳐 적용해도 됩니다.

07 Layers 패널에서 'Add Layer mask' 아이콘을 클릭하여 '찻잔 반사' 레이어에 마스크를 적용하고, 전경색을 C0M0Y0K100, 배경색을 C0M0Y0K0, 옵션 바에서 'Foreground to Background'로 설정한 후, 'Gradient Tool'로 이미지의 아래에서 위로 드래그하여 자연스럽게 사라지게 합니다.

🎓 **기적의 Tip**

시험에서는 지우개 도구를 사용하는 것보다 마스크를 활용하는 것이 좋습니다. 실수를 했을 시 다시 이미지를 불러와 작업할 필요 없이 마스크 레이어만 지우고 다시 적용하면 되기 때문입니다.

08 Layers 패널에서 '찻잔' 레이어를 더블클릭하고, [Layer Style] 대화상자에서 'Styles : Drop Shadow'를 클릭하고, 'Opacity : 50%, Distance : 2px, Spread : 0%, Size : 12px'로 설정한 후, [OK] 버튼을 클릭합니다.

04 원형 전통 문양 일러스트 소스 배치하기

01 다음으로 원형 전통 문양 일러스트 소스를 배치하고 효과를 적용해 보겠습니다. '일러스트 작업' 창에서 원형 전통 문양을 선택하고, [Ctrl] +[C]를 눌러 복사합니다.

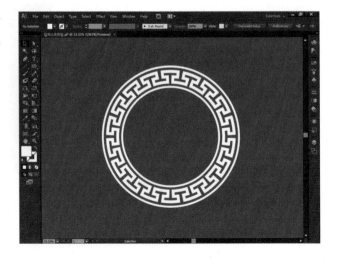

02 '포토샵작업' 창에 Ctrl+V를 눌러 붙여넣기합니다. [Paste] 대화상자에서 'Pixels'를 선택하고, [OK] 버튼을 클릭한 후, 크기와 위치를 조절하여 다음과 같이 위쪽에 배치합니다. Layers 패널에서 'Opacity : 65%'로 설정하고, 레이어의 이름을 원형 전통문양으로 변경합니다.

🎓 **기적의 Tip**

크기 조절점을 이용하여 이미지의 크기 조절을 할 때 Shift를 눌러 비율이 원본과 동일하게 유지된 채로 변경해야 합니다.

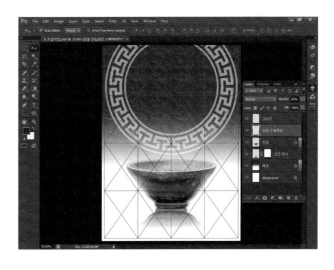

03 Layers 패널에서 '원형 전통문양' 레이어를 더블클릭하여 [Layer Style] 대화상자에서 'Styles : Drop Shadow'를 클릭하고, 'Opacity : 35%, Distance : 7px, Spread : 0%, Size : 7px'로 설정한 후, [OK] 버튼을 클릭합니다.

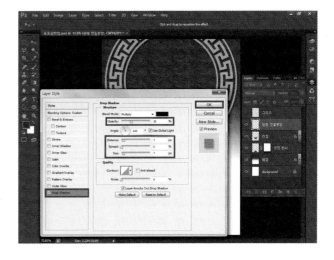

04 Layers 패널에서 'Add Layer mask' 아이콘을 클릭하여 레이어에 마스크를 적용하고, 전경색 C0M0Y0K100, 배경색 C0M0Y0K0을 확인한 후, 'Gradient Tool'로 이미지의 아래에서 위로 드래그하여 문양의 아래 부분을 자연스럽게 사라지게 합니다.

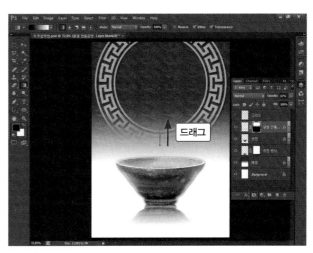

05 기타 일러스트 소스 배치하기

01 다음으로 나머지 일러스트 소스를 배치해 보겠습니다. '일러스트작업' 창에서 심벌마크를 선택하고, Ctrl+C를 눌러 복사합니다.

02 '포토샵작업' 창에 Ctrl+V를 눌러 붙여넣기합니다. [Paste] 대화상자에서 'Pixels'를 선택하고, [OK] 버튼을 클릭한 후, 크기와 위치를 조절하여 다음과 같이 위쪽 중앙에 배치합니다. Layers 패널에서 레이어의 이름을 심벌마크로 변경한 후, '그리드' 레이어 아래로 이동합니다.

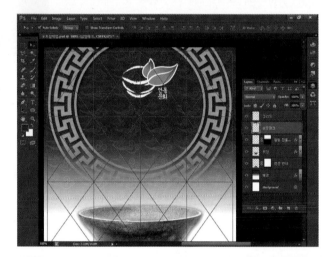

03 이어서 '일러스트작업' 창에서 심벌을 선택하고, Ctrl+C를 눌러 복사합니다.

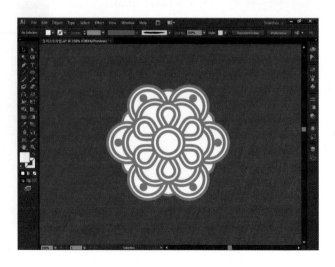

04 '포토샵작업' 창에 Ctrl+V 를 눌러 붙여넣기합니다. [Paste] 대화상자에서 'Pixels'를 선택하고, [OK] 버튼을 클릭한 후, 크기와 위치를 조절하여 다음과 같이 아래쪽에 배치합니다. Layers 패널에서 레이어의 이름을 심벌로 변경합니다.

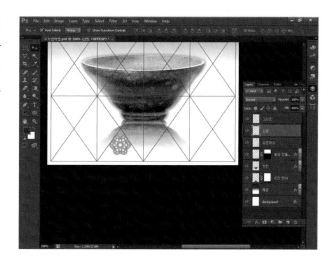

05 '일러스트작업' 창에서 차 주전자를 선택하고, Ctrl+C 를 눌러 복사합니다. '포토샵작업' 창에 Ctrl+V 를 눌러 붙여넣기합니다. [Paste] 대화상자에서 'Pixels'를 선택하고, [OK] 버튼을 클릭한 후, 크기와 위치를 조절하여 다음과 같이 아래쪽에 배치합니다. Layers 패널에서 레이어의 이름을 배경문양1로 변경합니다.

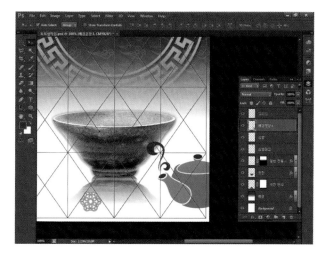

06 Layers 패널에서 '배경문양1' 레이어를 '찻잔' 레이어 아래로 이동하고, 'Opacity : 30%'로 설정합니다.

07 '일러스트작업' 창에서 찻잔을 복사하여 '포토샵작업' 창에 붙여넣기하고 다음과 같이 왼쪽에 배치합니다. Layers 패널에서 'Opacity : 30%', 레이어의 이름을 배경문양2로 변경합니다.

08 '배경문양2' 레이어가 선택된 상태에서 Ctrl +J를 눌러 복사하고, 'Move Tool'로 위쪽에 배치한 후, 'Opacity : 20%'로 설정합니다.

🎓 기적의 Tip

Ctrl + J : Layer Via Copy

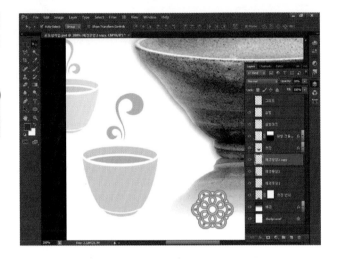

09 마지막으로 '일러스트작업' 창에서 나뭇잎 문양을 복사하여 '포토샵작업' 창에 붙여넣기합니다. 여러 개 복사하여 다음과 같이 불규칙하게 배치한 후, Layers 패널에서 모든 나뭇잎 문양을 함께 선택하고, Ctrl +E를 눌러 하나로 합치고, 이름을 배경문양3으로 변경합니다.

🎓 기적의 Tip

Ctrl + E : Merge Layers 선택된 레이어를 하나의 레이어로 합칩니다.

10 일러스트 소스 배치가 마무리되었습니다.
디자인 원고와 전체적으로 비교하여 확인한 후,
Ctrl + S 를 눌러 저장합니다.

06 이미지 액자 만들기

01 액자를 만들기 위해서 Layers 패널에서 새
레이어를 만들고, 이름을 액자1로 입력합니다.
'Rectangular Marquee Tool'을 선택하고, 작업창
을 드래그하여 다음과 같은 크기로 선택영역을
설정합니다. 배경색을 C0M0Y0K0으로 설정한
후, Ctrl + Delete 를 눌러 선택영역에 색을 채웁
니다.

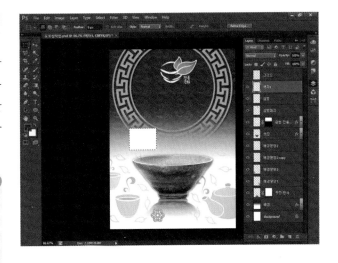

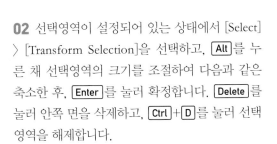
> **기적의 Tip**
>
> • 새 레이어 만들기 : [Layer] 〉 [New] 〉 [Layer]를 선택하거
>   나, Layer 패널에서 [Create a new layer] 아이콘을 클릭
>   합니다.
> • 배경색으로 채우기 : Ctrl + Delete
> • 전경색으로 채우기 : Alt + Delete

02 선택영역이 설정되어 있는 상태에서 [Select]
〉 [Transform Selection]을 선택하고, Alt 를 누
른 채 선택영역의 크기를 조절하여 다음과 같은
축소한 후, Enter 를 눌러 확정합니다. Delete 를
눌러 안쪽 면을 삭제하고, Ctrl + D 를 눌러 선택
영역을 해제합니다.

> **기적의 Tip**
>
> 선택영역을 줄이기 전에 선택영역이 해제된 경우, Layers
> 패널에서 Ctrl 를 누른 채 '액자1' 레이어의 섬네일 이미지를
> 클릭합니다.

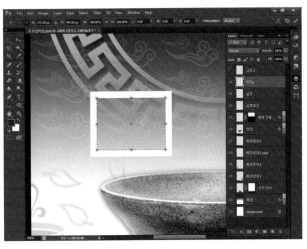

03 액자에 블러 효과를 적용하기 위해서 [Filter] 〉 [Blur] 〉 [Gaussian Blur]를 선택하고, [Gaussian Blur] 대화상자에서 'Radius : 1.6Pixels' 정도로 설정한 후, [OK] 버튼을 클릭합니다.

04 액자 안에 들어갈 이미지를 불러오기 위해서 [File] 〉 [Open]을 선택하고, 차 밭.jpg를 찾아 선택한 후, [Open] 버튼을 클릭합니다. 밝기와 대비를 조절하기 위해서 [Image] 〉 [Adjustment] 〉 [Levels]를 선택하고, [Levels] 대화상자에서 Input Levels의 슬라이더를 다음과 같이 조절한 후, [OK] 버튼을 클릭한 후, Ctrl + A 를 눌러 전체 영역을 선택하고, Ctrl + C 를 눌러 복사합니다.

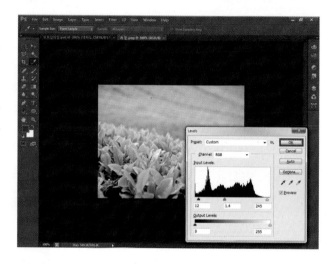

05 '포토샵작업' 창으로 돌아와 Ctrl + V 를 눌러 이미지를 붙여 넣습니다. 레이어의 이름을 그림1로 입력하고, Layers 패널에서 레이어의 위치를 '액자1' 레이어 아래로 이동하고, Ctrl + T 를 눌러 크기와 위치를 조절하여 액자에 맞게 변형합니다.

06 나머지 액자도 같은 방법으로 만들어 보겠습니다. Layers 패널에서 '액자1' 레이어를 선택하고, Ctrl+J를 눌러 복사하고, →를 길게 눌러 작업창의 중앙 부분에 배치한 후, 레이어의 이름을 액자2로 변경합니다.

07 두 번째 액자에 사용할 이미지 차 말리기.jpg를 불러온 후, [Levels]로 밝기와 대비를 조절한 후, 복사와 붙여넣기로 '포토샵작업' 창의 '액자2' 레이어에 맞게 배치합니다.

08 같은 방법으로 세 번째 액자와 그림을 작업하여 다음과 같이 총 세 개의 액자를 만듭니다.

09 Layers 패널에서 액자와 그림 레이어를 Ctrl 를 누른 채 모두 선택하고, Ctrl + E 를 눌러 하나의 레이어로 합친 후, 이름을 액자로 변경합니다. Layers 패널에서 '액자' 레이어를 더블클릭하여 [Layer Style] 대화상자에서 'Styles : Drop Shadow'를 클릭하고, 'Opacity : 40%, Distance : 2px, Size : 6px'로 설정한 후, [OK] 버튼을 클릭합니다.

07 타이틀 작업하기

01 다음으로 타이틀을 만들고 효과를 적용해 보겠습니다. 글자를 입력하기 위해서 'Type Tool'을 선택하고, 한국 전통차 박람회를 입력한 후, 디자인 원고를 참고하여 글꼴과 크기, 자간 등을 적절히 설정합니다. 글자의 색을 C0M0Y100K0으로 설정합니다.

> 🎓 **기적의 Tip**
>
> [Window] 〉 [Character]를 선택하고, Character 패널에서 문자의 글꼴, 크기, 자간, 색상 등을 변경할 수 있습니다.

02 Layers 패널에서 '한국 전통차 박람회' 레이어의 빈 공간을 더블클릭하여 [Layer Style] 대화상자를 엽니다. 'Styles : Drop Shadow'를 클릭하고, 'Opacity : 75%, Distance : 2px, Size : 5px'로 설정한 후, [OK] 버튼을 클릭합니다.

08 글자 아이콘 배치하기

01 '일러스트작업' 창에서 나뭇잎 문양을 복사하고, '포토샵작업' 창에 붙여넣기합니다. 크기와 위치를 조절하여 다음과 같은 위치에 배치한 후, Layers 패널에서 레이어의 이름을 나뭇잎 아이콘으로 변경합니다.

02 아이콘을 흰색으로 바꾸기 위해서 [Image] 〉 [Adjustments] 〉 [Hue/Saturation]을 선택하여 [Hue/Saturation] 대화상자가 열리면 'Lightness : 100'으로 설정한 후, [OK] 버튼을 클릭합니다.

03 Layers 패널에서 '나뭇잎 아이콘' 레이어가 선택된 상태에서 Ctrl+J 를 눌러 복사하고, ↓ 를 길게 아래에 배치한 후, 레이어의 이름을 나뭇잎 아이콘2로 변경합니다. 같은 방법으로 하나 더 복사하여 다음과 같이 배치합니다.

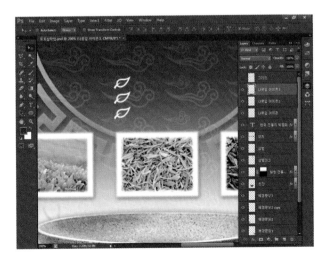

09 검토 및 저장하기

01 Layers 패널에서 '그리드' 레이어를 켠 후, 디자인 원고와 비교하며 전체적으로 검토합니다. 검토가 끝나면 '그리드' 레이어의 눈을 끄고 Ctrl +S를 눌러 저장합니다.

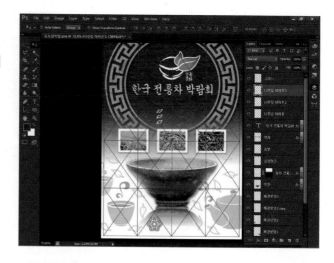

02 [File] > [Save As]를 선택하여 '파일이름 : 자신의 비번호(예를 들어 01번이면 01)'로 입력합니다. PC 응시자는 'Format : JPEG' 형식을 선택하고, 매킨토시 응시자는 'Format : PICT' 형식을 선택한 후, [저장] 버튼을 클릭합니다.

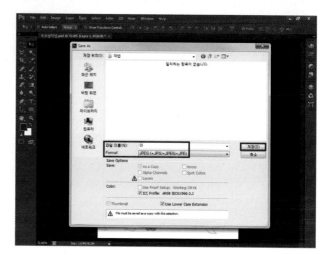

기적의 Tip

• [JPEG Options] 대화상자가 열리면 'Quality : 12'로 설정하고, [OK] 버튼을 클릭합니다. 이때 저장된 파일을 확인하고, 용량이 너무 큰 경우 'Quality'를 8~11 정도의 수치로 설정하여 저장합니다.
• 제출해야 할 파일(포토샵에서 만든 JPG 파일+인디자인 파일)의 용량은 총 10MB 이하입니다.

01 작업 준비하기

[File] 〉 [New] 〉 [Document]를 선택하여 'Number of Pages : 1, Facing Pages : 체크 해제', 'Page Size : A4', Margins 'Make all settings the same : 해제, 'Top : 35.5mm, Bottom : 35.5mm, Left : 22mm, Right : 22mm'로 입력한 후, [OK] 버튼을 클릭합니다.

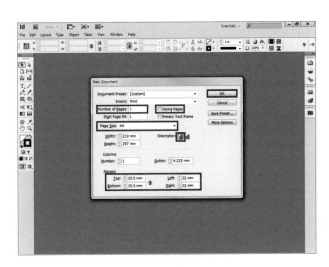

기적의 Tip

• Ctrl + N : New Document(새로 만들기)
• A4의 가로 길이 210mm에서 166mm를 뺀 값은 44mm이고, A4의 세로 길이 297mm에서 226mm를 뺀 값은 71mm이므로 이 여백을 2등분하여 각각의 여백으로 지정합니다.

02 안내선 만들기

01 실제크기의 안내선이 만들어졌으면 안내선의 위쪽, 아래쪽, 왼쪽, 오른쪽의 안쪽으로 3mm를 뺀 작품규격 크기의 안내선도 만들어야 합니다. 눈금자의 기준점을 드래그하여 왼쪽 위의 안내선 교차지점에 이동시켜 기준점이 0이 되도록 합니다.

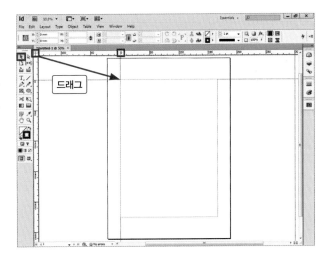

02 'Zoom Tool'로 실제크기 안내선 왼쪽 위를 드래그하여 확대하고, 왼쪽 눈금자에서 마우스를 드래그하여 0mm 지점에서 오른쪽으로 3mm만큼 이동한 지점과 위쪽 눈금자에서 마우스를 드래그하여 0mm 지점에서 아래쪽으로 3mm만큼 이동한 지점에 안내선을 가져다 놓습니다.

> **기적의 Tip**
>
> 왼쪽 눈금자에서 안내선을 꺼내 컨트롤 패널에서 'X : 3mm'로 입력하고, 위쪽 눈금자에서 안내선을 꺼내 'Y : 3mm'로 입력하여 정확히 배치할 수 있습니다.

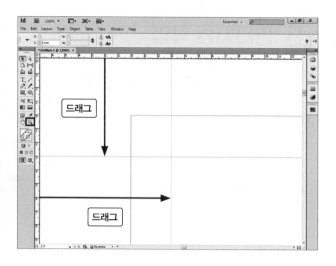

03 'Hand Tool'을 더블클릭하여 윈도우 화면으로 맞춘 후, 실제크기의 안내선 오른쪽 아래를 'Zoom Tool'로 확대합니다. 왼쪽 눈금자에서 마우스를 드래그하여 166mm 지점에서 왼쪽으로 3mm만큼 이동한 지점(163mm)과 위쪽 눈금자에서 마우스를 드래그하여 오른쪽 아래의 226mm 지점에서 위쪽으로 3mm만큼 이동한 지점(223mm)에 안내선을 가져다 놓습니다.

> **기적의 Tip**
>
> 왼쪽 눈금자에서 안내선을 꺼내 컨트롤 패널에서 'X : 163mm'로 입력하고, 위쪽 눈금자에서 안내선을 꺼내 'Y : 223mm'로 입력하여 정확히 배치할 수 있습니다.

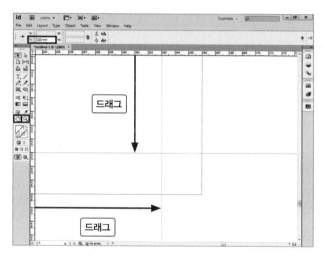

⑩ 재단선 그리기

01 왼쪽 위를 'Zoom Tool'로 확대한 후, 'Line Tool'을 클릭하고, Shift 를 누른 상태에서 왼쪽 위의 세로 안내선과 실제크기 안내선 경계 부분에 수직으로 드래그하여 5mm 길이의 재단선을 그립니다. 가로 안내선과 실제크기 안내선 경계 부분도 수평으로 드래그하여 5mm 길이의 재단선을 그립니다. 두 재단선을 'Selection Tool'로 Shift 를 누른 상태에서 각각 클릭하고, Ctrl +C 를 눌러 복사합니다.

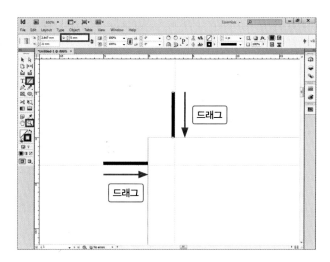

02 오른쪽 위를 'Zoom Tool'로 확대한 후 Ctrl +V 를 눌러 붙여넣기합니다. 컨트롤 패널에서 'Rotate 90° Clockwise'를 클릭하여 위치를 변경한 후, 안내선에 맞춰 배치합니다. 동일한 방법으로 아래쪽의 재단선도 만듭니다.

> **기적의 Tip**
>
> 아래쪽의 재단선도 컨트롤 패널에서 'Rotate 90° Clockwise'를 클릭하고, 안내선에 맞춰 배치하면 됩니다.

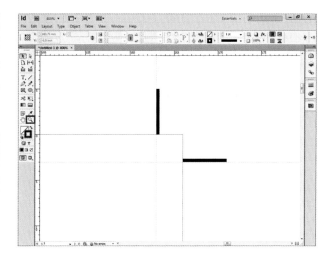

 이미지 가져오기

01 [File] 〉 [Place]를 선택하여 01.jpg를 선택하고 [열기] 버튼을 클릭합니다.

02 실제크기 안내선의 왼쪽 위에 마우스를 클릭하여 이미지를 삽입합니다. 마우스 오른쪽 버튼을 클릭하여 [Display Performance] 〉 [High Quality Display]를 선택합니다.

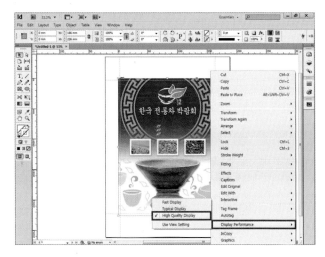

05 외곽선 표시하기

'Rectangle Tool'을 선택하고, 왼쪽 상단 안내선이 교차하는 지점에서 오른쪽 하단의 안내선 교차점까지 드래그하여 사각형을 그린 후, Stroke 패널을 열어서 'Weight : 1pt'로 설정되어 있는지 확인합니다.

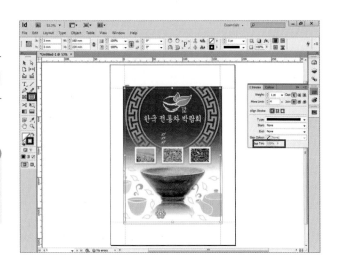

06 글자 입력하기

01 글자를 입력하기 위해서 'Type Tool'을 선택하고, 글자가 들어갈 부분을 드래그하여 글상자를 만듭니다. 글상자에 맛과 향으로 음미하는 한국 전통차 박람회에 여러분을 모십니다.를 두 줄로 입력하고, 'Type Tool'로 글자를 블록 지정하여 컨트롤 패널에서 디자인 원고를 참고로 글꼴과 크기를 적절히 설정한 후, 툴 박스에서 글자 색상을 C0M0Y0K0으로 설정합니다.

> 🎓 **기적의 Tip**
>
> • [Type] 〉 [Character]를 선택하여 패널을 열어 글자의 자간, 행간 등의 세부설정을 할 수 있습니다.
> • 글자를 중앙 정렬하기 위해서 [Type] 〉 [Paragraph]를 선택하여 Align center를 클릭합니다.

02 글자를 잘 보이게 하기 위해서 그림자 효과를 적용해 보겠습니다. 'Selection Tool'로 글상자를 선택하고, [Object] 〉 [Effects] 〉 [Drop Shadow]를 선택하여 [Effects] 대화상자가 열리면 'Distance : 0.6mm, Size : 1mm로 설정한 후, [OK] 버튼을 클릭하여 그림자 효과를 적용합니다.

> 🎓 **기적의 Tip**
>
> [Effects] 대화상자에서 Preview를 체크하면 옵션에 따른 효과적용 결과를 바로 확인할 수 있습니다.

03 'Type Tool'을 선택하고, 나뭇잎 아이콘 오른쪽에 글상자를 만듭니다. 주최 : 전통문화연구회 / 일시 : 2018 10월 10일 / 장소 : 코엑스 컨벤션홀을 입력하고, 'Type Tool'로 문자를 블록 지정하여 컨트롤 패널에서 디자인 원고를 참고로 글꼴과 크기를 적절히 설정한 후, 툴 박스에서 문자 색상을 C0M0Y0K0으로 지정합니다.

04 그림자 효과를 적용하기 위해서 'Selection Tool'로 글상자를 선택하고, [Object] 〉 [Effects] 〉 [Drop Shadow]를 선택하여 [Effects] 대화상자가 열리면 'Distance : 0.5mm, Size : 1mm'로 설정한 후, [OK] 버튼을 클릭하여 그림자 효과를 적용합니다.

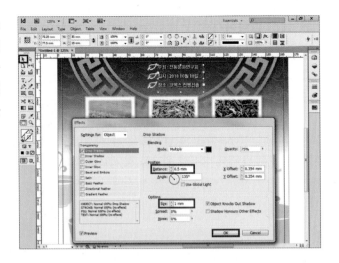

05 이번에는 로고 옆에 전통문화연구회를 입력하고, 글꼴, 크기, 자간 등을 조절합니다. 글자의 색을 C33M50Y90K30으로 설정합니다.

07 비번호 입력하기

이미지 왼쪽 아래를 'Zoom Tool'로 확대하고 'Type Tool'로 비번호(등번호)를 입력한 후 글자를 블록 지정하여 컨트롤 패널에서 '글꼴 : Dotum, Font Size : 10pt'로 지정합니다.

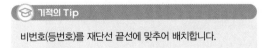

비번호(등번호)를 재단선 끝선에 맞추어 배치합니다.

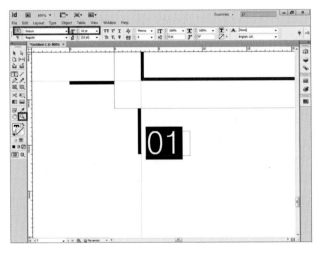

08 저장하고 제출하기

01 [File] 〉 [Save]를 선택하여 파일이름을 자신의 비번호 01로 입력한 후 [저장] 버튼을 클릭합니다.

02 'Hand Tool'를 더블클릭하여 결과물 전체를 확인합니다. 작업 폴더를 열고, '01.indd'와 '01.jpg'만 제출합니다. 출력은 출력지정 자리에서 '01.indd'를 열고 프린트합니다. 프린트된 A4 용지는 시험장에서 제공하는 켄트지의 한 가운데에 붙여 제출합니다.

경주전 포스터

합격 강의

난이도 상 중 하   작업 프로그램 포토샵, 일러스트레이터, 인디자인

국가기술자격 실기 시험 문제

자격종목	컴퓨터그래픽스운용기능사	과제명	경주전 포스터

※ 시험시간 : 4시간

1. 요구사항

※ 다음의 요구사항에 맞도록 주어진 자료(컴퓨터에 수록)를 활용하여 디자인 원고를 시험시간 내에 컴퓨터 작업으로 완성하여 A4 용지로 출력 후 A3 용지에 마운팅(부착)하여 제출하시오.

※ 모든 작업은 수험자가 컴퓨터 바탕화면에 폴더를 만들어 저장하시오.

가. 작품규격(재단되었을 때의 규격) : 180mm×260mm ※A4 용지 중앙에 작품이 배치되도록 하시오.

나. 구성요소(문자, 그림) : ※(디자인 원고 참조)

① 문자요소

• 2022 경주전
• 신라천년의 문화를 만끽하다!
• 문화의 밤
• 2022. 9.10(토) ~ 9.11(일)
• 17:00 ~ 21:00
• 음악회
• 2022. 9.17(토) ~ 9.18(일)
• 경주 예술의전당
• ※ 세부 일정과 프로그램은 경주문화원 홈페이지와 안내책자를 참조하시기 바랍니다.
• 경주전 문화페스티벌은 경주시 문화재청과 함께하고 있습니다.
• 경주문화원 www.gjnighttrip.or.kr
• GYEONGJU WORLD CULTURE EXPO
• 경주세계문화엑스포

② 그림요소 : 디자인 원고 참조

우주배경.jpg 동궁과월지.jpg 유물 A.jpg

캐릭터.jpg 유물 B.jpg 유물 C.jpg 유물 D.jpg

다. 작업내용

01) 주어진 디자인 원고(그림, 사진, 문자, 색채, 레이아웃, 규격 등)와 동일하게 작업하시오.

02) 디자인 원고 내용 중 불명확한 형상, 색상코드 불일치, 색 지정이 없는 부분, 원고에 없는 형상 등이 있을 때는 수험자가 완성도면 내용과 같이 작업하시오.

03) 디자인 원고의 서체(요구서체)가 사용 컴퓨터 및 소프트웨어와 맞지 않을 경우는 가장 근접한 서체를 사용하시오.

04) 상하, 좌우에 3mm 재단여유를 갖도록 작품을 배치하고, 재단선은 작품규격에 맞추어 용도에 맞게 표시하시오. (단, 디자인 원고 중 작품의 규격을 표시한 외곽선이 있을 때는 원고의 지시에 따라 표시여부를 결정한다.)

05) 디자인 원고 좌측 하단으로부터 3mm를 띄워 비번호를 고딕 10pt로 반드시 기록하시오.

06) 출력물(A4)은 어떠한 경우에도 절취할 수 없으며, 반드시 A3 용지 중앙에 마운팅하시오.

라. 컴퓨터 작업범위

01) 10MB 용량의 폴더에 수록될 수 있도록 작업범위(해상도 및 포맷형식)를 계획하시오.

02) 규격 : A4(210x297mm) 중앙에 디자인 원고 내용과 같은 작품(원고규격)을 배치하시오.

03) 해상도 및 포맷형식 : 제한용량 범위 내에서 선택하시오.

04) 기타 : ① 제공된 자료범위 내에서 활용하시오.

② 3개의 2D 응용프로그램을 고루 활용하되, 최종작업 및 출력은 편집 프로그램(퀵 익스프레스, 인디자인)에서 하시오. (최종작업 파일이 다른 프로그램에서 생성된 경우는 출력할 수 없음)

작품명 : 경주전 포스터

※ 작품규격(재단되었을 때의 규격) : 가로 180mm×세로 260mm, 작품 외곽선은 생략하고, 재단선은 3mm 재단 여유를 두고 용도에 맞게 표시할 것.
※ 지정되지 않은 색상 및 모든 작업은 "최종결과물" 오른쪽 디자인 원고를 참고하여 작업하시오.

❶

❷ ❸

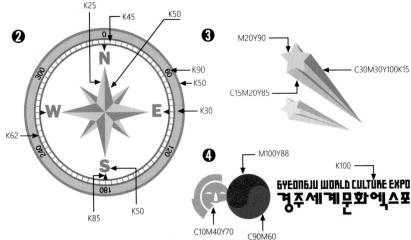

❹

❺

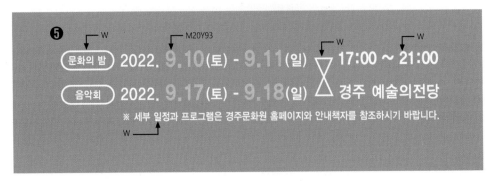

2 사분면

1 사분면

배경 그라디언트
C100M85Y55K80~

원근 변형
파도 왜곡 효과
투명도 25%

밝기·대비 조절
외부광선 효과

그라디언트
테두리 적용

테두리 K100

투명도 65%

이미지 변형
정육면체 제작
그림자 효과

이미지
밝기·대비 조절

바다 물결 필터 효과

테두리 W

3 사분면

4 사분면

붉은색 점선은 안내선입니다.

디자인 원고 분석 및 그리드 제작하기

01 작업 그리드 그리기

배부받은 디자인 원고의 완성 이미지 위에 필기구와 자를 이용하여 가로, 세로의 크기를 측정한 후 각 4등분으로 선을 그어 줍니다. 16등분의 직사각형이 그려지면 가로와 세로선이 교차되는 지점을 기준으로 대각선을 그립니다.

기적의 Tip

작업 그리드를 그리는 이유?
컴퓨터 작업 시 각 이미지나 도형의 크기, 위치, 간격을 파악하기 위해 필요한 작업입니다. 빨간색 볼펜 등의 튀는 색상의 필기구로 기준선 그리기 작업을 하는 것이 좋습니다.

02 실제 작업 크기 분석 및 계획 세우기

작품규격 180mm×260mm를 확인합니다. 작품 외곽선을 생략하고, 재단선은 3mm의 재단 여유를 두고 용도에 맞게 표시할 것을 염두에 둡니다. 작품규격에 위쪽, 아래쪽, 왼쪽, 오른쪽으로 각 3mm씩 재단 여유를 주면 실제 작업 크기는 186mm×266mm가 됩니다. 그리고 각 요소를 표현하기 위해 사용될 프로그램을 계획해 줍니다.

⓷ 그리드 제작하기

01 일러스트레이터를 실행하고, [File] 〉 [New]를 선택하여 'Units : Millimeters, Width : 186mm, Height : 266mm, Color Mode : CMYK'로 설정한 후, [OK] 버튼을 클릭합니다.

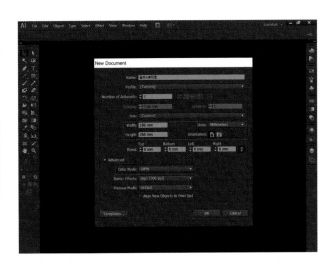

> 🎓 **기적의 Tip**
> • Ctrl + N : New Document(새 문서 만들기)
> • 작품규격은 180mm×260mm이므로 재단선 3mm씩을 더하면 작업창의 크기는 186mm×266mm가 됩니다.

02 'Rectangular Grid Tool'을 선택하고, 작업창을 클릭하여 대화상자를 엽니다. 작품규격대로 Default Size 'Width : 180mm, Height : 260mm'로 설정하고, 16등분으로 나누기 위해 Horizontal Dividers, Vertical Dividers 'Number : 3'으로 입력한 후, [OK] 버튼을 클릭합니다.

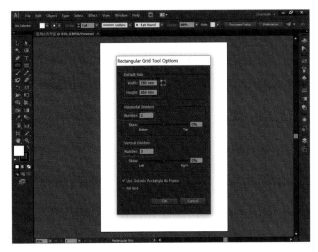

03 [Window]〉[Align] 패널에서 'Align To : Align to Artboard'를 선택하고 'Align Objects : Horizontal Align Center, Vertical Align Center'를 차례로 클릭합니다. Ctrl + 2 를 눌러 격자도형을 잠그고, 'Line Segment Tool'로 좌측 상단에서 우측 하단으로 대각선 7개를 그린 후, Reflect Tool을 이용하여 반대 방향으로 대각선을 복사합니다. Alt + Ctrl + 2 를 눌러 격자도형의 잠금을 해제하고, Ctrl + A 를 눌러 오브젝트를 모두 선택합니다. Stroke 색상을 빨간색으로 변경하고 Ctrl + G 를 눌러 그룹으로 지정한 후, 일러스트작업.ai로 저장합니다.

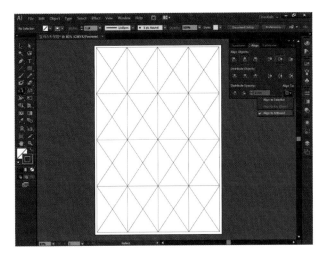

02 일러스트레이터 작업

01 경주전 캘리그라피 만들기

01 '일러스트작업.ai' 파일이 열린 상태에서 [Space Bar]를 누른 채 마우스를 드래그하여 도큐먼트의 빈 곳으로 작업공간을 이동합니다. '경주전' 캘리그라피를 그리기 위해서 'Pen Tool'을 선택하고, 면색을 None, 선색은 임의로 설정합니다. 디자인 원고를 참고로 'ㄱ' 모양의 곡선을 다음과 같이 그립니다.

> **기적의 Tip**
>
> 오브젝트를 만들기 전에 디자인 원고를 충분히 검토하여 미리 계획 후, 작업에 임하는 것이 좋습니다.

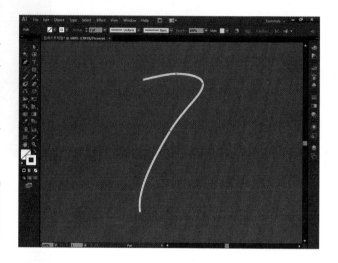

02 'Pen Tool'로 이어서 '경주전' 캘리그라피의 '경' 모양 곡선을 그립니다.

> **기적의 Tip**
>
> • Pen Tool로 선을 그리고 다음 선을 그려야 할 경우, [Ctrl]을 누른 채, 작업창을 클릭하여 선 그리기를 끝낸 후, 다시 Pen Tool로 새 선을 그릴 수 있습니다.
> • Pen Tool을 이용하여 오브젝트를 그릴 때 처음부터 원하는 모양을 그리는 것보다 먼저 단순한 모양으로 그린 후, Pen Tool의 수정 기능으로 모양을 다듬는 것이 시간을 단축할 수도 있습니다.

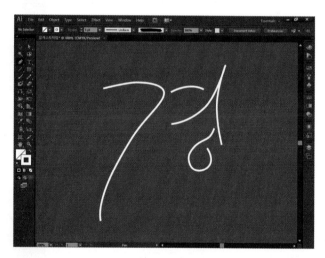

03 'Pen Tool'로 '경주전'을 다음과 같이 모두 그렸습니다. 디자인 원고와 비교하여 비슷한 모양의 글꼴이 나올 수 있도록 수정하여 캘리그래피의 기본 뼈대를 완성합니다.

🎓 기적의 Tip

Pen Tool의 수정 기능
- Direct Selection Tool 클릭 후, Pen Tool 클릭
- Pen Tool을 선택하고, 선을 수정
  - 점 추가/삭제 : 선을 클릭/점 클릭
  - 점 위치 수정 : Ctrl 을 누른 채, 점 옮기기
  - 곡선 모양 수정 : Ctrl 을 누른 채, 곡선 핸들 드래그
  - 직선→곡선/곡선→직선 변환 : Alt 를 누른 채, 점을 클릭/점 드래그

04 완성된 기본 뼈대에 붓글씨 느낌의 캘리그래피를 적용하기 위해서 Brushes 패널을 엽니다. 패널 왼쪽 하단의 Brush Libraries Menu를 클릭한 후, [Artistic] 〉 [Artistic_Paintbrush]를 선택합니다.

🎓 기적의 Tip

Brushes 패널 열기/닫기 : [Window] 〉 [Brushes] 선택 또는 F5

05 'Selection Tool'로 '경'의 'ㄱ' 모양을 선택하고 [Artistic_Paintbrush] 패널에서 적당한 브러쉬를 클릭하여 적용합니다. 상단 옵션 바에서 'Stroke'를 조절하여 적당한 두께의 캘리그래피가 나오도록 합니다.

🎓 기적의 Tip

- Stroke의 수치는 각자 그린 곡선의 절대 크기에 따라 달라질 수 있으니 수치를 조금씩 내리거나 올리면서, 두께를 눈으로 확인하여 디자인 원고의 모양과 비슷하게 나오도록 합니다.
- Stroke는 옵션 바뿐만 아니라 Stroke 패널(Ctrl + F10)을 열어서 조절할 수도 있습니다.

06 'Selection Tool'로 'ㄱ'의 바로 옆 곡선을 선택하고 [Artistic_Paintbrush] 패널에서 같은 브러쉬를 적용합니다. 상단 옵션 바에서 'Stroke'를 조절하여 적당한 두께의 캘리그라피가 나오도록 합니다.

07 위와 같은 방법으로 '경주전' 캘리그라피를 다음과 같이 완성합니다.

08 'Selection Tool'로 모든 캘리그라피 선들을 함께 선택하고, [Object] 〉 [Path] 〉 [Outline Stroke]를 선택하여 선을 면 오브젝트로 변환합니다. 캘리그라피의 면색은 C0M0Y0K0, 선색은 None으로 설정한 후, [Object] 〉 [Group]을 선택하여 그룹 오브젝트로 만든 후, [File] 〉 [Save]를 선택하여 저장합니다.

⑫ 경주전 도장 문양 만들기

01 다음으로 경주전 도장 문양을 만들어 보겠습니다. 먼저 도장으로 사용할 오브젝트를 만들기 위해서 'Rounded Rectangle Tool'을 선택하고, 작업창의 빈 곳을 드래그하여 세로가 긴 둥근 모서리 사각형을 만듭니다. 면색과 선색을 모두 C0M90Y75K0으로 설정합니다.

> **기적의 Tip**
>
> • Rounded Rectangle Tool을 이용하여 사각형을 그리는 도중(마우스 버튼을 누른 상태) ↑, ↓를 여러 번 눌러서 모서리의 둥근 정도를 조절할 수 있습니다.
> • 일러스트레이터 CS6 버전의 배경색은 회색이지만 [View] 〉 [Overprint Preview]를 선택하여 필요에 따라 흰색으로 변경한 후, 작업할 수 있습니다.

02 도장 외곽선에 불규칙한 문양을 적용하기 위해서 Brushes 패널에서 [Artistic] 〉 [Artistic_ChalkCharcoalPencil]를 엽니다. 도장 오브젝트가 선택된 상태에서 적당한 브러쉬를 선택하여 다음과 같이 불규칙한 외곽선을 만듭니다.

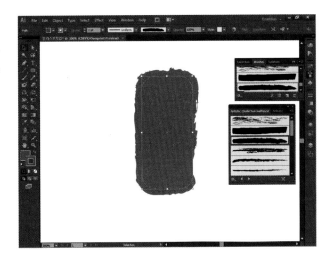

03 [Object] 〉 [Path] 〉 [Outline Stroke]를 선택하여 선을 면 오브젝트로 변환합니다.

04 Pathfinder 패널에서 'Shape Modes : Unite' 를 클릭합니다. 하나의 면을 가진 오브젝트로 변환되며 선색이 None으로 바뀌었음을 확인합 니다.

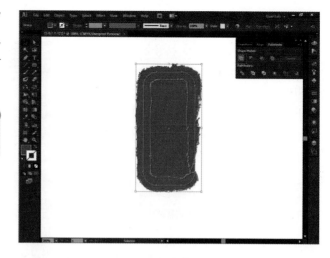

05 'Type Tool'을 선택하고, 경주전을 입력합니 다. 글자의 폰트, 크기, 행간 등을 디자인 원고와 비슷하게 설정합니다.

06 'Selection Tool'로 '경주전' 글자를 선택하고, [Type] 〉 [Create Outlines]를 선택하여 일반 오브 젝트로 변환합니다.

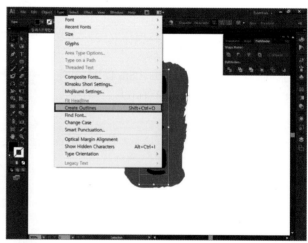

07 'Selection Tool'로 도장 오브젝트와 글자를 드래그하여 모두 선택한 후, Pathfinder 패널에서 'Pathfinders : Divide'를 클릭하여 선택된 오브젝트를 분리합니다.

> 🎓 **기적의 Tip**
>
> • Pathfinders : Divide는 선들을 기준을 면을 분리하는 기능입니다.
> • Shape Modes : Minus Front로 글자 부분만 삭제할 수 있지만, 이 기능은 오브젝트의 외곽선이 복잡할 경우 오류가 날 가능성이 큽니다.

08 도장 오브젝트가 선택된 상태에서 [Shift]+[Ctrl]+[G]를 눌러 그룹을 해제합니다. 'Selection Tool'로 글자 부분을 선택하고, [Delete]를 눌러 삭제합니다.

> 🎓 **기적의 Tip**
>
> • 그룹 : [Ctrl]+[G]
> • 그룹 해제 : [Shift]+[Ctrl]+[G]

03 별 문양 만들기

01 다음으로 별 문양을 그려보겠습니다. 먼저 디자인 원고를 참고하여 그려야 할 문양을 확인합니다. 'Star Tool'을 선택하고 [Shift]를 누른 채 작업창을 드래그하여 다음과 같은 별 모양을 그립니다. 면색을 C0M20Y90K0, 선색은 None으로 설정합니다.

> 🎓 **기적의 Tip**
>
> Star Tool을 이용하여 별을 그리는 도중(마우스 버튼을 누른 상태) [↑], [↓]를 눌러 별의 꼭짓점 개수를 조절할 수 있습니다.

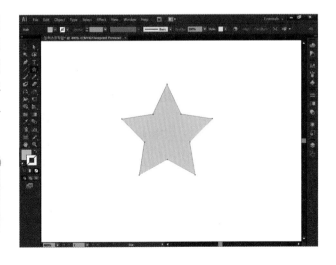

02 'Pen Tool'로 별의 외곽선과 연결되는 긴 삼각형을 그립니다. 면색을 C15M20Y85K0, 선색은 None으로 설정합니다.

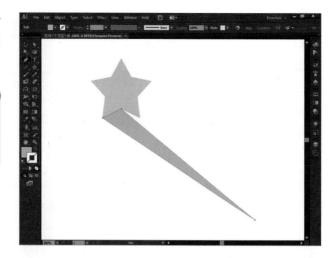

03 'Pen Tool'로 별의 외곽선과 연결되는 긴 삼각형을 그립니다. 면색을 C30M30Y100K15, 선색은 None으로 설정합니다.

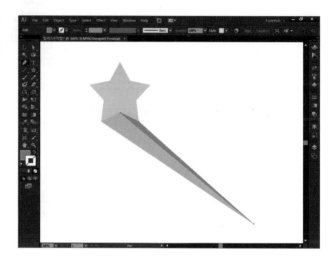

04 같은 방법으로 별 문양의 나머지 부분들을 그린 후, 색을 채워 완성합니다. 'Selection Tool'로 별 문양을 모두 선택하고, Ctrl + G 를 눌러 그룹으로 만든 후, [File] 〉 [Save] 메뉴를 선택하여 저장합니다.

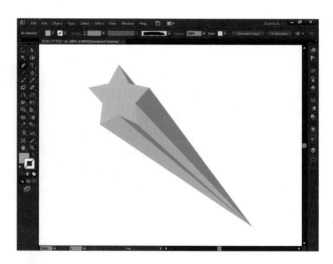

04 나침반 만들기

01 다음으로 나침반을 만들어 보겠습니다. 'Star Tool'을 선택하고 작업창을 클릭하여 [Star] 대화상자가 열리면 Radius 1 : 30mm, Radius 2 : 8mm, Point : 4로 설정한 후, [OK] 버튼을 클릭합니다.

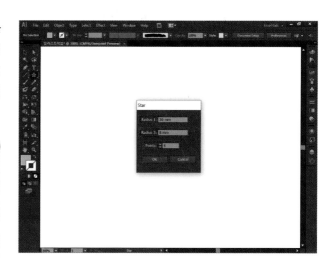

🎓 기적의 Tip

· 오브젝트를 그리기 전 디자인 원고를 충분히 검토하여 머릿속으로 간단하게 작업 계획을 세운 후 작업을 시작합니다.
· 별의 크기는 위와 같이 똑같은 수치를 입력하지 않아도 됩니다. Radius 1과 2의 비율만 비슷하게 맞춰 입력해도 됩니다.

02 다음과 같은 별 모양을 확인하고, 면색을 C0M0Y0K25, 선색은 None으로 설정합니다. 별을 분리하기 위해서 'Line Segment Tool'을 선택하고, 별의 안쪽 대각선을 이어주는 직선을 그립니다.

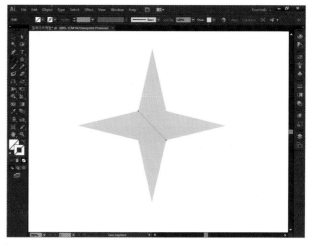

🎓 기적의 Tip

Snap 기능을 이용하여 점과 점 사이를 정확히 이어주는 직선을 그립니다.

03 'Line Segment Tool'로 별의 각 점을 연결하는 직선을 모두 그린 후, 'Selection Tool'로 별 오브젝트와 선들을 드래그하여 함께 선택합니다. Pathfinder 패널에서 'Pathfinders : Divide'를 클릭하여 별 오브젝트를 분리합니다.

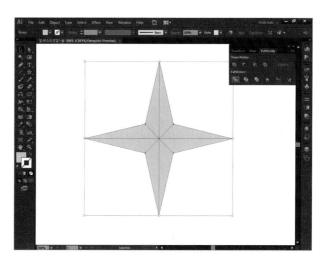

🎓 기적의 Tip

직선이 별의 점들과 연결되지 않았을 경우, 오브젝트의 분리가 제대로 진행되지 않을 수도 있습니다. 따라서 직선을 정확히 그리거나 더 길게 그려서 분리 기능이 적용되도록 합니다.

04 별 오브젝트가 선택된 상태에서 `Shift` + `Ctrl` + `G` 를 눌러 그룹을 해제합니다. 'Selection Tool'로 각 꼭짓점의 오른쪽 삼각형 부분만 선택하여 면색을 C0M0Y0K50으로 설정합니다. 'Selection Tool'로 별 문양을 모두 선택하고, `Ctrl` + `G` 를 눌러 그룹으로 만듭니다.

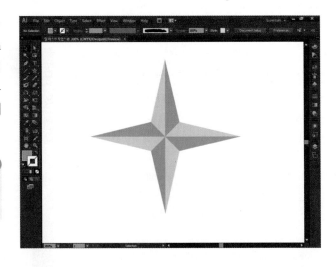

🎓 기적의 Tip

그룹을 해제하지 않고 'Direct Selection Tool'을 이용하여 삼각형의 색상을 변경해도 됩니다.

05 별 문양이 선택된 상태에서 `Ctrl` + `C` 를 눌러 복사하고, `Ctrl` + `B` 를 눌러 뒤쪽 같은 위치에 붙여 넣습니다. 복사된 별 문양이 선택된 상태에서 'Rotate Tool'로 `Alt` 를 누른 채, 별 문양 중심점을 클릭하여 [Rotate] 대화상자가 열리면 'Angle : 45°'로 입력한 후, [OK] 버튼을 클릭하여 다음과 같이 회전합니다.

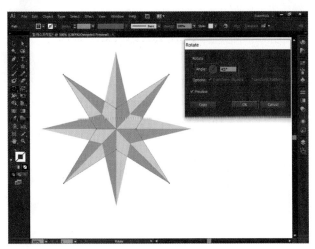

🎓 기적의 Tip

- `Ctrl` + `C` : Copy
- `Ctrl` + `B` : Paste in Back
- `Ctrl` + `F` : Paste in Front

06 'Scale Tool'을 더블클릭하여 [Scale] 대화상자가 열리면 Uniform : 80%로 입력하고 [OK] 버튼을 클릭하여 크기를 다음과 같이 줄입니다.

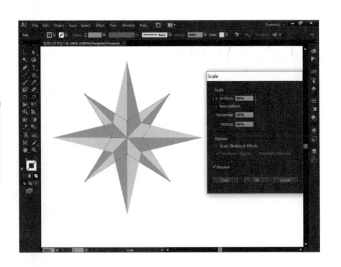

🎓 기적의 Tip

회전과 크기 조절은 Selection Tool로 오브젝트를 선택하면 외곽에 나타나는 크기 조절점을 이용하는 것이 빠릅니다. 조절점을 `Shift`을 누른 채 드래그하면 확대, 축소가 가능하며 조절점의 외곽을 드래그하면 회전 기능이 적용됩니다.

07 'Type Tool'을 선택하고, N, E, S, W를 각각 꼭짓점 부분에 입력합니다. 글자의 색상을 C0M0Y0K50, 폰트, 크기 등을 디자인 원고와 비슷하게 설정한 후, [Type] 〉 [Create Outlines]를 선택하여 일반 오브젝트로 변환합니다.

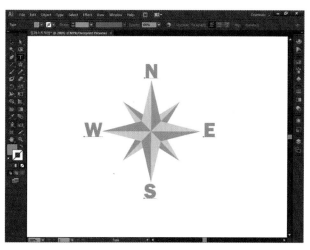

08 'Ellipse Tool'로 별 문양의 중앙을 클릭하고, Alt + Shift 를 누른 채, 드래그하여 정원을 그립니다. 총 3개의 원을 그린 후, 안쪽 2개 원의 면색은 None, 선색 C0M0Y0K62로, 바깥쪽 원은 면색 None, 선색 C0M0Y0K50으로 설정합니다. 옵션 바에서 각 원의 'Stroke' 수치를 조절하여 선 두께를 적당히 두껍게 설정합니다.

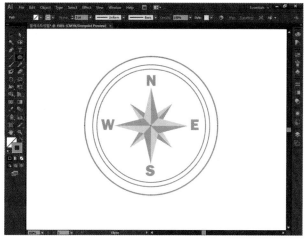

09 외곽에 면을 만들기 위해서 'Selection Tool'로 가장 바깥쪽 2개의 원을 함께 선택합니다. Ctrl + C 를 눌러 복사하고, Ctrl + B 를 눌러 오브젝트의 같은 위치에 붙여 넣은 후, Pathfinder 패널에서 'Shape Modes : Exclude'를 클릭합니다.

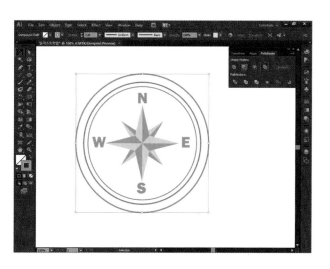

10 Exclude가 적용된 오브젝트의 면색은 C0M0 Y0K30, 선색은 None으로 설정합니다.

🎓 **기적의 Tip**

Minus Front를 적용한 후, 오브젝트의 선택이 해제되지 않
도록 주의합니다. 만약 선택이 해제되고, 다시 선택하면 앞쪽
에 있는 원이 선택되므로 Ctrl+N를 눌러 복사 이전 상태
로 돌아간 후, 다시 09번 설명부터 재시작합니다.

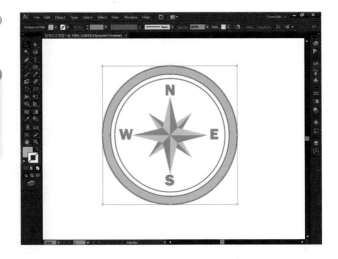

11 'Line Segment Tool'을 선택하고, 다음과 같
은 위치에 직선을 그린 후, 면색은 None, 선색은
C0M0Y0K45로 설정합니다.

🎓 **기적의 Tip**

Ctrl++, Ctrl+−를 눌러 줌인/줌아웃 기능을 이용하여 필
요에 따라 확대/축소하여 작업을 진행하는 것이 편리합니다.

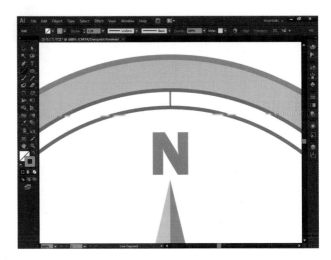

12 'Rotate Tool'로 Alt를 누른 채, 별 문양 중
심점을 클릭하여 [Rotate] 대화상자가 열리면
'Angle : 5°'로 입력한 후, [Copy] 버튼을 클릭하
여 회전합니다.

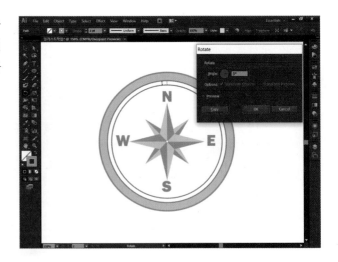

13 이어서 Ctrl+D를 여러 번 눌러 직선을 다음과 같이 복사합니다.

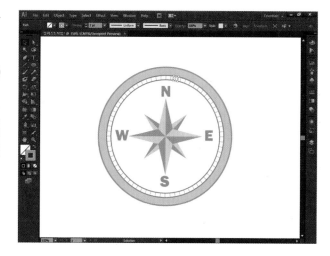

14 'Pen Tool'로 'N' 글자의 위쪽 부분에 다음과 같이 삼각형을 그린 후, 면색은 C0M0Y0K85, 선색은 None으로 설정합니다

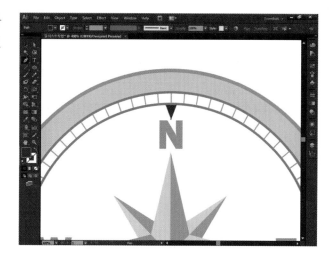

15 삼각형이 선택된 상태에서 'Rotate Tool'로 Alt를 누른 채, 별 문양 중심점을 클릭하여 [Rotate] 대화상자가 열리면 'Angle : 90°로 입력한 후, [Copy] 버튼을 클릭하여 회전합니다. Ctrl+D를 2번 눌러 삼각형을 다음과 같이 복사합니다.

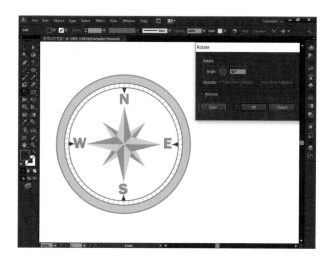

16 바깥쪽 면에 0을 입력하고, 글자색은 C0M0 Y0K90으로 설정합니다. 60"씩 회전하여 다음과 같이 복사하고, 글자를 각각 300, 240, 180, 120, 60으로 수정하여 입력합니다. 'Selection Tool'로 별 문양을 모두 선택하고, [Ctrl]+[G]를 눌러 그룹으로 만든 후, [File] 〉 [Save] 메뉴를 선택하여 저장합니다.

🎓 **기적의 Tip**

글자는 고유의 속성을 가지고 있으므로 마지막 저장 전에는 일반 오브젝트로 변환하는 것이 좋습니다.

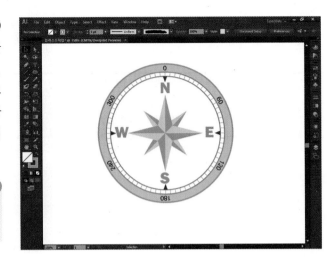

05 경주전 로고 만들기

01 다음으로 경주전 로고를 만들어 보겠습니다. 먼저 얼굴 모양을 만들기 위해서 'Ellipse Tool'로 원 4개를 다음과 같이 그립니다. 면색은 None, 선색은 임의의 색으로 설정합니다.

🎓 **기적의 Tip**

원을 하나 그린 후, 복사하여 크기를 조절하고 배치하거나 크기가 다른 원을 5개 그린 후, Align 기능을 이용하여 정렬해도 됩니다.

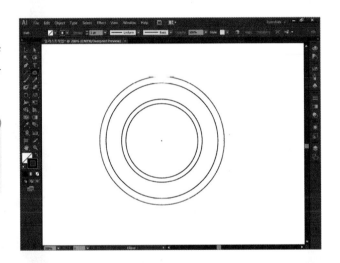

02 그려진 원을 분리하기 위해서 'Line Segment Tool'을 선택하고, 다음과 같은 위치에 직선을 그립니다.

🎓 **기적의 Tip**

[Shift]를 누른 채 선을 그리면 수평선 또는 수직선을 그릴 수 있습니다.

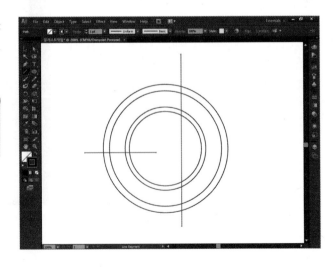

03 'Selection Tool'로 가장 안쪽 원을 제외한 바깥쪽 원 3개와 직선 2개를 함께 선택하고, Pathfinder 패널에서 'Pathfinder : Divide'를 클릭하여 곡선을 기준으로 오브젝트를 분리합니다.

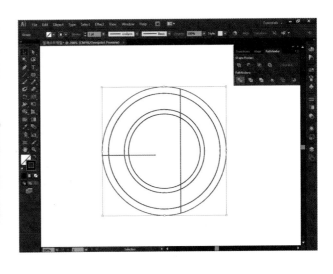

04 Shift + Ctrl + G 를 눌러 그룹을 해제합니다. 디자인 원고의 로고 모양을 참고로 'Selection Tool'을 이용하여 불필요한 부분을 선택하고, Delete 를 눌러 삭제합니다. 다음과 같은 모양만 남기도록 한 후, 면색은 C10M40Y70K0, 선색은 None으로 설정합니다.

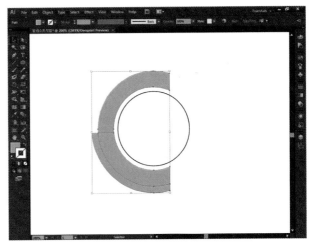

05 'Pen Tool'을 선택하고, 면색을 None, 선색은 임의로 설정합니다. 중앙 원에 다음과 같이 눈과 코, 입을 그립니다.

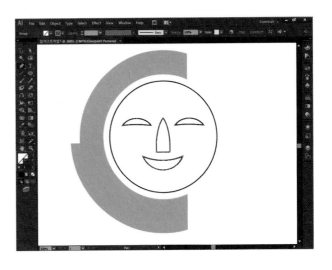

06 'Selection Tool'로 얼굴 오브젝트를 드래그하여 함께 선택한 후, Pathfinder 패널에서 'Shape Modes : Minus Front'를 클릭합니다. 면색은 C10M40Y70K0, 선색은 None으로 설정합니다.

🎓 **기적의 Tip**

Shape Modes : Minus Front가 안될 경우, Excludes를 이용하여 얼굴을 만들어도 됩니다.

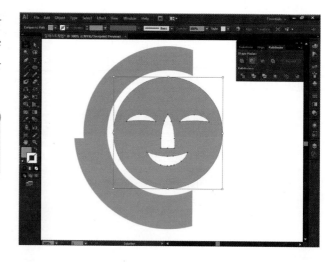

07 'Ellipse Tool'로 원을 다음과 같은 위치에 그립니다. 면색은 None, 선색은 임의의 색으로 설정합니다. 'Selection Tool'로 얼굴 오브젝트와 원을 함께 선택하고, Pathfinder 패널에서 'Pathfinder : Divide'를 클릭하여 얼굴 오브젝트를 분리합니다. 'Direct Selection Tool'로 불필요한 부분을 선택하여 삭제합니다.

🎓 **기적의 Tip**

• Direct Selection Tool은 그룹 오브젝트에서 점, 선, 면을 따로 선택하여 수정할 수 있습니다.
• Direct Selection Tool로 점이나 선을 선택하고, [Delete] 를 한 번 누르면 직접 연결된 선만 지워지고, 두 번 누르면 연결된 모든 선이 삭제됩니다.

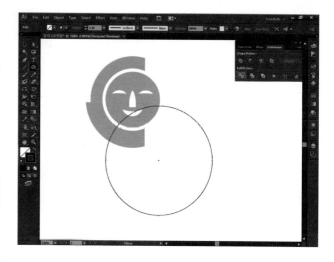

08 완성된 얼굴 모양을 확인하고, 태극 문양을 그리기 위해서 오른쪽에 다음과 같이 'Ellipse Tool'로 정원을 그립니다. 면색은 None, 선색은 임의의 색으로 설정합니다.

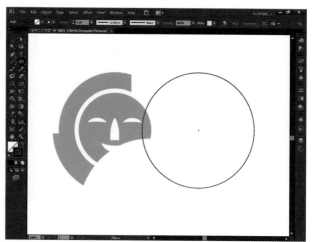

09 'Scale Tool'을 더블클릭하여 [Scale] 대화상자가 열리면 'Uniform : 50%'로 입력하고 [Copy] 버튼을 클릭하여 크기를 다음과 같이 줄입니다.

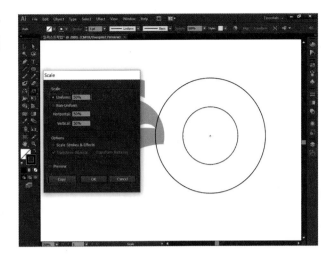

10 'Selection Tool'로 원 2개를 함께 선택하고, Align 패널에서 'Align To : Align to Selection'으로 설정한 후, 'Align Objects : Horizontal Align Right'를 클릭하여 오른쪽 정렬합니다.

🎓 **기적의 Tip**

• Align 패널은 상단 옵션 바에서 바로 찾을 수 있습니다. Align 패널이 보이지 않는 경우, [Window] 〉[Align]을 클릭하면 됩니다.
• Align 기능이 보이지 않는 경우, 패널 상단 오른쪽의 메뉴 버튼을 클릭한 후, [Show Options]를 선택합니다.

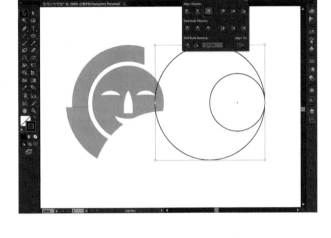

11 'Selection Tool'로 작은 원을 선택하고, [Alt]를 누른 채, 왼쪽으로 드래그하여 복사합니다. 다음과 같이 정확한 위치에 정렬되도록 합니다. 'Selection Tool'로 큰 원과 작은 원 2개를 함께 선택하고, Pathfinder 패널에서 'Pathfinder : Divide'를 클릭하여 오브젝트를 분리합니다.

🎓 **기적의 Tip**

오브젝트 복사하기 : [Alt]를 누른 채 오브젝트를 마우스로 드래그하거나 오브젝트를 선택하고, [Ctrl]+[C], [Ctrl]+[V]를 누릅니다.

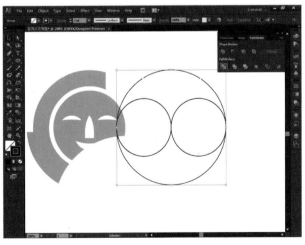

12 'Direct Selection Tool'로 아래쪽 부분을 선택하여 삭제합니다. 'Selection Tool'로 나머지 위쪽 부분을 모두 선택하고, Pathfinder 패널에서 'Shape Modes : Unite'를 클릭하여 하나의 면으로 만듭니다.

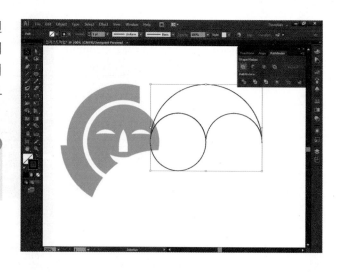

13 면색을 C0M100Y88K0, 선색은 None으로 설정합니다. 태극 문양의 위쪽 부분이 선택된 상태에서 'Rotate Tool'로 Alt 를 누른 채, 태극문양의 중심점을 클릭하여 [Rotate] 대화상자가 열리면 'Angle : 180°'로 입력한 후, [Copy] 버튼을 클릭하여 다음과 같이 회전 복사합니다.

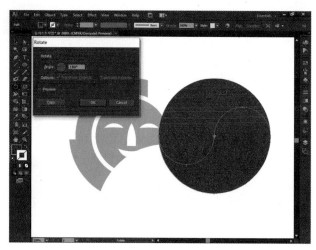

14 복사된 태극 문양 아래쪽 부분의 면색을 C90M60Y0K0으로 설정한 후, 'Selection Tool'로 경주전 로고를 모두 선택하고, Ctrl + G 를 눌러 그룹으로 만든 후, [File] 〉 [Save] 메뉴를 선택하여 일러스트 작업을 저장합니다.

03 포토샵 작업

01 작업 준비하기

01 포토샵을 실행하고, [File] 〉 [New]를 선택하여 [New] 대화상자에서 'Width : 186mm, Height : 266mm, Resolution : 300Pixels/Inch, Color Mode : CMYK Color'로 설정한 후, [OK] 버튼을 클릭합니다.

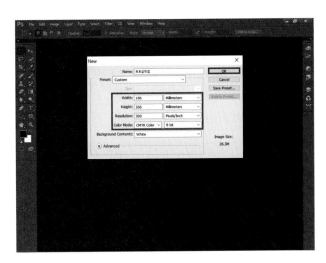

> **기적의 Tip**
>
> • Ctrl + N : New(새로 만들기)
> • Resolution : 300Pixels/Inch은 인쇄, 출판을 위한 최적의 해상도 설정입니다. 하지만 작업 파일의 크기가 커지고 고사양의 컴퓨터가 요구됩니다. 시험에서 제출할 파일의 총 용량은 10MB 이하이기 때문에 파일크기는 크게 문제가 되지 않지만 시험장마다 다른 컴퓨터 사양으로 인해 작업진행에 어려움이 예상되는 경우, 150~250 정도의 해상도를 설정하는 것이 좋습니다.

02 '일러스트작업' 창에서 그리드를 선택하고, Ctrl + C 를 눌러 복사합니다.

> **기적의 Tip**
>
> 그리드가 잠겨 선택되지 않는 경우, [Window] 〉 [Layers]를 선택하고, Layers 패널에서 해당 레이어의 Toggles Lock 아이콘을 클릭하여 레이어 잠금을 해제하거나, Alt + Ctrl + 2 를 눌러 오브젝트 잠금을 해제합니다.

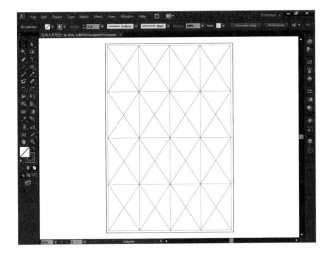

03 '포토샵작업' 창에 Ctrl+V를 눌러 붙여넣기한 후, [Paste] 대화상자에서 'Pixels'를 선택하고, [OK] 버튼을 클릭합니다. Enter를 눌러 그리드를 확정하고, Layers 패널에서 이름을 그리드로 변경합니다. 'Move Tool'을 선택하고, Ctrl을 누른 채 'Background' 레이어와 함께 선택한 후, 옵션 바에서 'Align vertical centers', 'Align horizontal centers'를 클릭하여 정렬합니다. '그리드' 레이어만 선택하고, 'Lock all' 아이콘을 클릭하여 잠근 후, [File] 〉 [Save]를 선택하여 포토샵작업.psd로 저장합니다.

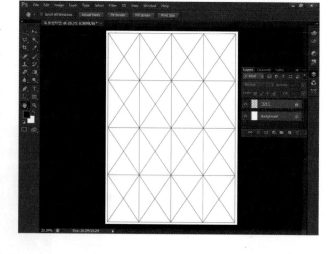

🎓 **기적의 Tip**

항상 작업 시작과 도중에는 예기치 못한 상황을 대비하여 수시로 하는 저장하는 습관을 길러야 합니다.

---

02 **배경 합성하기**

01 이미지 배경을 불러와 합성하기 위해서 [File] 〉 [Open]을 선택하고, [Open] 대화상자가 열리면 우주배경.jpg를 찾아 선택한 후, [Open] 버튼을 클릭하여 이미지를 불러옵니다. 이미지를 확인한 후, Ctrl+A를 눌러 전체영역을 선택하고, Ctrl+C를 눌러 복사합니다.

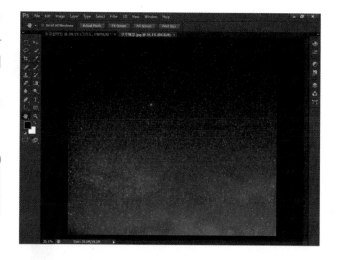

🎓 **기적의 Tip**

Ctrl+A : [Select] 〉 [All] 선택과 같은 기능이며 이미지의 전체영역을 선택합니다.

02 '포토샵작업' 창으로 돌아와 Ctrl + V 를 눌러 우주 배경 이미지를 붙여 넣습니다. Ctrl + T 를 눌러 크기 조절점을 나타내고, 크기와 위치를 조절하여 다음과 같이 배치한 후, Enter 를 눌러 확정합니다. Layers 패널에서 레이어의 이름을 우주배경으로 변경한 후, 레이어 위치를 '그리드' 레이어 아래로 이동합니다.

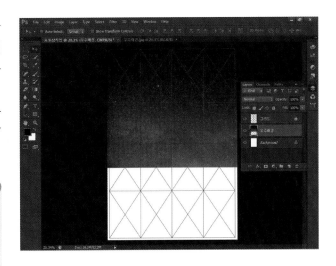

> **기적의 Tip**
> • Ctrl + T : Free Transform
> • Free Transform을 이용하여 크기 조절을 할 때, 이미지의 가로, 세로 비율을 유지하기 위해서 반드시 모서리의 점을 Shift 를 누른 채 드래그해야 합니다.

03 그라데이션 배경을 만들기 위해서 Layers 패널에서 새 레이어를 만들고, 이름을 그라데이션 배경으로 변경합니다. 전경색을 C100M85Y55K80 으로 설정한 후, Alt + Delete 를 눌러 색을 채웁니다.

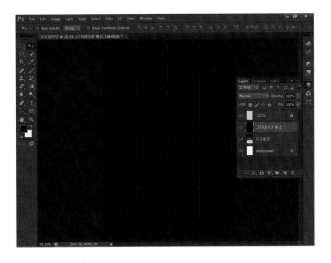

> **기적의 Tip**
> • 새 레이어 만들기 : Layer 패널 [Create a new layer] 아이콘 클릭 or [Layer] 〉 [New] 〉 [Layer] 메뉴 선택
> • Alt + Delete : 전경색으로 채우기

04 Layers 패널의 'Add Layer mask' 아이콘을 클릭하여 '그라데이션 배경' 레이어에 마스크를 적용합니다. 전경색을 C0M0Y0K0, 배경색을 C0M0Y0K100으로 설정한 후, 'Gradient Tool' 을 선택하고, 옵션 바에서 'Foreground to Background'를 선택합니다.

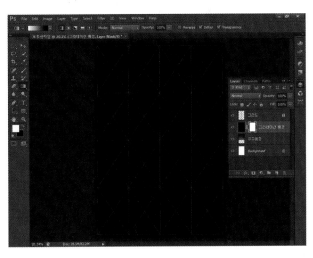

> **기적의 Tip**
> • 레이어 마스크를 적용함과 동시에 전경색과 배경색이 흰색과 검정색으로 자동 설정되기 때문에 따로 바꿀 필요는 없습니다. 혹시 바뀌지 않는 경우 수동으로 설정해야 합니다.
> • Foreground to Background는 전경색에서 배경색으로 변하는 그라디언트를 적용합니다.

05 'Gradient Tool'로 이미지의 상단에서 중앙까지 드래그하여 다음과 같이 이미지 아랫 부분이 자연스럽게 사라지게 한 후, 레이어의 'Opacity'를 80%로 설정하여 '우주배경'과 자연스럽게 어울리도록 합니다.

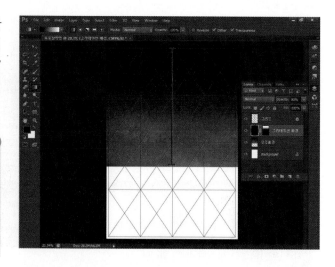

> **기적의 Tip**
>
> • 그라디언트를 적용할 때 [Shift]를 누르면 수평, 수직, 45° 정 방향으로 그라데이션을 그릴 수 있습니다.
> • 그라디언트는 시작점과 끝점의 위치에 따라 결과가 달라질 수 있습니다. 결과물이 맘에 들지 않을 경우, [Ctrl]+[Z]를 눌러 이전 명령을 취소한 후, 다시 그라디언트를 적용합니다.

06 배경에 사용할 이미지를 넣기 위해서 [File] 〉 [Open]을 선택하고, [Open] 대화상자가 열리면 동궁과월지.jpg를 찾아 선택한 후, [Open] 버튼을 클릭하여 이미지를 불러옵니다. 이미지의 밝기와 대비를 수정하기 위해서 [Image] 〉 [Adjustment] 〉 [Levels]를 선택하고, [Levels] 대화상자에서 각 슬라이더를 다음과 같이 조절한 후, [OK] 버튼을 클릭합니다.

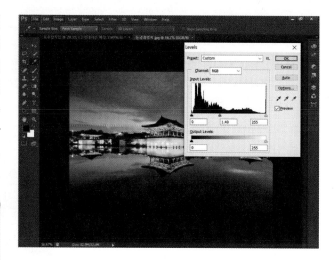

> **기적의 Tip**
>
> • [Ctrl]+[L] : Levels
> • [Levels] 대화상자에서 중앙에 위치한 3개의 슬라이더 조절점은 각각 밝기 조절 역할을 합니다. 왼쪽 조절점은 어두운 부분을 어둡게, 중앙 조절점은 전체 밝기를, 오른쪽 조절점은 밝은 곳을 밝게 조절할 수 있습니다.

07 이미지의 밝기를 확인한 후, 물결 필터 효과를 적용하기 위해서 'Polygonal Lasso Tool'로 물 부분만 선택합니다.

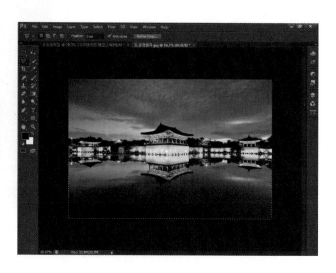

> **기적의 Tip**
>
> Polygonal Lasso Tool은 직선을 이용하여 빠르게 선택영역을 지정할 수 있습니다.

08 [Filter] 〉 [Distort] 〉 [Ripple]을 선택하여 [Ripple] 대화상자가 열리면 'Size : Large', 'Amount : 150%' 정도로 설정한 후, [OK] 버튼을 클릭하여 효과를 적용합니다. 이미지를 확인한 후 Ctrl + A 를 눌러 전체영역을 선택하고, Ctrl + C 를 눌러 복사합니다.

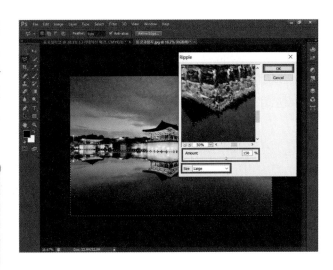

> 🎓 **기적의 Tip**
>
> • Ripple(바다 물결) : 물결 효과 필터
> • 실제 시험에는 정확한 수치로 입력하는 것보다는 슬라이더를 마우스로 조절하거나 마우스 휠로 수치를 변화시키면서 눈으로 확인하고, 적당한 수치를 찾는 것이 좋습니다.
> • 몇 가지 자주 사용하는 중요한 기능은 단축키를 외워서 사용해야 시간을 단축할 수 있습니다.

09 '포토샵작업' 창으로 돌아와 Ctrl + V 를 눌러 이미지를 붙여 넣습니다. Ctrl + T 를 눌러 크기와 위치를 조절하여 다음과 같이 배치합니다. Layers 패널에서 레이어의 이름을 동궁과월지로 변경한 후, 레이어 위치를 '그리드' 레이어 아래로 이동합니다.

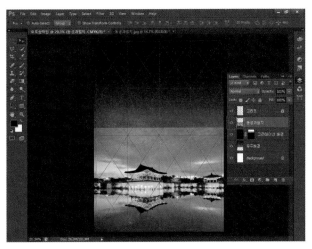

> 🎓 **기적의 Tip**
>
> 디자인 원고에 그려놓은 그리드와 작업창의 그리드를 비교하며 이미지가 들어갈 위치를 확인할 수 있습니다.

10 Layers 패널의 'Add Layer mask' 아이콘을 클릭하여 '동궁과월지' 레이어에 마스크를 적용합니다. 'Gradient Tool'로 지붕의 상단 부분에서 하늘이 끝나는 부분까지 드래그하여 다음과 같이 위쪽 부분이 '우주배경'과 자연스럽게 어울리도록 합니다.

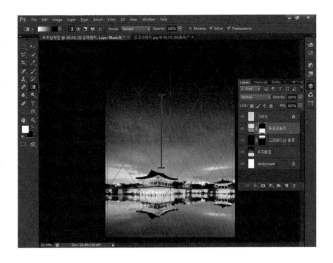

> 🎓 **기적의 Tip**
>
> 그라디언트는 Shift 를 누른 채 정확하게 수직방향으로 적용해야 합니다.

03 타이틀 만들기

01 다음으로 타이틀을 만들어 보겠습니다. '일러스트작업' 창에서 캘리그라피를 선택하고, Ctrl+C를 눌러 복사합니다.

02 '포토샵작업' 창에 Ctrl+V를 눌러 붙여넣기합니다. [Paste] 대화상자에서 'Pixels'를 선택하고, [OK] 버튼을 클릭한 후, 디자인 원고를 참고로 크기를 조절하여 다음과 같은 위치에 배치합니다. Layers 패널에서 레이어의 이름을 캘리그라피로 변경하고, 위치를 '그리드' 레이어 아래로 이동합니다.

> 🎓 **기적의 Tip**
>
> [Paste] 대화상자에서는 일러스트에서 가져온 오브젝트의 속성을 설정합니다. 대부분 Pixels로 선택하여 일반 비트맵 이미지로 가져오면 됩니다. 비트맵 이미지는 수정 및 효과 적용이 편리합니다.

03 '캘리그라피' 레이어가 선택된 상태에서 Ctrl+J를 눌러 복사하고, 복사된 레이어의 이름을 캘리그라피 테두리로 변경한 후, '캘리그라피' 레이어 아래로 이동합니다. 외곽선 효과를 적용하기 위해서 Layers 패널에서 '캘리그라피 테두리' 레이어를 더블클릭하여 [Layer Style] 대화상자를 엽니다. 'Styles : Stroke'를 클릭하고, 'Size : 15px', 'Position : Outside'로 설정한 후, [OK] 버튼을 클릭합니다.

> 🎓 **기적의 Tip**
>
> Ctrl+J : Layer via Copy

04 '캘리그라피 테두리' 레이어에 마우스 오른쪽 버튼을 클릭하고 [Rasterize Layer Style]를 선택하여 일반 레이어로 변경합니다.

05 Layers 패널에서 '캘리그라피 테두리' 레이어를 더블클릭하여 [Layer Style] 대화상자를 엽니다. 'Styles : Gradient Overlay'를 클릭하고, 'Gradient' 색상 바를 클릭합니다. [Gradient Editor] 대화상자가 열리면 슬라이더의 왼쪽 색상은 C100M100Y25K15, 오른쪽 색상은 C65M0Y25K0으로 설정한 후, [OK] 버튼을 클릭합니다. Gradient 옵션에서 'Style : Radial'로 설정한 후, [OK] 버튼을 클릭하여 효과를 적용하고, 확인합니다.

06 문자를 입력하기 위해서 'Type Tool'을 선택하고, 작업창을 클릭하여 2022를 다음과 같은 위치에 입력합니다. 디자인 원고를 참고하여 글꼴과 크기, 자간 등을 적절히 설정한 후, 문자의 색을 C0M0Y0K0으로 설정합니다.

07 타이틀에 사용할 이미지를 넣기 위해서 [File] 〉 [Open]을 선택하고, 유물 A.jpg을 찾아 불러옵니다. 'Magic Wand Tool'을 선택하고, 옵션 바에서 'Tolerance : 20'으로 설정한 후, 이미지의 배경을 클릭합니다. Ctrl+Shift+I 를 눌러 선택영역을 반전합니다.

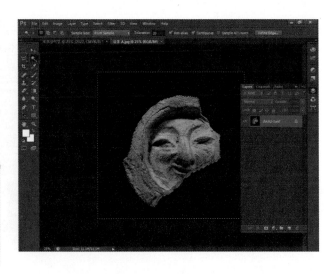

08 이미지의 밝기와 대비를 수정하기 위해 [Image] 〉 [Adjustment] 〉 [Levels]를 선택하고, [Levels] 대화상자에서 각 슬라이더를 다음과 같이 조절한 후, [OK] 버튼을 클릭합니다. Ctrl+C 를 눌러 선택영역을 복사합니다.

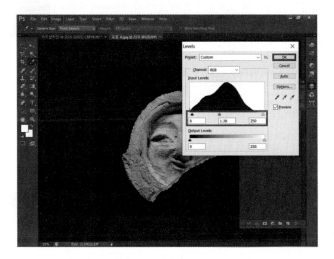

09 '포토샵작업' 창에 Ctrl+V 를 눌러 붙여넣기합니다. [Paste] 대화상자에서 'Pixels'를 선택하고, [OK] 버튼을 클릭한 후, 디자인 원고를 참고로 크기를 조절하여 '경' 글자 옆에 배치합니다. Layers 패널에서 레이어의 이름을 유물 A로 변경합니다.

10 외부광선 효과를 적용하기 위해서 Lay-ers 패널에서 '유물 A' 레이어를 더블클릭하여 [Layer Style] 대화상자를 엽니다. 'Styles : Outer Glow'를 클릭하고, 'Opacity : 32%, Color : C0M0Y0K0, Spread : 4%, Size : 18px'로 설정한 후, [OK] 버튼을 클릭합니다.

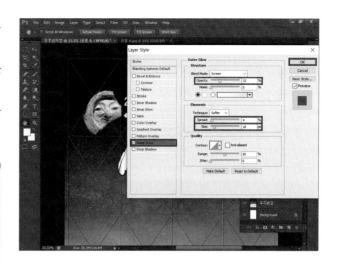

🎓 기적의 Tip

- Outer Glow : 이미지의 외곽에 밝게 퍼져가는 빛 효과를 줍니다.
- 책에서 제시하는 수치보다는 눈으로 확인하여 디자인 원고와 비슷한 결과가 나오면 되므로 해당 기능의 사용방법만 기억해도 됩니다.

11 다음으로 타이틀 아래에 도장을 배치하기 위해서 '일러스트작업' 창에서 도장 오브젝트를 선택하고, Ctrl + C 를 눌러 복사합니다.

12 '포토샵작업' 창에 Ctrl + V 를 눌러 붙여넣기합니다. [Paste] 대화상자에서 'Pixels'를 선택하고, [OK] 버튼을 클릭한 후, 디자인 원고를 참고로 크기를 조절하여 '전' 글자 옆에 배치합니다. Layers 패널에서 레이어의 이름을 도장으로 변경합니다.

🎓 기적의 Tip

- 크기를 조절할 때 반드시 Shift 를 눌러 비율을 유지해야 합니다.
- 레이어의 이름을 매번 변경해야 하는 이유는 수정과 작업 파일의 관리가 매우 용이해지기 때문입니다.

13 캐릭터 이미지를 넣기 위해서 [File] >
[Open] 메뉴를 선택하고, 캐릭터.jpg를 불러옵니
다. 'Magic Wand Tool'을 선택하고, 옵션 바에서
'Tolerance : 50'으로 설정한 후, 이미지의 흰색
배경을 클릭합니다. Ctrl + Shift + I 를 눌러 선
택영역을 반전하고, Ctrl + C 를 눌러 선택영역
을 복사합니다.

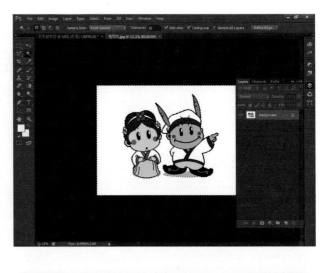

🎓 **기적의 Tip**

Tolerance의 기능을 이해하고 설정 방법을 익혀 이미지의
빠른 선택영역 지정이 숙달되도록 합니다.

14 '포토샵작업' 창에 Ctrl + V 를 눌러 붙여넣
기 합니다. [Paste] 대화상자에서 'Pixels'를 선택
하고, [OK] 버튼을 클릭한 후, 디자인 원고를 참
고로 크기를 조절하여 '전' 글자 위에 배치합니
다. Layers 패널에서 레이어의 이름을 캐릭터로
변경합니다.

15 'Type Tool'을 선택하고, 작업창을 클릭하여
신라천년의 문화를 만끽하다!를 다음과 같은 위
치에 입력합니다. 디자인 원고를 참고하여 글꼴
과 크기, 자간 등을 적절히 설정한 후, '문화'는
C0M25Y93K0으로, 나머지는 C50M0Y93K0으
로 설정합니다. 레이어를 더블클릭하여 [Layer
Style] 대화상자에서 'Styles : Stroke'를 클릭하고,
'Size : 4px, Color : C0M0Y0K100'으로 설정한
후, [OK] 버튼을 클릭합니다.

🎓 **기적의 Tip**

하나의 레이어에서 글자의 내용을 일부분 수정해야 할 경우,
Type Tool로 글자를 드래그하여 블록 지정한 후, 수정 기능
을 적용합니다.

④ 나침반 합성하기

01 다음으로 나침반을 배치해 보겠습니다. '일러스트작업' 창에서 나침반을 선택하고, Ctrl+C를 눌러 복사합니다.

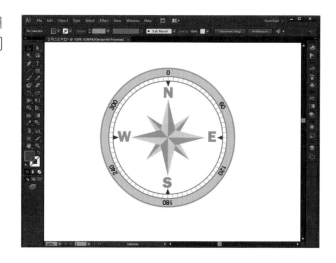

02 '포토샵작업' 창에 Ctrl+V를 눌러 붙여넣기 합니다. [Paste] 대화상자에서 'Pixels'를 선택하고, [OK] 버튼을 클릭한 후, 위치를 조절하여 디자인 원고의 제시된 위치에 맞게 배치합니다. Layers 패널에서 레이어의 이름을 나침반으로 변경한 후, 위치를 '캘리그라피 테두리' 레이어 아래로 이동합니다.

03 Ctrl+T를 눌러 크기 조절점을 나타내고, 마우스 오른쪽 버튼을 눌러 메뉴가 열리면 [Perspective]를 선택합니다. 조절점을 조절하여 원근을 다음과 같이 만든 후, Enter를 눌러 확정합니다.

> 🎓 **기적의 Tip**
>
> • Ctrl+T : Free Transform
> • Perspective : 원근 조절
> • Free Transform 상태에서 Ctrl을 누르면 Distort(왜곡)와 Skew(기울이기) 기능을 사용할 수 있습니다.

04 왜곡을 주기 위해서 [Filter] 〉 [Distort] 〉 [Wave]를 선택하여 [Wave] 대화상자가 열리면 'Number of Generators : 5', Wavelength 'Min : 194, Max : 240', Amplitude 'Min : 20, Max : 90', Scale 'Horiz : 30%, Vert : 35%' 정도로 설정한 후, [OK] 버튼을 클릭하여 효과를 적용합니다.

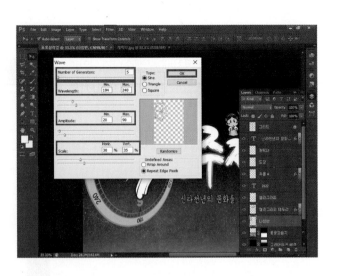

> **기적의 Tip**
>
> • Wave(파도) : 파도 왜곡 효과 필터
> • 시험장의 프로그램이 한글판으로 설치된 경우가 많으므로 필터 효과는 한글 이름 또한 기억해 두는 것이 좋습니다.
> • 위에서 제시된 수치는 절대적인 것이 아니므로 효과를 눈으로 확인하면서 적당한 값으로 조절해야 합니다.

05 왜곡 효과를 확인하고, 레이어 패널에서 'Opacity : 25%'로 설정한 후, [Ctrl]+[S]를 눌러 저장합니다.

> **기적의 Tip**
>
> • [Ctrl]+[S] : Save
> • 예기치 못한 상황에 대비하여 가끔씩 [Ctrl]+[S]를 눌러 저장을 하는 것이 좋습니다.

05 입체 박스 만들기

01 입체 박스에 사용할 이미지를 넣기 위해서 [File] 〉 [Open]을 선택하고, [Open] 대화상자가 열리면 유물 B.jpg를 찾아 불러옵니다. '포토샵작업' 창의 다음과 같은 위치에 붙여 넣은 후 Layers 패널에서 레이어의 이름을 유물 B로 변경합니다.

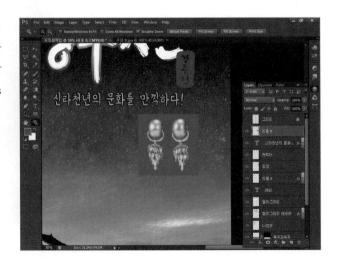

02 Ctrl+T를 눌러 크기 조절점을 나타내고, 모서리 조절점의 외곽을 Shift를 누른 채 드래그하여 45˚만큼 회전합니다. Alt를 누른 채, 상하 조절점을 드래그하여 비율을 다음과 같이 조절한 후, Enter를 눌러 확정합니다.

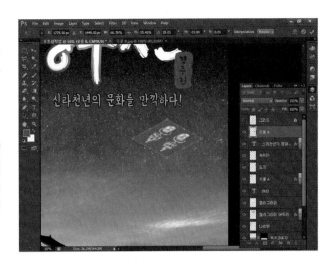

> 🎓 **기적의 Tip**
>
> • Ctrl+T : Free Transform
> • Free Transform 상태에서 Alt을 누르면 상하좌우 대칭으로 변형할 수 있습니다.

03 다음으로 유물 C.jpg를 찾아 불러옵니다. '포토샵작업' 창에 붙여 넣은 후, 레이어의 이름을 유물 C로 변경합니다. Ctrl+T를 눌러 다음과 같이 모양과 위치, 크기를 변형한 후, Enter를 눌러 확정합니다.

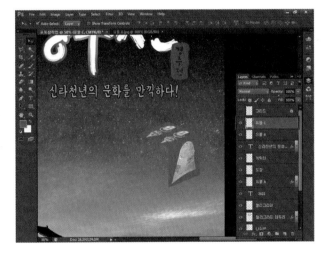

04 다음으로 유물 D.jpg를 찾아 불러옵니다. '포토샵작업' 창에 붙여 넣은 후, 레이어의 이름을 유물 D로 변경합니다. Ctrl+T를 눌러 다음과 같이 모양과 위치, 크기를 변형한 후, Enter를 눌러 확정합니다. 다음과 같이 입체 박스가 만들어졌음을 확인합니다.

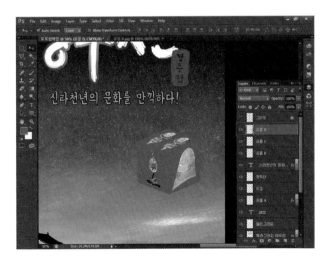

05 입체감을 주기 위해서 박스 각 면의 밝기 조절을 해보겠습니다. Levels 기능으로 '유물 B' 레이어는 밝게, '유물 C' 레이어는 어둡게 조절합니다.

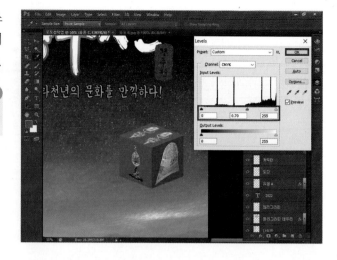

06 완성된 박스에 그림자 효과를 주기 위해서 Layers 패널에서 'Create a new group'을 클릭하여 새 폴더 그룹을 만들고, 유물 B, C, D를 폴더에 모두 드래그합니다. 새 폴더 그룹의 이름을 박스로 변경합니다.

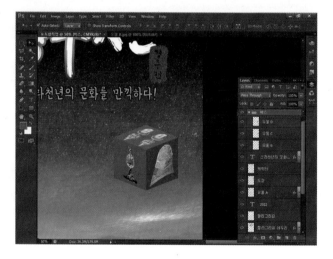

07 Layers 패널에서 '박스' 폴더 그룹 레이어의 빈 곳을 더블클릭합니다. [Layer Style] 대화상자에서 'Styles : Drop Shadow'를 클릭하고, 'Distance : 30px, Spread : 0%, Size : 31px'로 설정한 후, [OK] 버튼을 클릭한 후, 그림자 효과를 확인합니다.

06 알림 내용 만들기

01 글자 박스를 만들기 위해서 'Rounded Rect-angle Tool'을 선택하고, 옵션 바에서 'Fill : None, Stroke : C0M0Y0K0, 3pt, Radius : 50px' 정도로 설정한 후, 다음과 같은 위치에 둥근 사각형을 만든 후, 레이어의 이름을 글자박스1로 변경합니다.

> **기적의 Tip**
>
> Shape 오브젝트의 경우, 만들고 난 후에 면색과 선색, 선 두께, 선의 종류를 수정할 수 있습니다.

02 'Type Tool'을 선택하고, 작업창을 클릭하여 문화의 밤을 박스 안에 입력합니다. 디자인 원고를 참고하여 글꼴과 크기, 자간 등을 적절히 설정한 후, 문자의 색을 C0M0Y0K0으로 설정합니다.

> **기적의 Tip**
>
> **글자는 일러스트, 포토샵, 인디자인 중 어디서 입력하는 것이 좋을까요?**
> 정답은 없습니다. 가장 자신 있는 프로그램을 선택하여 글자를 입력하면 됩니다. 다만 특수한 모양의 글자는 일러스트, 효과가 필요한 글자는 포토샵, 작은 크기의 글자는 인디자인을 이용하는 것이 좋습니다. 작은 크기의 글자는 포토샵에서 입력할 경우 비트맵 변환을 거치기 때문에 출력 시 흐릿하게 나올 수 있습니다.

03 'Type Tool'로 2022. 9.10(토) – 9.11(일)을 다음과 같은 위치에 입력하고, 글꼴과 크기, 자간 등을 적절히 설정한 후, 노란색 글자는 C0M20Y93K0, 나머지는 C0M0Y0K0으로 설정합니다. 이어서 17:00 ~ 21:00을 오른쪽에 흰색으로 입력하고, 글꼴과 크기, 자간 등을 설정합니다.

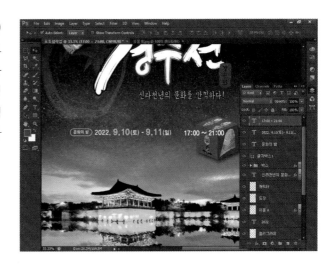

04 위와 같은 방법으로 둥근 사각형을 하나 더 만들고 다음 음악회, 2022. 9.17(토) − 9.18(일), 경주 예술의 전당을 입력합니다.

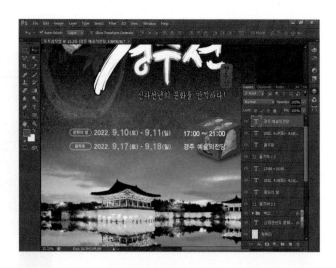

05 다음과 같이 선을 그리기 위해서 'Pen Tool'을 선택하고, 옵션 바에서 'Fill : None, Stroke : C0M0Y0K0, 3pt'로 설정한 후, 다음과 같은 위치에 선을 그린 후, 레이어의 이름을 연결선으로 변경합니다.

> 🎓 **기적의 Tip**
>
> • Shift 를 누른 채 선을 그리면 수직, 수평선을 그릴 수 있습니다.
> • Pen Tool로 그린 선은 일러스트레이터와 같은 방법으로 수정할 수 있습니다.

06 '일러스트작업' 창에서 별을 선택하고, Ctrl +C 를 눌러 복사합니다.

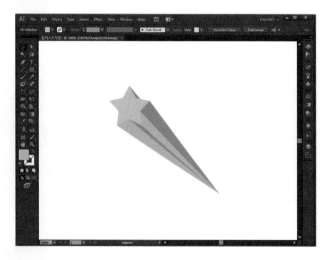

07 '포토샵작업' 창에 Ctrl+V를 눌러 붙여넣기합니다. 크기와 위치를 조절하여 디자인 원고의 제시된 위치에 맞게 2개를 배치합니다. Layers 패널에서 레이어의 이름을 별 문양1, 별 문양2로 각각 변경한 후, '별 문양2' 레이어의 'Opacity'를 65%로 변경합니다. 입력된 글자들을 디자인 원고와 비교하여 전체적으로 확인합니다.

07 로고 배치하기

01 '일러스트작업' 창에서 로고를 선택하고, Ctrl+C를 눌러 복사합니다.

02 '포토샵작업' 창에 Ctrl+V를 눌러 디자인 원고의 제시된 위치에 맞게 배치한 후, Layers 패널에서 레이어의 이름을 심볼로 변경합니다. 레이어를 더블클릭하여 [Layer Style] 대화상자에서 'Styles : Stroke'를 클릭하고, 'Size : 3px, Color : C0M0Y0K0'으로 설정한 후, [OK] 버튼을 클릭합니다.

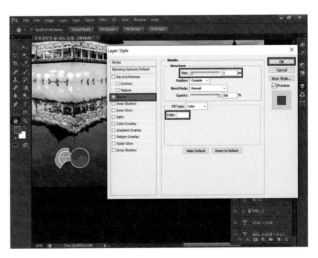

03 로고 오른쪽에 'Type Tool'로 GYEONGJU WORLD CULTURE EXPO와 경주세계문화엑스포를 각각 입력하고, 글꼴과 크기, 자간 등을 적절히 설정한 후, 색을 C0M0Y0K100으로 설정합니다. 레이어를 더블클릭하여 [Layer Style] 대화상자에서 'Styles : Stroke'를 클릭하고, 'Size : 3px, Color : C0M0Y0K0'으로 설정한 후, [OK] 버튼을 클릭합니다.

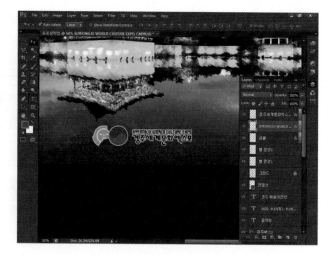

08 검토 및 저장하기

01 Layers 패널에서 '그리드' 레이어를 켠 후, 디자인 원고와 전체적으로 비교하여 검토합니다. 검토가 끝나면 '그리드' 레이어의 눈을 끄고, Ctrl + S 를 눌러 저장합니다.

🎓 **기적의 Tip**

Ctrl + S : Save(저장하기)

02 Layers 패널에서 '그리드' 레이어 바로 아래 레이어를 선택하고, Ctrl + Alt + Shift + E 를 눌러 모든 레이어가 합쳐진 새 레이어를 만든 후, [Image] 〉 [Mode] 〉 [RGB Color] 메뉴를 선택하여 RGB 모드로 전환합니다.

🎓 기적의 Tip

- Ctrl + Alt + Shift + E 를 누르면 현재 보이는 모든 레이어를 하나의 새 레이어로 만듭니다. 기존의 레이어는 지워지지 않고 그대로 유지되므로 혹시 모를 수정 작업에 유리합니다. 또한 RGB 모드로 변환하기 전 색상 조합을 그대로 유지할 수 있습니다.
- 모드 전환 시 [Adobe Photoshop CS6 Extended] 대화상자가 열리면 [Don't Flatten] 버튼을 클릭합니다.

03 [File] 〉 [Save As] 메뉴를 선택하여 '파일이름 : 자신의 비번호(예를 들어 01번이면 01)'을 입력합니다. PC 응시자는 'Format : JPEG' 형식을 선택합니다. [JPEG Options] 대화상자가 열리면 'Quality : 12'로 설정하고, [OK] 버튼을 클릭합니다. 이때 저장된 JPG 파일을 확인하고, 용량이 너무 큰 경우 'Quality'를 8~11 정도의 수치로 설정하여 저장합니다.

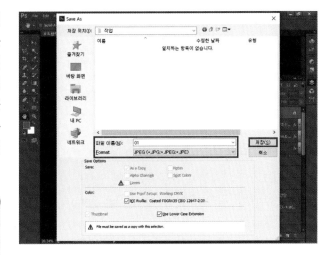

🎓 기적의 Tip

- 제출해야 할 파일(포토샵에서 만든 JPG 파일+인디자인 파일)의 용량은 총 10MB 이하입니다.
- Quality는 JPEG의 압축 품질을 설정하는 옵션으로서 수치를 낮게 설정하면 용량이 매우 줄어들며 화질이 손상됩니다. 따라서 허용하는 용량 내에서 최대한 높은 수치로 설정하여 화질이 최대한 떨어지지 않도록 합니다.

01 작업 준비하기

[File] 〉 [New] 〉 [Document]를 선택하여 'Number of Pages : 1, Facing Pages : 체크 해제', 'Page Size : A4', Margins 'Make all settings the same : 해제', 'Top : 15.5mm, Bottom : 15.5mm, Left : 12mm, Right : 12mm'로 입력한 후, [OK] 버튼을 클릭합니다.

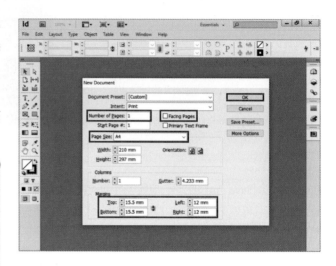

> **기적의 Tip**
> • Ctrl + N : New Document(새로 만들기)
> • A4의 가로 길이 210mm에서 186mm를 뺀 값은 24mm 이고, A4의 세로 길이 297mm에서 266mm를 뺀 값은 31mm이므로 이 여백을 2등분하여 각각의 여백으로 지정합니다.

02 안내선 만들기

01 실제크기의 안내선이 만들어졌으면 안내선의 위쪽, 아래쪽, 왼쪽, 오른쪽의 안쪽으로 3mm를 뺀 작품규격 크기의 안내선도 만들어야 합니다. 눈금자의 기준점을 드래그하여 왼쪽 위의 안내선 교차지점에 이동시켜 기준점이 0이 되도록 합니다.

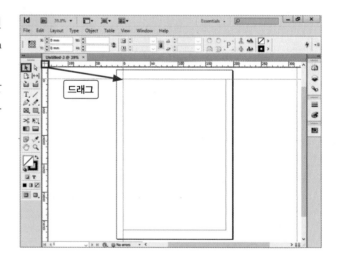

02 'Zoom Tool'로 실제크기 안내선 왼쪽 위를 드래그하여 확대하고, 왼쪽 눈금자에서 마우스를 드래그하여 0mm 지점에서 오른쪽으로 3mm만큼 이동한 지점과 위쪽 눈금자에서 마우스를 드래그하여 0mm 지점에서 아래쪽으로 3mm만큼 이동한 지점에 안내선을 가져다 놓습니다.

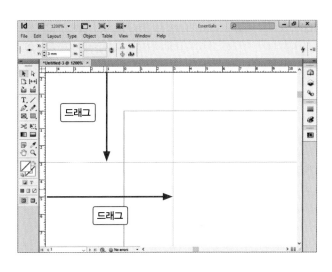

> 🎓 **기적의 Tip**
>
> 왼쪽 눈금자에서 안내선을 꺼내 컨트롤 패널에서 'X : 3mm'로 입력하고, 위쪽 눈금자에서 안내선을 꺼내 'Y : 3mm'로 입력하여 정확히 배치할 수 있습니다.

03 'Hand Tool'을 더블클릭하여 윈도우 화면으로 맞춘 후, 실제크기의 안내선 오른쪽 아래를 'Zoom Tool'로 확대합니다. 왼쪽 눈금자에서 마우스를 드래그하여 186mm 지점에서 왼쪽으로 3mm만큼 이동한 지점(183mm)과 위쪽 눈금자에서 마우스를 드래그하여 오른쪽 아래의 266mm 지점에서 위쪽으로 3mm만큼 이동한 지점(263mm)에 안내선을 가져다 놓습니다.

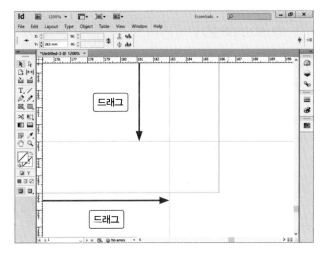

> 🎓 **기적의 Tip**
>
> 왼쪽 눈금자에서 안내선을 꺼내 컨트롤 패널에서 'X : 183mm'로 입력하고, 위쪽 눈금자에서 안내선을 꺼내 'Y : 263mm'로 입력하여 정확히 배치할 수 있습니다.

🔟3 재단선 그리기

01 왼쪽 위를 'Zoom Tool'로 확대한 후, 'Line Tool'을 클릭하고, [Shift]를 누른 상태에서 왼쪽 위의 세로 안내선과 실제크기 안내선 경계 부분에 수직으로 드래그하여 5mm 길이의 재단선을 그립니다. 가로 안내선과 실제크기 안내선 경계 부분도 수평으로 드래그하여 5mm 길이의 재단선을 그립니다. 두 재단선을 'Selection Tool'로 [Shift]를 누른 상태에서 각각 클릭하고, [Ctrl]+[C]를 눌러 복사합니다.

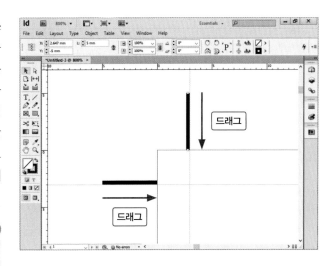

> 🎓 **기적의 Tip**
>
> 컨트롤 패널에서 'L' 값을 참고하여 수치를 확인하거나 입력할 수 있습니다. 디자인 원고에서 재단선의 규격에 대한 언급이 없지만 5mm~10mm 정도가 적절합니다.

02 오른쪽 위를 'Zoom Tool'로 확대한 후 Ctrl +V를 눌러 붙여넣기합니다. 컨트롤 패널에서 'Rotate 90° Clockwise'를 클릭하여 위치를 변경한 후, 안내선에 맞춰 배치합니다. 동일한 방법으로 아래쪽의 재단선도 만듭니다.

 기적의 Tip

아래쪽의 재단선도 컨트롤 패널에서 'Rotate 90° Clockwise'를 클릭하고, 안내선에 맞춰 배치하면 됩니다.

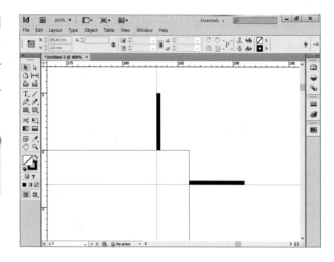

04 이미지 가져오기

01 [File] 〉 [Place]를 선택하여 01.jpg를 선택하고 [열기] 버튼을 클릭합니다.

기적의 Tip

Ctrl + D : Place

02 실제크기 안내선의 왼쪽 위에 마우스를 클릭하여 이미지를 삽입합니다. 마우스 오른쪽 버튼을 클릭하여 [Display Performance] 〉 [High Quality Display]를 선택합니다. 다음으로 외곽선 생략여부를 반드시 확인한 후, 다음 작업으로 넘어갑니다.

기적의 Tip

컨트롤 패널에서 'Reference Point'를 왼쪽 상단 점을 클릭하고 'X : 0mm, Y : 0mm, W : 186mm, H : 266mm'를 확인합니다. 수치가 차이가 날 경우 위와 같이 수치를 직접 입력해 줍니다.

05 글자 입력하기

01 다음으로 글자를 입력해 보겠습니다. 'Type Tool'을 선택하고, 상단 부분에 드래그하여 글상자를 만듭니다. 글상자에 경주전 문화페스티벌은 경주시 문화재청과 함께하고 있습니다.를 입력하고, 'Type Tool'로 글자를 블록 지정하여 컨트롤 패널에서 디자인 원고를 참고로 글꼴과 크기를 적절히 설정한 후, 툴 박스에서 글자 색상을 C0M0Y0K0으로 설정합니다.

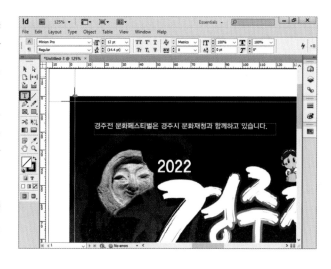

02 칸막이 선을 만들기 위해서 'Line Tool'을 선택하고, [Shift]를 누른 채 수직선을 다음과 같은 위치에 그립니다. 툴 박스에서 선 색상을 C0M0Y0K0으로 설정합니다.

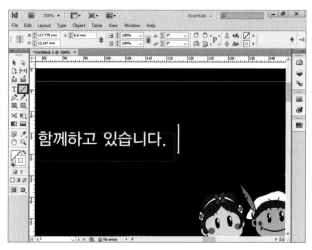

03 'Type Tool'을 선택하고, 선 오른쪽에 글상자를 만듭니다. 경주문화원 www.gjnighttrip.or.kr을 입력한 후, 'Type Tool'로 글자를 블록 지정하여 컨트롤 패널에서 디자인 원고를 참고로 글꼴과 크기를 적절히 설정한 후, 툴 박스에서 글자 색상을 C0M0Y0K0으로 설정합니다.

04 'Type Tool'을 선택하고, 다음과 같은 위치에 글상자를 만듭니다. ※ 세부 일정과 프로그램은 경주문화원 홈페이지와 안내책자를 참조하시기 바랍니다.를 입력한 후, 'Type Tool'로 글자를 블록 지정하여 컨트롤 패널에서 디자인 원고를 참고로 글꼴과 크기를 적절히 설정한 후, 툴 박스에서 글자 색상을 C0M0Y0K0으로 설정합니다.

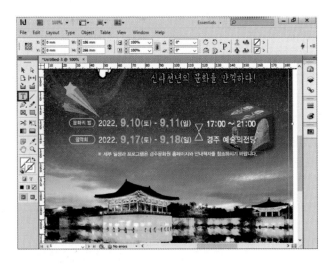

06 비번호 입력하기

이미지 왼쪽 아래를 'Zoom Tool'로 확대하고 'Type Tool'로 비번호(등번호)를 입력한 후 글자를 블록 지정하여 컨트롤 패널에서 '글꼴 : Dotum, Font Size : 10pt'로 지정합니다.

> **기적의 Tip**
>
> 비번호(등번호)를 재단선 끝선에 맞추어 배치합니다.

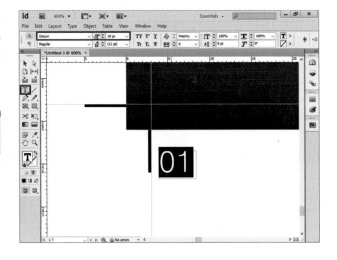

07 **저장하고 제출하기**

01 [File] 〉 [Save]를 선택하여 파일이름을 자신의 비번호 01로 입력한 후 [저장] 버튼을 클릭합니다.

02 'Hand Tool'를 더블클릭하여 결과물 전체를 확인합니다. 작업 폴더를 열고, '01.indd'와 '01.jpg'만 제출합니다. 출력은 출력지정 자리에서 '01.indd'를 열고 프린트합니다. 프린트된 A4 용지는 시험장에서 세공하는 켄트지의 한 가운데에 붙여 제출합니다.

🎓 **기적의 Tip**

제출해야 할 파일(포토샵에서 만든 JPG 파일+인디자인 파일)의 용량은 총 10MB 이하입니다.

난이도 상 중 하 작업 프로그램 포토샵, 일러스트레이터, 인디자인

자격종목	컴퓨터그래픽스운용기능사	과제명	도시농업박람회 포스터

※ 시험시간 : 4시간

1. 요구사항

※ 다음의 요구사항에 맞도록 주어진 자료(컴퓨터에 수록)를 활용하여 디자인 원고를 시험시간 내에 컴퓨터 작업으로 완성하여 A4 용지로 출력 후 A3 용지에 마운팅(부착)하여 제출하시오.

※ 모든 작업은 수험자가 컴퓨터 바탕화면에 폴더를 만들어 저장하시오.

가. 작품규격(재단되었을 때의 규격) : 160mm×240mm ※A4 용지 중앙에 작품이 배치되도록 하시오.

나. 구성요소(문자, 그림) : ※(디자인 원고 참조)

① 문자요소
* 도시의 텃밭정원! 팍팍한 도시에 치유와 예술을 더하다.
* 제12회 서울 도시농업 박람회
* 박람회기간
* 2023.9.24(화) ~ 9.27(일)
* 박람회장소
* 중랑구 용마폭포공원 특설무대

② 그림요소 : 디자인 원고 참조

01.jpg

02.jpg

03.jpg

04.jpg

05.jpg

06.jpg

07.jpg

다. 작업내용

01) 주어진 디자인 원고(그림, 사진, 문자, 색채, 레이아웃, 규격 등)와 동일하게 작업하시오.

02) 디자인 원고 내용 중 불명확한 형상, 색상코드 불일치, 색 지정이 없는 부분, 원고에 없는 형상 등이 있을 때는 수험자가 완성도면 내용과 같이 작업하시오.

03) 디자인 원고의 서체(요구서체)가 사용 컴퓨터 및 소프트웨어와 맞지 않을 경우는 가장 근접한 서체를 사용하시오.

04) 상하, 좌우에 3mm 재단여유를 갖도록 작품을 배치하고, 재단선은 작품규격에 맞추어 용도에 맞게 표시하시오.
(단, 디자인 원고 중 작품의 규격을 표시한 외곽선이 있을 때는 원고의 지시에 따라 표시여부를 결정한다.)

05) 디자인 원고 좌측 하단으로부터 3mm를 띄워 비번호를 고딕 10pt로 반드시 기록하시오.

06) 출력물(A4)은 어떠한 경우에도 절취할 수 없으며, 반드시 A3 용지 중앙에 마운팅하시오.

라. 컴퓨터 작업범위

01) 10MB 용량의 폴더에 수록될 수 있도록 작업범위(해상도 및 포맷형식)를 계획하시오.

02) 규격 : A4(210x297mm) 중앙에 디자인 원고 내용과 같은 작품(원고규격)을 배치하시오.

03) 해상도 및 포맷형식 : 제한용량 범위 내에서 선택하시오.

04) 기타 : ① 제공된 자료범위 내에서 활용하시오.
② 3개의 2D 응용프로그램을 고루 활용하되, 최종작업 및 출력은 편집 프로그램(퀵 익스프레스, 인디자인)에서 하시오. (최종작업 파일이 다른 프로그램에서 생성된 경우는 출력할 수 없음)

작품명 : 도시농업박람회 포스터

※ 작품규격(재단되었을 때의 규격) : 가로 160mm×세로 240mm, 작품 외곽선은 표시하고, 재단선은 3mm 재단 여유를 두고 용도에 맞게 표시할 것.

※ 지정되지 않은 색상 및 모든 작업은 "최종결과물" 오른쪽 디자인 원고를 참고하여 작업하시오.

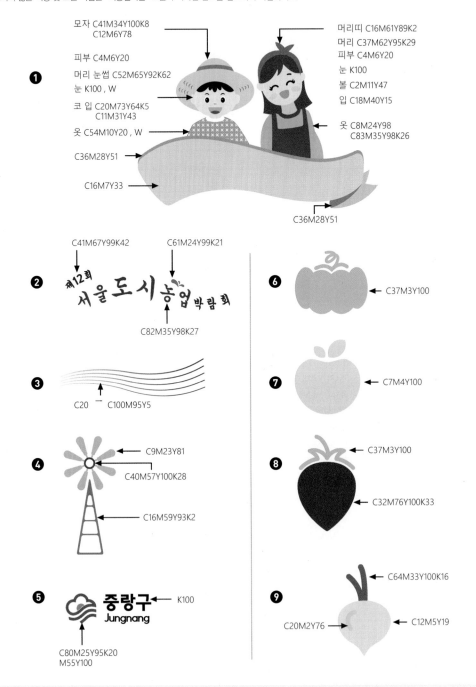

❶
모자 C41M34Y100K8
　　C12M6Y78

피부 C4M6Y20
머리 눈썹 C52M65Y92K62
눈 K100 , W

코 입 C20M73Y64K5
　　C11M31Y43

옷 C54M10Y20 , W

C36M28Y51

C16M7Y33

머리띠 C16M61Y89K2
머리 C37M62Y95K29
피부 C4M6Y20
눈 K100
볼 C2M11Y47
입 C18M40Y15

옷 C8M24Y98
　C83M35Y98K26

C36M28Y51

❷
C41M67Y99K42
C61M24Y99K21
제12회 서울 도시 농업 박람회
C82M35Y98K27

❸
C20 ― C100M95Y5

❹
C9M23Y81
C40M57Y100K28
C16M59Y93K2

❺
중랑구
Jungnang
K100
C80M25Y95K20
M55Y100

❻
C37M3Y100

❼
C7M4Y100

❽
C37M3Y100
C32M76Y100K33

❾
C64M33Y100K16
C20M2Y76
C12M5Y19

붉은색 점선은 안내선입니다.

01 작업 그리드 그리기

배부 받은 디자인 원고의 완성 이미지 위에 필기구와 자를 이용하여 가로, 세로의 크기를 측정한 후 각 4등분으로 선을 그어 줍니다. 16등분의 직사각형이 그려지면 가로와 세로선이 교차되는 지점을 기준으로 대각선을 그립니다.

> **기적의 Tip**
>
> **작업 그리드를 그리는 이유?**
> 컴퓨터 작업 시 각 이미지나 도형의 크기, 위치, 간격을 파악하기 위해 필요한 작업입니다. 빨간색 볼펜 등의 튀는 색상의 필기구로 기준선 그리기 작업을 하는 것이 좋습니다.

02 실제 작업 크기 분석 및 계획 세우기

작품규격 160mm×240mm를 확인합니다. 작품외곽선을 생략하고, 재단선은 3mm의 재단 여유를 두고 용도에 맞게 표시할 것을 염두에 둡니다. 작품규격에 위쪽, 아래쪽, 왼쪽, 오른쪽으로 각 3mm씩 재단여유를 주면 실제 작업 크기는 166mm×246mm가 됩니다. 그리고 각 요소를 표현하기 위해 사용될 프로그램을 계획해 줍니다.

⑱ 그리드 제작하기

01 일러스트레이터를 실행하고, [File] ⟩
[New]를 선택하여 'Units : Millimeters, Width
: 166mm, Height : 246mm, Color Mode :
CMYK'로 설정한 후, [OK] 버튼을 클릭합니다.

> 🎓 **기적의 Tip**
>
> • Ctrl+N : New Document(새 문서 만들기)
> • 작품규격은 160mm X 240mm이므로 재단선 3mm씩을
>   더하면 작업창의 크기는 166mm X 246mm가 됩니다.

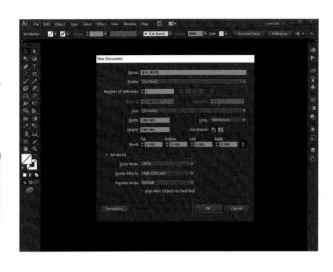

02 'Rectangular Grid Tool'을 선택하고, 작업창
을 클릭하여 대화상자를 엽니다. 작품규격대로
Default Size 'Width : 160mm, Height : 240mm'
로 설정하고, 16등분으로 나누기 위해 Horizon-
tal Dividers, Vertical Dividers 'Number : 3'으로
입력한 후, [OK] 버튼을 클릭합니다.

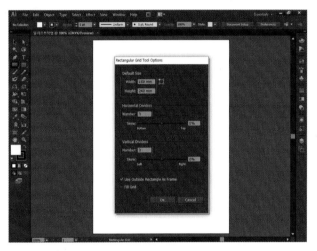

03 [Window]⟩[Align] 패널에서 'Align To :
Align to Artboard'를 선택하고 'Align Objects :
Horizontal Align Center, Vertical Align Center'
를 차례로 클릭합니다. Ctrl+2를 눌러 격자도
형을 잠그고, 'Line Segment Tool'로 좌측 상단에
서 우측 하단으로 대각선 7개를 그린 후, Reflect
Tool을 이용하여 반대방향으로 대각선을 복사합
니다. Alt+Ctrl+2를 눌러 격자도형의 잠금을
해제하고, Ctrl+A를 눌러 오브젝트를 모두 선
택합니다. Stroke 색상을 빨간색으로 변경하고
Ctrl+G를 눌러 그룹으로 지정한 후, 일러스트
작업.ai로 저장합니다.

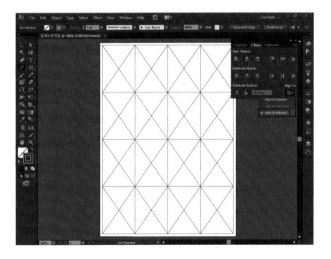

02 일러스트레이터 작업

01 남자 캐릭터 만들기

01 '일러스트작업.ai' 파일이 열린 상태에서 도큐먼트의 빈 곳으로 작업공간을 이동합니다. 캐릭터의 얼굴 부분을 그리기 위해 'Ellipse Tool'을 선택하고, 면색을 C4M6Y20K0, 선색은 None으로 설정한 후, 작업창을 클릭, 드래그하여 다음과 같은 모양의 타원을 그립니다.

 기적의 Tip

Alt + Shift + Ctrl + Y : 배경색 변경하기

02 이어서 면색 C12M6Y78K0, 선색은 None의 모자를 그리기 위한 원을 두 개 더 그립니다. 세로 정렬을 위해 세 개의 원을 모두 선택한 후 Align 패널에서 'Align Objects : Horizontal Align Center'를 클릭합니다.

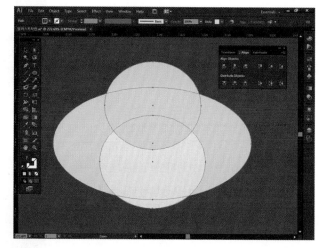

03 'Selection Tool'로 얼굴 오브젝트를 선택하고, 마우스 오른쪽 버튼을 클릭한 후 [Arrange] 〉 [Bring to Front]를 선택하여 맨 앞쪽으로 배치합니다.

 기적의 Tip

- Shift + Ctrl +] : Bring to Front
- Shift + Ctrl + [: Send to Back

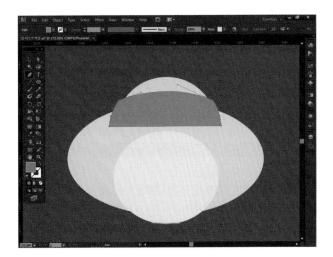

04 모자의 띠를 만들기 위해 'Pen Tool'로 윗 라인을 그려주고 면색은 C41M34Y100K8, 선색은 None으로 설정합니다.

기적의 Tip

보이지 않은 아래쪽 라인은 빠르게 대충 그려, 시험 시간을 절약하도록 합니다.

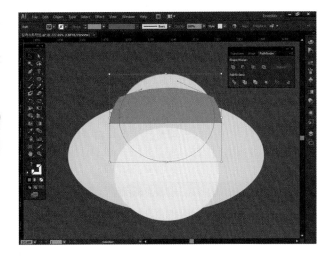

05 'Selection Tool'로 모자의 작은 원과 방금 그린 모자띠 오브젝트를 함께 선택한 후 [Window] 〉 [Pathfinder] 패널의 'Pathfinders : Divide'를 클릭합니다.

기적의 Tip

Shift + Ctrl + F9 : Pathfinder

06 양 끝의 불필요한 부분을 삭제하기 위해 'Se-lection Tool'로 선택해서 자동으로 그룹이 된 부분은 선택하고, 마우스 오른쪽 버튼을 클릭하여 'Ungroup'을 선택합니다. 그룹이 해제된 도형에서 불필요한 부분들만 선택하고 Delete를 눌러 삭제합니다.

🎓 기적의 Tip

- Shift + Ctrl + G : Ungroup
- Ctrl + G : Group
- 'Pathfinder' 기능이 적용된 오브젝트는 자동으로 'Group'으로 묶여지게 됩니다.
- 'Direct Selection Tool'은 그룹상태에서도 개별선택이 가능합니다.

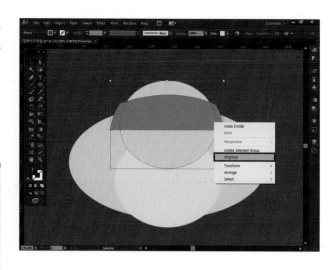

07 'Selection Tool'로 양 끝의 불필요한 부분을 삭제하고 남은 오브젝트는 마우스 오른쪽 버튼을 클릭해서 [Arrange] 〉 [Send to Back]을 클릭해 맨 뒤에 배치합니다.

🎓 기적의 Tip

- Shift + Ctrl + [ ] : Send to Back
- 항상 작업 시작과 도중에는 Ctrl + S 를 눌러 수시로 저장하는 습관을 기르도록 합니다.

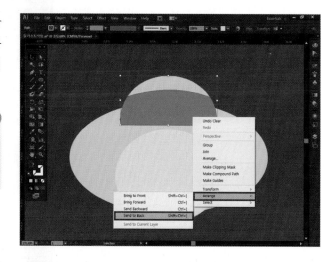

08 'Ellipse Tool'을 이용해서 타원형의 귀를 만들어 줍니다. 'Reflect Tool'을 선택하고 얼굴 오브젝트의 가운데 부분에 마우스를 가져다 대면 표시되는 'Center' 위치에 Alt 를 누르면서 마우스를 클릭합니다. [Reflect] 대화상자가 나타나면 'Vertical'을 선택 후 [Copy] 버튼을 클릭합니다.

🎓 기적의 Tip

오브젝트에 'Center' 표시가 나타나지 않을 때에는 [View] 〉 [Smart Guides]를 클릭합니다.

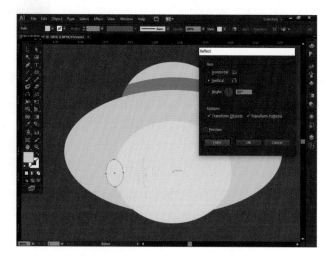

09 'Ellipse Tool'을 이용해서 앞머리의 타원 세 개를 만들어준 후 면색 C52M65Y92K62, 선색은 None으로 설정합니다. 그리고 Shift 를 누르면서 왼쪽 두 개만 선택합니다. 'Reflect Tool'을 클릭한 다음 앞머리 타원의 가운데 중앙에 마우스를 올리면 'Center'가 보입니다. 그곳을 Alt 를 누르면서 마우스를 클릭하여 [Reflect] 대화상자가 열리면 'Vertical'을 선택하고 [Copy] 버튼을 클릭합니다.

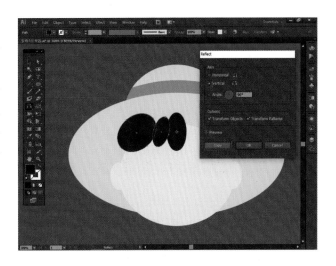

10 'Selection Tool'로 타원 다섯 개를 모두 선택한 후 [Window] 〉 [Pathfinder] 패널의 'Shape Modes : Unite'를 클릭해서 하나의 오브젝트로 합쳐줍니다.

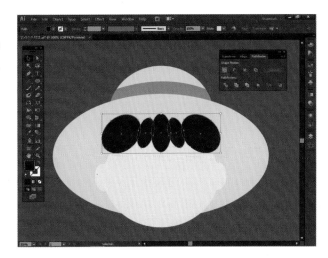

11 하나로 합쳐진 머리카락과 얼굴을 선택해서 'Pathfinder' 패널의 'Pathfinders : Divide'를 클릭합니다. 'Direct Selection Tool' 클릭한 후 머리카락 윗 부분의 불필요한 부분들만 선택하고 Delete 를 눌러 삭제합니다.

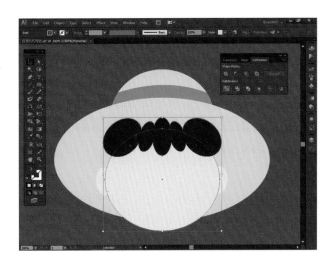

12 'Pen Tool'로 모자에 면색은 None, 선색은 C41M34Y100K8인 그림과 같은 곡선을 하나 그려 줍니다. [Window] 〉 [Stroke]를 클릭해서 [Stroke] 대화상자가 열리면 'Weight' 수치를 조절해서 선의 두께를 설정해주고, 'Profile' 옵션은 양 끝이 뾰족한 타원모양으로 선택을 합니다.

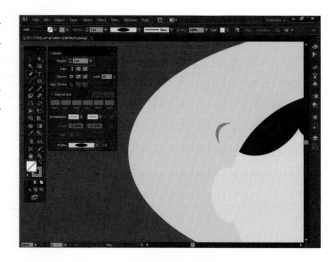

13 [Object] 〉 [Path] 〉 [Outline Stroke]를 클릭해서 선을 면으로 바꿔 줍니다.

14 면으로 바뀐 오브젝트를 'Selection Tool'로 선택한 후 [Alt]를 누르면서 드래그하여 복사 이동해 줍니다. [Ctrl]+[D]를 두 번 반복해 눌러서 두 개를 더 복사 이동합니다.

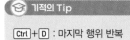

[Ctrl]+[D] : 마지막 행위 반복

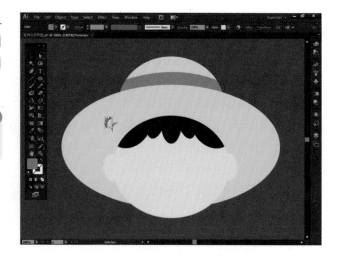

15 만들어진 4개의 오브젝트를 한꺼번에 선택해서 Alt 를 누르면서 드래그하여 이동 복사합니다.

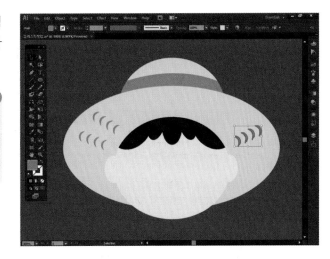

16 'Ellipse Tool'을 이용해서 눈의 타원 세 개를 그려 줍니다. 면색은 각각 C0M0Y0K0과 C0M0Y0K100, 선색은 None으로 설정해 줍니다.

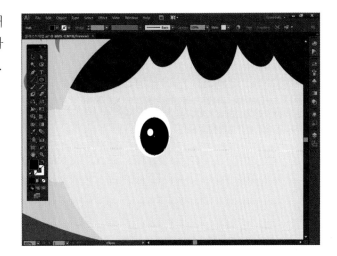

17 'Pen Tool'을 이용하여 눈썹을 그리고 면색 C52M65Y92K62, 선색 None으로 설정합니다. 눈썹과 눈을 함께 선택한 후 'Reflect Tool'을 클릭하고 Alt 를 누른 상태에서 얼굴의 가운데 부분을 클릭합니다. [Reflect] 대화상자가 나타나면 'Vertical'을 선택 후 [Copy] 버튼을 클릭합니다.

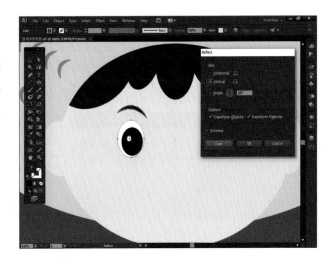

18 도큐먼트의 빈 공간으로 이동한 후, 캐릭터의 입을 만들기 위해 'Ellipse Tool'을 이용해서 면색 C11M31Y43K0, 선색은 None인 원을 만들어 줍니다.

🎓 **기적의 Tip**

원을 그리는 여러 가지 방법
- Shift+드래그 : 정 원을 만들 때 사용합니다. 시작점이 원의 테두리입니다.
- Alt+드래그 : 시작점이 원의 가운데입니다.
- Shift+Alt+드래그 : 정원을 만들면서 시작점을 중심으로 원을 만듭니다.

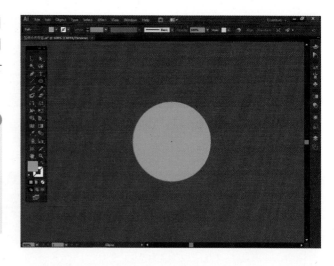

19 'Line Segment Tool'을 선택하고, 원을 가로지르는 선을 그립니다.

🎓 **기적의 Tip**

Shift를 누른 상태로 그리면 가로선은 기울기가 0인 즉, 바닥과 수평인 선이 그려지고 세로선은 기울기가 90도인 바닥과 직각인 세로선이 그려집니다.

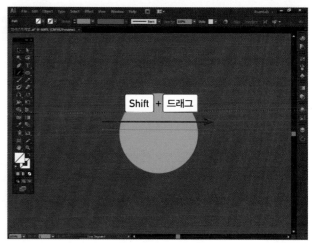

20 [Pathfinder] 패널의 'Pathfinders : Divide'를 클릭합니다. 'Direct Selection Tool'로 불필요한 위쪽 반원 부분을 클릭하여 Delete를 눌러 삭제합니다.

🎓 **기적의 Tip**

'Direct Selection Tool'로 각 영역을 선택하는 이유는 Pathfinder 기능으로 인해 오브젝트가 그룹화 되었기 때문입니다.
- Shift+Ctrl+G : Ungroup
- Ctrl+G : Group

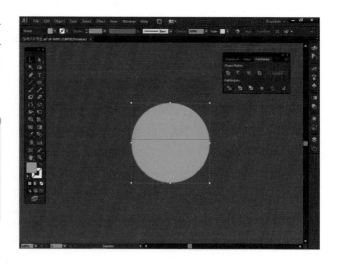

21 'Ellipse Tool'을 이용해서 면색 C20M73 Y64K5, 선색 None인 원을 만들어 반원의 아래쪽에 위치시킵니다.

🎓 **기적의 Tip**

'Ellipes Tool'은 Shift 를 누르며 드래그하면 정원이 그려집니다.

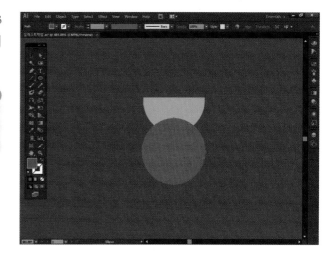

22 'Selection Tool'로 반원과 정원 2개를 모두 선택하고, [Pathfinder] 패널에서 'Pathfinder : Divide'를 클릭합니다. 'Selection Tool'로 마우스 오른쪽 버튼을 클릭한 다음, Ungroup을 선택해 그룹을 해제시키고 불필요한 아래쪽 부분을 삭제합니다.

🎓 **기적의 Tip**

여러 개의 오브젝트 선택하기 : Selection Tool을 선택하고, 오브젝트를 드래그하거나 Shift 를 누른 채, 오브젝트를 하나씩 차례로 선택합니다.

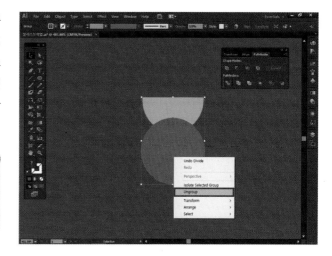

23 캐릭터의 입을 얼굴에 배치하고, 'Ellipse Tool'을 사용해 면색 C11M31Y43K0, 선색은 None인 코를 그려 줍니다.

24 'Rounded Rectangle Tool'로 면색을 C4M6Y20K0, 선색은 None의 둥근 사각형을 그립니다. 오브젝트를 선택하고 마우스 오른쪽 버튼을 클릭한 후 [Arrange] 〉 [Send to Back]을 클릭해 맨 뒤에 배치합니다.

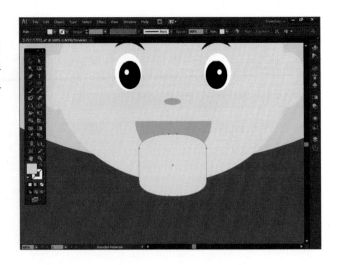

25 'Ellipse Tool'을 이용해서 면색 C0M0Y0K0, 선색 None의 타원형을 그립니다. 타원 오브젝트를 선택하고 마우스 오른쪽 버튼을 클릭한 후 [Arrange] 〉 [Send to Back]을 클릭해 맨 뒤에 배치합니다.

26 'Pen Tool'로 캐릭터의 윗옷을 그려 줍니다.

> 🎓 **기적의 Tip**
>
> Direct Selection Tool과 Pen Tool을 차례로 선택한 후, [Ctrl]을 누르면 Pen Tool이 선택된 상태에서 Direct Selection Tool의 기능을 이용할 수 있고, [Alt]를 누르면 Convert Anchor Point Tool의 기능을 이용할 수 있습니다.

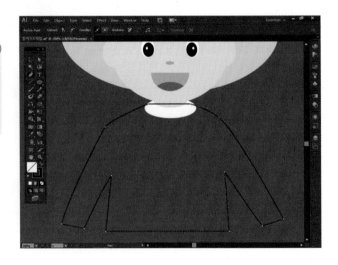

27 'Rectangle Tool'을 이용해서 면색 C54M10 Y20K0, 선색 None의 사각형을 그려 줍니다. 사각형 안쪽에는 'Ellipse Tool'을 이용해서 면색 C0M0Y0K0, 선색은 None의 길쭉한 타원을 그려 줍니다. 흰 타원을 선택한 후 'Rotate Tool'을 더블클릭해서 [Rotate] 대화상자를 열고 Angle 옵션을 90°로 적고 [Copy] 버튼을 클릭합니다. 'Selection Tool'을 사용해 오브젝트를 모두 선택해서 [Window] 〉 [Swatches] 패널의 빈 곳에 가져다 놓습니다.

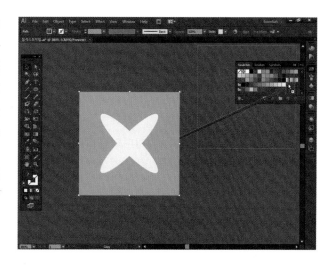

28 'Pen Tool'로 그려 놓은 캐릭터의 옷을 선택하고 면색을 [Swatches] 패널의 만들어 놓은 패턴을 클릭하면 옷의 면색에 패턴이 적용됩니다. 선색은 None으로 설정합니다.

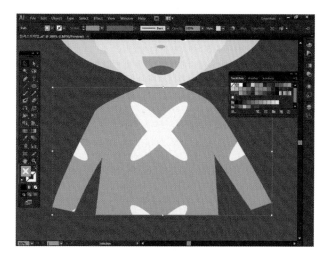

29 패턴의 사이즈 조절을 위해 'Scale Tool'을 더블클릭해서 [Scale] 대화상자를 열어 줍니다. Scale은 'Uniform'을 선택해서 수치를 입력해주고, 아래쪽 Options 설정은 'Scale Strokes&Effect, Transform Patterns' 이 두 가지 옵션은 체크해주고 'Transform Object' 옵션은 체크하지 않은 채 [OK] 버튼을 클릭하여 적용합니다. 마우스 오른쪽 버튼을 클릭한 후 [Arrange] 〉 [Send to Back]을 적용해서 맨 뒤에 배치합니다.

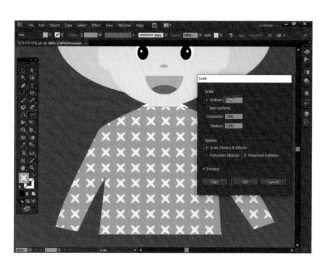

🎓 **기적의 Tip**

Transform Object 옵션을 선택하면 옷의 사이즈도 함께 커지게 됩니다.

01 'Ellipse Tool'을 이용해서 얼굴의 면색
은 C4M6Y20K0, 선색은 None의 타원을 만들
어 줍니다. 'Pen Tool'을 이용해서 머리와 머리
띠를 만들어 줍니다. 머리의 면색은 C37M62
Y95K29, 선색은 None이고, 머리띠의 면색은
C16M61Y89K2, 선색은 None으로 설정해 그려
줍니다.

🎓 기적의 Tip

그려진 모양이 맘에 들지 않은 경우, Pen Tool의 수정 기능
을 이용하여 수정합니다.
• Direct Selection Tool 클릭 후, Pen Tool 클릭
• Pen Tool로 선을 수정
 – 점 추가/삭제 : 선을 클릭/점 클릭
 – 점 위치 수정 : Ctrl 을 누른 채, 점 드래그
 – 곡선 모양 수정 : Ctrl 을 누른 채, 곡선 핸들 드래그
 – 직선→곡선/곡선→직선 변환 : Alt 를 누른 채, 점을 클
 릭/점 드래그

02 'Pen Tool'을 이용해서 나머지 머리카락 부분
을 더 만들고, 면색 C37M62Y95K29, 선색 None
으로 설정합니다. 얼굴, 머리, 머리띠, 머리카락
을 만들 때 보이지 않는 부분은 대충 만들어서
시간을 단축 시켜줍니다. 마우스 오른쪽 버튼을
클릭한 후 [Arrange] 〉 [Send to Back]을 적용해
서 맨 뒤에 배치합니다.

🎓 기적의 Tip

• Shift + Ctrl + [: Send to Back
• Shift + Ctrl +] : Bring to Front

03 'Pen Tool'을 이용해서 빈 곳에 곡선을 그려 줍니다. [Window] 〉 [Stroke] 패널을 열어 'Weight : 4pt, 'Cap : Round Cap'을 선택합니다. 면색은 None, 선색은 C0M0Y0K100으로 설정합니다.

04 'Pen Tool'로 면색 None, 선색 C0M0Y0K100의 짧은 속눈썹을 그려주고 [Stroke] 패널의 'Weight : 5pt, Cap : Projecting Cap'을 선택합니다. 옵션창의 맨 아래 Profile에서 삼각형 모양을 선택합니다. 눈썹 모양이 완성되면 모두 선택한 후 [Object] 〉 [Path] 〉 [Outline Stroke]를 클릭해서 선을 면으로 바꿔 줍니다.

05 'Selection Tool'로 면으로 바뀐 눈썹을 모두 선택해서 [Window] 〉 [Pathfinder] 패널에서 'Shape Modes : Unite'를 적용해서 하나로 합쳐 줍니다. 반대쪽 눈썹을 만들기 위해 'Reflect Tool'을 더블클릭하여 [Reflect] 대화상자가 열리면 [Copy]를 선택해 복사한 후, 눈썹을 얼굴에 각각 이동하여 배치합니다.

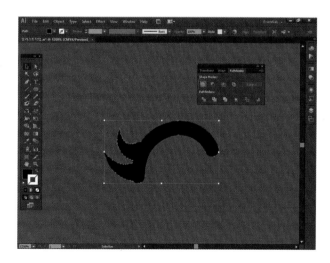

06 'Ellipse Tool'을 이용하여 타원을 그리고 면색 C2M11Y47K0, 선색 None의 볼터치를 그려 줍니다. 'Pen Tool'을 이용하여 면색 C18M40Y15K0, 선색 None의 입을 그려 줍니다. 캐릭터의 목을 제외한 부분을 모두 선택하고 모서리를 눌러 왼쪽으로 살짝 기울여 줍니다.

07 'Pen Tool'을 이용해서 면색 C8M24Y98K0, 선색 None의 옷을 그려주고, 그 위에 'Pen Tool'로 C83M35Y98K26, 선색 None의 옷을 그려 줍니다.

③ 로고타이틀 만들기

01 'Pen Tool'로 리본을 그려주고 'Selection Tool'로 선택한 후 [Alt]를 누른 채 살짝만 앞으로 이동시켜 복사합니다. 앞쪽 리본의 면색 C16M7 Y33, 선색 None이고, 뒤쪽 리본의 면색 C36M28 Y51, 선색 None으로 설정해 줍니다.

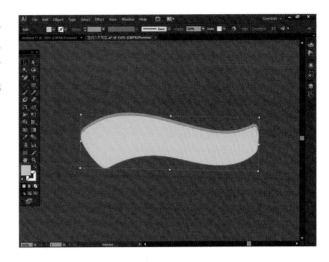

02 'Pen Tool'로 모서리의 접히는 부분을 그려 주고 면색은 C36M28Y51K0, 선색은 None으로 설정합니다. 모서리 오브젝트를 선택하고 마우스 오른쪽 버튼을 클릭하여 [Arrange] 〉 [Send to Back]을 클릭해 맨 뒤에 배치합니다.

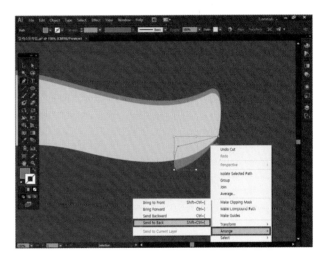

03 'Pen Tool'로 리본의 끝 부분을 그려주고 면색은 C16M7Y33K0, 선색은 None으로 설정합니다. 오브젝트를 선택하고 마우스 오른쪽 버튼을 눌러서 [Arrange] 〉 [Send to Back]을 클릭해 맨 뒤에 배치합니다.

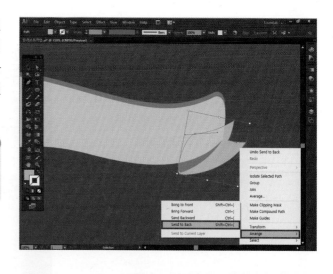

04 'Pen Tool'로 문자가 위치할 자리에 두 개의 곡선을 그려 줍니다. 이때 면색은 None, 선색은 None으로 설정합니다.

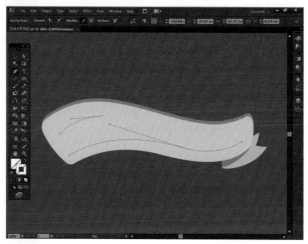

05 [Type Tool] 〉 [Type on a Path Tool]을 선택하고 'Pen Tool'로 그려놓은 Path 위를 클릭해서 제12회, 서울도시농업박람회를 써 넣습니다. '제12회'와 '박람회'의 면색은 C41M67Y99K42, 선색은 None, '서울도시농업'의 면색은 C82M35Y98K27, 선색은 None으로 설정해 줍니다. 폰트, 크기, 자간의 옵션은 [Window] 〉 [Type] 〉 [Character] 패널을 열어 설정합니다.

🎓 기적의 Tip

폰트에 관련된 지시가 따로 없을 때에는 디자인 원고와 가장 비슷한 폰트를 사용합니다.

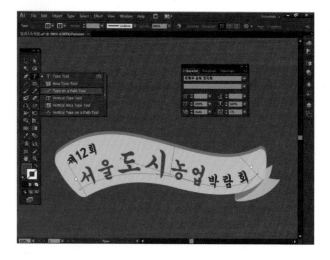

06 문자들을 모두 선택하고 [Type] 〉 [Create Outlines]를 클릭해서 문자를 이미지로 변환시켜 줍니다.

07 'Ellipse Tool'을 이용해 면색 C61M24Y99K21, 선색 None의 원을 그립니다.

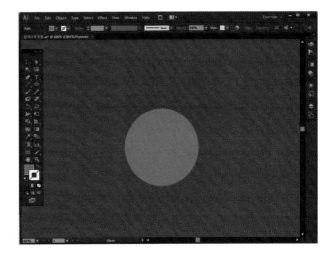

08 'Direct Selection Tool'을 이용해 한쪽 anchor point를 선택해서 옆으로 길게 빼줍니다. handle 점을 Alt 를 누른 상태에서 드래그해 물방울 모양처럼 뾰족하게 만들어 줍니다.

Direct Selection Tool을 이용해 오브젝트를 수정할 때 anchor point의 핸들점이 양쪽에 대칭상태로 함께 움직이고 있을 때에는 Alt 를 누른 상태에서 핸들점을 움직여 보세요. + 부호가 보이면서 한쪽 핸들점만 따로 움직일 수가 있습니다.

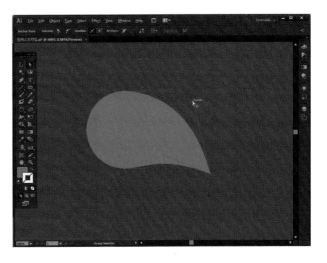

09 'Selection Tool'로 물방울 모양 오브젝트를 선택하고 Alt 를 누른 상태로 이동 복사한 후 크기 조절을 해주고 '농업' 글자 사이에 위치시킵니다.

🎓 **기적의 Tip**

반대 방향으로 복사하려면 [Reflect Tool]을 이용합니다.

10 전체적인 사이즈와 조화를 보기 위해 디자인 원고를 보고 캐릭터와 로고타이틀을 디자인 원고를 참고하여 배치합니다.

11 캐릭터와 리본을 선택해서 Ctrl + G 를 눌러 그룹으로 만들어 줍니다. 문자 이미지는 따로 선택해서 Ctrl + G 를 눌러 그룹으로 만들어 줍니다.

04 오선 만들기

01 'Pen Tool'로 면색 None, 선색은 임의의 색으로 물결 모양을 그려 줍니다. [Window] 〉 [Stroke] 패널을 열어 'Weight : 4pt'로 설정해 줍니다.

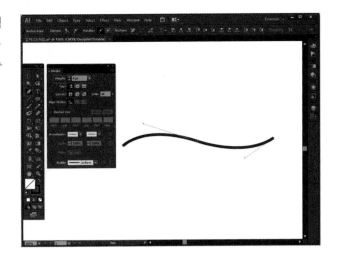

02 'Selection Tool'로 선을 선택하고 Alt + Shift 를 누른 상태에서 아래로 이동해 복사합니다. 이동한 오브젝트에 나타나있는 사각박스의 모서리를 움직여 살짝 기울여 줍니다. 'Blend Tool'을 더블클릭해서 [Blend Option] 대화상자가 나타나면 'Spacing : Specified Step, 3'으로 설정합니다.

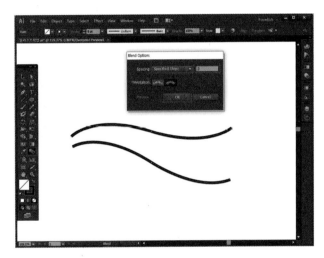

03 선 끝에 마우스를 올려서 Blend Tool 모양의 커서에 +가 생기면 두 선 끝을 차례로 클릭해 줍니다.

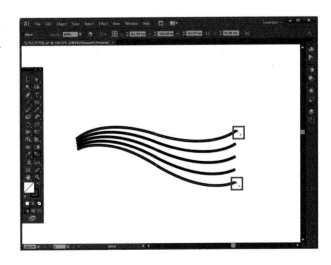

04 오브젝트를 선택하고 [Object] 〉 [Path] 〉 [Outline Stroke]를 클릭해서 선을 면으로 바꿔 줍니다.

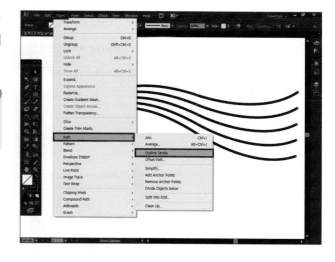

05 'Gradient Tool'을 더블클릭하여 [Gradient] 패널을 연 후, 'Type : Linear', Gradient의 왼쪽 슬라이더는 'Color : C20M0Y0K0', 오른쪽 슬라 이더는 'Color : C100M95Y5K0'로 설정합니다.

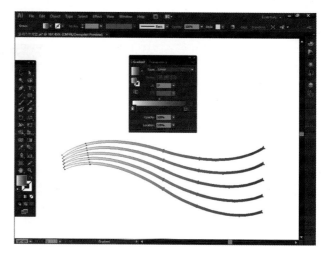

05 풍차 만들기

01 'Rounded Rectangle Tool'을 선택하고 면색 C9M23Y81K0, 선색 None의 사각형을 만들어 줍니다.

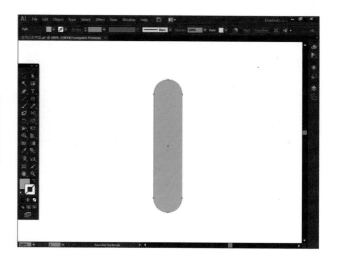

02 'Line Segment Tool'을 선택하고 Shift 를 누른 상태로 오브젝트를 가로질러 선을 그어 줍니다.

Line Segment Tool로 선을 그을 때, Shift 를 눌러주면 45도씩 조절이 가능합니다.

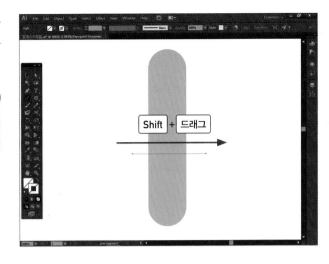

03 선과 오브젝트를 함께 선택하고 [Pathfinder] 패널에서 'Pathfinder : Divide'를 클릭합니다. 'Direct Selection Tool'로 불필요한 아래쪽 부분을 삭제합니다.

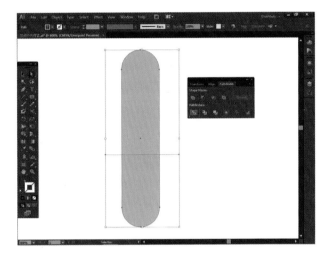

04 'Direct Selection Tool'로 맨 아래쪽 모서리 점 두 개를 Shift 를 누르면서 동시에 선택한 뒤 'Scale Tool'을 클릭하고 가운데 쪽으로 드래그해 줍니다.

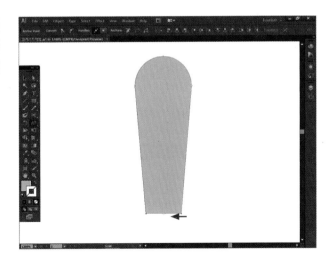

05 'Rectangle Tool'을 선택하고 면색 C9M23 Y81K0, 선색 None의 사각형을 만들어 아래쪽에 겹쳐서 위치시킵니다. 두 개의 오브젝트를 모두 선택하고 [Window] 〉 [Align] 패널을 열고 'Align Objects : Horizontal Align Center'를 클릭해서 세로선의 중심점을 정렬시켜 줍니다. 이어서 [Pathfinder] 패널을 열어 'Shape Modes : Unite'을 클릭해서 하나의 오브젝트로 만들어 줍니다.

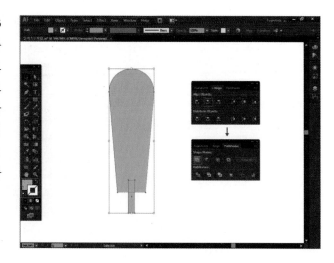

06 'Rotate Tool'을 선택하고 [Alt]를 누른 상태에서 풍차 날개의 회전 시 중심점이 될 위치를 클릭합니다. [Rotate] 대화상자가 나타나면 'Angle : 45˚로 설정하고 [Copy] 버튼을 클릭해서 복사합니다. [Ctrl]+[D]를 눌러 풍차의 날개를 완성해 줍니다.

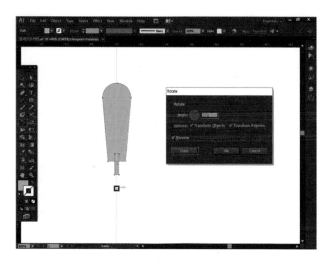

🎓 **기적의 Tip**

[Ctrl]+[D] : 마지막 작업 반복

07 'Ellipse Tool'을 선택하고 면색 C40M57 Y100K28, 선색 None의 정원을 만들어 줍니다. 이어서 [Ctrl]+[F]를 눌러 복제를 하고 크기를 줄여서 면색 C0M0Y0K0, 선색 None의 더 작은 정원을 만들어 줍니다. 모두 선택 후 [Ctrl]+[G]를 눌러 그룹으로 만들어 줍니다.

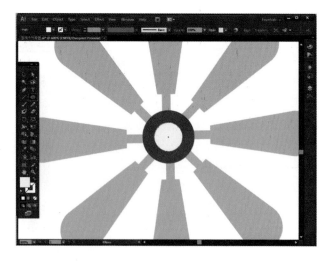

🎓 **기적의 Tip**

- [Ctrl]+[V] : 화면의 한가운데에 복제
- [Ctrl]+[F] : 오브젝트와 동일한 위치 앞쪽에 복제
- [Ctrl]+[B] : 오브젝트와 동일한 위치 뒷쪽에 복제
- [Alt]+[Shift]를 누른 상태에서 원을 그리면 시작점을 중심으로 커지는 정원이 그려집니다.

08 'Polygon Tool'을 선택하고 빈 화면을 클릭해서 [Polygon] 대화상자를 열고 'Sides : 3'으로 설정한 후 면색은 C16M59Y93K2, 선색 None의 삼각형을 만듭니다.

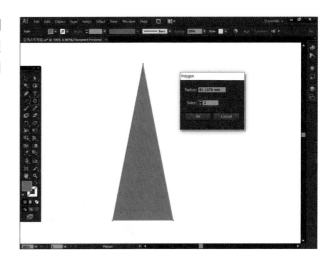

09 [Object] 〉 [Path] 〉 [Offset path]를 클릭해서 대화상자를 열고 'Offset'에 마이너스의 수치를 입력해서 작은 사이즈의 삼각형을 하나 더 만듭니다.

🎓 **기적의 Tip**

Offset의 수치는 각자의 이미지 사이즈에 따라 적절히 조절해야 합니다.

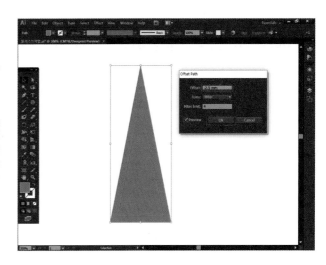

10 두 개의 삼각형을 한꺼번에 선택하고 [Window] 〉 [Pathfinder]를 클릭하여 패널을 열고 'Pathfinders : Divide'를 클릭합니다. 'Direct Selection Tool'로 가운데 부분을 삭제합니다.

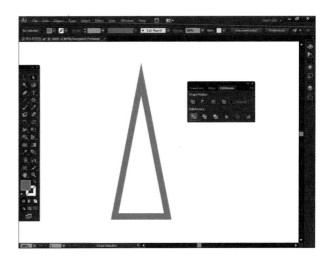

11 'Rectangle Tool'을 선택하고 가로로 얇고 긴 사각형을 만들어서 'Selection Tool'을 선택하고 Alt 를 누른 상대에서 아래로 이동 복제합니다. Ctrl + D 를 눌러 복제를 두 번 더 반복합니다. 오브젝트를 모두 선택한 후 'Pathfinders : Divide' 를 클릭하고 'Direct Selection Tool'을 이용해 좌우의 튀어나온 부분들을 삭제합니다.

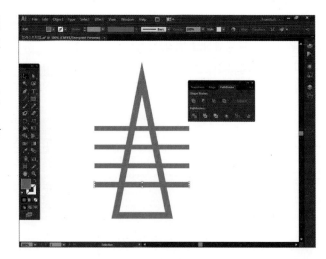

12 풍차의 날개와 함께 적절히 배치하고 모두 선택한 후 Ctrl + G 를 눌러 그룹으로 만들어 줍니다.

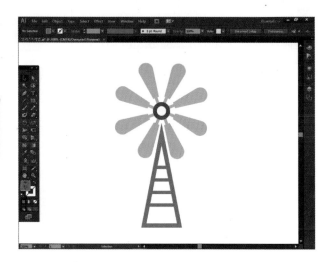

06 중랑구 로고 만들기

01 'Ellipse Tool'을 이용해 면색 C80M25 Y95K20, 선색 None인 세 개의 정원을 만들어서 배치합니다.

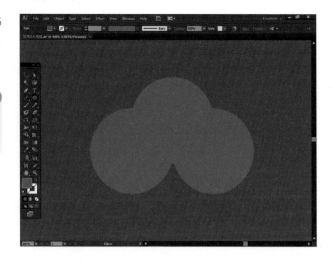

02 'Rectangle Tool'을 이용하여 사각형을 그려 넣어 아래쪽의 빈 공간을 메워 줍니다. [Window] 〉 [Pathfinder] 패널을 열어 'Shape Modes : Unite'을 클릭해서 네 개의 오브젝트를 하나로 합쳐 줍니다.

03 'Pen Tool'로 잘라낼 부분에 곡선으로 그려 줍니다. 오브젝트와 선을 모두 선택하고 [Pathfinder] 패널에서 'Pathfinder : Divide'를 클릭합니다. 'Direct Selection Tool'로 불필요한 아래쪽 부분을 Delete 를 눌러 삭제합니다.

🎓 기적의 Tip

Pathfinder 대화상자의 옵션들을 사용하면 자동으로 'Group'으로 묶여있게 됩니다. 수정을 하기 위해서는 'Ungroup'해주거나 'Direct Selection Tool'을 사용해야 합니다.

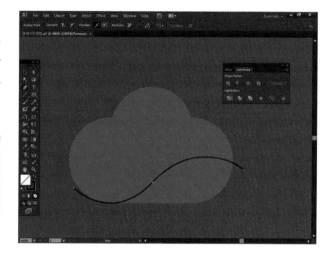

04 [Object] 〉 [Path] 〉 [Offset path]를 클릭해서 대화상자를 열고 'Offset' 수치를 설정해 줍니다.

🎓 기적의 Tip

Offset 수치는 오브젝트의 사이즈에 따라 비율이 달라지므로 아래쪽에 있는 Preview에 체크해서 확인해가며 수치를 조절해 줍니다.

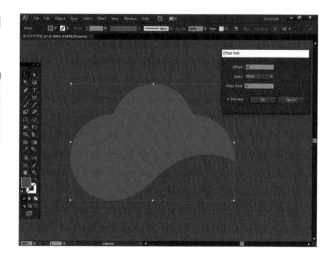

05 [Pathfinder] 패널에서 'Pathfinder : Divide' 를 클릭합니다. 'Direct Selection Tool'로 불필요 한 안쪽 부분을 삭제합니다.

06 'Ellipse Tool'을 이용해 면색 C0M55 Y100K0, 선색 None의 정원을 그려주고 마우 스 오른쪽 버튼을 클릭해서 [Arrange] 〉 [Send to Back]을 눌러 오브젝트를 뒤쪽으로 배치합니다. 오브젝트를 모두 선택하고 [Pathfinder] 대화상자 에서 'Pathfinder : Divide'를 클릭합니다. 'Direct Selection Tool'로 불필요한 바깥쪽 주황색 원을 삭제합니다. Divide 적용으로 잘려진 초록색 부 분을 'Shape Modes : Unite'을 클릭해서 붙여 줍 니다.

07 안쪽에 남은 원을 선택하고 키보드의 방향 키를 움직여 녹색선에서 살짝 떨어지도록 배치 합니다. 'Pen Tool'을 이용해 면색 None, 선색 C80M25Y95K20으로 설정하고 두 개의 곡선을 그려 줍니다. [Window] 〉 [Stroke] 패널을 열어 'Weight' 옵션의 수치를 위쪽 오브젝트의 두께만 큼 적용해 줍니다.

08 두 개의 라인을 선택하고 [Object] 〉 [Expand]를 클릭해서 선을 면으로 바꿔 줍니다.

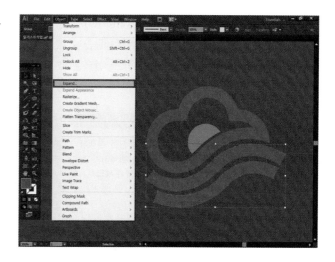

09 잘라내야 할 끝 부분이 포함되도록 사각형을 그려주고 'Pathfinder : Merge'를 클릭합니다. 'Direct Selection Tool'을 이용해서 사각형을 삭제해 줍니다.

🎓 **기적의 Tip**

잘라내야 할 부분을 면 오브젝트를 그린 후 겹쳐지게 두고 Merge를 적용해서 면 오브젝트에 합쳐지게 한 후, 삭제하면 잘려진 부분을 일일이 삭제할 필요가 없어서 작업 속도가 빨라집니다.

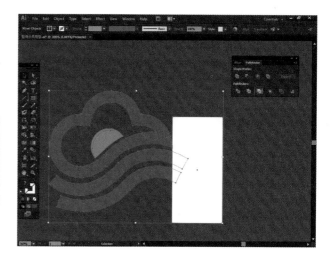

10 삭제할 부분을 면에 겹치게 그려주고 Merge를 클릭한 후 면을 다시 삭제합니다.

🎓 **기적의 Tip**

Merge를 하는 2개의 오브젝트는 각각 다른 색상이어야 합니다. 같은 색상일 경우 병합되니 주의합니다.

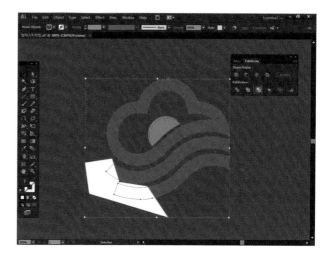

11 오브젝트를 모두 선택한 후 [Window] 〉 [Stroke] 패널을 열어 Weight 수치를 입력해 줍니다. Align Stroke는 Outside로 선택하고 선색은 C0M0Y0K0으로 설정해 줍니다.

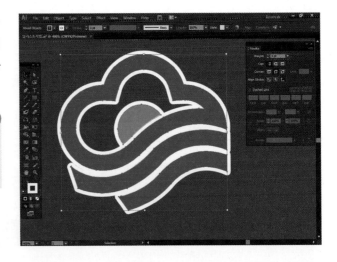

12 'Type Tool'을 이용해서 한글과 영문을 입력합니다. 글자의 옵션은 [Window] 〉 [Type] 〉 [Character]를 클릭해서 폰트와 글자크기, 자간을 설정해 줍니다.

13 문자를 이미지로 변환하기 위해 [Type] 〉 [Create Outlines]을 클릭합니다.

14 이미지로 변환된 오브젝트를 모두 선택한 후 [Window] 〉 [Stroke] 패널을 열어 Weight 수치를 입력해 줍니다. Align Stroke는 Outside로 선택하고 선색은 C0M0Y0K0으로 설정해 줍니다.

15 로고와 문자 이미지를 모두 선택한 후 [Object] 〉 [Path] 〉 [Outline Stroke]를 클릭해서 테두리의 흰색 선을 면으로 변환시킵니다. 모두 선택된 상태에서 마우스 오른쪽 버튼을 눌러서 [Group]을 클릭합니다.

07 초록호박 만들기

01 'Ellipse Tool'을 이용해서 면색 C37M0Y100K0, 선색 None의 타원 네 개를 만듭니다. 타원을 모두 선택하고 [Window] 〉 [Pathfinder] 패널을 열어 'Shape : Unite'를 선택해 하나의 오브젝트로 만듭니다.

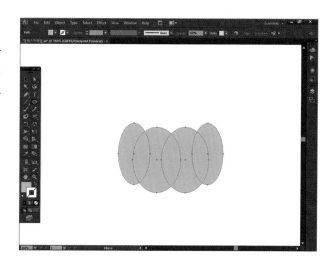

02 'Pen Tool'을 이용해서 면색 None, 선색 C37M0Y100K0으로 설정하여 호박의 줄기 부분을 그려 줍니다. [Window] 〉 [Stroke] 패널을 열어 Weight 수치를 입력해서 줄기의 두께를 설정하고, Cap을 'Round Cap'으로 바꿔 끝이 둥근 모양으로 만듭니다.

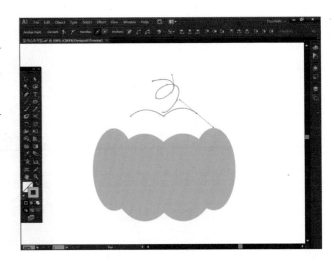

03 펜툴로 그린 두 개의 줄기 부분만 선택을 하고 [Object] 〉 [Expand]를 클릭해서 선을 면으로 변환시킵니다. [Pathfinder] 패널을 열어 'Shape : Unite'를 선택해 줄기를 한 개의 오브젝트로 합쳐 줍니다. 모두 선택 후 Ctrl+G를 눌러 그룹으로 만들어 줍니다.

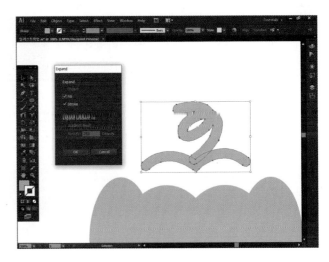

08 노란사과 만들기

01 'Ellipse Tool'로 면색 C7M4Y100K0, 선색 None의 원을 만듭니다. 'Direct Selection Tool'을 이용해 디자인 원고의 사과 모양으로 수정합니다.

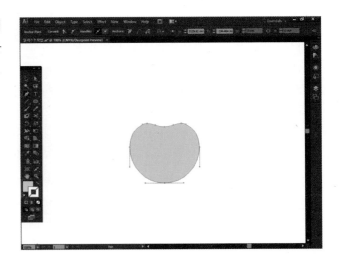

02 'Pen Tool'을 이용해 잎사귀 모양을 만들고 'Reflect Tool'을 이용해서 반전 복사합니다. 복사된 잎사귀는 모서리의 조절점을 드래그해서 사이즈를 줄여 줍니다. 모두 선택 후 `Ctrl`+`G`를 눌러 그룹으로 만들어 줍니다.

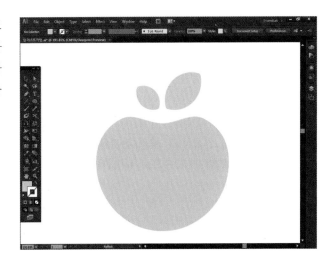

09 갈색딸기 만들기

01 'Ellipse Tool'로 면색 C32M76Y100K33, 면색 None의 원을 만듭니다. 'Convert Anchor Point Tool'을 선택하여 원의 아래쪽 꼭지점을 클릭합니다. 'Direct Selection Tool'을 이용해 딸기 모양으로 수정합니다.

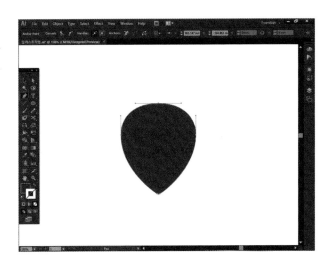

02 'Pen Tool'을 이용해서 면색 None, 선색 C37M3Y100K0로 설정 후 줄기 부분을 그려 줍니다. [Window] 〉 [Stroke] 패널을 열어 Weight 수치를 입력해서 줄기의 두께를 설정하고, Cap을 'Round Cap'으로 바꿔 끝이 둥근 모양으로 만듭니다. 줄기 부분을 선택하고 [Object] 〉 [Expand]를 클릭해서 선을 면으로 변환시킵니다. 모두 선택 후 `Ctrl`+`G`를 눌러 그룹으로 만들어 줍니다.

⑩ 무우 만들기

01 'Ellipse Tool'로 면색 C12M5Y19K0, 선색 None의 원을 만들고 'Direct Selection Tool'을 이용해 무우 모양으로 수정합니다. 'Pen Tool'을 이용해 무의 무늬는 면색 None, 선색 C20M2Y76K0으로 설정하고, 줄기 부분은 면색 None, 선색 C64M33Y100K16으로 설정합니다.

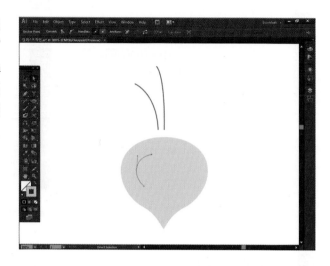

02 'Pen Tool'로 그린 '무늬'와 '줄기' 부분만 선택한 후 두께감을 주기 위해 [Window] 〉 [Stroke] 패널을 열어 Weight 수치를 입력합니다. 바로 아래 'Cap : Round Cap'으로 선택해서 끝을 둥글게 합니다. 무늬와 줄기가 선택된 상태에서 [Object] 〉 [Expand]를 클릭해서 선을 면으로 변환시킵니다. 모두 선택 후 Ctrl+G를 눌러 그룹으로 만들어 줍니다.

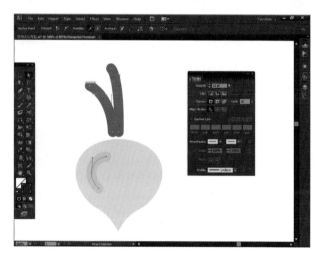

01 작업 준비하기

01 포토샵을 실행하고, [File] 〉 [New]를 선택하여 [New] 대화상자에서 'Width : 166mm, Height : 246mm, Resolution : 300Pixels/Inch, Color Mode : CMYK Color'로 설정한 후, [OK] 버튼을 클릭합니다.

기적의 Tip

- Ctrl + N : New(새로 만들기)
- Resolution : 300Pixels/Inch은 인쇄, 출판을 위한 최적의 해상도 설정입니다. 시험에서 제출할 파일의 총 용량은 10MB 이하이기 때문에 파일크기가 크게 문제가 되지 않지만 시험장마다 다른 컴퓨터 사양으로 인해 작업진행에 어려움이 예상되는 경우, 150~250 정도의 해상도를 설정하는 것이 좋습니다.

02 '일러스트작업' 창에서 그리드를 선택하고, Ctrl + C 를 눌러 복사합니다.

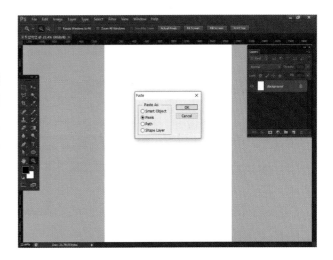

기적의 Tip

그리드가 잠겨 선택되지 않는 경우, [Window] 〉 [Layers]를 선택하고, Layers 패널에서 해당 레이어의 Toggles Lock 아이콘을 클릭하여 레이어 잠금을 해제하거나, Alt + Ctrl + 2 를 눌러 오브젝트 잠금을 해제합니다.

03 '포토샵작업' 창에 Ctrl+V를 눌러 붙여넣기한 후, [Paste] 대화상자에서 'Pixels'를 선택하고, [OK] 버튼을 클릭합니다. Enter를 눌러 그리드를 확정하고, Layers 패널에서 이름을 그리드로 변경합니다. 'Move Tool'을 선택하고, Ctrl을 누른 채 'Background' 레이어와 함께 선택한 후, 옵션 바에서 'Align vertical centers', 'Align horizontal centers'를 클릭하여 정렬합니다. '그리드' 레이어만 선택하고, 'Lock all' 아이콘을 클릭하여 잠근 후, [File] 〉 [Save]를 선택하여 포토샵작업.psd로 저장합니다.

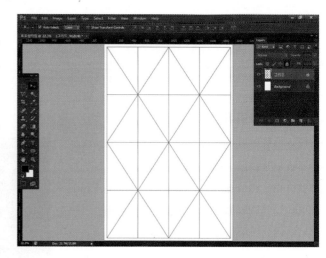

🎓 기적의 Tip

항상 작업 시작과 도중에는 예기치 못한 상황을 대비하여 수시로 하는 저장하는 습관을 길러야 합니다.

02 배경 만들기

01 배경에 사용할 이미지를 넣기 위해서 [File] 〉 [Open]을 선택하고, [Open] 대화상자가 열리면 02.jpg, 03.jpg, 07.jpg을 찾아 선택하여, 이미지를 불러옵니다.

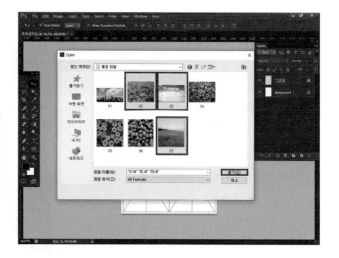

🎓 기적의 Tip

소스(제공 파일) 다운로드 : 영진닷컴 이기적 수험서 사이트(license.youngjin.com) [자료실] – [컴퓨터그래픽스]에서 '2023 컴퓨터그래픽스운용기능사 실기 부록 자료'를 다운받으실 수 있습니다.

02 이미지가 열리면 필요한 부분만 'Rectangular Marquee Tool'로 선택한 후 Ctrl+C를 눌러 복사합니다. 이미지의 전체가 필요할 경우에는 Ctrl+A를 눌러 전체영역을 선택하고, Ctrl+C를 눌러 복사합니다.

🎓 **기적의 Tip**

- Ctrl+A : [Select] 〉 [All] 선택과 같은 기능이며 이미지의 전체영역을 선택합니다.
- Ctrl+C : 선택된 영역을 복사하여 메모리에 저장합니다. 나중에 Ctrl+V를 눌러 붙여넣기를 할 수 있습니다.
- 몇 가지 자주 사용하는 중요한 기능은 단축키를 외워서 사용해야 시간을 단축할 수 있습니다.

03 '포토샵작업' 창으로 돌아와 Ctrl+V를 눌러 이미지를 붙여 넣습니다. Ctrl+T를 눌러 크기 조절점을 나타내고, 크기와 위치를 조절하여 다음과 같이 전체 영역을 다 채우게 배치한 후, Enter를 눌러 확정합니다. Layers 패널에서 레이어의 이름을 가가익 파일명으로 변경한 후, 레이어 위치를 '그리드' 레이어 아래로 02, 07, 03, Background 순으로 배열합니다.

🎓 **기적의 Tip**

- Ctrl+T : Free Transform
- Free Transform을 이용하여 크기 조절을 할 때, 이미지의 가로, 세로 비율을 유지하기 위해서 반드시 모서리의 점을 Shift를 누른 채 드래그해야 합니다.

04 이미지의 색상을 수정해야 할 경우에는 수정할 레이어를 클릭하고 [Image] 〉[Adjustments] 〉 [Hue/Saturation]을 이용해 색상을 디자인 원고의 이미지와 비슷하게 수정해 줍니다.

🎓 **기적의 Tip**

이미지의 색 수정을 위한 기본적인 단축키
- Ctrl+U : Hue/Saturation
- Ctrl+L : Levels

05 'Ellipse Tool'을 클릭해서 배경 이미지 사이의 라인만큼 큰 원을 그려주고 새로 생긴 'Ellipse 1' 레이어를 07 레이어와 03 레이어 사이에 위치시킵니다. 'Ellipse 1' 레이어를 복사해서 생긴 'Ellipse 1 Copy' 레이어를 '02' 레이어와 '07' 레이어 사이에 위치시키고 레이어가 선택된 상태에서 'Move Tool'을 클릭하고 ⬆를 눌러서 02 이미지와 07 이미지 사이로 이동시킵니다.

06 Clipping Mask를 적용시키기 위해 Alt를 누른 상태로 '07' 레이어와 'Ellipse 1' 레이어 사이를 클릭합니다. Alt를 누른 상태로 '02' 레이어와 'Ellipse 1 Copy' 레이어의 사이를 클릭합니다.

🎓 **기적의 Tip**

• 배경 이미지 레이어에 오른쪽 마우스를 클릭하고 Create Clipping Mask를 클릭해도 됩니다.
• Clipping Mask를 적용하면 아래쪽 이미지와 겹쳐지는 부분만 보여 줍니다.

07 배경 이미지에 필터효과를 적용하기 위해서 먼저 색상 모드를 변경해야 합니다. [Image] 〉 [Mode] 〉 [RGB Color]를 선택합니다. '03' 레이어를 선택하고 [Filter] 〉 [Pixelate] 〉 [Crystallize]를 클릭합니다. 대화상자가 나타나면 슬라이더를 움직이거나 수치를 입력해서 Cell Size를 설정하고 필터를 적용합니다.

🎓 **기적의 Tip**

• Filter가 적용되지 않을 때에는 [Image] 〉 [Mode]를 클릭해서 RGB Color로 선택되어 있는지 확인합니다. 만약 모드가 CMYK Color로 선택되어 있으면 RGB Color로 바꿔줘야 필터가 적용됩니다.
• 모드 전환 시 [Adobe Photoshop CS6 Extended] 대화상자가 열리면 [Don't Flatten] 버튼을 클릭하여 레이어가 합쳐지지 않도록 합니다.

08 '07' 레이어를 선택하고 [Filter] 〉 [Filter Gallery] 〉 [Texture] 〉 [Patchwork]를 클릭하고 오른쪽의 옵션값을 디자인 원고와 비슷하게 조절합니다.

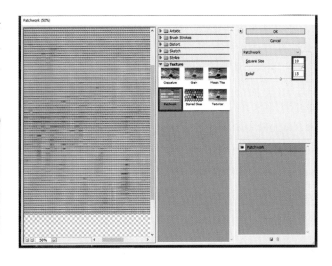

🎓 **기적의 Tip**

• 포토샵 버전에 따라 필터 메뉴의 이름 또는 위치가 조금씩 다를 수 있습니다.
• 실제 시험에서는 정확한 숫자로 입력하기 보다는 아래에 위치한 슬라이더를 좌우로 움직이고, 이미지에 적용되는 효과를 확인하면서 적당한 값을 찾는 것이 시간을 줄일 수 있습니다.

09 '02' 레이어를 선택하고 [Filter] 〉 [Filter Gallery] 〉 [Distort] 〉 [Ocean Ripple]을 클릭해서 오른쪽의 옵션값을 디자인 원고와 비슷하게 조절해 줍니다.

10 다음 배경 이미지를 불러오기 위해 [File] 〉 [Open]을 선택합니다. 대화상자가 열리면 01.jpg를 선택하고, [Open] 버튼을 클릭합니다. 'Magnetic Lasso Tool'을 선택하고 건물의 외곽선을 따라 커서를 이동하고, 중간 중간 배경과의 대비값이 작은 곳에서는 Alt 를 누른 상태로 클릭해서 일시적으로 'Polygonal Lasso Tool'로 변경해서 사용합니다. 건물 외곽선을 배경과 분리하고 처음 클릭점으로 돌아와서 건물을 선택영역으로 만든 후 Ctrl + C 를 눌러 복사합니다.

11 복사된 건물을 Ctrl+V를 눌러 붙여넣기합니다. 레이어 이름을 '01'로 지정해주고 '07' 레이어보다 뒤쪽으로 위치시킵니다. 바닥이 직선인 건물을 서너조각으로 잘라 Ctrl+T를 눌러 건물의 크기 조절점을 조절해주고, 둥근 라인을 따라 기울여서 자연스럽게 배치합니다.

12 '01' 레이어를 선택하고 [Filter] 〉 [Filter Gallery] 〉 [Artistic] 〉 [Paint Daubs]를 클릭해서 오른쪽의 옵션값을 디자인 원고와 비슷하게 조절해 줍니다.

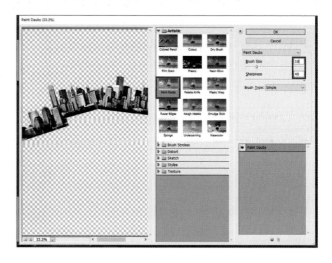

13 'Ellipse 1' 레이어의 오른쪽 빈 공간을 더블 클릭하거나 Layers 패널 아래에 있는 'Add a layer style'을 클릭하고, 'Outer Glow'를 클릭합니다. 옵션창이 열리면 'Blend Mode : Screen', 'Opacity : 80%' 'Technique : Softer'로 설정해주고 Spread와 Size는 적용되는 효과를 확인해가며 슬라이더를 조절해 줍니다.

> 🎓 **기적의 Tip**
>
> Preview를 체크해주고 슬라이더를 움직여서 적용되는 이미지를 확인합니다.

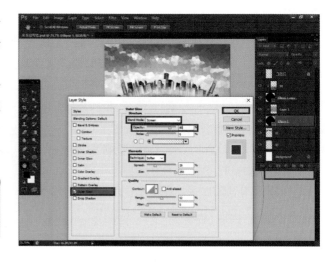

14 'Ellipse 1 Copy' 레이어의 오른쪽 빈 공간을 더블클릭하거나 Layers 패널 아래에 있는 'Add a layer style'을 클릭하고, 'Drop Shadow'를 클릭합니다. 대화상자가 열리면 'Blend Mode : Multiply', 'Opacity : 75%'로 설정해주고 Distance, Spread, Size는 슬라이더를 조절해서 적용되는 효과를 확인해가며 적절한 값을 적용합니다.

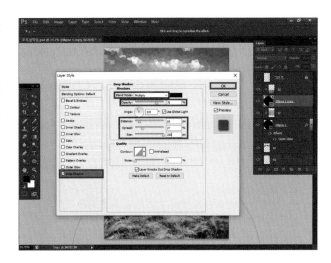

15 Layers 패널에서 폴더 모양의 'Create a new group'을 클릭해 새 그룹을 만들고, 이름을 '배경'으로 변경합니다. '가이드선' 레이어와, 'Back ground' 레이어를 제외한 모든 레이어를 Shift 를 누른 상태로 선택합니다. 선택한 레이어들을 '배경' 그룹으로 넣어 줍니다. '배경' 그룹을 선택해서 'Lock all'을 클릭해 줍니다.

> 🎓 **기적의 Tip**
>
> • Shift 버튼을 누른 상태로 맨 위 레이어와 맨 아래 레이어를 클릭하면 그 사이에 있는 레이어들이 한꺼번에 선택됩니다.
> • 레이어가 너무 많으면 Layers 패널에 스크롤이 길게 생기고 찾기가 불편합니다. 수정이 필요 없는 레이어들은 같은 선상의 레이어끼리 그룹화합니다.

03 메인캐릭터와 로고 배치하기

01 일러스트에서 작업한 메인캐릭터를 Ctrl +C 로 복사해서 포토샵작업 파일에 Ctrl +V 로 붙여넣기를 합니다. [Paste] 대화상자에서 'Pixels'를 선택하고, [OK] 버튼을 클릭한 후, 크기와 위치를 조절합니다. 레이어 이름은 '메인캐릭터'로 변경합니다.

> 🎓 **기적의 Tip**
>
> '그리드' 레이어의 눈 모양 아이콘을 클릭해서 가이드선이 보여지거나 가려지도록 해 상황에 맞게 활용합니다.

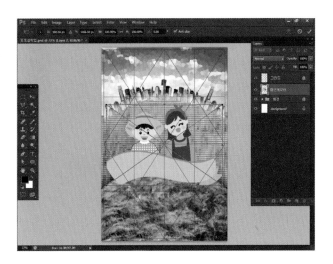

02 '메인캐릭터' 레이어가 선택된 상태에서 [Filter] 〉 [Filter Gallery] 〉 [Texture] 〉 [Texturizer]를 클릭해서 슬라이더를 좌우로 움직여 옵션을 적용합니다.

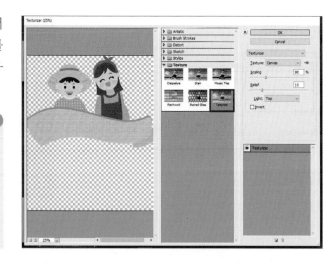

🎓 **기적의 Tip**

- Filter가 적용되지 않을 때에는 [Image] 〉 [Mode]를 클릭해서 RGB Color로 선택되어 있는지 확인합니다. 만약 모드가 CMYK Color로 선택되어 있으면 RGB Color로 바꿔줘야 필터가 적용됩니다.
- 모드 전환 시 [Adobe Photoshop CS6 Extended] 대화상자가 열리면 [Don't Flatten] 버튼을 클릭하여 레이어가 합쳐지지 않도록 합니다.

03 '메인캐릭터' 레이어의 오른쪽 빈 공간을 더블클릭하거나 Layers 패널의 아래쪽 'Add a layer style'를 클릭해서 'Stroke'을 선택합니다. Stroke 옵션은 'Size : 20', 'Position : Outside', 'Color : C0M0Y0K0'로 설정해 줍니다. 곧바로 Drop Shadow를 클릭해서 'Blend Mode : Multiply, Opacity : 75%'로 설정해주고 Distance, Spread, Size는 슬라이더를 조절해서 적용되는 효과를 확인해가며 적절한 값을 적용합니다.

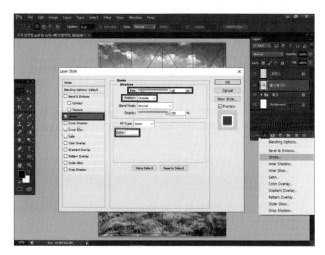

04 일러스트에서 작업한 도시농업 글자를 [Ctrl] +[C]로 복사해서 포토샵작업 파일에 [Ctrl]+[V]로 붙여넣기를 합니다. [Paste] 대화상자에서 'Pixels'를 선택하고, [OK] 버튼을 클릭한 후, 크기와 위치를 조절합니다. 레이어 이름을 도시농업으로 변경합니다. '메인캐릭터' 레이어의 바로 밑에 있는 'Effects'를 [Alt]를 누른 상태로 드래그해서 '도시농업' 레이어에 이동 복사합니다. 이펙트 옵션을 조절해야 하면 해당 옵션을 클릭해서 조절해 줍니다.

🎓 **기적의 Tip**

레이어에 적용된 이펙트를 이미지 이동 복사하듯이 [Alt] 키를 누른 상태로 가져와 필요한 레이어에 적용하면 작업시간이 단축됩니다.

04 풍차와 오선 배치하기

01 일러스트에서 작업한 '풍차'를 Ctrl + C 로 복사해서 포토샵작업 파일에 Ctrl + V 로 붙여넣기를 합니다. [Paste] 대화상자에서 'Pixels'를 선택하고, [OK] 버튼을 클릭한 후, 크기와 위치를 조절합니다. 레이어 이름은 풍차로 변경합니다. 날개가 돌아가는 필터를 적용하기 위해 풍차 레이어를 선택한 다음 Ctrl + J 를 눌러 복사해서 풍차 Copy 레이어를 만듭니다.

02 '풍차 Copy' 레이어를 선택하고 [Filter] 〉 [Blur] 〉 [Radial Blur]를 선택하고 옵션창의 'Amount : 10'으로 설정해주고 'Spin'을 체크합니다. 한쪽 방향으로 돌아가는 느낌을 주기 위해 Ctrl + T 를 눌러서 모서리를 잡고 살짝 회전시킵니다.

03 일러스트에서 작업한 '풍차받침'을 Ctrl + C 로 복사해서 포토샵작업 파일에 Ctrl + V 로 붙여넣기를 합니다. [Paste] 대화상자에서 'Pixels'를 선택하고, [OK] 버튼을 클릭한 후, 크기와 위치를 조절합니다. 레이어 이름은 풍차받침으로 변경합니다.

04 일러스트에서 작업한 '오선'을 Ctrl+C로 복사해서 포토샵작업 파일에 Ctrl+V로 붙여넣기를 합니다. [Paste] 대화상자에서 'Pixels'를 선택하고, [OK] 버튼을 클릭한 후, 크기와 위치를 조절합니다. 레이어 이름을 오선으로 변경하고 풍차 뒤에 배치합니다.

05 'Pen Tool'을 이용해 오선의 맨 윗선을 따라 곡선의 패스를 만듭니다.

06 'Type Tool'을 선택하고 오선위에 그린 패스에 가져다 대보면 마우스 커서 모양이 곡선 위에 커서가 있는 모양으로 바뀝니다. 이때 클릭을 해서 도시의 텃밭정원! 팍팍한 도시에 치유와 예술을 더하다.를 패스 모양에 따라 작성해 줍니다. [Window] 〉 [Character] 패널을 열어 폰트, 글자 크기, 색 등을 설정해 줍니다.

> 🎓 **기적의 Tip**
>
> Path Selection Tool을 클릭하고 Shift 를 누른 상태로 문자 레이어를 클릭하면 글이 보이는 시작점과 중간, 끝을 조절할 수 있는 마커가 나타납니다.

07 글을 입력한 후 레이어의 빈 공간을 더블클릭해서 레이어 스타일의 대화상자를 열고 'Stroke'를 체크합니다. Stroke 옵션은 'Size : 5, Position : Outside, Color : C0M0Y0K0'로 설정합니다.

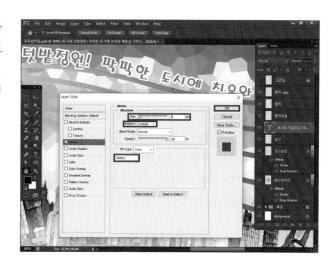

05 일러스트에 이미지 합성하기

01 일러스트에서 작업한 '노란사과'를 Ctrl+C로 복사해서 포토샵작업 파일에 Ctrl+V로 붙여넣기를 합니다. [Paste] 대화상자에서 'Pixels'를 선택하고, [OK] 버튼을 클릭한 후, 크기와 위치를 조절합니다. 레이어 이름을 노란사과로 변경하고 '메인캐릭터' 레이어 뒤에 배치합니다.

02 [File] 〉 [Open]을 클릭해서 05.jpg를 찾아 불러옵니다. 불러온 이미지를 선택해서 복사를 하고, 작업 중인 페이지에 붙여넣기를 합니다. 레이어가 생기면 05 오렌지로 이름을 변경합니다.

🎓 기적의 Tip

원활한 작업을 위해 '05 오렌지' 레이어의 눈 모양 아이콘을 클릭해 안보이게 합니다.

03 레이어의 선택은 '05 오렌지' 레이어를 선택해주고 '노란사과' 레이어의 썸네일을 [Ctrl]을 누른 상태에서 클릭하면 노란사과 전체가 선택이 됩니다. [Alt]를 누른 상태로 'Polygonal Lasso Tool' 또는 'Marquee Tool'을 이용해서 잎사귀 부분을 선택에서 제외시킵니다. [Select] 〉 [Modify] 〉 [Contract]를 클릭하고 Contract값을 25pixels로 설정하면 선택영역이 그만큼 줄어듭니다.

04 선택영역을 유지하고, 레이어 선택은 '05 오렌지' 레이어를 선택한 상태에서 'Add layer mask'를 클릭합니다.

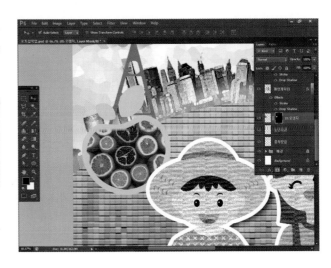

🎓 **기적의 Tip**

레이어 마스크는 적용된 레이어에 까만 부분은 가려지고 하얀색 부분만 드러나게 합니다. 적용된 '05 오렌지' 레이어가 사과 모양으로 보여지게 하기 위해 노란사과를 축소 선택했을 뿐 '노란사과' 레이어와는 상관이 없습니다.

05 '05 오렌지' 레이어의 오렌지 이미지를 선택하고 [Filter] 〉 [Stylize] 〉 [Tiles]를 클릭합니다. [Tiles] 대화상자에서 'Number of Tiles : 13', 'Maximum Offset : 9%'로 설정합니다. 'Fill Empty Area With'는 흰색을 배경색에 두고 'Background Color'를 선택합니다.

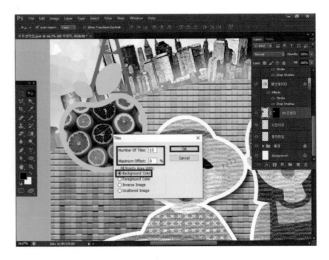

06 '노란사과' 레이어를 선택하고 레이어 오른쪽의 빈 공간을 더블클릭합니다. Layer style 옵션창이 나타나면 'Drop Shadow'를 체크합니다. 'Blend Mode : Multiply, Opacity : 75%'로 설정해주고 Distance : 5, Spread : 0, Size : 6으로 설정합니다.

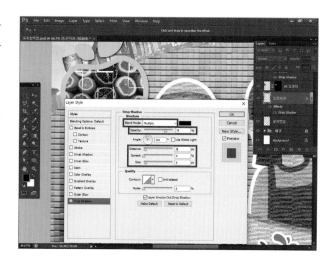

07 Layers 패널에서 폴더 모양의 'Create a new group'을 클릭해 새 그룹을 만들고, 이름을 노란사과로 변경합니다.

🎓 **기적의 Tip**

예기치 못한 상황에 대비하여 주기적으로 Ctrl + S 를 눌러 저장을 하는 것이 좋습니다.

08 일러스트에서 작업한 '초록호박'을 Ctrl + C 로 복사해서 포토샵작업 파일에 Ctrl + V 로 붙여넣기를 합니다. [Paste] 대화상자에서 'Pixels'를 선택하고, [OK] 버튼을 클릭한 후, 크기와 위치를 조절합니다. 레이어 이름을 초록호박으로 변경하고 '메인캐릭터' 레이어 뒤에 배치합니다.

09 [File] > [Open]을 클릭해서 06.jpg를 찾아 불러옵니다. 불러온 이미지를 선택해서 복사를 하고 사이즈를 조절한 다음 작업 중인 페이지에 붙여넣기를 합니다. 레이어가 생기면 '초록호박' 레이어 바로 위에 배치시키고 06 블루베리로 이름을 변경합니다.

10 '06 블루베리' 레이어를 선택해놓고 '초록호박' 레이어의 썸네일을 Ctrl 을 누른 상태에서 클릭합니다. 호박모양의 선택영역이 생기면 [Select] > [Modify] > [Contract]를 클릭하고 'Contract By : 25pixels'로 설정해서 호박 모양 선택영역을 축소합니다. '06 블루베리' 레이어가 선택된 상태로 레이어 창의 'Add layer mask'를 클릭합니다.

11 '06 블루베리' 레이어의 블루베리 이미지를 선택하고 [Filter] > [Filter Gallery] > [Artistic] > [Paint Daubs]를 클릭한 후 'Brush Size : 0', 'Sharpness : 40'으로 설정해서 필터를 적용시킵니다.

🎓 **기적의 Tip**

책에 제시된 수치는 각자 설정한 도큐먼트의 크기에 따라 달라질 수 있으니 그대로 따라하기 보다는 수치를 직접 입력해보면서 이미지의 변화를 확인하고 적당한 값을 찾는 것이 좋습니다.

12 '노란사과' 레이어에 적용되어 있는 'Effect' 를 Alt 를 누른 상태에서 클릭한 후 '초록호박' 레이어로 드래그해서 복사합니다. 'Create a new group'를 클릭해서 새 그룹을 만들고 이름을 초록호박으로 변경합니다. 관련 레이어를 그룹폴더로 이동시킵니다.

🎓 기적의 Tip

• 레이어 스타일을 적용하기 위해 [Layer] 〉 [Layer Style] 아래에서 적용하고자 하는 효과 항목을 바로 선택해도 됩니다.
• 효과 옵션 수치를 조절하면 작업창에 결과가 바로 보이기 때문에 눈으로 확인하면서 각자 적절한 값으로 설정합니다.

13 일러스트에서 작업한 '갈색딸기'를 Ctrl + C 로 복사해서 포토샵작업 파일에 Ctrl + V 로 붙여넣기를 합니다. [Paste] 대화상자에서 'Pixels'를 선택하고, [OK] 버튼을 클릭한 후, 크기와 위치를 조절합니다. 레이어 이름을 '갈색딸기'로 변경하고 '메인캐릭터' 뒤에 배치합니다.

14 [File] 〉 [Open]을 클릭해서 04.jpg를 찾아 불러옵니다. 이름을 04 호박으로 변경하고 '갈색딸기' 레이어 위에 배치합니다. '04 호박' 레이어를 선택하고 '갈색딸기' 레이어의 썸네일을 Ctrl 을 누른 상태에서 클릭하면 딸기 모양의 선택영역이 생깁니다. [Select] 〉 [Modify] 〉 [Contract]를 클릭하고 'Contract By : 25pixels'로 설정해서 호박 모양 선택영역을 축소합니다. '04 호박' 레이어가 선택된 상태로 레이어창의 'Add layer mask'를 클릭합니다.

15 '04 호박' 레이어의 이미지를 선택하고 [Filter] 〉 [Filter Gallery] 〉 [Texture] 〉 [Mosaic Tiles]를 적용합니다. '노란사과' 레이어에 적용되어 있는 'Effect'를 Alt 를 누른 상태에서 클릭한 후 '갈색딸기' 레이어로 드래그해서 복사합니다. 'Create a new group'를 클릭해서 새 그룹을 만들고 이름을 갈색딸기로 변경합니다. '갈색딸기' 레이어와 '04 호박' 레이어를 그룹폴더로 이동시킵니다.

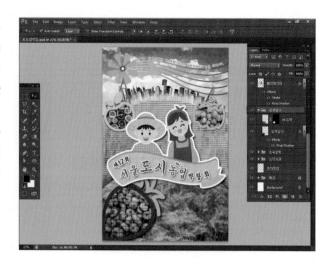

06 글자 요소 작업하기

01 'Horizontal Type Tool' 선택하고 박람회기간을 적은 후에 [Window] 〉 [Character]를 열어서 비슷한 폰트와 글자크기를 선택하고 색상은 C0M0Y0K0으로 설정합니다. '박람회기간' 레이어를 3개 복사해서 각각 2023.9.24 ∼,박람회장소, 중랑구 용마폭포 ∼로 수정하고 배치합니다.

02 Layers 패널의 'Create a new layer'를 클릭하고 문자박스로 이름을 변경합니다. '문자박스' 레이어를 선택한 후 'Rectangular Marquee Tool'로 글상자 범위를 선택하고 C41M78Y90K60로 전경색을 설정한 후 Alt + Delete 를 눌러서 색을 채워 줍니다. '문자박스' 레이어 복사한 후 'Move Tool'을 이용해서 '박람회장소' 밑으로 이동시킵니다.

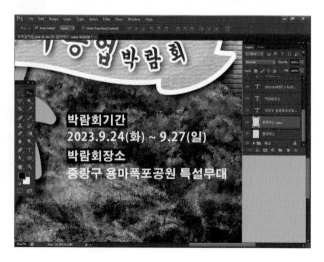

03 '2023.9.24~' 레이어의 빈 공간을 더블클릭해서 레이어 스타일의 'Stroke'을 클릭합니다. 'Size : 4, Position : Outside, Color : C41M78 Y90K60'으로 적용합니다. 레이어의 'Effect'를 [Alt]를 누른 상태에서 클릭한 후 '중랑구 용마폭포' 레이어로 드래그해서 복사합니다.

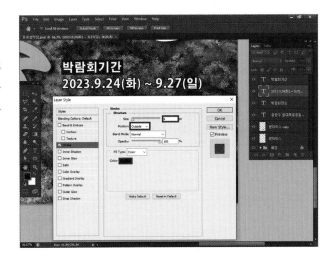

04 일러스트에서 작업한 '중랑구로고'를 [Ctrl] +[C]로 복사해서 포토샵작업 파일에 [Ctrl]+[V]로 붙여넣기를 합니다. [Paste] 대화상자에서 'Pixels'를 선택하고, [OK] 버튼을 클릭한 후, 크기와 위치를 조절합니다. 레이어 이름을 중랑구로고로 변경합니다. Layers 패널 아래에 'Add a layer style'을 클릭하고 'Stroke'을 클릭합니다. 'Size : 8', 'Position : Outside', 'Color : C0M0 Y0K0'로 설정합니다.

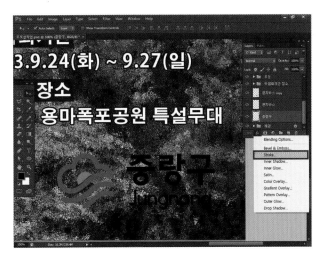

07 Shape Tool 사용하기

01 'Custom Shape Tool'을 선택하면 화면 상단 옵션 바에 Shape 관련 옵션들이 나타납니다. 화면 왼쪽 상단의 Shape 옵션 바에 있는 Fill의 색상자를 클릭하고 C9M23Y81K0의 색을 설정합니다.

> **기적의 Tip**
>
> 최근 종종 Shape Tool을 이용하는 문제가 출제됩니다. 필터와 더불어 자주 열어보고 어떤 모양이 있는지를 알아두면 시험 시간을 단축시키는데 도움이 됩니다.

02 'Shape'를 클릭한 후 필요한 음표를 더블클릭해서 선택합니다.

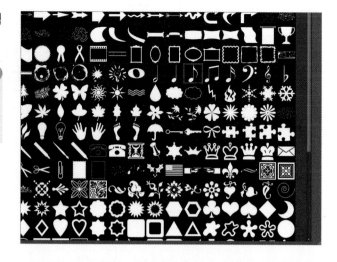

03 화면의 '오선' 이미지 위에 클릭 후 드래그해서 크기를 조절하고 다시 다른 모양의 음표 가져오기를 반복합니다.

04 'Create a new group'를 클릭해서 새 그룹을 만들고 이름을 노란음표로 변경합니다. 노란음표 레이어를 모두 선택해서 그룹폴더로 옮겨 줍니다.

05 일러스트에서 작업한 '무우'를 Ctrl+C 로 복사해서 포토샵작업 파일에 Ctrl+V 로 붙여넣기를 합니다. [Paste] 대화상자에서 'Pixels'를 선택하고, [OK] 버튼을 클릭한 후, 크기와 위치를 조절합니다. 레이어 이름을 무우로 변경하고, 변경한 '무우' 레이어를 두 개 더 복사하고 'Move Tool'로 이동 배치한 후 크기 조절을 해줍니다.

🎓 기적의 Tip

레이어가 선택된 상태에서 Ctrl+J 를 눌러 레이어를 복사한 후, 복사된 레이어의 이름을 변경합니다.

06 'Custom Shape Tool'을 선택하면 화면 상단 옵션 바에 Shape 관련 옵션들이 나타납니다. Fill 의 색상자를 클릭해서 C0M0Y0K0를 선택해주고 Shape를 클릭해서 하얀색 음표를 그려 줍니다. 'Create a new group'를 클릭해서 새 그룹을 만들고 이름을 무우와 흰음표로 변경합니다. '무우' 레이어 세 개와, '흰음표' 레이어 세 개를 그룹 안으로 이동시킵니다.

07 '무우와 흰음표' 그룹을 선택히고 Layers 패널의 아래에 있는 'Add a Layer Style'을 클릭한 후에 Drop Shadow를 선택합니다. 옵션창의 'Blend Mode : Multiply', 'Opacity : 75%', 'Distance : 7', 'Spread : 0', 'Size : 7'로 설정합니다.

🎓 기적의 Tip

그룹폴더에 레이어 스타일을 적용하면 그룹 안에 있는 모든 레이어에 한꺼번에 적용이 됩니다.

01 Layers 패널에서 '그리드' 레이어를 켠 후, 디
자인 원고와 전체적으로 비교하여 검토합니다.
검토가 끝나면 '그리드' 레이어의 눈을 끄고,
Ctrl + S 를 눌러 저장합니다.

🎓 **기적의 Tip**

Ctrl + S : Save(저장하기)

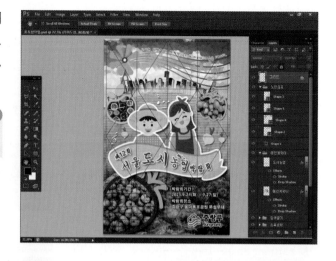

02 Layers 패널에서 '그리드' 레이어 바로 아래
레이어를 선택하고, Ctrl + Alt + Shift + E 를
눌러 모든 레이어가 합쳐진 새 레이어를 만든
후, [Image] 〉 [Mode] 〉 [RGB Color] 메뉴를 선
택하여 RGB 모드로 전환합니다.

🎓 **기적의 Tip**

· Ctrl + Alt + Shift + E 를 누르면 현재 보이는 모든 레이
어를 하나의 새 레이어로 만듭니다. 기존의 레이어는 지워
지지 않고 그대로 유지되므로 혹시 모를 수정 작업에 유리
합니다. 또한 RGB 모드로 변환하기 전 색상 조합을 그대
로 유지할 수 있습니다.
· 모드 전환 시 [Adobe Photoshop CS6 Extended] 대화
상자가 열리면 [Don't Flatten] 버튼을 클릭합니다.

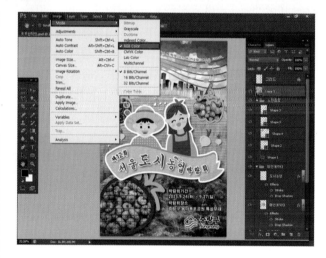

03 [File] 〉 [Save As] 메뉴를 선택하여 '파일이
름 : 자신의 비번호(예를 들어 01번이면 01)'을
입력합니다. PC 응시자는 'Format : JPEG' 형식
을 선택합니다. [JPEG Options] 대화상자가 열
리면 'Quality : 12'로 설정하고, [OK] 버튼을 클
릭합니다. 이때 저장된 JPG 파일을 확인하고, 용
량이 너무 큰 경우 'Quality'를 8~11 정도의 수치
로 설정하여 저장합니다.

04 인디자인 작업

01 작업 준비하기

[File] 〉 [New] 〉 [Document]를 선택하여 'Number of Pages : 1, Facing Pages : 체크 해제', 'Page Size : A4', Margins 'Make all settings the same : 해제, 'Top : 25.5mm, Bottom : 25.5mm, Left : 22mm, Right : 22mm'로 입력한 후, [OK] 버튼을 클릭합니다.

> **기적의 Tip**
>
> • Ctrl + N : New Document(새로 만들기)
> • A4의 가로 길이 210mm에서 166mm를 뺀 값은 44mm 이고, A4의 세로 길이 297mm에서 246mm를 뺀 값은 51mm이므로 이 여백을 2등분하여 각각의 여백으로 지정합니다.

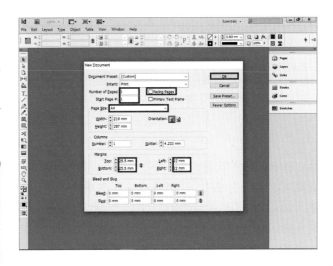

02 안내선 만들기

01 실제크기의 안내선이 만들어졌으면 안내선의 위쪽, 아래쪽, 왼쪽, 오른쪽의 안쪽으로 3mm를 뺀 작품규격 크기의 안내선도 만들어야 합니다. 눈금자의 기준점을 드래그하여 왼쪽 위의 안내선 교차지점에 이동시켜 기준점이 0이 되도록 합니다.

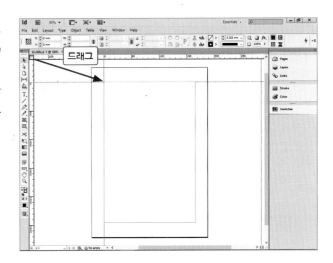

02 'Zoom Tool'로 실제크기 안내선 왼쪽 위를 드래그하여 확대하고, 왼쪽 눈금자에서 마우스를 드래그하여 0mm 지점에서 오른쪽으로 3mm만큼 이동한 지점과 위쪽 눈금자에서 마우스를 드래그하여 0mm 지점에서 아래쪽으로 3mm만큼 이동한 지점에 안내선을 가져다 놓습니다.

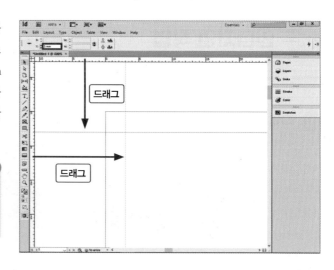

03 'Hand Tool'을 더블클릭하여 윈도우 화면으로 맞춘 후, 실제크기의 안내선 오른쪽 아래를 'Zoom Tool'로 확대합니다. 왼쪽 눈금자에서 마우스를 드래그하여 166mm 지점에서 왼쪽으로 3mm만큼 이동한 지점(163mm)과 위쪽 눈금자에서 마우스를 드래그하여 오른쪽 아래이 246mm 지점에서 위쪽으로 3mm만큼 이동한 지점(243mm)에 안내선을 가져다 놓습니다.

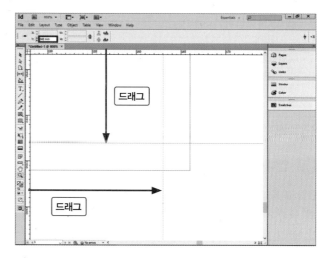

⑬ 재단선 그리기

01 왼쪽 위를 'Zoom Tool'로 확대한 후, 'Line Tool'을 클릭하고, [Shift]를 누른 상태에서 왼쪽 위의 세로 안내선과 실제크기 안내선 경계 부분에 수직으로 드래그하여 5mm 길이의 재단선을 그립니다. 가로 안내선과 실제크기 안내선 경계 부분도 수평으로 드래그하여 5mm 길이의 재단선을 그립니다. 두 재단선을 'Selection Tool'로 [Shift]를 누른 상태에서 각각 클릭하고, [Ctrl] +[C]를 눌러 복사합니다.

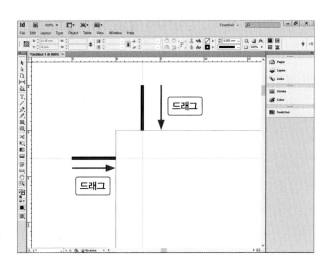

> 🎓 **기적의 Tip**
>
> 컨트롤 패널에서 'L' 값을 참고하여 수치를 확인하거나 입력할 수 있습니다. 디자인 원고에서 재단선의 규격에 대한 언급이 없지만 5mm~10mm 정도가 적절합니다.

02 오른쪽 위를 'Zoom Tool'로 확대한 후 [Ctrl] +[V]를 눌러 붙여넣기합니다. 컨트롤 패널에서 'Rotate 90° Clockwise'를 클릭히여 위치를 변경한 후, 안내선에 맞춰 배치합니다. 동일한 방법으로 아래쪽의 재단선도 만듭니다.

> 🎓 **기적의 Tip**
>
> 아래쪽의 재단선도 컨트롤 패널에서 'Rotate 90° Clock wise'를 클릭하고, 안내선에 맞춰 배치하면 됩니다.

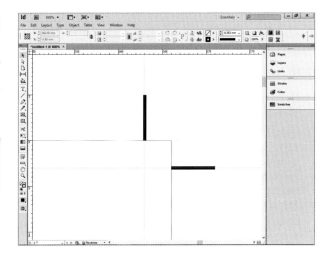

04 이미지 가져오기

01 [File] > [Place]를 선택하여 01.jpg를 선택하고 [열기] 버튼을 클릭합니다.

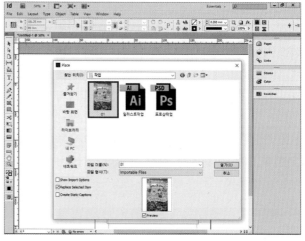

02 실제크기 안내선의 왼쪽 위에 마우스를 클릭하여 이미지를 삽입합니다. 마우스 오른쪽 버튼을 클릭하여 [Display Performance] > [High Quality Display]를 선택합니다. 다음으로 외곽선 생략여부를 반드시 확인한 후, 다음 작업으로 넘어갑니다.

05 비번호 입력하기

이미지 왼쪽 아래를 'Zoom Tool'로 확대하고 'Type Tool'로 비번호(등번호)를 입력한 후 글자를 블록 지정하여 컨트롤 패널에서 '글꼴 : Dotum, Font Size : 10pt'로 지정합니다.

기적의 Tip

비번호(등번호)를 재단선 끝선에 맞추어 배치합니다.

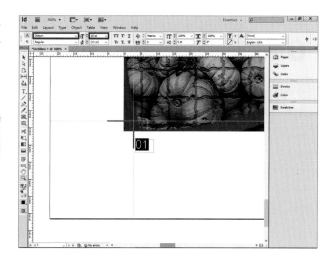

06 저장하고 제출하기

[File] > [Save]를 선택하여 파일이름을 자신의 비번호 01로 입력한 후 [저장] 버튼을 클릭합니다. 'Hand Tool'를 더블클릭하여 결과물 전체를 확인합니다. 작업 폴더를 열고, '01.indd'와 '01.jpg'만 제출합니다. 출력은 출력지정 자리에서 '01.indd'를 열고 프린트합니다. 프린트된 A4 용지는 시험장에서 제공하는 켄트지의 한 가운데에 붙여 제출합니다.

기적의 Tip

제출해야 할 파일(포토샵에서 만든 JPG 파일+인디자인 파일)의 용량은 총 10MB 이하입니다.

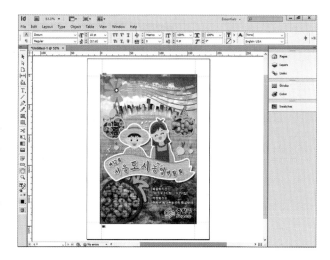

자격종목	컴퓨터그래픽스운용기능사	과제명	예약부도 근절 캠페인 포스터

※ 시험시간 : 4시간

1. 요구사항

※ 다음의 요구사항에 맞도록 주어진 자료(컴퓨터에 수록)를 활용하여 디자인 원고를 시험시간 내에 컴퓨터 작업으로 완성하여 A4 용지로 출력 후 A3 용지에 마운팅(부착)하여 제출하시오.

※ 모든 작업은 수험자가 컴퓨터 바탕화면에 폴더를 만들어 저장하시오.

가. 작품규격(재단되었을 때의 규격) : 160mm×240mm ※A4 용지 중앙에 작품이 배치되도록 하시오.

나. 구성요소(문자, 그림) : ※(디자인 원고 참조)

① 문자요소

• 예약부도 근절 캠페인
• No-Show란 별다른 취소 없이 오지 않은 것을 뜻합니다
• "예약은 약속입니다"
• 예약부도 No-Show
• 고객의 빠른 취소전화 한 통이 피해를 막을 수 있습니다
• 노쇼 때문에 5대 주요 서비스 업종이 한 해 입은 경제적 손실이 10조2800억 원에 이르며 피해액은 오히려 증가하고 있습니다. 노쇼로 인한 서비스 제공의 피해는 결국 내게도 올 수 있습니다. 신중하게 꼭 가야하는 곳을 예약하고 행여 사정이 생겨 가지 못하게 될 경우 미리 전화를 통해 취소여부를 알려주세요.
• 1357
• 중소기업통합콜센터
• 소상공인시장진흥공단

② 그림요소 : 디자인 원고 참조

 리본.jpg   붓터치.jpg   수채화.jpg

인물01.jpg 인물02.jpg 인물03.jpg

인물04.jpg 핸드폰 원본.jpg 핸드폰 화면.jpg

다. 작업내용

01) 주어진 디자인 원고(그림, 사진, 문자, 색채, 레이아웃, 규격 등)와 동일하게 작업하시오.

02) 디자인 원고 내용 중 불명확한 형상, 색상코드 불일치, 색 지정이 없는 부분, 원고에 없는 형상 등이 있을 때는 수험자가 완성도면 내용과 같이 작업하시오.

03) 디자인 원고의 서체(요구서체)가 사용 컴퓨터 및 소프트웨어와 맞지 않을 경우는 가장 근접한 서체를 사용하시오.

04) 상하, 좌우에 3mm 재단여유를 갖도록 작품을 배치하고, 재단선은 작품규격에 맞추어 용도에 맞게 표시하시오. (단, 디자인 원고 중 작품의 규격을 표시한 외곽선이 있을 때는 원고의 지시에 따라 표시여부를 결정한다.)

05) 디자인 원고 좌측 하단으로부터 3mm를 띄워 비번호를 고딕 10pt로 반드시 기록하시오.

06) 출력물(A4)은 어떠한 경우에도 절취할 수 없으며, 반드시 A3 용지 중앙에 마운팅하시오.

라. 컴퓨터 작업범위 :

01) 10MB 용량의 폴더에 수록될 수 있도록 작업범위(해상도 및 포맷형식)를 계획하시오.

02) 규격 : A4(210×297mm) 중앙에 디자인 원고 내용과 같은 작품(원고규격)을 배치하시오.

03) 해상도 및 포맷형식 : 제한용량 범위 내에서 선택하시오.

04) 기타 : ① 제공된 자료범위 내에서 활용하시오.
② 3개의 2D 응용프로그램을 고루 활용하되, 최종작업 및 출력은 편집 프로그램(퀵 익스프레스, 인디자인)에서 하시오. (최종작업 파일이 다른 프로그램에서 생성된 경우는 출력할 수 없음)

작품명 : 예약부도 근절 캠페인 포스터

※ 작품규격(재단되었을 때의 규격) : 가로 160mm×세로 240mm, 작품 외곽선은 생략하고, 재단선은 3mm 재단 여유를 두고 용도에 맞게 표시할 것.

※ 지정되지 않은 색상 및 모든 작업은 "최종결과물" 오른쪽 디자인 원고를 참고하여 작업하시오.

M27Y13

C4M44Y27

No-Show란 별다른 취소없이 오지않은 것을 뜻합니다

예약부도 ← C8M91Y2

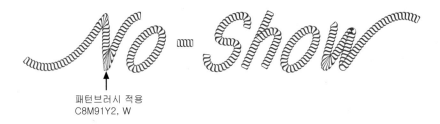

패턴브러시 적용
C8M91Y2, W

C26M20Y20K2 →

C80M45Y20K2
수화기 W

그라디언트
C5M23Y88~C7M60Y94K2

소상공인시장진흥공단

그라디언트
C84M50Y3~C96M78Y24K2

C75M68Y67K2

2사분면

배경 패턴 만들기

패턴 적용
그림자 효과

색 보정

브러시 선 필터 적용

브러시 선 필터 적용

오일 페인트 필터 적용
그림자 효과

마스크 적용
불투명도 적용

그라디언트 적용

3사분면

1사분면

내부그림자 효과

예술효과 필터 적용

예술효과 필터 적용

모자이크 필터 적용
불투명도 적용

4사분면

붉은색 점선은 안내선입니다.

01 작업 그리드 그리기

배부 받은 디자인 원고의 완성 이미지 위에 필기구와 자를 이용하여 가로, 세로의 크기를 측정한 후 각 4등분으로 선을 그어 줍니다. 16등분의 직사각형이 그려지면 가로와 세로선이 교차되는 지점을 기준으로 대각선을 그립니다.

기적의 Tip

작업 그리드를 그리는 이유?
컴퓨터 작업 시 각 이미지나 도형의 크기, 위치, 간격을 파악하기 위해 필요한 작업입니다. 빨간색 볼펜 등의 튀는 색상의 필기구로 기준선 그리기 작업을 하는 것이 좋습니다.

02 실제 작업 크기 분석 및 계획 세우기

작품규격 160mm×240mm를 확인합니다. 작품 외곽선을 생략하고, 재단선은 3mm의 재단 여유를 두고 용도에 맞게 표시할 것을 염두에 둡니다. 작품규격에 위쪽, 아래쪽, 왼쪽, 오른쪽으로 각 3mm씩 재단여유를 주면 실제 작업 크기는 166mm×246mm가 됩니다. 그리고 각 요소를 표현하기 위해 사용될 프로그램을 계획해 줍니다.

03 그리드 제작하기

01 일러스트레이터를 실행하고, [File] 〉 [New]를 선택하여 'Units : Millimeters, Width : 166mm, Height : 246mm, Color Mode : CMYK'로 설정한 후, [OK] 버튼을 클릭합니다.

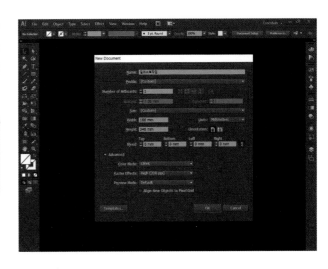

> **기적의 Tip**
>
> • Ctrl + N : New Document(새 문서 만들기)
> • 작품규격은 160mm×240mm이므로 재단선 3mm씩을 더 하면 작업창의 크기는 166mm×246mm가 됩니다.

02 'Rectangular Grid Tool'을 선택하고, 작업창을 클릭하여 대화상자를 엽니다. 작품규격대로 Default Size 'Width : 160mm, Height : 240mm' 로 설정하고, 16등분으로 나누기 위해 Horizontal Dividers, Vertical Dividers 'Number : 3'으로 입력한 후, [OK] 버튼을 클릭합니다.

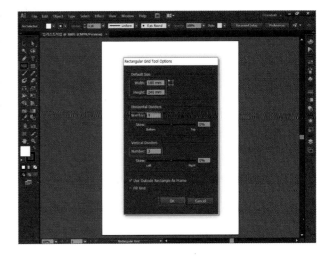

03 [Window]〉[Align] 패널에서 'Align To : Align to Artboard'를 선택하고 'Align Objects : Horizontal Align Center, Vertical Align Center'를 차례로 클릭합니다. Ctrl + 2 를 눌러 격자도형을 잠그고, 'Line Segment Tool'로 좌측 상단에서 우측 하단으로 대각선 7개를 그린 후, Reflect Tool을 이용하여 반대방향으로 대각선을 복사합니다. Alt + Ctrl + 2 를 눌러 격자도형의 잠금을 해제하고, Ctrl + A 를 눌러 오브젝트를 모두 선택합니다. Stroke 색상을 빨간색으로 변경하고 Ctrl + G 를 눌러 그룹으로 지정한 후, 일러스트 작업.ai로 저장합니다.

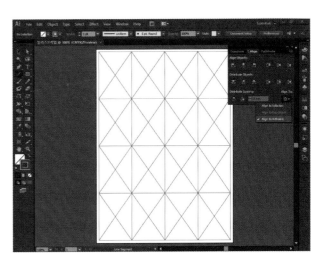

01 로고타이틀 만들기

01 '일러스트작업.ai' 파일이 열린 상태에서 `Space Bar`를 누른 채 마우스를 드래그하여 도큐먼트의 빈 곳으로 작업공간을 이동합니다. 'Rounded Rectangle Tool'을 선택하고 면색 C8M91Y2K0, 선색 None로 설정합니다. 드래그하여 세로로 긴 둥근 모서리 사각형을 만듭니다.

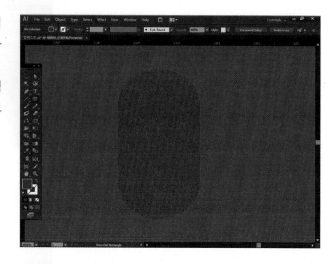

02 'Selection Tool'로 둥근 사각형을 선택한 후, `Alt`+`Shift`를 누른 상태로 옆으로 드래그해서 복사합니다. 복사된 오브젝트를 선택해서 `Alt`+`Shift`를 누른 상태로 모서리를 움직여서 작게 만듭니다.

> **기적의 Tip**
>
> `Alt`+`Shift`를 누른 상태로 그래그하여 크기 조절을 하면 위치는 변하지 않고 크기만 줄어듭니다.

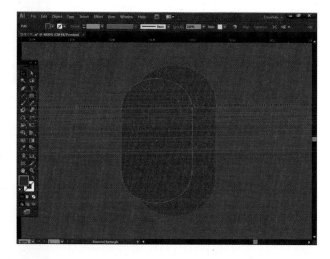

03 'Line Segment Tool'을 선택하고 오브젝트의 가운데 부분을 Shift 를 누른 상태로 가로질러 선을 그립니다.

Line Segment Tool을 사용할 때 Shift 를 누른 상태로 드래그하면 45도씩 각도 조절이 됩니다.

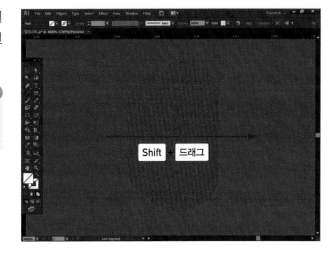

04 'Selection Tool'로 오브젝트와 선을 모두 선택한 후, [Window] 〉 [Pathfinder]를 선택하여 [Pathfinder] 패널을 열어 'Pathfinders : Divide'를 클릭합니다. 마우스 오른쪽 버튼을 클릭해서 [Ungroup]을 눌러 그룹을 해제하고, 불필요한 부분들을 선택해 Delete 를 눌러 삭제합니다.

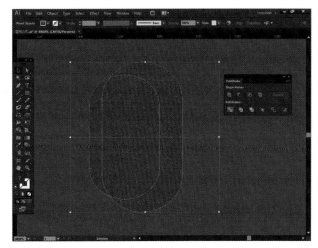

05 'Reflect Tool'을 선택하고 아래쪽 오브젝트를 선택한 후 Alt 를 누른 상태로 중심이 될 세로선을 클릭합니다. 대화상자가 열리면 'Vertical'을 선택하고 [OK] 버튼을 누릅니다.

• Pathfinder 적용 후 수정을 위해서는 Ungroup 기능을 적용해야 합니다.
• Shift + Ctrl + G : Ungroup

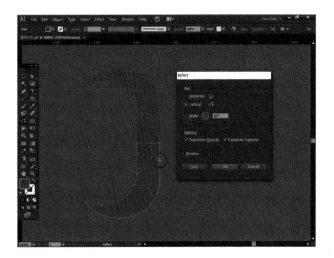

06 아래쪽 오브젝트를 이동시켜서 위아래의 단면이 일치하면 모두 선택한 후 [Pathfinder] 패널의 'Shape Modes : Unite'를 클릭해서 하나의 오브젝트로 만듭니다.

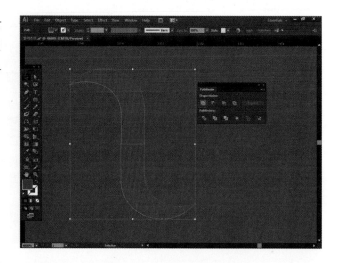

07 'Selection Tool'로 오브젝트를 선택하고 Alt +Shift 를 누른 상태로 이동 복사합니다. 오브젝트의 끝 부분은 서로 닿아 있어야 합니다.

🎓 **기적의 Tip**

Pathfinders : Divide를 적용하기 위해서는 오브젝트 사이가 잘 닫혀져 있는지 확대해서 확인합니다.

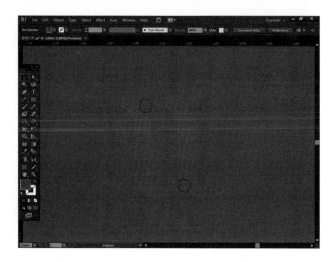

08 'Rectangle Tool'을 이용해 면색 C0M0Y0K0, 선색 None의 사각형을 그립니다. 사각형 오브젝트가 선택된 상태에서 마우스 오른쪽 버튼을 클릭해서 [Arrange] 〉 [Send to Back]을 적용해서 오브젝트가 맨 뒤에 위치하도록 한 후, 사각형 양쪽 세로 선이 핑크색의 기둥 부분의 절반에 위치하도록 조절합니다. 오브젝트를 모두 선택하고 'Pathfinders : Divide'를 적용한 후, [Direct Selection Tool]로 불필요한 부분을 선택하고 Delete 를 눌러 삭제합니다.

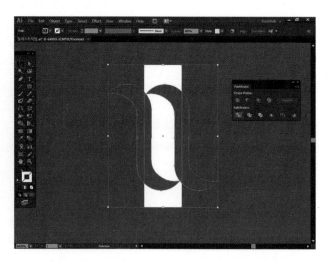

09 [Window] 〉 [Brushes]를 클릭해서 [Brushes] 패널을 열고 만들어둔 오브젝트를 선택한 후 [Brushes] 패널로 드래그하여 가져다 놓습니다. [New Brush] 대화상자가 나타나면 'Pattern Brush'를 선택합니다.

10 [Pattern Brush Options] 대화상자가 나타나면 'Spacing : 0%'를 확인하고 [Outer Corner Tile]과 [Slide Tile], [Inner Corner Tile]의 모양을 각각 적당한 모양으로 설정합니다. 설정된 모양에 따라 패턴의 모양이 결정됩니다. 모든 설정이 끝나면 [OK] 버튼을 클릭합니다.

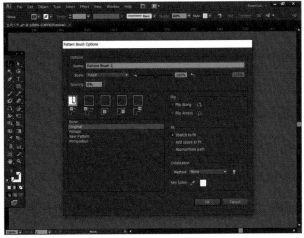

11 브러쉬를 적용할 글자 이미지를 만들기 위해 'Type Tool'로 No-Show를 입력합니다. [Window] 〉 [Type] 〉 [Character]를 클릭해서 [Character] 패널을 열고 디자인 원고와 비슷한 폰트와 사이즈, 자간 등을 설정합니다.

12 'Shear Tool'을 클릭하고 선택된 글자 위에 Shift 를 누른 상태에서 마우스를 오른쪽으로 드래그해서 글자를 기울입니다.

13 상단 메뉴의 [Object] > [Lock] > [Selection] 을 클릭해서 기울어진 글자에 잠금을 걸어둡니다.

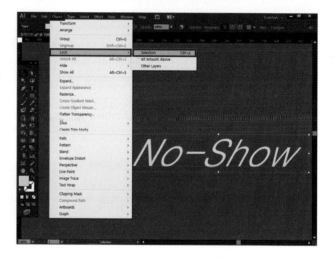

14 'Pen Tool'로 기울어진 글자 위로 따라쓰기를 하듯 No-Show 텍스트를 그립니다. 뾰족한 모서리는 확대해서 곡선으로 그려주고 잘못 그린 부분은 'Direct Selection Tool'로 수정합니다.

> 🎓 **기적의 Tip**
>
> Pen Tool을 선택하고, 커서를 선에 가져다 놓으면 커서 모양에 +가 표시됩니다. 이때 선을 클릭하면 점을 추가할 수 있습니다. 이미 있는 점 위에 커서를 가져다 놓으면 -가 표시되고 클릭하면 점을 삭제할 수 있습니다.

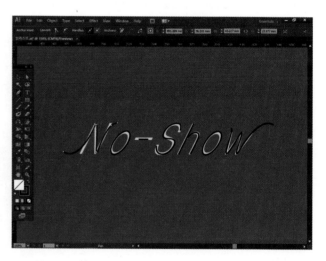

15 'Pen Tool'로 그린 글자 모양의 선을 모두 선택하고, [Brushes] 패널에서 만들어둔 브러시를 클릭해서 패턴을 적용합니다. 'Document' 위로 이동해서 디자인 원고와 비교하며 사이즈를 조절합니다.

02 악수 일러스트 만들기

01 디자인 원고를 참고해 'Pen Tool'을 이용해 면색 C0M27Y13K0, 선색 None의 손 모양을 만듭니다.

02 'Pen Tool'을 이용해 면색 C4M44Y27K0, 선색 None의 반대쪽 손 모양을 만듭니다.

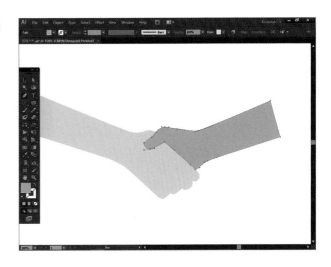

03 'Rounded Rectangle Tool'을 선택하고 면색 C4M44Y27K0, 선색 None으로 설정합니다. 드래그하여 세로로 긴 둥근 모서리 사각형을 만듭니다.

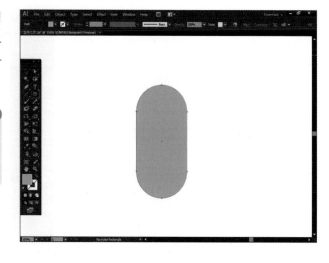

04 'Direct Selection Tool'로 폭이 좁아질 부분의 두 점을 Shift를 누르면서 같이 선택한 후 'Scale Tool'을 선택하고 바깥쪽에서 가운데 쪽으로 드래그합니다.

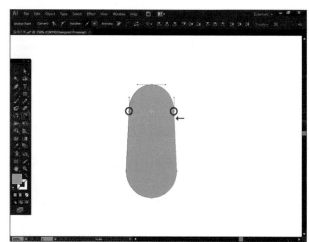

05 손가락 모양대로 네 개의 둥근 사각형을 크기 조절을 하여 배치를 해줍니다. 밝은 손의 손가락 사이를 면색 C4M44Y27K0, 선색 None으로 설정하여 'Pen Tool'로 그려 줍니다. 손 이미지를 모두 선택한 후 Ctrl+Shift+G를 눌러 그룹으로 묶어둡니다.

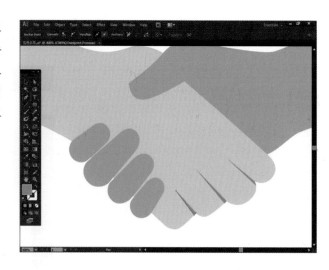

03 소상공인시장진흥공단 로고 만들기

01 'Ellipse Tool'을 선택하고 면색은 임의의 색, 선색 None의 타원을 그립니다.

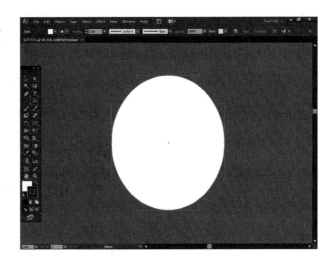

02 'Pen Tool'을 길게 클릭하면 나오는 'Convert Anchor Point Tool'을 선택하고 타원의 맨 위쪽의 anchor point를 클릭해서 뾰족한 모양으로 만듭니다.

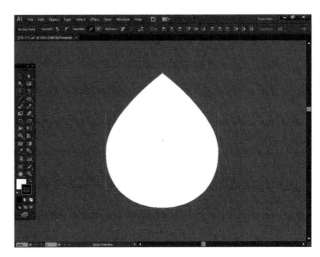

03 'Ellipse Tool'을 선택하고 오브젝트 중심에 정원을 그립니다. 오브젝트와 원을 'Selection Tool'로 선택하고 Shift + F7 을 눌러서 [Align] 패널을 열어 'Align Objects : Horizontal Align Center'를 클릭합니다. Ctrl + Shift + F9 를 눌러서 [Pathfinder] 패널을 열고 'Pathfinders : Divide'를 클릭합니다. 'Direct Selection Tool'을 클릭하고 가운데 정원을 선택한 후 Delete 를 눌러 삭제합니다.

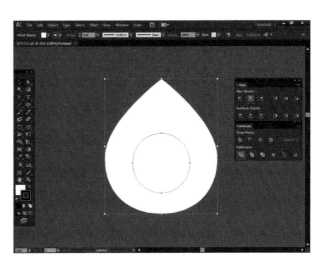

04 가운데가 뚫린 오브젝트를 선택하고, Shift 를 누른 채 모서리 바깥쪽 부분을 드래그하여 시계방향으로 45도만큼 회전합니다. Ctrl + C 눌러서 복사하고 Ctrl + F 를 눌러서 오브젝트 위에 붙여넣기를 합니다. 'Reflect Tool'을 클릭한 후, Alt 를 누르며 오브젝트를 클릭합니다. 'Vertical'을 선택하고 [Copy] 버튼을 클릭하고 ← 를 눌러 이동시킵니다.

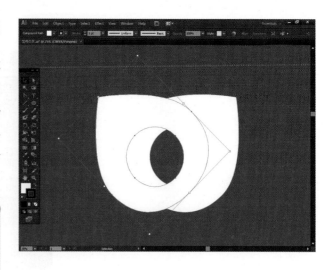

> 🎓 **기적의 Tip**
>
> • Ctrl + C : 복사하기
> • Ctrl + V : 화면의 가운데에 붙여넣기
> • Ctrl + F : 복제한 오브젝트 위에 붙여넣기
> • Ctrl + B : 복제한 오브젝트 밑에 붙여넣기

05 두 오브젝트를 모두 선택을 하면 아래의 보이지 않는 오브젝트의 테두리 선까지 확인이 가능합니다. 선이 붙어있는 것을 확인한 후 [Pathfinder] 패널을 열고 'Pathfinders : Divide'를 클릭합니다. 마우스 오른쪽 버튼을 클릭해서 [Ungroup]을 클릭해서 그룹 해제를 합니다.

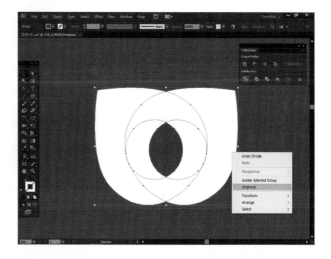

> 🎓 **기적의 Tip**
>
> Pathfinder : Ctrl + Shift + F9

06 'Direct Selection Tool'을 선택하고 Shift 를 누른 상태에서 고리 모양이 될 수 있는 조각들을 선택합니다. [Pathfinder] 패널을 열고 'Shape Modes : Unite'를 클릭해서 선택하고, Shift 를 누른 채 모서리 바깥쪽 부분을 드래그하여 시계방향으로 45도만큼 회전합니다.

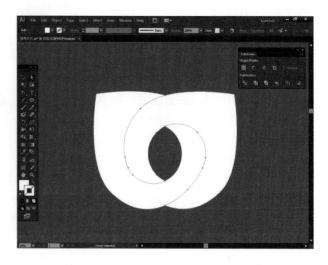

07 왼쪽 고리 오브젝트를 선택하고 'Gradient Tool'을 더블클릭해서 대화상자가 나타나면 양 끝의 컬러 조절점 시작 C96M78Y24K2, 끝 C84M50Y3K0으로 설정합니다. 'Gradient Tool'을 클릭한 후 오브젝트의 아랫 부분에서 뾰족한 끝 부분으로 드래그합니다.

> **기적의 Tip**
>
> 원하는 효과가 나올 때까지 길고 짧게 여러 번 드래그하여 설정합니다.

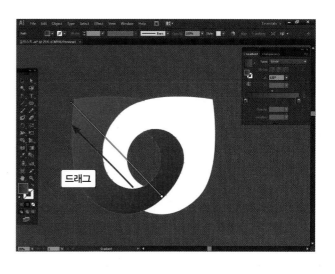

08 오른쪽 고리 오브젝트를 선택하고 Gradient 의 대화상자의 컬러 조절점 시작 C5M23Y88K0, 끝 C7M60Y94K2로 설정하고 'Gradient Tool'을 클릭한 후 오브젝트의 아랫 부분에서 뾰족한 끝 부분으로 드래그합니다.

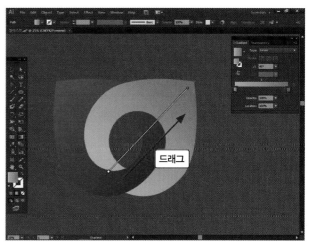

09 'Type Tool'을 클릭한 후 면색 C75M68 Y67K2, 선색 None으로 설정하고 소상공인시 장진흥공단을 입력합니다. [Window] 〉 [Type] 〉 [Character]를 클릭해서 [Character] 패널을 열고 디자인 원고와 비슷한 폰트와 사이즈, 자간 등을 설정합니다. 상단 메뉴의 [Type] 〉 [Create Out- lines]을 클릭해서 폰트를 면 오브젝트로 바꿔 줍 니다.

10 'Selection Tool'을 클릭하고 로고와 글자 이미지를 함께 선택을 해서 그룹으로 묶어 줍니다.

🎓 **기적의 Tip**

• 그룹 : Ctrl + G
• 그룹 해제 : Shift + Ctrl + G

---

04 통화버튼 일러스트 만들기

01 'Direct Selection Tool'과 'Pen Tool'을 차례로 선택합니다. 면색 C0M0Y0K0, 선색 None으로 설정하고 'Pen Tool'로 전화기 모양의 반쪽을 그립니다. 이 때 손잡이의 잘린 부분 패스는 열린 패스입니다.

🎓 **기적의 Tip**

Direct Selection Tool과 Pen Tool을 차례로 선택한 후, Ctrl 을 누르면 Pen Tool이 선택된 상태에서 Direct Selection Tool의 기능을 이용할 수 있고, Alt 를 누르면 Convert Anchor Point Tool의 기능을 이용할 수 있습니다.

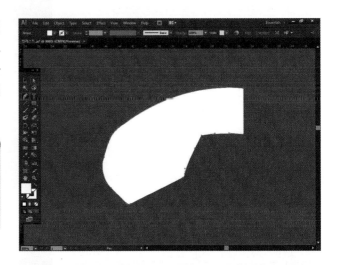

02 'Reflect Tool'을 선택하고 전화기 반쪽 오브젝트의 끝 부분 즉, 전화기의 중심이 될 부분에 Alt 를 누른 상태로 클릭합니다. [Reflect] 대화상자가 나타나면 'Vertical'을 선택하고 [Copy] 버튼을 눌러 복사합니다.

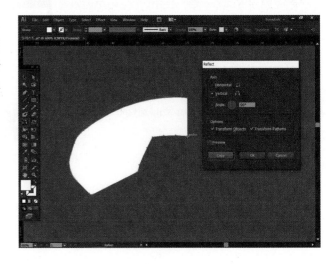

03 'Direct Selection Tool'을 클릭하고 복사되어 열려있는 패스의 두 점을 Shift 를 누른 상태로 선택하고 마우스 오른쪽 버튼의 Join을 클릭합니다. 아래쪽의 열려 있는 패스도 두 점을 선택해서 [Join]을 눌러서 연결시킵니다.

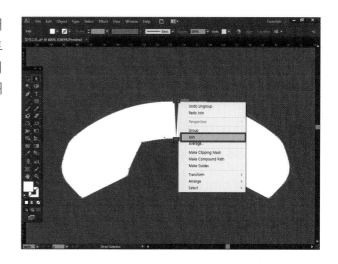

04 'Rounded Rectangle Tool'을 선택하고 면색 C80M45Y20K2, 선색 None로 설정합니다. 작업창의 빈 곳을 Shift 를 누른 채 드래그하여 정사이즈의 둥근 모서리 사각형을 만들고, 마우스 오른쪽 버튼을 클릭하여 [Arrange] 〉 [Send to Back]을 클릭합니다. 두 오브젝트를 모두 선택한 후 Shift + F7 을 눌러서 [Align] 패널을 열고 'Horizontal Align Center'와 'Vertical Align Center'를 클릭해서 가운데 정렬을 합니다. Ctrl + G 를 눌러 그룹으로 묶어둡니다.

05 배경무늬 패턴 만들기

01 면색 None, 선색 C26M20Y20K2으로 설정한 후 'Rectangle Tool'을 선택하고 작업창을 클릭합니다. [Rectangle] 대화상자가 열리면 'Width : 6mm', 'Height : 18mm'를 입력합니다.

02 'Selection Tool'을 선택하고 [Alt]+[Shift]를 누른 상태로 옆으로 이동해서 복사합니다. [Ctrl]+[D]를 한번만 더 눌러서 복사를 반복합니다.

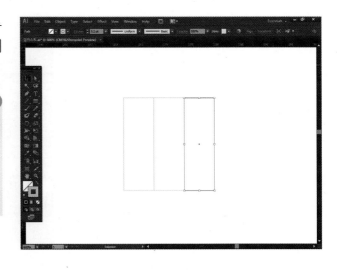

03 세 개의 오브젝트를 모두 선택하고 'Rotate Tool'을 클릭한 후 모서리의 꼭지점에 [Alt]를 누른 상태에서 클릭합니다. [Rotate] 대화상자가 나타나면 'Angle : 90°'을 입력하고 [Copy] 버튼을 클릭합니다. [Ctrl]+[D]를 두번 더 눌러서 반복합니다.

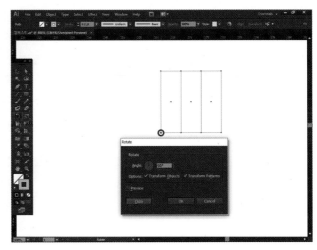

04 'Rotate Tool'이 실행 중일 때 모든 오브젝트들이 선택된 상태의 한가운데를 [Alt]를 누르면서 클릭합니다. [Rotate] 대화상자가 나타나면 'Angle : 45°'를 입력하고 [OK] 버튼을 클릭합니다.

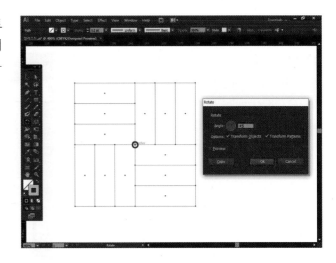

05 'Rectangle Tool'을 선택하고 [Alt]+[Shift]를 누른 상태로 오브젝트의 센터를 클릭하고 드래 그해서 모서리가 아래쪽 오브젝트의 선에 닿는 정사각형을 그려 줍니다.

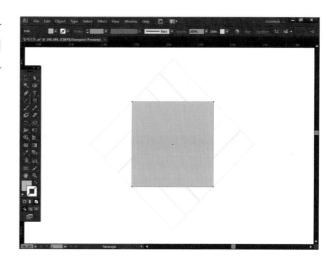

06 오브젝트를 모두 선택하고 마우스 오른쪽 버 튼을 누른 후 [Make Clipping Mask]를 클릭합니다.

 기적의 Tip

[Layers] 패널을 열고 'Make/Release Clipping Mask' 버 튼을 클릭해도 결과는 같습니다.

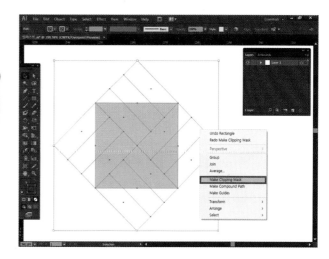

07 [Object] > [Pattern] > [Make]를 클릭합니다.

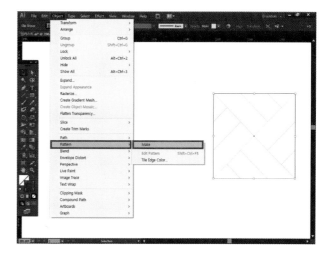

08 [Pattern Options] 대화상자가 나타나면 'Size Tile to Art'에 체크를 해주고 'H Spacing : 0mm, V Spacing : 0mm'로 설정하고 창의 윗 부분에 Done을 클릭합니다. [Swatches] 패널에 등록한 패턴이 생성되어 있는지 확인합니다.

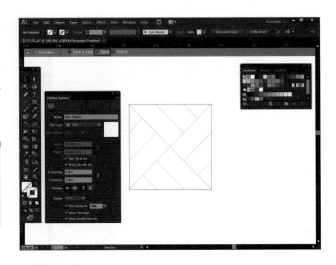

09 'Rectangle Tool'을 선택하고 작업창을 클릭한 후 [Rectangle] 대화상자가 나타나면 제시된 '작품규격+재단선'의 크기인 166mm, 246mm를 입력하고 [OK] 버튼을 누릅니다. 면색은 [Swatches] 패널의 등록한 패턴을 클릭해서 적용해주고 선색은 None으로 설정합니다.

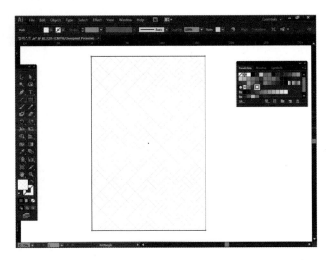

03 포토샵 작업

01 작업 준비하기

01 포토샵을 실행하고, [File] > [New]를 선택하여 [New] 대화상자에서 'Width : 166mm, Height : 246mm, Resolution : 300Pixels/Inch, Color Mode : CMYK Color'로 설정한 후, [OK] 버튼을 클릭합니다.

> **기적의 Tip**
>
> • Ctrl + N : New(새로 만들기)
> • Resolution : 300Pixels/Inch은 인쇄, 출판을 위한 최적의 해상도 설정입니다. 하지만 작업 파일의 크기가 커지고 고사양의 컴퓨터가 요구됩니다. 시험에서 제출할 파일의 총 용량은 5M 이하이기 때문에 파일크기는 크게 문제가 되지 않지만 시험장마다 다른 컴퓨터 사양으로 인해 작업진행에 어려움이 예상되는 경우, 150~250 정도의 해상도를 설정하는 것이 좋습니다.

02 '일러스트작업' 창에서 그리드를 선택하고, Ctrl + C 를 눌러 복사합니다.

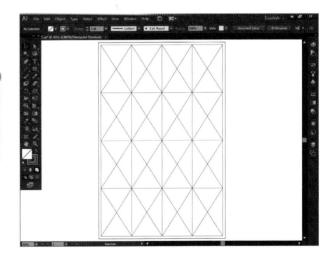

> **기적의 Tip**
>
> 그리드가 잠겨 선택되지 않는 경우, [Window] > [Layers]를 선택하고, Layers 패널에서 해당 레이어의 Toggles Lock 아이콘을 클릭하여 레이어 잠금을 해제하거나, Alt + Ctrl + 2 를 눌러 오브젝트 잠금을 해제합니다.

03 '포토샵작업' 창에 Ctrl + V 를 눌러 붙여넣기를 한 후, [Paste] 대화상자에서 'Pixels'를 선택하고, [OK] 버튼을 클릭합니다. Enter 를 눌러 그리드를 확정하고, Layers 패널에서 이름을 그리드로 변경합니다. 'Move Tool'을 선택하고, Ctrl 을 누른 채 'Background' 레이어와 함께 선택한 후, 옵션 바에서 'Align vertical centers', 'Align horizontal centers'를 클릭하여 정렬합니다. '그리드' 레이어만 선택하고, 'Lock all' 아이콘을 클릭하여 잠근 후, [File] 〉 [Save]를 선택하여 포토샵작업.psd로 저장합니다.

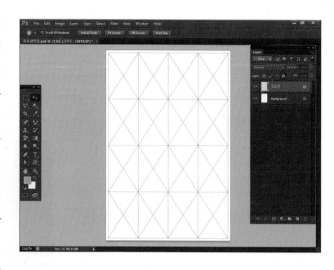

 기적의 Tip

항상 작업 시작과 도중에는 예기치 못한 상황을 대비하여 수시로 하는 저장하는 습관을 길러야 합니다.

02 배경 만들기

01 '일러스트작업' 창에서 만들어 놓은 배경무늬 패턴을 선택하고 Ctrl + C 를 눌러 복사한 후 포토샵 화면에 Ctrl + V 를 눌러 붙여넣기를 합니다. [Paste] 대화상자가 나타나면 'Pixels'를 선택하고 [OK] 버튼을 클릭합니다. 레이어 이름을 '배경패턴'으로 지정하고 그리드 레이어 아래에 위치시킵니다.

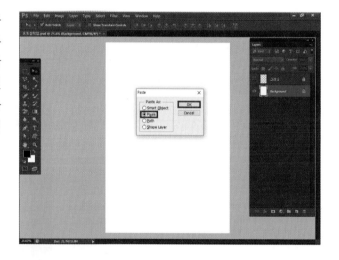

02 배경에 사용할 이미지를 넣기 위해서 [File] 〉 [Open]을 선택하고, [Open] 대화상자가 열리면 붓터치.jpg, 수채화.jpg를 찾아 선택한 후, [Open] 버튼을 클릭하여 이미지를 불러옵니다.

03 이미지가 열리면 'Magic Wand Tool'을 이용해 하얀색 배경을 클릭해서 선택합니다. Ctrl +Shift+I를 눌러 선택영역을 반전시켜 검은 잉크 모양으로 바뀌어져 선택되도록 합니다. 선택영역을 Ctrl+C를 눌러 복사합니다.

🎓 **기적의 Tip**

- Magic Wand Tool은 색상을 기준으로 선택을 쉽게 할 수 있는 툴입니다. 이미지의 배경이 하나의 색상으로 이루어진 경우, Magic Wand Tool을 이용하면 매우 쉽게 선택이 가능합니다.
- Ctrl+Shift+I : Inverse(선택영역 반전)

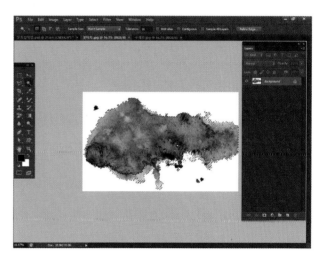

04 '포토샵작업' 창으로 돌아와 Ctrl+V를 눌러 붓터치 이미지를 붙여 넣습니다. Ctrl+T를 눌러 크기 조절점을 나타내고, 크기와 위치를 조절하여 다음과 같이 중간 부분에 배치한 후, Enter를 눌러 확정합니다. Layers 패널에서 레이어의 이름을 붓터치로 변경한 후, 레이어 위치를 '그리드' 레이어 아래로 이동합니다.

🎓 **기적의 Tip**

- Ctrl+T : Free Transform
- Free Transform을 이용하여 크기 조절을 할 때, 이미지의 가로, 세로 비율을 유지하기 위해서 반드시 모서리의 점을 Shift를 누른 채 드래그해야 합니다.

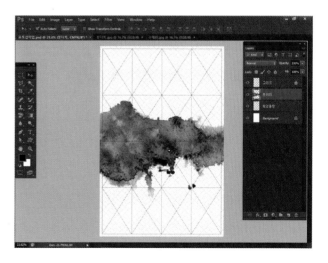

05 수채화 이미지도 같은 방법으로 물감 부분만 선택하고 복사한 후 '포토샵작업' 창으로 가져와 붙여넣기를 합니다. 레이어의 이름을 수채화로 변경하고, 레이어 위치를 '붓터치' 레이어 위로 이동합니다.

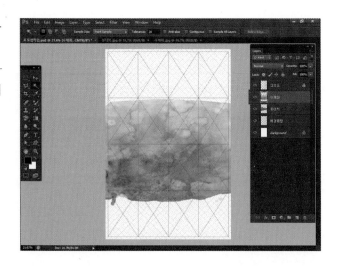

06 [Layers] 패널의 '수채화' 레이어와 '붓터치' 레이어 사이에 Alt 를 누른 상태에서 마우스를 대면 커서가 바뀝니다. Alt 를 누른 상태로 클릭하면 클리핑 마스크가 적용됩니다.

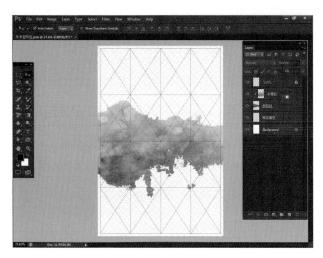

07 [Layers] 패널에서 '붓터치' 레이어를 클릭하고 'Opacity : 50%'로 설정합니다.

> 🎓 **기적의 Tip**
>
> '그리드' 레이어는 계속 켜둘 필요는 없습니다. 디자인 원고와 비교하여 위치나 크기 등을 확인해야 할 경우 중간 중간 활용하면 됩니다.

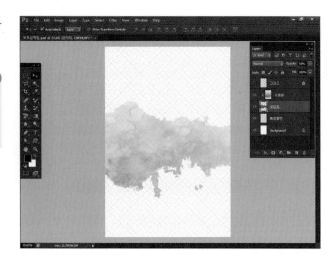

08 [Layers] 패널에서 'Create a new group'을 클릭해서 그룹폴더를 생성하고 폴더이름을 배경으로 바꿔 줍니다. [Shift]를 누르고 '수채화', '붓터치', '배경패턴' 레이어를 선택해서 '배경' 폴더로 이동시킵니다.

> 🎓 **기적의 Tip**
>
> • 여러 개의 레이어를 한꺼번에 선택할 때에는 [Shift]를 누른 상태로 원하는 레이어를 클릭합니다.
> • 그룹폴더를 이용하면 한없이 길어지는 레이어를 간결하게 정리, 분류를 할 수 있습니다.

03 악수 일러스트 배치

01 '일러스트작업' 창에서 악수 일러스트를 선택하고, [Ctrl]+[C]를 눌러 복사한 후 '포토샵작업' 창에서 [Ctrl]+[V]를 눌러 붙여 넣은 후 레이어의 이름을 악수손으로 변경합니다. 필터 적용을 위해 [Image] 〉 [Mode] 〉 [RGB Color]를 선택하고 [Adobe Photoshop CS6 Extended] 대화상자가 열리면 [Don't Flatten] 버튼을 클릭합니다.

> 🎓 **기적의 Tip**
>
> [Flatten]을 선택하면 모든 레이어가 합쳐집니다. 실수로 [Flatten]을 클릭했다면 [Ctrl]+[Z]를 눌러 이전 상태로 복귀해서 다시 모드를 변경합니다.

02 [Filter] 〉 [Oil paint]를 클릭해서 대화상자가 열리면 미리보기 화면을 보며 디자인 원고와 비슷하게 옵션을 설정해준 후 [OK] 버튼을 클릭합니다.

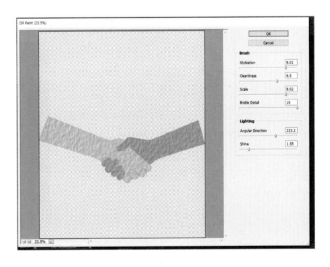

> 🎓 **기적의 Tip**
>
> • 필터 적용 후에 다시 [Image] 〉 [Mode] 〉 [CMYK Color]로 다시 바꿔주어도 되지만 디자인 원고를 보면 필터가 계속 쓰이기 때문에 RGB Color Mode를 유지하고 필터적용이 최종적으로 끝났을 때 다시 CMYK Color Mode로 바꿔 줍니다.
> • 학습 중에 없는 필터가 나올 수 있습니다. 시험장에서는 없는 필터는 제시되지 않으니 학습 시에는 최대한 비슷한 필터로 학습하시면 됩니다.

03 '악수손' 레이어의 빈 곳을 더블클릭하거나 [Layers] 패널 하단의 'Add a layer style'를 클릭하여 'Drop Shadow'를 클릭합니다. [Layer style] 대화상자가 열리면 Drop Shadow를 체크한 후 오른쪽 옵션 Blend Mode : Multiply, Color : C0M0Y0K100, Opacity : 47%, Distance : 40px, Spread : 16%, Size : 45px'로 설정한 후 [OK] 버튼을 클릭합니다.

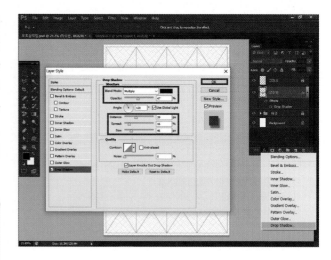

기적의 Tip

'OK' 버튼 아래쪽에 있는 'Preview'에 체크를 해두고 옵션에 따라 변하는 이미지를 보며 적절히 설정합니다.

04 상단 문자와 이미지 배치하기

01 'Type Tool'을 클릭해서 '예약부도'를 입력하고 선택한 후 [Window] 〉 [Character] 패널을 열고 폰트와 크기 사간을 디사인 원고와 비슷하게 설정합니다. 색상은 C8M91Y2K0로 지정합니다.

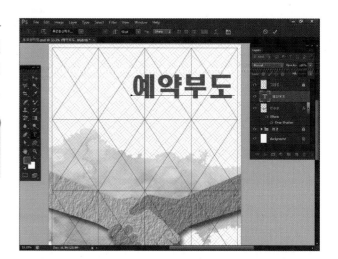

기적의 Tip

시험지시서에 특정 폰트에 대한 내용이 없으면 가장 비슷한 모양의 폰트를 이용합니다.

02 '예약부도' 레이어의 빈 곳을 더블클릭하거나 [Layers] 패널의 하단에 있는 Add a layer style을 클릭하고 'Inner Shadow'를 클릭해서 [Layer style] 대화상자를 열어 줍니다. Inner Shadow에 체크한 후 오른쪽 옵션에 'Blend Mode : Multiply, Color : C0M0Y0K0, Opacity : 75%, Distance : 5px, Choke : 0%, Size : 5px'를 설정해 줍니다.

03 'Type Tool'을 클릭하고 예약부도 위에 No-Show란 별다른 취소없이 오지않은 것을 뜻합니다를 입력합니다. [Window] 〉 [Character]를 클릭해서 [Character] 패널을 열고 디자인 원고와 비슷한 폰트와 사이즈, 자간을 설정합니다. 색상은 C8M91Y2K0으로 지정합니다.

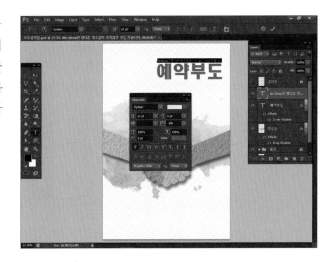

04 'Type Tool'을 클릭하고 왼쪽 상단에 예약부도 근절 캠페인을 입력합니다. [Window] 〉 [Character]를 클릭해서 [Character] 패널을 열고 디자인 원고와 비슷한 폰트와 사이즈, 자간을 설정합니다. 색상은 C0M0Y0K100으로 지정합니다.

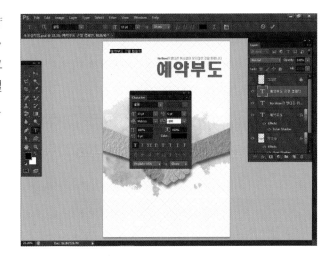

05 '일러스트작업' 창에서 브러시 패턴으로 만든 No-Show 오브젝트를 선택하고 Ctrl + C 를 눌러 복사한 후 '포토샵작업' 창에 Ctrl + V 를 눌러 붙여넣기를 합니다. [Paste] 대화상자가 나타나면 'Pixels'를 선택하고 [OK] 버튼을 클릭합니다. 레이어 이름을 No-Show로 지정하고 그리드 레이어 아래에 위치시킵니다.

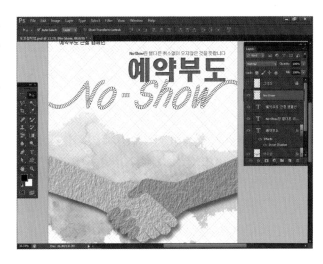

06 'No-Show' 레이어의 빈 곳을 더블클릭하거나 [Layers] 패널의 하단에 있는 'Add a layer style'을 클릭하고 'Drop Shadow'를 클릭해서 [Layer style] 대화상자를 열고 Drop Shadow에 체크한 후 오른쪽 옵션에 'Blend Mode : Multiply, Color : C0M0Y0K100, Opacity : 35%, Distance : 28px, Spread : 0%, Size : 4pt'를 설정해 줍니다.

07 [File] 〉 [Open]을 선택하고, [Open] 대화상자가 열리면 리본.jpg를 찾아 선택한 후, [Open] 버튼을 클릭하여 이미지를 불러옵니다. 리본 이미지가 열리면 'Quick Selection Tool'을 이용해 배경을 드래그해서 선택합니다. [Ctrl]+[Shift]+[I]를 눌러 선택영역을 반전시켜 리본으로 바뀌어져 선택되도록 합니다. 선택영역을 [Ctrl]+[C]를 눌러 복사합니다.

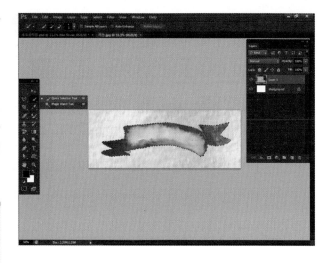

08 '포토샵작업' 창에 [Ctrl]+[V]를 눌러 붙여넣기를 하고 크기를 조절한 후에 디자인 원고의 제시된 위치에 맞게 배치합니다. [Layers] 패널에서 레이어의 이름을 리본으로 변경한 후, 위치를 '그리드' 레이어 아래로 이동합니다.

09 레이어 패널에서 '리본' 레이어를 선택한 후에 [Image] 〉 [Adjustments] 〉 [Hue/Saturation]을 클릭합니다.

10 'Hue/Saturation'의 'Colorize'에 체크를 하고 'Hue : 304, Saturation : 29, Lightness : 0'으로 설정합니다.

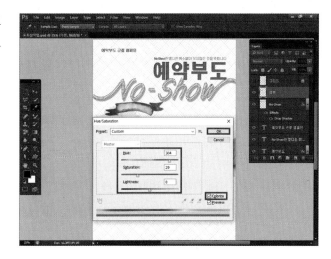

11 'Pen Tool'을 클릭하고 면색 None, 선색 None으로 설정한 후 리본의 하단 곡선을 따라 그립니다.

12 'Type Tool'을 선택하고 곡선 패스 위에 올려서 커서의 모양이 곡선으로 바뀌면 "예약은 약속입니다"를 입력합니다. [Window] 〉 [Character] 패널을 열어 폰트와 사이즈, 자간을 디자인 원고와 비슷하게 설정해주고 색상은 C0M0Y0K100으로 지정합니다. 글자가 가려져 보이지 않을 경우에는 'Path Selection Tool'을 선택한 후 [Window] 〉 [Paths] 패널을 열어 생성된 'Type Paths' 레이어를 클릭하고 패스위에 마우스를 올리면 보이는 마커를 드래그해서 문자의 시작과 끝 부분을 지정합니다.

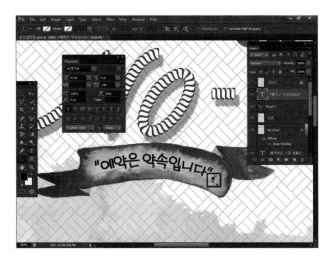

05 인물 배치와 필터 적용

01 [File] 〉 [Open]을 선택하고, [Open] 대화상자가 열리면 인물01.jpg를 선택한 후, [Open] 버튼을 클릭하여 이미지를 불러옵니다. 'Quick Selection Tool'을 이용해 배경을 드래그해서 선택하고 'Polygonal Lasso Tool'을 이용해 선택영역을 추가하거나 뺀 후 Ctrl + Shift + I 를 눌러 선택영역을 반전시켜 인물만 선택되도록 합니다. 선택영역을 Ctrl + C 를 눌러 복사하고 '포토샵작업' 창에 Ctrl + V 를 눌러 붙여넣기를 한 후 사이즈 조절을 해줍니다. 레이어 이름을 인물1로 변경하고, '악수손' 레이어 아래에 위치시킵니다.

02 '인물1' 레이어를 선택하고 [Filter] 〉 [Filter Gallery]를 클릭합니다. 오른쪽의 'Brush Strokes'의 폴더를 열고 'Angled Strokes'를 클릭합니다. 왼쪽의 미리보기를 확인하며 옵션을 'Direction Balance : 61, Stroke Length : 26, Sharpness : 5'로 설정하고 [OK] 버튼을 누릅니다.

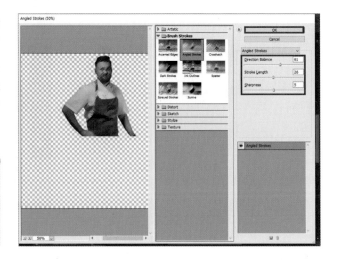

> 🎓 **기적의 Tip**
>
> 해당 효과를 만들기 위해서 수치를 똑같이 따라하지 않아도 됩니다. 눈으로 확인하고 비슷한 결과가 나오면 되므로 시험에서는 수치로 입력하는 것보다 슬라이더를 움직여 설정하는 것이 시간절약에 도움이 됩니다.

03 인물02.jpg의 이미지를 불러와서 꽃을 든 여자만 'Quick Selection Tool'을 이용해 선택한 후 '포토샵작업' 창에 붙여넣기를 합니다. 사이즈를 조절한 다음 레이어 이름을 인물2로 변경해주고 '악수손' 레이어 아래에 위치시킵니다.

> 🎓 **기적의 Tip**
>
> • Ctrl + T : Free Transform
> • 크기를 조절할 때 반드시 Shift 를 눌러 비율을 유지해야 합니다.

04 '인물2' 레이어를 선택하고 [Filter] 〉 [Filter Gallery]를 클릭해서 대화상자가 열리면 오른쪽의 'Artistic'의 폴더를 열고 'Paint Daubs'를 클릭합니다. 왼쪽의 미리보기를 확인하며 옵션을 'Brush Size : 11, Sharpness : 31'로 설정하고 [OK] 버튼을 누릅니다.

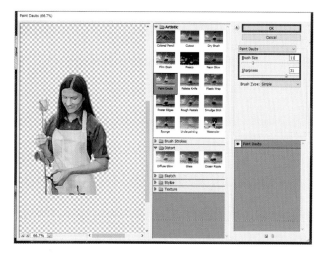

> 🎓 **기적의 Tip**
>
> 시험지시서에 명확하게 지시되어 있지 않은 부분은 디자인 원고와 비슷하게 만들면 됩니다.

05 인물03.jpg의 파일을 열어서 사람 이미지만 'Quick Selection Tool'을 이용해 선택한 후 '포토샵작업' 창으로 가져옵니다. 크기를 조절한 후 레이어 이름을 인물3으로 변경하고 '인물1' 레이어 아래에 위치시킵니다.

06 '인물3' 레이어를 선택하고 [Filter] 〉 [Filter Gallery]를 클릭합니다. 오른쪽의 'Brush Strokes'의 폴더를 열고 'Angled Strokes'를 클릭합니다. 왼쪽의 미리보기를 확인하며 옵션을 'Direction Balance : 61, Stroke Length : 26, Sharpness : 5'로 설정하고 [OK] 버튼을 누릅니다.

🎓 **기적의 Tip**

시험장에서 필터효과 적용은 수치 입력보다는 왼쪽에 있는 필터가 적용된 이미지를 보며 슬라이드바를 좌우로 움직여서 조절하는 것이 빠릅니다.

07 인물04.jpg의 파일을 열어서 사람 이미지만 'Quick Selection Tool'을 이용해 선택한 후 '포토샵작업' 창으로 가져옵니다. 크기 조절 후 레이어 이름을 인물4로 변경하고 '인물1' 레이어 아래에 위치시킵니다.

08 '인물4' 레이어를 선택하고 [Filter] 〉 [Filter Gallery]를 클릭합니다. 오른쪽의 'Artistic'의 폴더을 열고 'Paint Daubs'를 클릭합니다. 왼쪽의 미리보기를 확인하며 옵션을 'Brush Size : 11, Sharpness : 31'로 설정하고 [OK] 버튼을 누릅니다.

06 휴대폰 이미지 만들기

01 '핸드폰 원본.jpg'의 파일을 열어서 핸드폰을 들고 있는 손 이미지만 'Quick Selection Tool'을 이용해 선택한 후 '포토샵작업' 창으로 가져와 붙여넣기합니다. 크기를 조절한 후 레이어 이름을 핸드폰으로 변경하고 '배경' 그룹폴더의 위에 위치시킵니다.

🎓 **기적의 Tip**

크기를 조절할 때 반드시 Shift를 눌러 비율을 유지해야 합니다.

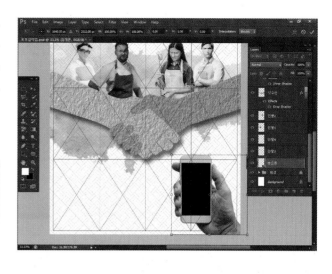

02 '핸드폰 화면.jpg'의 파일을 열어서 Ctrl+A를 눌러 전체 선택한 후 Ctrl+C로 복사해서 '포토샵작업' 창으로 가져와 Ctrl+V를 눌러 붙여넣기를 합니다. 휴대폰 화면과 비슷하게 크기를 조절한 후 레이어 이름을 핸드폰화면으로 변경하고 '핸드폰' 레이어의 위에 위치시킵니다.

03 'Magic Wand Tool'을 선택해서 '핸드폰' 레이어의 검은색 화면을 클릭합니다. 검은색 화면만큼 선택영역이 지정이 되어있는지 확인합니다.

🎓 **기적의 Tip**

레이어에 가려져서 검은 화면이 보이지 않을 때에는 '핸드폰화면' 레이어의 눈 모양을 클릭해서 꺼준 후에 검은색 화면을 선택하고 다시 '핸드폰화면' 레이어의 눈 모양을 켜줍니다.

04 검은색 화면만큼 선택영역이 지정된 상태로 '핸드폰화면' 레이어를 클릭합니다.

05 '핸드폰화면' 레이어가 선택된 상태에서 [Layers] 패널 아래에 있는 'Add layer mask'를 클릭합니다. [Layers] 패널 상단의 'Opacity : 35%'를 입력해서 불투명도를 조절합니다.

06 '핸드폰화면' 레이어의 썸네일을 클릭한 후 [Filter] > [Pixelate] > [Mosaic]을 클릭합니다. 대화상자가 나타나면 슬라이드 바를 드래그해서 조절한 후 [OK] 버튼을 누릅니다. 적용된 필터 효과를 확인한 후 [Image] > [Mode] > [CMYK Color]를 선택하여 다시 CMYK 모드로 돌아옵니다.

기적의 Tip

예기치 못한 상황에 대비하여 가끔씩 Ctrl + S 를 눌러 저장을 하는 것이 좋습니다.

07 'Type Tool'을 클릭하고 1357과 중소기업통합콜센터를 입력하고 [Window] 〉 [Character] 패널을 열어서 디자인 원고와 비슷하게 각각 블록 지정을 하여 폰트와 사이즈, 자간 등을 설정하고, 색상은 C0M0Y0K0로 설정합니다. '핸드폰화면' 레이어 위에 위치시킵니다.

08 '일러스트작업' 창에서 만들어놓은 통화버튼 아이콘을 선택하고 [Ctrl]+[C]를 눌러 복사한 후 '포토샵작업' 창에 [Ctrl]+[V]를 눌러 붙여넣기를 합니다. [Paste] 대화상자가 나타나면 'Pixels'를 선택하고 [OK] 버튼을 클릭합니다. 레이어 이름을 통화버튼으로 지정하고 '핸드폰화면' 레이어 위에 위치시킵니다.

09 '통화버튼' 레이어의 빈 곳을 더블클릭하거나 레이어 패널 하단의 'Add a Layer Style'을 클릭해서 'Layer Style'의 대화상자가 열리면 'Stroke'를 체크하고 'Size : 6px, Position : Outside, Color : C0M0Y0K0'으로 설정하고 [OK] 버튼을 클릭합니다.

07 로고와 글자 배치하기

01 'Type Tool'을 선택하고 고객의 빠른 취소전화~를 입력하고 [Window] 〉 [Character] 패널을 열어서 디자인 원고와 비슷하게 폰트와 사이즈, 자간 등을 설정하고, 색상은 C0M0Y0K100으로 설정해 줍니다.

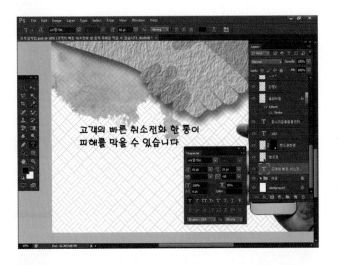

02 '일러스트작업' 창에서 만든 소상공인시장진흥공단 로고를 선택하고 [Ctrl]+[C]를 눌러 복사한 후 '포토샵작업' 창에 [Ctrl]+[V]를 눌러 붙여넣기를 합니다. [Paste] 대화상자가 나타나면 'Pixels'를 선택하고 [OK] 버튼을 클릭합니다. 레이어 이름을 소상공인으로 지정하고 배경그룹 폴더 위에 위치시킵니다.

> **기적의 Tip**
>
> 오브젝트의 위치를 정해줄 때에는 그리드 레이어의 눈을 켜서 디자인 원고와 비교해봅니다.

08 검토 및 저장하기

01 Layers 패널에서 '그리드' 레이어를 켠 후, 디자인 원고와 전체적으로 비교하여 검토합니다. 검토가 끝나면 '그리드' 레이어의 눈을 끄고, [Ctrl]+[S]를 눌러 저장합니다.

> **기적의 Tip**
>
> [Ctrl]+[S] : Save(저장하기)한 후, 복사된 레이어의 이름을 변경합니다.

02 [Layers] 패널에서 '그리드' 레이어 바로 아래 레이어를 선택한 후, Ctrl + Alt + Shift + E 를 눌러 모든 레이어가 합쳐진 새 레이어를 만듭니다.

Ctrl + Alt + Shift + E 를 누르면 현재 보이는 모든 레이어를 하나의 새 레이어로 만듭니다. 기존의 레이어는 지워지지 않고 그대로 유지되므로 혹시 모를 수정 작업에 유리합니다. 또한 RGB 모드로 변환하기 전 색상 조합을 그대로 유지할 수 있습니다.

03 [Image] 〉 [Mode] 〉 [RGB Color] 메뉴를 선택하여 RGB 모드로 전환하고, [Adobe Photoshop CS6 Extended] 대화상자가 열리면 [Don't Flatten] 버튼을 클릭합니다. [File] 〉 [Save As] 메뉴를 선택하여 '파일이름 : 자신의 비번호 (예를 들어 01번이면 01)'를 입력합니다. PC 응시자는 'Format : JPEG' 형식을 선택합니다.

RGB 모드로 변경하는 이유는 시험장의 특수한 환경 때문입니다. 인쇄용 CMYK 출력이 아닌 개인, 사무용 프린터를 이용해 RGB 모드로 출력하기 때문입니다.

04 [JPEG Options] 대화상자가 열리면 'Quality : 12'로 설정하고, [OK] 버튼을 클릭합니다. 이때 저장된 파일을 확인하고, 용량이 너무 큰 경우 'Quality'를 8~11 정도의 수치로 설정하여 저장합니다.

• 제출해야 할 파일(포토샵에서 만든 JPG 파일+인디자인 파일)의 용량은 총 10MB 이하입니다.
• Quality는 JPEG의 압축 품질을 설정하는 옵션으로서 수치를 낮게 설정하면 용량이 매우 줄어들며 화질이 손상됩니다. 따라서 허용하는 용량 내에서 최대한 높은 수치로 설정하여 화질이 최대한 떨어지지 않도록 합니다.

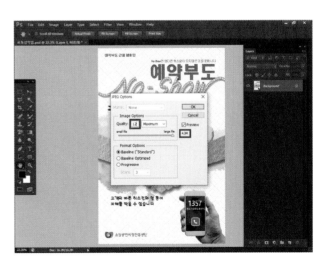

01 작업 준비하기

[File] 〉 [New] 〉 [Document]를 선택하여 'Number of Pages : 1, Facing Pages : 체크 해제', 'Page Size : A4', Margins 'Make all settings the same : 해제, 'Top : 25.5mm, Bottom : 25.5mm, Left : 22mm, Right : 22mm'로 입력한 후, [OK] 버튼을 클릭합니다.

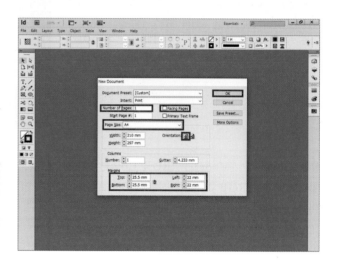

> **기적의 Tip**
>
> • Ctrl + N : New Document(새로 만들기)
> • A4의 가로 길이 210mm에서 166mm를 뺀 값은 44mm 이고, A4의 세로 길이 297mm에서 246mm를 뺀 값은 51mm이므로 이 여백을 2등분하여 각각의 여백으로 지정 합니다.

02 안내선 만들기

01 실제크기의 안내선이 만들어졌으면 안내선의 위쪽, 아래쪽, 왼쪽, 오른쪽의 안쪽으로 3mm를 뺀 작품규격 크기의 안내선도 만들어야 합니다. 눈금자의 기준점을 드래그하여 왼쪽 위의 안내선 교차지점에 이동시켜 기준점이 0이 되도록 합니다.

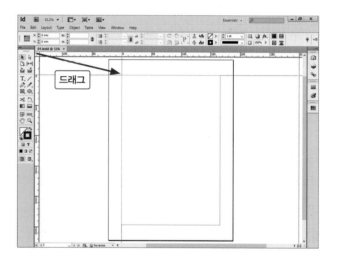

02 'Zoom Tool'로 실제크기 안내선 왼쪽 위를 드래그하여 확대하고, 왼쪽 눈금자에서 마우스를 드래그하여 0mm 지점에서 오른쪽으로 3mm 만큼 이동한 지점과 위쪽 눈금자에서 마우스를 드래그하여 0mm 지점에서 아래쪽으로 3mm만큼 이동한 지점에 안내선을 가져다 놓습니다.

🎓 **기적의 Tip**

왼쪽 눈금자에서 안내선을 꺼내 컨트롤 패널에서 'X : 3mm'로 입력하고, 위쪽 눈금자에서 안내선을 꺼내 'Y : 3mm'로 입력하여 정확히 배치할 수 있습니다.

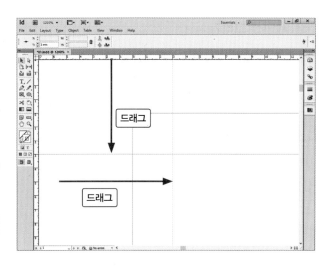

03 'Hand Tool'을 더블클릭하여 윈도우 화면으로 맞춘 후, 실제크기의 안내선 오른쪽 아래를 'Zoom Tool'로 확대합니다. 왼쪽 눈금자에서 마우스를 드래그하여 166mm 지점에서 왼쪽으로 3mm만큼 이동한 지점(163mm)과 위쪽 눈금자에서 마우스를 드래그하여 오른쪽 아래의 246mm 지점에서 위쪽으로 3mm만큼 이동한 지점(243mm)에 안내선을 가져다 놓습니다.

🎓 **기적의 Tip**

왼쪽 눈금자에서 안내선을 꺼내 컨트롤 패널에서 'X : 163mm'로 입력하고, 위쪽 눈금자에서 안내선을 꺼내 'Y : 243mm'로 입력하여 정확히 배치할 수 있습니다.

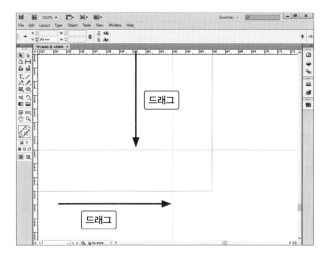

03 재단선 그리기

01 왼쪽 위를 'Zoom Tool'로 확대한 후, 'Line Tool'을 클릭하고, [Shift]를 누른 상태에서 왼쪽 위의 세로 안내선과 실제크기 안내선 경계 부분에 수직으로 드래그하여 5mm 길이의 재단선을 그립니다. 가로 안내선과 실제크기 안내선 경계 부분도 수평으로 드래그하여 5mm 길이의 재단선을 그립니다. 두 재단선을 'Selection Tool'로 [Shift]를 누른 상태에서 각각 클릭하고, [Ctrl]+[C]를 눌러 복사합니다.

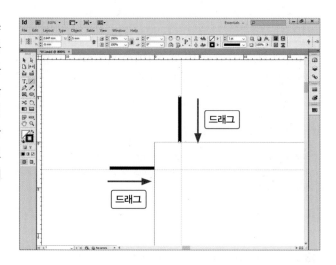

02 오른쪽 위를 'Zoom Tool'로 확대한 후 [Ctrl]+[V]를 눌러 붙여넣기합니다. 컨트롤 패널에서 'Rotate 90° Clockwise'를 클릭하여 위치를 변경한 후, 안내신에 맞춰 배치합니다. 동일한 방법으로 아래쪽의 재단선도 만듭니다.

> **기적의 Tip**
>
> 아래쪽의 재단선도 컨트롤 패널에서 'Rotate 90° Clockwise'를 클릭하고, 안내선에 맞춰 배치하면 됩니다.

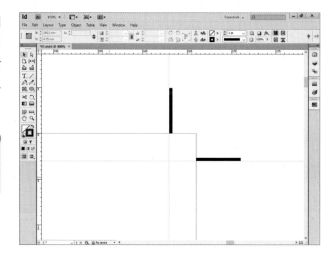

01 [File] 〉 [Place]를 선택하여 01.jpg를 선택하고 [열기] 버튼을 클릭합니다.

기적의 Tip

Ctrl + D : Place

02 실제크기 안내선의 왼쪽 위에 마우스를 클릭하여 이미지를 삽입합니다. 마우스 오른쪽 버튼을 클릭하여 [Display Performance] 〉 [High Quality Display]를 선택합니다. 다음으로 외곽선 생략여부를 반드시 확인한 후, 다음 직업으로 넘어갑니다.

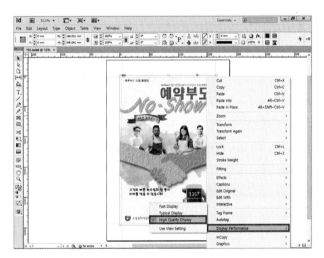

기적의 Tip

• 컨트롤 패널에서 'Reference Point'를 왼쪽 상단 점을 클릭하고 'X : 0mm, Y : 0mm, W : 166mm, H : 246mm'를 확인합니다. 수치가 차이가 날 경우 위와 같이 수치를 직접 입력해 줍니다.
• 이미지를 삽입한 후, 디자인 원고의 지시사항에 작품 외곽선을 표현 또는 표시 여부에 관한 문구를 반드시 확인하고, 그려야 할 경우, 재단선을 따라 1pt 두께의 검은색으로 외곽선을 그려 줍니다.

글자 입력하기

'Type Tool'을 선택하고 글상자를 만듭니다. 노쇼 때문에 5대 주요 서비스 업종이 한 해 입은 경제적 손실이 10조2800억 원에 이르며~를 입력한 후, [Paragraph] 패널에서 'Justify with last line aligned left'를 클릭하여 마지막 줄만 왼쪽 정렬합니다. 'Type Tool'로 글자를 블록 지정하여 [Character] 패널에서 디자인 원고를 참고로 글꼴과 크기를 적절히 설정한 후, 툴 박스에서 글자 색상을 C0M0Y0K92로 설정합니다.

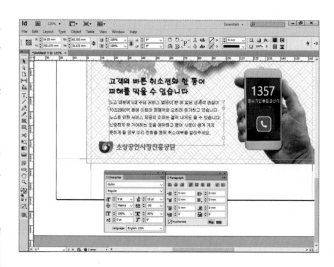

> 🎓 **기적의 Tip**
>
> • Paragraph 패널 열기 : [Type] 〉 [Paragraph]
> • Character 패널 열기 : [Type] 〉 [Character]

06 비번호 입력하기

이미지 위쪽 아래를 'Zoom Tool'로 확대하고 'Type Tool'로 비번호(등번호)를 입력한 후 글자를 블록 지정하여 컨트롤 패널에서 '글꼴 : Dotum, Font Size : 10pt'로 지정합니다.

> 🎓 **기적의 Tip**
>
> 비번호(등번호)를 재단선 끝선에 맞추어 배치합니다

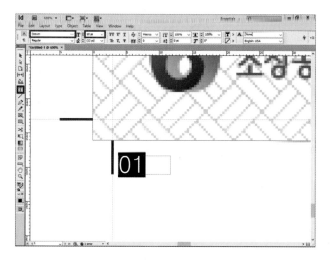

07 저장하고 제출하기

01 [File] 〉 [Save]를 선택하여 파일이름을 자신의 비번호 01로 입력한 후 [저장] 버튼을 클릭합니다.

02 'Hand Tool'를 더블클릭하여 결과물 전체를 확인합니다. 작업 폴더를 열고, '01.indd'와 '01.jpg'만 제출합니다. 출력은 출력지정 자리에서 '01.indd'를 열고 프린트합니다. 프린트된 A4 용지는 시험장에서 제공하는 켄트지의 한 가운데에 붙여 제출합니다.

> 🎓 **기적의 Tip**
>
> 제출해야할 파일(포토샵에서 만든 JPG 파일+인디자인 파일)의 용량은 총 10MB 이하입니다.

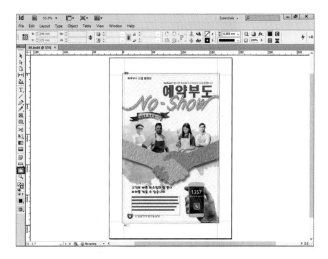

4차산업혁명 포스터

▶ 합격 강의

국가기술자격 실기 시험 문제

자격종목	컴퓨터그래픽스운용기능사	과제명	4차산업혁명 포스터

※ 시험시간 : 4시간

1. 요구사항

※ 다음의 요구사항에 맞도록 주어진 자료(컴퓨터에 수록)를 활용하여 디자인 원고를 시험시간 내에 컴퓨터 작업으로 완성하여 A4 용지로 출력 후 A3 용지에 마운팅(부착)하여 제출하시오.
※ 모든 작업은 수험자가 컴퓨터 바탕화면에 폴더를 만들어 저장하시오.

가. 작품규격(재단되었을 때의 규격) : 160mmX240mm ※A4 용지 중앙에 작품이 배치되도록 하시오.

나. 구성요소(문자, 그림) : ※(디자인 원고 참조)

① 문자요소

- 과학기술정보통신부
- IOT 규제개선
- 4차산업혁명
- 클라우드 규제개선
- 2022. 9.17(토) − 9.18(일)
- 과학기술정보통신부 3층 다목적실
- 신청인원 선착 순 150명
- 신청기간 6.15. (금) 18:00까지
- 신청방법 신청서 제출(http://www.msit.go.kr)
- 강연일정

- 과학기술과 ICT로 열어가는
- O2O 규제개선
- 심포지엄
- 6.21. (수) 15:00~17:20

② 그림요소 : 디자인 원고 참조

기어.jpg　　밤하늘.jpg　　석고상.jpg　　야경.jpg

손.jpg　　손바닥.jpg　　톱니바퀴.jpg　　회로.jpg

구 분	시 간	내 용
구 분	18:00~18:10	개회사 및 심포지엄 소개
강 연	18:10~19:30	4차산업으로 인한 경쟁구도의 변화
	19:30~19:40	티타임(Networking break)
	19:40~21:00	4차산업시대의 기업조건
폐 회	21:00~	폐회 선언

- 문의 02.2110.2153

다. 작업내용

01) 주어진 디자인 원고(그림, 사진, 문자, 색채, 레이아웃, 규격 등)와 동일하게 작업하시오.
02) 디자인 원고 내용 중 불명확한 형상, 색상코드 불일치, 색 지정이 없는 부분, 원고에 없는 형상 등이 있을 때는 수험자가 완성 도면 내용과 같이 작업하시오.
03) 디자인 원고의 서체(요구서체)가 사용 컴퓨터 및 소프트웨어와 맞지 않을 경우는 가장 근접한 서체를 사용하시오.
04) 상하, 좌우에 3mm 재단여유를 갖도록 작품을 배치하고, 재단선은 작품규격에 맞추어 용도에 맞게 표시하시오.
　　(단, 디자인 원고 중 작품의 규격을 표시한 외곽선이 있을 때는 원고의 지시에 따라 표시여부를 결정한다.)
05) 디자인 원고 좌측 하단으로부터 3mm를 띄워 비번호를 고딕 10pt로 반드시 기록하시오.
06) 출력물(A4)은 어떠한 경우에도 절취할 수 없으며, 반드시 A3 용지 중앙에 마운팅하시오.

라. 컴퓨터 작업범위

01) 10MB 용량의 폴더에 수록될 수 있도록 작업범위(해상도 및 포맷형식)를 계획하시오.
02) 규격 : A4(210x297mm) 중앙에 디자인 원고 내용과 같은 작품(원고규격)을 배치하시오.
03) 해상도 및 포맷형식 : 제한용량 범위 내에서 선택하시오.
04) 기타 : ① 제공된 자료범위 내에서 활용하시오.
　　　　　② 3개의 2D 응용프로그램을 고루 활용하되, 최종작업 및 출력은 편집 프로그램(쿽 익스프레스, 인디자인)에서 하시오. (최종작업 파일이 다른 프로그램에서 생성된 경우는 출력할 수 없음)

작품명 : **4차산업혁명 포스터**

※ 작품규격(재단되었을 때의 규격) : 가로160mmX세로240mm, 작품 외곽선은 생략하고, 재단선은 3mm 재단 여유를 두고 용도에 맞게 표시할 것.

※ 지정되지 않은 색상 및 모든 작업은 "최종결과물" 오른쪽 디자인 원고를 참고하여 작업하시오.

❶ 그림자 효과 적용

W → 과학기술과 ICT로 열어가는

그라데이션
Y100~M100Y90 →

← 브러쉬 툴 적용 : W

C40 → 심포지엄

6.21. (수) 15:00~17:20
과학기술정보통신부 3층 다목적실

❷

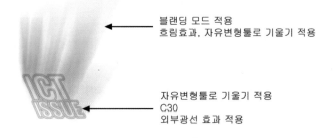

← 블랜딩 모드 적용
흐림효과, 자유변형툴로 기울기 적용

← 자유변형툴로 기울기 적용
C30
외부광선 효과 적용

❸ 테두리 적용 : W

M100Y78

C100M82Y35K24

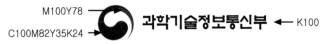

← K100

❹ 문자 : C29, 아이콘 : C40

IOT 규제개선

O2O 규제개선

클라우드규제개선

❺ 문자 및 선 : W

신청인원 선착 순 15 0명
신청기간 6.15. (금) 18:00까지
신청방법 신청서 제출(http://www.msit.go.kr)

강연일정	구 분	시 간	내 용
	개 최	18:00~18:10	개회사 및 심포지엄 소개
	강 연	18:10~19:30	4차산업으로 인한 경쟁구도의 변화
		19:30~19:40	티타임(Networking break)
		19:40~21:00	4차산업시대의 기업조건
	폐 회	21:00~	폐회 선언

문 의 02.2110.2153

이미지(석고상,기어,
톱니바퀴,회로)를
색상 보정,
자연스럽게 합성

이미지(회로)
배경 제거,
블랜딩모드 적용

배경
그라데이션: 방사형
C100M85~K100
이미지(야경,밤하늘)을
자연스럽게 합성,
블랜딩모드 적용

외부광선,
그림자효과 적용,
그라데이션 적용

타일 패턴에
기울기 적용
Opacity: 40%
블랜딩모드 적용

이미지(손,기어,
회로)를 색상보정,
자연스럽게 합성

011010110
111101010
색상 : W,
Opacity: 80%,
마스크효과,
블랜딩 모드를
적용

모서리가 둥근
직사각형
면-K100, Fill:70%
선-그라데이션
K50~K100
내부,외부
그림자효과 적용

그림자효과 적용
자연스럽게 합성

과학기술정보통신부

과학기술과 ICT로 열어가는
4차산업혁명
심포지엄
6. 21. (수) 15:00~17:20
과학기술정보통신부 3층 다목적실

IoT 규제개선

O2O 규제개선

클라우드 규제개선

신청인원 선착 순 15 0명
신청기간 6.15. (금) 18:00까지
신청방법 신청서 제출(http://www.msit.go.kr)

강연일정	구분	시간	내용
	개최	18:00~18:10	개회사 및 심포지엄 소개
	강연	18:10~19:30	4차산업으로 인한 경쟁구도의 변화
		19:30~19:40	티타임(Networking break)
		19:40~21:00	4차산업시대의 기업조건
	폐회	21:00~	폐회 선언

문 의 02.2110.2153

ICT ISSUE

디자인 원고 분석 및 그리드 제작하기

01 작업 그리드 그리기

배부받은 디자인 원고의 완성 이미지 위에 필기구와 자를 이용하여 가로, 세로의 크기를 측정한 후 각 4등분으로 선을 그어 줍니다. 16등분의 직사각형이 그려지면 가로와 세로선이 교차되는 지점을 기준으로 대각선을 그립니다.

> **기적의 Tip**
>
> **작업 그리드를 그리는 이유?**
> 컴퓨터 작업 시 각 이미지나 도형의 크기, 위치, 간격을 파악하기 위해 필요한 작업입니다. 빨간색 볼펜 등의 튀는 색상의 필기구로 기준선 그리기 작업을 하는 것이 좋습니다.

02 실제 작업 크기 분석 및 계획 세우기

작품규격 160mm×240mm를 확인합니다. 작품 외곽선을 생략하고, 재단선은 3mm의 재단 여유를 두고 용도에 맞게 표시할 것을 염두에 둡니다. 작품규격에 위쪽, 아래쪽, 왼쪽, 오른쪽으로 각 3mm씩 재단 여유를 주면 실제 작업 크기는 166mm×246mm가 됩니다. 그리고 각 요소를 표현하기 위해 사용될 프로그램을 계획해 줍니다.

03 그리드 제작하기

01 일러스트레이터를 실행하고, [File] 〉 [New]를 선택하여 'Units: Millimeters, Width: 166mm, Hcight: 246mm, Color Mode: CMYK'로 설정한 후, [OK] 버튼을 클릭합니다.

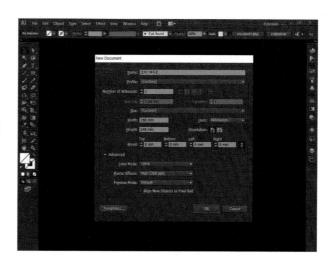

> **기적의 Tip**
>
> • Ctrl + N : New Document(새 문서 만들기)
> • 작품규격은 160mmX240mm이므로 재단선 3mm씩을 더 하면 작업창의 크기는 166mmX246mm가 됩니다.

02 'Rectangular Grid Tool'을 선택하고, 작업창을 클릭하여 대화상자를 엽니다. 작품규격대로 Default Size 'Width: 160mm, Height: 240mm'로 설정하고, 16등분으로 나누기 위해 Horizontal Dividers, Vertical Dividers 'Number: 3'으로 입력한 후, [OK] 버튼을 클릭합니다.

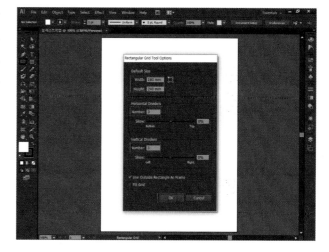

03 [Align] 패널에서 'Align To : Align to Artboard'를 선택하고 'Align Objects : Horizontal Align Center, Vertical Align Center'를 차례로 클릭합니다. Ctrl + 2를 눌러 격자도형을 잠그고, 'Line Segment Tool'로 좌측 상단에서 우측 하단으로 대각선 7개를 그린 후, Reflect Tool을 이용하여 반대방향으로 대각선을 복사합니다. Alt + Ctrl + 2를 눌러 격자도형의 잠금을 해제하고, Ctrl + A를 눌러 오브젝트를 모두 선택합니다. Stroke 색상을 빨간색으로 변경하고 Ctrl + G를 눌러 그룹으로 지정한 후, 일러스트작업.ai로 저장합니다.

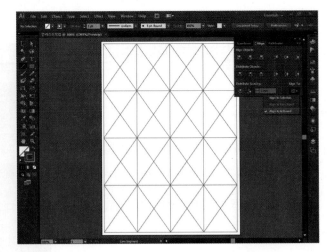

🎓 **기적의 Tip**

• Shift + F7 : New Document(새 문서 만들기)
• 대각선을 그릴 때 'Line Segment Tool'로 7개의 선을 그린 후, Ctrl + A를 눌러 모두 선택하고, 'Reflect Tool'을 더블클릭하여 'Vertical'을 선택한 후 [Copy] 버튼을 클릭하면 반대편으로 대각선이 복사됩니다.

01 작업 준비하기

01 'Selection Tool'로 그리드를 선택한 후 [Object] 〉 [Lock] 〉 [Selection]을 클릭해서 그리드가 선택되지 않도록 해둡니다.

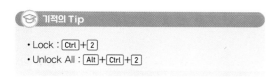

기적의 Tip

- Lock : Ctrl + 2
- Unlock All : Alt + Ctrl + 2

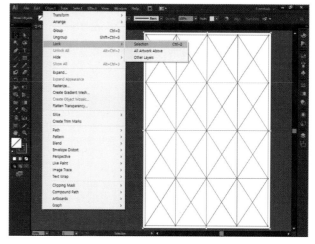

02 작업도중에 가이드선을 바로바로 꺼내 쓸 수 있도록 [View] 〉 [Rulers] 〉 [Show Rulers]를 클릭해서 눈금자가 보이도록 해둡니다.

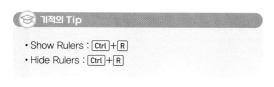

기적의 Tip

- Show Rulers : Ctrl + R
- Hide Rulers : Ctrl + R

02 태극 문양 만들기

01 ‘Ellipse Tool’을 선택하고 면색을 None으로, 선색은 Black으로, 상단 옵션 바의 ‘Stroke : 0.1pt’로 설정하고 Shift 를 누른 상태로 드래그하여 다음과 같은 정원을 하나 그리고, Alt + Shift 를 누른 채 수평으로 이동시켜 복사합니다. 두 개의 원이 닿아있는 부분을 ‘Zoom Tool’을 이용해 크게 확대를 해서 반드시 맞닿아 있도록 붙여줍니다.

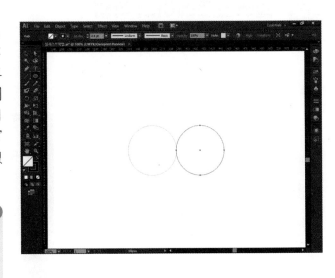

🎓 기적의 Tip

원을 그리는 여러 가지 방법

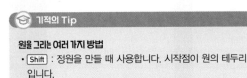

- Shift : 정원을 만들 때 사용합니다. 시작점이 원의 테두리입니다.
- Alt : 시작점이 원의 가운데입니다.
- Shift + Alt : 정원을 만들면서 시작점을 중심으로 원을 만듭니다.

02 위쪽 눈금자에서 가이드선을 꺼내서 가운데에 위치시킵니다. ‘Selection Tool’을 클릭하고 두 개의 원과 가이드선을 선택한 후 [Window] 〉 [Align] 패널을 열고 ‘Align Objects : Vertical Align Center’를 클릭해서 정렬합니다. 다시 마우스 오른쪽 버튼을 클릭하고 [Lock Guides]를 클릭합니다.

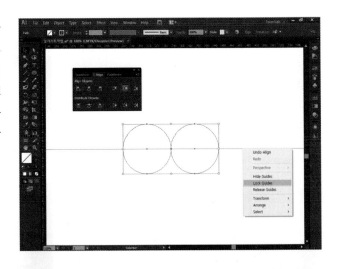

03 ‘Selection Tool’로 두 개의 원을 선택합니다. ‘Rotate Tool’을 클릭하고 두 개의 원과 가이드선이 모두 만나는 중심을 Alt 를 누른채 클릭합니다. [Rotate] 대화상자가 나타나면 ‘Angle : −35°’를 입력하고 [OK]를 누릅니다.

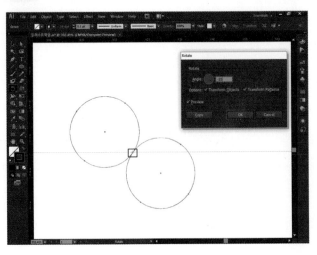

04 'Ellipse Tool'을 선택하고 면색을 None으로, 선색은 Black으로, 상단 옵션 바의 'Stroke : 0.1pt' 로 설정하고 큰 정원을 그려줍니다. 큰 원의 중심이 가이드선에 닿아 있어야 하고, 오른쪽 끝부분은 작은 원과 닿을 때까지 'Selection Tool'을 이용해서 수평으로 이동시킵니다.

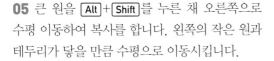

• Shift + Alt : 정원을 만들면서 시작점을 중심으로 원을 만듭니다.

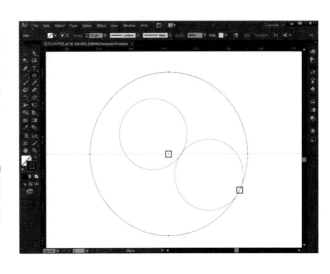

05 큰 원을 Alt + Shift 를 누른 채 오른쪽으로 수평 이동하여 복사를 합니다. 왼쪽의 작은 원과 테두리가 닿을 만큼 수평으로 이동시킵니다.

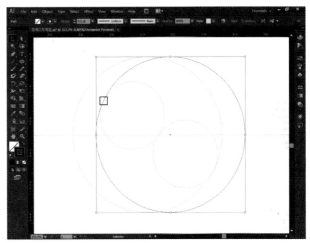

06 두 개의 큰 원을 선택하고 'Rotate Tool'을 클릭해서 중심에 Alt 를 누른 채 클릭합니다. [Rotate] 대화상자가 나타나면 'Angle: 20˚'를 입력하고 [OK]를 누릅니다.

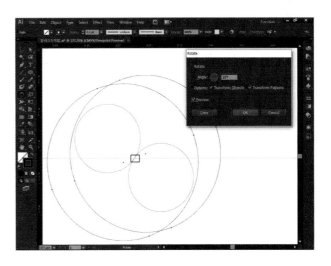

07 'Selection Tool'을 이용해서 큰 원과 작은 원이 맞닿도록 이동합니다. 1픽셀만 떨어져 있어도 Pathfinders의 Divide가 적용되지 않기 때문에 'Zoom Tool'을 이용해서 크게 확대를 한 후 두 원의 선들이 확실하게 맞닿아 있는지 확인해야 합니다.

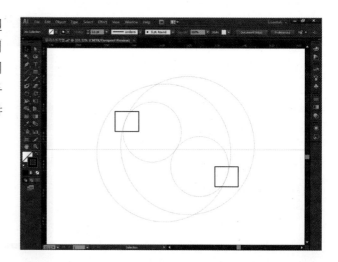

08 'Ellipse Tool'을 이용해서 가장 큰 정원을 그려줍니다. 양쪽 큰 원들의 끝부분과 반드시 맞닿아 있도록 'Zoom Tool'로 드래그해서 확인하며 그려줍니다.

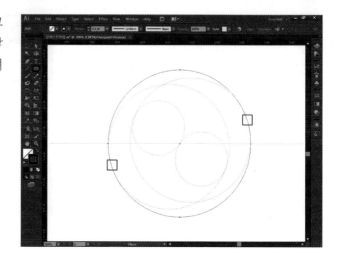

09 가이드선에 대고 마우스 오른쪽 버튼을 클릭한 후 [Lock Guides]를 클릭해서 체크를 해제하고, 키보드의 'Delete' 키를 눌러서 가이드선을 삭제합니다.

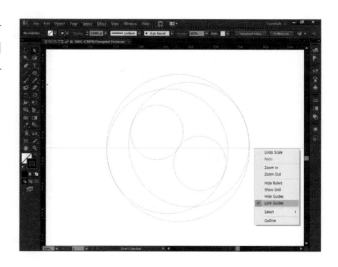

10 'Selection Tool'을 이용해서 오브젝트를 모두 선택한 후 [Window] 〉 [Pathfinder] 패널을 열고 'Pathfinders : Divide'를 클릭합니다. 마우스 오른쪽 버튼을 눌러 'Ungroup'을 클릭해서 그룹을 해제합니다.

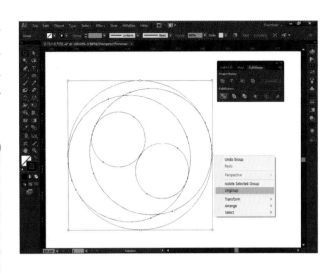

🎓 기적의 Tip

Pathfinder 대화상자의 옵션들을 사용하면 자동으로 'Group'으로 묶여있게 됩니다. 수정을 하기 위해서는 'Ungroup'해주거나 'Direct Selection Tool'을 사용해야 합니다.
- Pathfinder : Shift + Ctrl + F9
- Group : Ctrl + G
- Ungroup : Shift + Ctrl + G

11 'Selection Tool'을 클릭하고 파란색이 칠해질 4개의 선만 Shift 를 누른 채 선택을 하고, [Pathfinder]의 'Shape Modes : Unite'를 클릭합니다. 하나로 합쳐진 오브젝트의 면색을 C100M82Y35K24로, 선색은 None으로 설정해 줍니다.

🎓 기적의 Tip

'Selection Tool' 또는 'Direct Selection Tool'로 선택을 할 때 Shift 를 누른 채 클릭을 하면 추가로 선택이 되고, 이미 선택이 된 것을 클릭하면 선택이 해제됩니다.

12 'Selection Tool'을 이용해서 나머지 4개의 선들을 선택하고, [Pathfinder]의 'Shape Modes : Unite'를 클릭합니다. 면색 None, 선색도 None로 설정합니다.

🎓 기적의 Tip

- Unite : 겹쳐진 오브젝트를 합친다.
- Minus Front : 겹쳐진 오브젝트 중에 위에 위치한 오브젝트 모양으로 아래의 오브젝트를 삭제한다.
- Intersect : 겹쳐진 부분만 남기고 모두 삭제한다.
- Exclude : 오브젝트의 겹쳐진 부분만 삭제한다.

13 빨간색이 칠해질 부분을 만들기 위해 'El-lipse Tool'을 클릭하고 면색 None, 선색 Black의 정원을 만들어 줍니다.

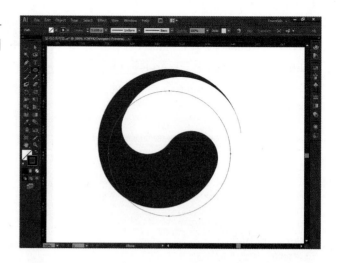

14 'Selection Tool'로 두 개의 선을 선택하고, [Window] > [Pathfinder] 패널을 열고 'Pathfinders : Divide'를 클릭한 후 마우스 오른쪽 버튼을 눌러 'Ungroup'을 클릭해서 그룹을 해제합니다.

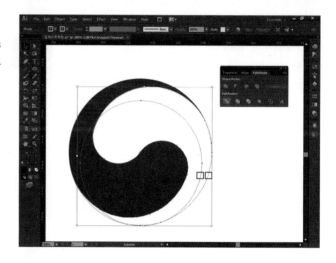

15 빨간색이 들어갈 부분을 선택하고 면색은 C0M100Y78K0, 선색은 None으로 설정합니다.

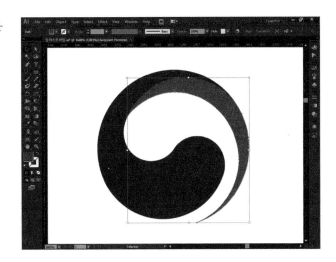

16 'Selection Tool'을 클릭하고 파란색 부분과 빨간색 부분만 선택해서 옆으로 이동시켜 둡니다. 남아있는 선과 작은 조각들을 모두 드래그해서 선택한 후 키보드의 'Delete' 키를 눌러 삭제합니다. 태극문양 오브젝트를 모두 선택해서 Ctrl +G를 눌러서 그룹으로 묶어둡니다.

🎓 **기적의 Tip**

• 배경색을 바꾸고 오브젝트의 색상을 확인합니다.
• Overprint Preview : Alt + Shift + Ctrl + Y

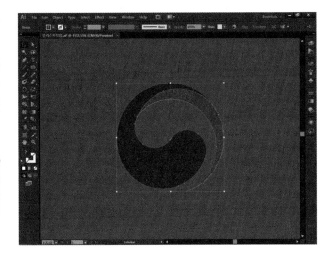

03 제목 문자 만들기

01 'Type Tool'을 클릭하고 '4차산업'과 '혁명'을 입력합니다. [Window] 〉 [Type]을 클릭해서 [Character] 패널을 열고, 디자인 원고와 가이드선을 참고해서 각각의 폰트와 글자의 크기, 자간 등을 조절합니다.

🎓 **기적의 Tip**

폰트에 관련된 지시가 따로 없을 때에는 디자인 원고와 가장 비슷한 폰트를 사용합니다.

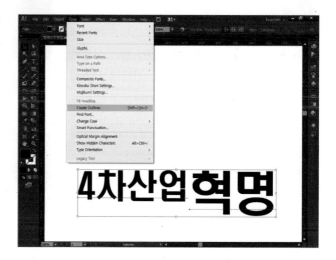

02 'Selection Tool'로 문자를 모두 선택해서 작업하기 편하도록 비어있는 공간으로 옮겨준 후 [Type] 〉 [Create Outlines]를 클릭해서 문자를 이미지로 바꿔줍니다.

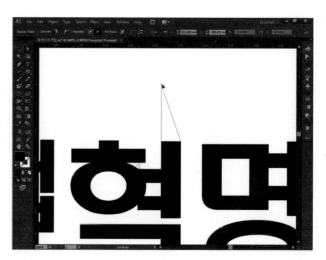

03 'Direct Selection Tool'을 클릭하고 '혁명'의 뾰족하게 만들 모서리의 고정점을 선택하고 Shift를 누른 채 위로 끌어 올려줍니다. 같은 방법으로 아래쪽도 뾰족하게 만들어 줍니다. 'Selection Tool'을 이용해서 '혁'은 모서리를 잡고 살짝만 회전시켜주고, '명'은 위치를 아래로 내려줍니다.

🎓 **기적의 Tip**

오브젝트를 움직일 때 Shift를 누르면 수직, 수평, 45°로 움직입니다.

04 'Selection Tool'을 이용해서 오브젝트를 선택한 후 'Gradient Tool'을 더블클릭해서 [Gradient] 패널을 열고, 'Type : Linear'을 선택합니다. 왼쪽 'Gradient Slider'를 더블클릭해서 C0M0Y100K0, 오른쪽 'Gradient Slider'를 더블클릭해서 C0M100Y90K0으로 설정해 주고, 오브젝트의 왼쪽에서부터 오른쪽으로 클릭 드래그합니다.

🎓 기적의 Tip

'Gradient Slider'를 더블클릭했는데 흑백 컬러만 선택된다면 오른쪽 상단의 모서리를 클릭해서 Color Mode를 바꿔주면 됩니다.

05 'Type Tool'을 클릭하고 '심포지엄' 문자를 입력합니다. [Character] 패널을 열고, 디자인 원고와 그리드선을 참고해서 폰트와 글자의 크기, 자간 등을 조절합니다. 'Selection Tool'로 문자를 선택하고 면색은 C40M0Y0K0, 선색은 None으로 설정합니다.

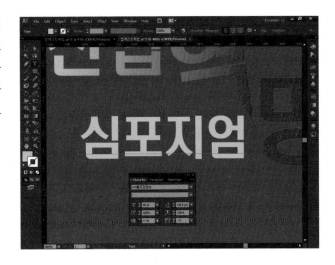

06 문자가 선택된 상태에서 [Type] 〉 [Create Outlines]를 클릭해서 문자를 이미지로 바꿔줍니다.

🎓 기적의 Tip

Create Outline : Shift + Ctrl + O

04 별 만들기

01 면색은 None, 선색은 White로 설정한 후 'Pen Tool'을 이용해서 별을 그려줍니다. 'Direct Selection Tool'을 클릭하고 5개의 꼭짓점을 움직여서 모양을 예쁘게 다듬어 줍니다.

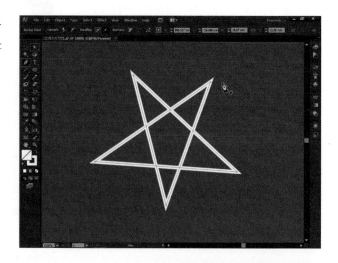

02 'Selection Tool'로 별을 선택한 후 [Window] 〉 [Brushes] 패널을 열고 왼쪽 하단에 있는 [Brushe Libraries Menu]를 클릭합니다. 열린 메뉴 중에 [Artistic]을 클릭하고 [Artistic_Paintbrush]를 클릭합니다. [Artistic_Paintbrush] 패널이 열리면 디자인 원고와 비슷한 브러시를 클릭해서 적용해 보고 선택합니다.

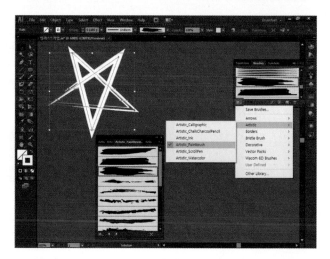

03 'Selection Tool'로 별 모양을 클릭해서 오브젝트의 크기를 조절하고 [Alt]를 누른 채 이동 복사합니다. 복사된 별을 선택해서 크기를 줄여주고 모서리를 잡고 살짝만 회전시키고, 두 개의 별 오브젝트의 간격을 조절한 후 모두 선택해서 [Ctrl]+[G]를 눌러서 그룹으로 묶어둡니다.

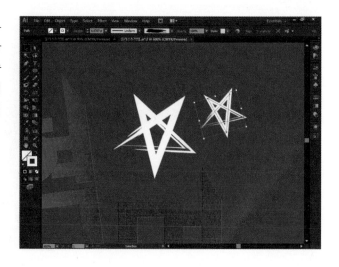

05 휴대폰 아이콘 만들기

01 'Ellipse Tool'을 선택하고 면색은 None, 선색은 C40M0Y0K0, 상단 옵션 바의 'Stroke : 3pt'로 설정하고 Shift 를 누른채 드래그하여 다음과 같은 정원을 그립니다. 그리드 선을 참고해서 적절하게 크기를 조절해 줍니다. 아이콘이 총 3개이기 때문에 2개를 따로 복사해둡니다.

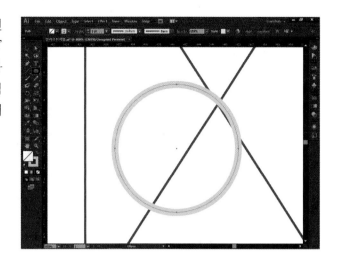

02 작업하기 편하도록 빈 곳으로 원을 이동시킨 후, 'Rounded Rectangle Tool'을 선택해서 면 색 C40M0Y0K0, 선 색은 None의 모서리가 둥근 사각형을 그려줍니다.

> **기적의 Tip**
> Rounded Rectangle Tool을 이용해서 둥근 사각형을 그리고 마우스를 떼지 않은 상태로 방향키 ↑ ↓ 를 누르면 모서리 라운드 수치를 조절할 수 있습니다.

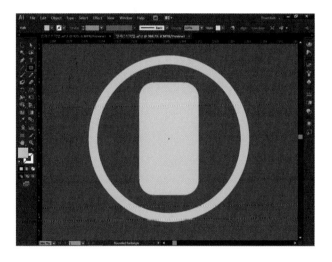

03 'Rectangle Tool'을 선택해서 둥근 사각형 안에 직사각형을 그려줍니다. 'Selection Tool'을 클릭해서 오브젝트를 모두 드래그해서 선택한 후 [Window] 〉 [Align] 패널을 열고 'Align Objects : Horizontal Align Center'를 클릭합니다.

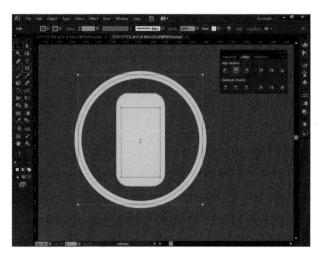

04 'Selection Tool'을 이용해서 둥근 사각형과 그 안에 있는 직사각형을 선택하고 [Window] 〉 [Pathfinder] 패널을 열어서 'Shape Modes : Exclude'를 클릭합니다.

🎓 **기적의 Tip**

Shape Modes
- Unite : 겹쳐진 오브젝트를 합친다.
- Minus Front : 겹쳐진 오브젝트 중에 위에 위치한 오브젝트 모양으로 아래의 오브젝트를 삭제한다.
- Intersect : 겹쳐진 부분만 남기고 모두 삭제한다.
- Exclude : 오브젝트의 겹쳐진 부분만 삭제한다.

05 'Rounded Rectangle Tool'을 선택하고 다음과 같이 작은 사각형을 그려준 후 'Selection Tool'을 이용해서 휴대폰 모양을 모두 선택하고 [Pathfinder] 패널의 'Shape Modes : Exclude'를 클릭합니다.

06 'Ellipse Tool'을 선택하고 면색은 C40M0 Y0K0, 선색은 None의 작은 정원을 그려줍니다. 'Swap Fill and Stroke'을 클릭해서 면색과 선색을 바꿔주고 상단 옵션 바의 'Stroke : 1.5pt'로 설정한 후 Shift 를 누른 채 드래그하여 다음과 같이 선으로만 이루어진 정원을 두 개 더 그립니다. 'Selection Tool'을 이용해서 세 개의 원을 모두 선택한 후 [Window] 〉 [Align] 패널을 열고, 'Align Objects : Horizontal Align Center'와 'Align Objects : Vertical Align Center'를 클릭해서 정렬합니다.

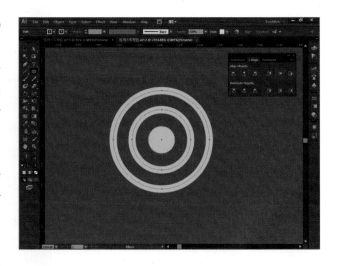

🎓 **기적의 Tip**

Swap Fill and Stroke : 왼쪽 툴바의 하단에 Fill과 Stroke 사이에 작은 화살표 모양으로 있습니다.

07 'Selection Tool'을 이용해서 세 개의 원을 모두 선택합니다. 'Rotate Tool'을 클릭하고 원의 중심을 [Alt]를 누른 채 클릭해서 기준점을 지정해 주고, 대화상자가 나타나면 'Angle : 45'를 입력하고 [OK] 버튼을 클릭합니다.

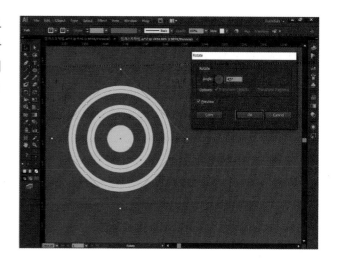

08 'Direct Selection Tool'을 이용해서 와이파이 모양을 제외한 불필요한 선들을 클릭해서 모두 제거합니다.

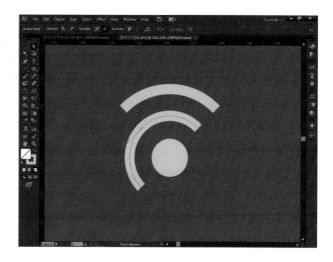

09 'Selection Tool'을 이용해서 두 개의 선을 선택한 후 [Window] > [Stroke] 패널을 열고 'Cap : Round Cap'을 클릭합니다.

10 와이파이 모양을 모두 선택해서 휴대폰 모양의 중앙에 위치시킵니다. 원과 함께 오브젝트를 모두 선택해서 Ctrl + G 를 눌러 그룹으로 묶어 둡니다.

06 모니터 아이콘 만들기

01 따로 복사해둔 원을 가져오고 그 안에 'Rounded Rectangle Tool'을 이용해서 모니터 화면 모양을 그려주고 면색은 None, 선색은 C40M0Y0K0, 'Stroke : 2pt' 로 지정합니다. 중앙에서 살짝 위쪽으로 위치시킵니다.

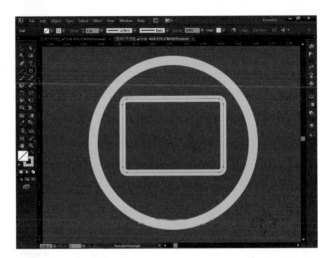

🎓 **기적의 Tip**

Rounded Rectangle Tool을 이용해서 둥근 사각형을 그리고 마우스를 떼지 않은 상태로 방향키 ↑ ↓ 를 누르면 모서리의 라운드 수치를 조절할 수 있습니다.

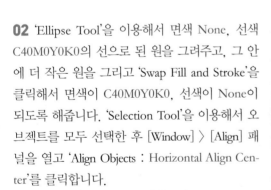

02 'Ellipse Tool'을 이용해서 면색 None, 선색 C40M0Y0K0의 선으로 된 원을 그려주고, 그 안에 더 작은 원을 그리고 'Swap Fill and Stroke'을 클릭해서 면색이 C40M0Y0K0, 선색이 None이 되도록 해줍니다. 'Selection Tool'을 이용해서 오브젝트를 모두 선택한 후 [Window] 〉 [Align] 패널을 열고 'Align Objects : Horizontal Align Center'를 클릭합니다.

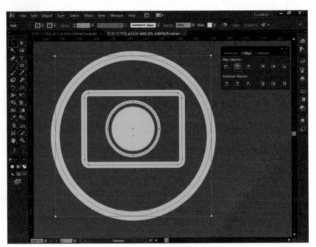

🎓 **기적의 Tip**

Swap Fill and Stroke : 한 번의 클릭으로 Fill과 Stroke의 색상을 바꿔줄 수 있어서 같은 색으로 선과 면을 자주 바꿔주며 작업할 때 사용하면 시험시간 단축에 도움이 됩니다. 선으로 바뀔 때 Stroke 옵션들은 초기화되기 때문에 유의합니다.

03 'Type Tool'을 이용해서 키보드의 숫자 4와 함께 있는 $를 입력하고 [Window] 〉 [Type] 〉 [Character] 패널을 열어서 폰트와 글사 크기, 두께를 적절히 설정합니다. 'Selection Tool'로 $를 선택하고 [Type] 〉 [Create Outline]를 클릭해서 문자를 이미지로 변환해줍니다.

🎓 **기적의 Tip**

· Character : [Ctrl]+[T]
· Create Outline : [Shift]+[Ctrl]+[O] 또는, 마우스 오른쪽 버튼

04 'Selection Tool'을 이용해서 $ 모양의 달러 기호와 바로 아래에 있는 원을 선택하고 [Window] 〉 [Pathfinder] 패널을 열어서 'Shape Modes : Minus Front'를 클릭합니다.

05 'Rectangle Tool'을 선택해서 면 색 C40M0Y0K0, 선 색은 None으로 설정된 상태로 모니터 아래의 받침을 다음과 같이 두 개 그려줍니다.

06 'Add Anchor Point Tool'을 이용해서 아래쪽 가로로 긴 사각형의 윗변 즉, 윗선의 한가운데를 클릭해서 고정점을 추가합니다. 'Direct Selection Tool'을 클릭하고 추가해 놓은 고정점만 선택해서 [Shift]를 누른 채 위로 드래그합니다.

🎓 기적의 Tip

[Shift]를 누른 상태에서 고정점을 올리면 수직으로 올릴 수 있습니다.

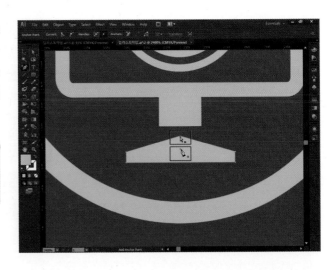

07 'Selection Tool'을 이용해서 오브젝트를 모두 선택한 후 [Window] 〉 [Align] 패널을 열고 'Align Objects : Horizontal Align Center'를 클릭합니다. 모두 선택된 상태 그대로 [Ctrl]+[G]를 눌러서 그룹으로 묶어둡니다.

07 구름과 열쇠 아이콘 만들기

01 면색은 C40M0Y0K0, 선색은 None로 설정된 상태에서 'Ellipse Tool'을 이용해서 다음과 같이 네 개의 원을 그려주고, 'Rectangle Tool'을 이용해서 사각형을 만들어 아래의 비어있는 공간을 메워줍니다. [Window] 〉 [Pathfinder] 패널을 열어서 'Shape Modes : Unite'를 클릭해서 한 개의 면으로 합쳐줍니다.

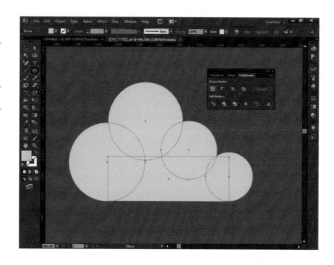

02 'Selection Tool'을 이용해서 오브젝트를 선택하고 면색은 None, 선색은 C40M0Y0K0, 'Stroke : 2pt' 로 설정합니다.

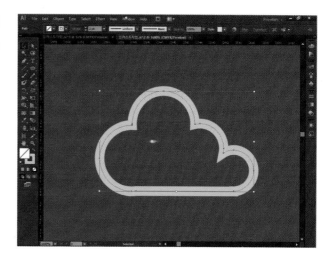

03 따로 복사해두었던 테두리 원 안에 구름 오브젝트의 사이즈를 조절해서 넣습니다. 'Rounded Rectangle Tool'을 클릭하고 면색은 None, 선색은 C40M0Y0K0, 'Stroke : 2pt'로 설정하고 세로로 사각형을 그린 후 마우스를 떼지 않은 상태에서 방향키 ↑를 눌러서 최대한 모서리를 둥글게 만듭니다.

04 'Selection Tool'을 이용해서 방금 만든 둥근 사각형을 선택하고 [Object] 〉 [Path] 〉 [Outline Stroke]을 클릭해서 선을 면으로 바꿔줍니다.

05 'Pen Tool'을 클릭하고 면색은 임의의색, 선색은 None으로 설정을 해주고 열쇠고리 모양에서 삭제되어야 할 부분이 덮일 만큼 면을 그려줍니다. 'Selection Tool'을 이용해서 지워져야 할 면과 열쇠고리를 선택하고 [Window] 〉 [Path finder] 패널을 열어서 'Shape Modes : Minus Front'를 클릭합니다.

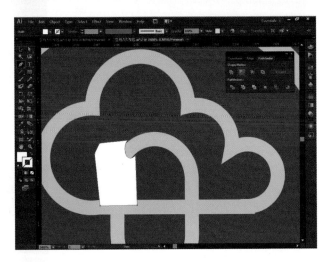

06 'Rounded Rectangle Tool'을 클릭하고 면색은 C40M0Y0K0, 선색은 None으로 설정하고 열쇠의 몸통 부분을 만들어 줍니다. 'Selection Tool'을 이용해서 열쇠의 고리와 몸통을 선택하고 [Window] 〉 [Pathfinder] 패널을 열어서 'Shape Modes : Unite'를 클릭해서 한 개의 면으로 합쳐줍니다.

> 🎓 **기적의 Tip**
>
> • Pathfinder : Shift + Ctrl + F9
> • 작업 시작과 도중에는 Ctrl + S 를 눌러 수시로 저장하는 습관을 기르도록 합니다.

07 열쇠구멍을 뚫어주기 위해 면색은 임의의 색, 선색은 None으로 설정하고 'Ellipse Tool'과 'Rectangle Tool'을 이용해서 열쇠 구멍의 원과 사각형을 만들어 줍니다. 'Selection Tool'을 이용해서 열쇠와 열쇠 구멍의 원과 사각형을 선택한 후 [Window] 〉 [Align] 패널을 열고 'Align Objects : Horizontal Align Center'를 클릭해서 열쇠 구멍이 열쇠의 가운데에 오도록 정렬합니다.

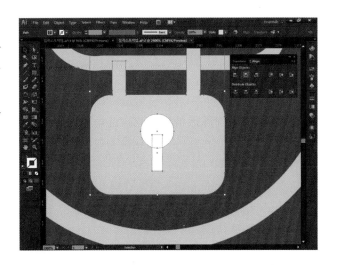

08 'Selection Tool'을 이용해서 열쇠구멍의 원과 사각형을 선택한 후 [Window] 〉 [Pathfinder] 패널을 열고 'Shape Modes : Unite'를 클릭해서 열쇠 구멍의 두 면을 한 개의 면으로 합쳐줍니다. 열쇠의 몸통과 방금 합쳐진 열쇠 구멍의 면을 선택해서 [Window] 〉 [Pathfinder] 패널의 'Shape Modes : Minus Front'를 클릭하면 열쇠 구멍의 모양만큼 겹쳐진 부분이 삭제됩니다. 테두리의 원과 구름과 열쇠를 모두 선택하고 Ctrl + G 를 눌러 그룹으로 묶어둡니다.

09 'Selection Tool'을 이용해서 만들어진 세 개의 아이콘을 모두 선택하고 [Object] 〉 [Path] 〉 [Outline Stroke]을 클릭해서 선을 면으로 바꿔줍니다.

01 아이콘의 테두리 원을 복사해서 가져옵니다. 'Rectangle Tool'을 클릭하고 원의 크기에 맞춰서 사격형을 만들어 줍니다. 'Selection Tool'을 이용해서 원을 선택하고 마우스 오른쪽 버튼을 눌러서 [Arrange] > [Bring to Front]를 클릭해서 사각형보다 위에 위치하도록 해줍니다. 사격형과 원을 선택하고 [Window] > [Align] 패널을 열고, 'Align Objects : Vertical Align Center'를 클릭해서 정렬해줍니다.

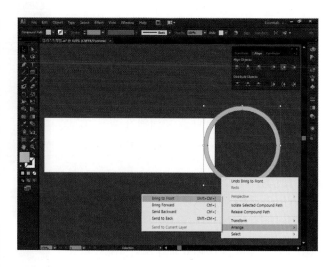

🎓 **기적의 Tip**

그룹으로 묶여있는 오브젝트의 일부분을 선택해서 가져올 때는 Direct Selection Tool을 이용합니다.

02 원과 사각형을 선택하고 [Window] > [Path-finder] 패널의 'Shape Modes : Minus Front'를 클릭해서 원의 면만큼 삭제해줍니다. 'Direct Se-lection Tool'을 이용해서 남아있는 불필요한 부분도 삭제해줍니다.

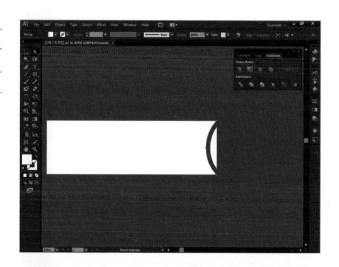

03 'Gradient Tool'을 더블클릭해서 [Gradient] 패널을 열고 'Type : Linear'를 선택하고, 왼쪽의 'Gradient Slider'를 더블클릭해서 색상은 C50M0Y0K0, 'Opacity : 0%'를 설정하고, 오른쪽의 'Gradient Slider'를 더블클릭해서 색상은 C50M0Y0K0, 'Opacity : 70%'로 설정해 줍니다.

🎓 **기적의 Tip**

슬라이더의 색상 바가 흑백으로 나타난다면 슬라이더를 더블클릭한 후 오른쪽 상단 모서리를 클릭해서 컬러 모드를 바꿔줍니다.

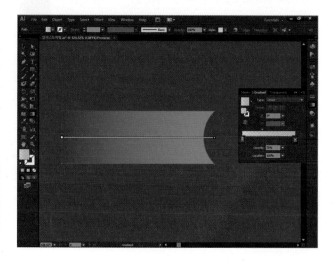

⑨ 배경 패턴 만들기

01 숫자로 된 패턴을 만들기 위해 'Type Tool'을 클릭하고 '011010110'을 입력하고, 면색은 White, 선색은 None으로 설정해 줍니다. [Window] > [Type] > [Character] 패널을 열고 숫자의 폰트, 자간, 글자 크기, 글자 두께 등을 설정합니다. 'Selection Tool'을 선택하고 Alt + Shift 를 누른 채 아래로 내려 수직 복사합니다. 아래에 복사된 숫자를 '111101010'으로 수정합니다.

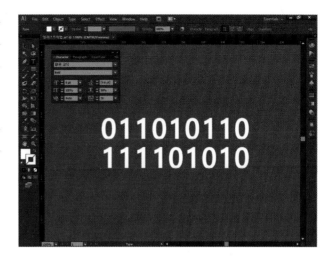

02 그리드선을 기준 삼아 숫자의 크기와 간격을 조절한 후 'Selection Tool'을 이용해서 두 줄의 숫자를 모두 선택하고 [Type] > [Create Outlines]를 클릭합니다.

> **기적의 Tip**
>
> Create Outlines : Shift + Ctrl + O

03 두 개의 오브젝트를 패턴으로 만들어 주기 위해 'Selection Tool'로 모두 선택한 후 [Object] > [Pattern] > [Make]를 클릭합니다.

04 [Pattern Options]의 대화상자가 나오면 'Name : 011패턴', 'Size Tile to Art'에 체크를 해주고 'H Spacing : 0.3mm', 'V Spacing : 0.7mm'를 입력하고, 가로와 세로의 여백을 다르게 설정했기 때문에 옆에 위치한 링크를 풀어줍니다. 미리보기의 결과물을 확인하고 상단에 위치한 [Done]을 클릭합니다. [Swatches] 팔레트에 새로운 패턴이 생성된 것을 확인합니다.

> **기적의 Tip**
>
> • H Spacing, V Spacing의 여백 수치는 작업물에 따라 결과가 달라지므로 본인의 작업물에 맞는 적절한 수치를 입력합니다.
> • 간혹 패턴에 특정한 이름을 지정하라는 시험 지시서에 나올 때가 있습니다. 그럴 때는 [Pattern Options]의 Name 부분에 이름을 써 주면 됩니다.
> • 만들어둔 패턴을 수정할 때는 [Window] 〉 [Swatches] 패널을 열고 해당 패턴을 찾아 더블클릭하면 패턴 옵션 대화상자가 열립니다.

05 디자인 원고에서 패턴이 적용된 범위를 확인하고 'Rectangle Tool'을 클릭해서 패턴 적용 범위보다 더 큰 사각형을 그려줍니다.

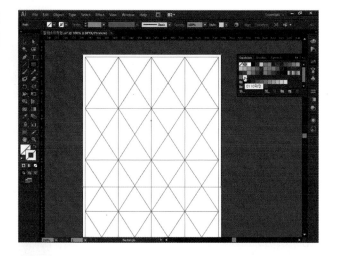

06 사각형의 면색은 [Window] 〉 [Swatchcs] 팔레트에 만들어진 011패턴을 클릭하고, 선색은 None으로, 상단 옵션 바의 'Opacity : 80%'로 설정합니다. 필요할 때 찾기 편하도록 패턴이 적용된 사각형 오브젝트를 잘 보이는 곳에 둡니다.

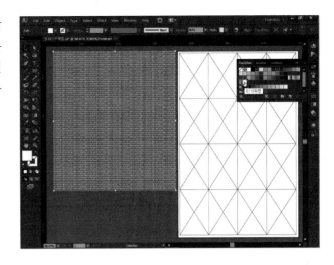

🔟 문자와 표 만들기

01 문자의 정렬을 위해 Ctrl + R 을 눌러서 눈금자가 나타나게 한 후 'Selection Tool'을 클릭하고 눈금자에서 가이드선을 꺼내어 줍니다. 'Type Tool'을 클릭해서 신청인원 선착순 150명을 입력하고, [Window] 〉 [Type] 〉 [Character] 패널을 열어서 적절한 폰트와 글자 크기를 설정해 줍니다. '신청인원'과 '선착순' 사이에 Space Bar 를 여러 번 눌러서 디자인 원고처럼 빈 공간을 만들어 줍니다.

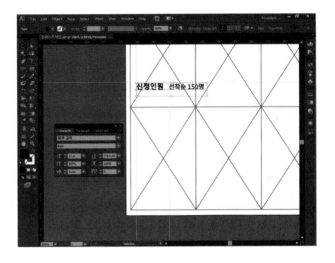

> 🎓 기적의 Tip
>
> 폰트에 관련된 지시가 따로 없을 때는 디자인 원고와 가장 비슷한 폰트를 사용합니다.

02 같은 폰트와 글자 크기의 문자가 다섯 줄이 필요하기 때문에 'Selection Tool'을 이용해서 문자를 선택하고 Alt + Shift 를 누른 채 아래로 드래그를 해서 복사해 줍니다. Ctrl 을 누른 상태에서 D 를 세 번 더 눌러서 복사했던 명령을 세 번 반복 적용되게 합니다.

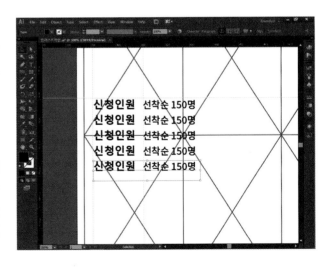

> 🎓 기적의 Tip
>
> • Alt + Shift 를 누른 채 이동하면 수직으로 이동 복사를 할 수 있습니다.
> • Ctrl + D 를 누르면 마지막 명령을 반복 실행합니다.

03 복사한 문자들의 내용을 오타 교정하듯이 수정합니다. 폰트 자간 글자의 크기 등은 수정하지 않습니다. '강연일정'은 ↓ 방향키를 눌러서 아래로 조금 더 이동시켜주고, '문의'의 줄은 'Selection Tool'을 선택하고 Shift 를 누른 채로 아래로 이동시킵니다.

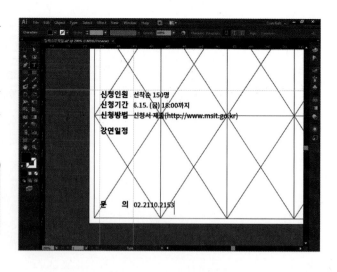

04 'Selection Tool'을 클릭하고 문자와 가이드선까지 모두 드래그해서 선택한 후 회색 배경의 비어있는 공간으로 옮겨줍니다. 'Rectangular Grid Tool'을 선택하고 면색은 None, 선색은 White, 'Stroke : 0.5pt'로 설정한 후 표의 전체 면적 크기의 사각형을 그려주고 마우스를 떼지 않은 상태에서 방향키를 눌러서 가로 세 칸, 세로 일곱 칸의 표를 만들어 줍니다.

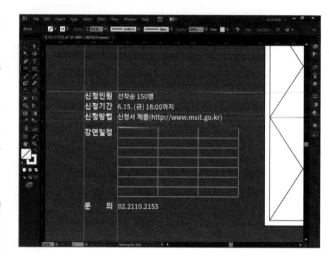

05 'Direct Selection Tool'을 선택하고 안 쪽에 위치한 세로선 두 개를 글자의 길이에 맞게 `Shift`를 누른 채로 수평 이동시킵니다. 'Type Tool'을 클릭하고 문자를 입력합니다. 같은 글꼴은 문자를 하나만 입력하고 `Alt`+`Shift`를 눌러서 아래로 수직 이동 복사한 후 문자 내용을 수정해 주면 깔끔하게 정렬이 됩니다.

06 'Direct Selection Tool'을 이용해서 표의 왼쪽 끝의 세로선과 오른쪽 끝의 세로선을 삭제합니다. 두께가 살짝 더 두꺼운 선들은 선택해서 'Stroke : 1pt'로 설정해 줍니다. 길이가 짧은 선들은 선의 양 끝에 있는 고정점 중에 짧아져야 할 쪽만 모두 선택한 후 `Shift`를 누른 채 고정점을 수평으로 이동시켜 길이를 줄여줍니다.

🎓 **기적의 Tip**

항상 작업 시작과 도중에는 `Ctrl`+`S`를 눌러 수시로 저장하는 습관을 기르도록 합니다.

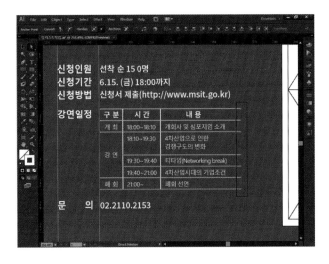

07 오른쪽의 선 끝을 한꺼번에 줄여주기 위해 'Direct Selection Tool'을 선택하고 줄여야 할 고정점들을 클릭 드래그해서 한꺼번에 선택합니다. 방향키 또는 `Shift`를 누른 채 왼쪽으로 수평 이동시켜서 여러 개의 선을 한꺼번에 줄여줍니다. 'Selection Tool'을 이용해서 문자와 표 전체를 선택한 후 `Ctrl`+`G`를 눌러서 그룹으로 묶어줍니다.

01 작업 준비하기

01 포토샵을 실행하고, [File] > [New]를 선택하여 [New] 대화상자에서 'Width : 166mm, Height : 246mm, Resolution : 200 Pixels/Inch, Color Mode : RGB Color'로 설정한 후, [OK] 버튼을 클릭합니다.

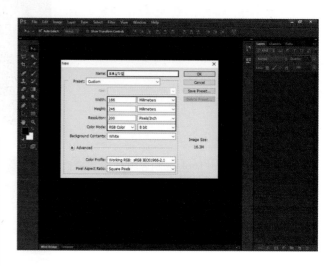

> 🎓 **기적의 Tip**
>
> • Resolution : 300Pixels/Inch은 인쇄, 출판을 위한 최적의 해상도 설정입니다. 하지만 시험장마다 다른 컴퓨터 사양 때문에 200 정도의 해상도를 설정하는 것이 좋습니다.
> • Color Mode : 인쇄물에 적합한 CMYK 모드를 설정해 주어야 하지만 시험 문항에 여러 가지 패턴 적용 문제들이 출제되고 5M 용량 제한도 고려해서 RGB 모드로 설정합니다.

02 '일러스트작업' 창에서 그리드를 선택하고, Ctrl + C 를 눌러 복사합니다. '포토샵작업' 창에 Ctrl + V 를 눌러 붙여넣기 한 후, [Paste] 대화상자에서 'Pixels'를 선택하고, [OK] 버튼을 클릭합니다. 크기는 일러스트에서 이미 설정했기 때문에 그대로 Enter 를 누릅니다.

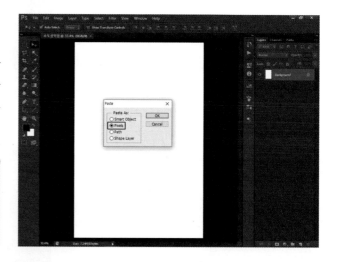

> 🎓 **기적의 Tip**
>
> 일러스트에서 오브젝트가 잠겨서 선택되지 않는 경우, [Object] > [Unlock All]을 클릭하거나, 단축키 Alt + Ctrl + 2 를 누른 채 이동하면 수직으로 이동 복사를 할 수 있습니다.

03 [Layers] 패널에서 이름을 그리드로 변경합니다. 'Move Tool'을 선택하고, Ctrl 을 누른 채 'Background' 레이어와 함께 선택한 후, 옵션 바에서 'Align vertical centers', 'Align horizontal centers'를 클릭하여 정렬합니다. '그리드' 레이어만 선택하고, 'Lock all' 아이콘을 클릭하여 잠근후, [File] 〉 [Save]를 클릭해서 포토샵작업.psd로 저장합니다.

항상 작업 시작과 도중에는 예기치 못한 상황을 대비하여 수시로 하는 저장하는 습관을 길러야 합니다.

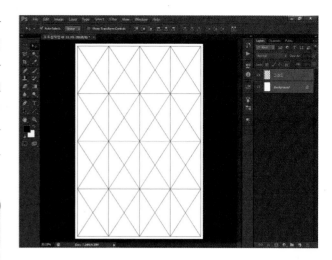

02 배경 만들기

01 'Background' 레이어를 선택하고 'Gradient Tool'을 클릭한 후 왼쪽 상단 옵션 바에서 Radial Gradient를 선택하고, 색상을 지정하기 위해 'Click to edit the gradient'를 클릭합니다. [Gradient editor] 대화상자가 열리면 색상 바 아래에 위치한 왼쪽의 '색 정지점'을 클릭하고 아래에 Color를 클릭해서 C100M85Y0K0, 오른쪽은 C0M0Y0K100으로 지정하고 [OK]를 눌러줍니다. 작업 화면의 중앙에서 외곽 방향으로 드래그해서 그라디언트를 넣어줍니다.

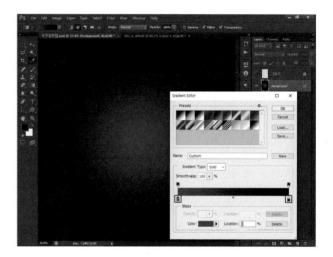

02 [File] 〉 [Open]을 선택하고, [Open] 대화상자가 열리면 야경.jpg을 찾아 선택한 후, 이미지를 불러옵니다.

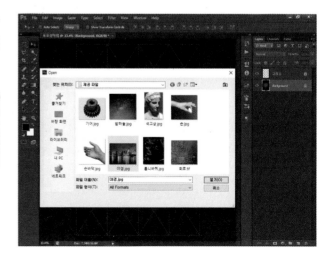

소스(제공 파일) 다운로드 : 영진닷컴 이기적 홈페이지 (http://license.youngjin.com) [자료실] – [컴퓨터그래픽스]에서 자료를 다운받을 수 있습니다.

03 이미지를 단일 톤으로 바꾸기 위해 [Image] 〉 [Adjustments] 〉 [Hue/Saturation]을 열어서 하단의 'Colorize'와 'Preview'를 체크 해주고 슬라이더를 좌우로 움직여서 적당한 색감으로 설정합니다.

기적의 Tip

Hue/Saturation : Ctrl+U

04 이미지의 밝기를 보정하기 위해 [Image] 〉 [Adjustments] 〉 [Level]을 열고 삼각 슬라이더를 좌우로 움직여서 조절해 줍니다.

기적의 Tip

Level : Ctrl+L

05 'Rectangular Marquee Tool'로 필요한 부분을 선택한 후 Ctrl+C를 눌러 복사합니다. '포토샵작업' 창에서 Ctrl+V를 눌러 이미지를 붙여넣습니다. Ctrl+T를 눌러 크기와 위치를 조절하여 배치한 후, Enter를 눌러 확정합니다. [Layers] 패널에서 레이어의 이름을 야경으로 변경합니다.

기적의 Tip

항상 작업 시작과 도중에는 예기치 못한 상황을 대비하여 수시로 하는 저장하는 습관을 길러야 합니다.

06 [Layers] 패널의 상단에 있는 블랜딩모드의 드롭다운 버튼을 클릭해서 'Lighter Color'를 선택하고, 'Opacity : 70%'로 설정합니다.

07 [File] 〉 [Open]을 선택하고, [Open] 대화상자가 열리면 밤하늘.jpg을 선택한 후, 이미지를 불러옵니다. 밤하늘 이미지가 열리면 [Ctrl]+[A]를 눌러서 모두 선택을 하고, [Ctrl]+[C]를 눌러서 복사한 후, '포토샵작업' 창을 열고 [Ctrl]+[V]를 눌러서 붙여넣습니다. [Ctrl]+[T]를 눌러 크기와 위치를 조절하여 배치한 후, [Enter]를 눌러 확정합니다. [Layers] 패널에서 레이어의 이름을 밤하늘로 변경해주고, 상단에 있는 블렌딩 모드의 드롭다운 버튼을 클릭해서 'Overlay'을 적용하여 아래의 '야경' 레이어와 자연스럽게 블렌딩 시켜줍니다.

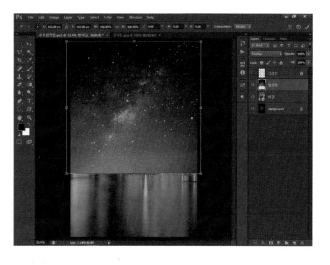

08 '일러스트작업' 창에서 만든 '011패턴'을 [Ctrl]+[C]로 복사해서 '포토샵작업' 창에 [Ctrl]+[V]로 붙여넣기를 합니다. [Paste] 대화상자에서 'Pixels'를 선택하고, [OK] 버튼을 클릭한 후, 크기와 위치를 조절합니다. 레이어 이름을 011패턴으로 변경합니다.

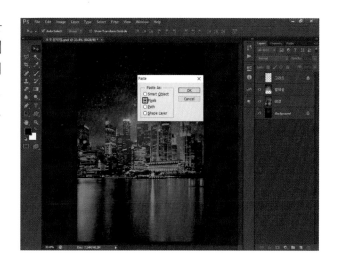

09 자연스러운 합성을 위해 '011패턴' 레이어를 선택하고 [Layers] 패널의 아래에 있는 'Add Layer Mask' 아이콘을 클릭해서 Layer Mask를 생성합니다. 'Gradient Tool'을 클릭한 후 상단 옵션 바에서 Linear Gradient를 선택하고 색상을 Black, White로 설정합니다. '011패턴' 레이어와 '밤하늘' 레이어의 경계선이 자연스럽게 이어지도록 클릭 드래그합니다.

🎓 **기적의 Tip**

Gradient 색상 설정은 'Gradient Tool'을 선택하고 상단 옵션 바의 'Click to edit the gradient'를 클릭해서 설정합니다.

10 타일 패턴을 만들기 위해 [File] 〉 [New]를 선택하여 [New] 대화상자에서 'Width : 10mm', 'Height : 10mm', 로 설정하고, 'Background Contents : Transparent'로 선택해준 후 [OK] 버튼을 클릭합니다.

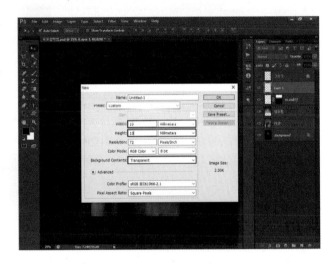

11 픽셀 단위로 작업을 해야 하기 때문에 'Zoom Tool'로 작업창을 크게 확대합니다. 'Single Column Marquee Tool'을 이용해서 왼쪽 맨 끝에 있는 1픽셀의 세로선을 선택영역으로 지정한 후 White 색을 칠해줍니다. 'Single Row Marquee Tool'을 클릭해서 맨 아래의 1픽셀의 가로선을 선택영역으로 지정하고 White 색을 칠해줍니다.

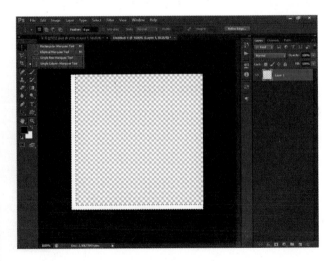

🎓 **기적의 Tip**

• 전경색 칠하기 : [Alt]+[Delete] 또는 [Alt]+[Back Space]
• 배경색 칠하기 : [Ctrl]+[Delete] 또는 [Ctrl]+[Back Space]

12 패턴으로 정의해주기 위해 [Edit Define Pattern]을 클릭하고 [Pattern Name] 대화상자가 열리면 'Name : 타일'을 입력합니다.

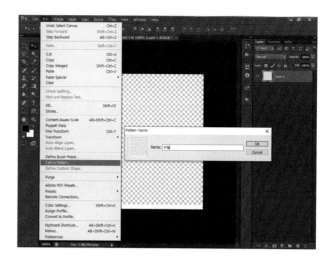

13 [Layers] 패널에서 하단의 'Create a new layer'를 클릭해서 새로운 레이어를 만들고 레이어 이름을 바닥패턴으로 변경합니다. 'Rectangular Marquee Tool'을 이용해서 타일패턴이 적용될 부분을 선택 영역으로 지정합니다. [Edit] > [Fill] 대화상자가 나타나면 'Use : Pattern' 'Custorn Pattern : 만들어둔 패턴', 'Mode : Linear Dodge(Add)', 'Opacity : 40%'를 설정하고 [OK] 버튼을 누릅니다.

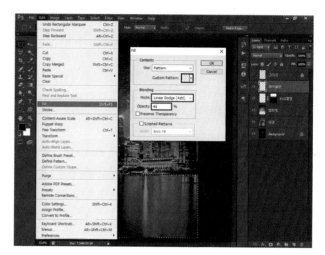

14 '바닥패턴' 레이어가 선택된 상태로 [Edit] 〉 [Transform] 〉 [Perspective]를 클릭하면 '바닥패턴' 이미지에 대칭으로 움직이는 바운딩 박스가 나타납니다. 아래쪽 모서리의 조절점을 바깥쪽으로 이동시켜서 사다리꼴 모양이 되도록 만들어 줍니다.

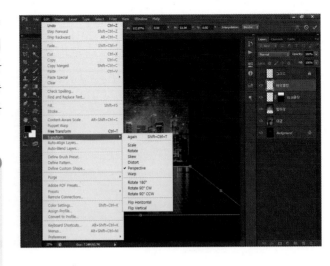

> **기적의 Tip**
>
> Transform은 8개의 바운딩을 조절해서 이미지를 외곡, 변형을 할 수 있습니다.
> - Scale : 모서리를 잡고 크기를 조절합니다.
> - Rotate : 설정한 중심축을 기준으로 회전합니다.
> - Skew : 변을 잡고 일정한 각도로 기울입니다. 모서리와 연결된 선을 연장, 축소 시킵니다.
> - Distort : 바운딩을 각각 따로 움직여 변형합니다.
> - Perspective : 상하좌우 대칭으로 변형합니다.
> - Warp : 고정점과 핸들이 생성되어 곡선이나 직선으로 자유로이 외곡, 변형시킬 수 있습니다.

15 [Layers] 패널에서 하단의 'Create a new group'를 클릭해서 새로운 그룹을 만들고 그룹 이름을 배경으로 변경합니다. '바닥패턴, 0110패턴, 밤하늘, 야경' 레이어를 모두 선택해서 '배경' 그룹으로 드래그합니다.

> **기적의 Tip**
>
> - Shift 를 누른 상태로 레이어와 레이어를 클릭하면 그 사이에 있는 레이어들이 한꺼번에 선택됩니다.
> - Ctrl 버튼을 누른 상태로 레이어를 한 개씩 클릭해서 원하는 레이어만 추가, 제거를 할 수 있습니다.
> - 레이어가 너무 많으면 Layers 패널에 스크롤이 길게 생기고 찾기가 불편합니다. 수정이 필요 없는 레이어들은 같은 선상의 레이어끼리 그룹화합니다.

03 로봇 얼굴 만들기

01 [File] 〉 [Open]을 선택하고, [Open] 대화상자가 열리면 석고상.jpg을 찾아 선택한 후, 이미지를 불러오고 [Layers] 패널의 'Background'를 더블클릭해서 레이어로 바꿔줍니다. 'Polygonal Lasso Tool', 'Pen Tool', 'Quick Mask Mode' 등 여러 가지 선택 툴 중에 자신이 빠르게 사용할 수 있는 툴을 선택해서 석고상의 얼굴 부분을 선택 영역으로 지정한 후 Ctrl+Shift+I를 눌러서 선택영역을 반전시킨 후 Delete를 눌러서 삭제합니다.

 기적의 Tip

선택 영역의 반전 : Ctrl + Shift + I

02 'Pen Tool'을 선택하고 상단 옵션 바에 'Shape', 'Fill : None', 'Stroke : Black, 4pt'로 설정하고 볼 부분에 다음과 같이 선을 그려줍니다. 그려준 검은 선이 [Layers] 패널에 'Shape1' 레이어로 생성이 되어 있는 것을 확인합니다.

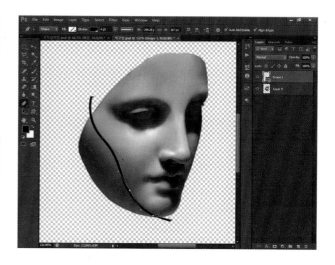

기적의 Tip

Stroke 크기가 얼굴의 벌어진 공간 사이의 넓이가 됩니다. 각자의 작업물에 맞게 설정해 줍니다.

03 'Shape1' 레이어를 선택하고 오른쪽 마우스를 클릭한 후 'Rasterize Layer'를 클릭합니다.

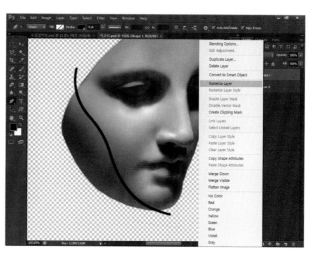

기적의 Tip

Resterize Layer : 벡터 형태의 레이어를 픽셀로 이루어진 비트맵 형태로 바꿔줍니다.

04 [Layers] 패널에서 얼굴이 있는 'Layer0'을 클릭한 후, [Ctrl]을 누른채 'Shape1' 레이어의 썸네일을 클릭해서 펜툴로 그렸던 선을 선택 영역으로 지정합니다. 지정된 선택영역을 [Delete]키를 눌러 제거하고 (이때 선택되어 있는 레이어는 'Layer0'이어야 합니다) 석고상의 얼굴이 잘 나누어졌는지 확인합니다. 'Polygonal Lasso Tool'을 이용해서 나누어진 얼굴 모서리의 뾰족한 부분도 선택 영역으로 지정한 후 삭제해서 완만한 각을 만들어 줍니다. 'Layer0'을 클릭하고 [Ctrl]을 누른 채로 썸네일을 클릭해서 선택한 후 [Ctrl]+[C]를 눌러 작업이 끝난 석고상의 얼굴을 복사합니다.

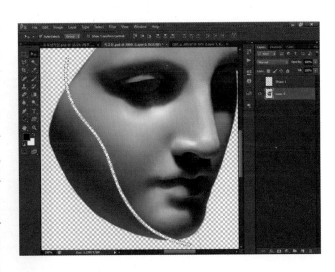

05 복사된 석고상을 '포토샵작업' 창으로 [Ctrl]+[V]를 눌러 붙여넣기하고 레이어의 이름을 얼굴로 바꿔줍니다. 그리드선의 눈 모양 아이콘을 켠 후, [Edit] 〉 [Free Transform]을 눌러서 얼굴 이미지의 크기와 위치를 조절해 주고, [Enter]를 눌러 확정합니다.

🎓 **기적의 Tip**

Free Transform : [Ctrl]+[T]

06 '얼굴' 레이어를 클릭하고 [Image] 〉 [Adjustments] 〉 [Hue/Saturation] 패널을 열고 'Colorize'에 체크를 한 후 Hue, Saturation, Lightness의 슬라이더를 조절해서 시험지의 이미지 원고와 비슷한 색상으로 보정해 줍니다.

🎓 **기적의 Tip**

Hue/Saturation : [Ctrl]+[U]

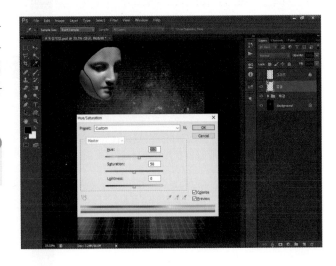

07 [File] 〉 [Open]을 선택하고, [Open] 대화상자가 열리면 톱니바퀴.jpg를 선택한 후, 이미지를 불러옵니다. 톱니바퀴 이미지가 열리면 Ctrl + A 를 눌러서 모두 선택을 하고, Ctrl + C 를 눌러서 복사를 한 후, '포토샵작업' 창을 열고 Ctrl + V 를 눌러서 붙여넣습니다. Ctrl + T 를 눌러 크기와 위치를 조절하여 배치한 후, Enter 를 눌러 확정합니다. [Layers] 패널에서 레이어 이름을 톱니바퀴로 바꿔주고 '얼굴' 레이어의 아래에 위치시킵니다.

08 같은 방법으로 기어.jpg를 불러옵니다. 'Magic Wand Tool'을 이용해서 배경을 클릭해서 선택 영역으로 지정한 후 Ctrl + Shift + I 를 눌러서 선택영역을 반전시켜서 기어가 선택되게 합니다. 선택된 기어를 Ctrl + C 를 눌러서 복사를 한 후, '포토샵작업' 창을 열고 Ctrl + V 를 눌러서 붙여넣습니다. Ctrl + T 를 눌러 크기와 회전, 위치를 조절하여 배치한 후, Enter 를 눌러 확정합니다. [Layers] 패널에서 레이어 이름을 기어로 바꿔주고 '얼굴' 레이어의 아래에 위치시킵니다.

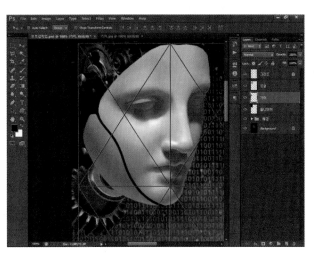

09 [File] 〉 [Open]을 선택하고, [Open] 대화상자가 열리면 회로.jpg를 선택한 후, 이미지를 불러옵니다. 'Magic Wand Tool'을 이용해서 회로를 클릭해서 필요한 부분을 선택 영역으로 지정하고, 선택이 잘못되어 불필요한 부분은 'Rectangular Marquee Tool'을 클릭하고 Alt 를 누른 채로 클릭 드래그해서 선택 영역에서 제외합니다. 선택된 '회로'를 Ctrl + C 를 눌러서 복사를 한 후, '포토샵작업' 창을 열고 Ctrl + V 를 눌러서 붙여 넣습니다.

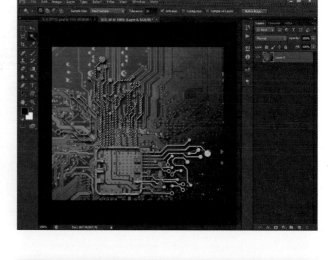

10 새로 생긴 레이어의 이름을 회로로 바꿔주고, '얼굴' 레이어의 위쪽에 위치시킵니다. Ctrl + T 를 눌러 크기와 회전, 위치를 조절하여 배치한 후, Enter 를 눌러 확정합니다. '회로' 레이어가 선택된 상태에서 [Layers] 패널의 상단에 위치한 블랜딩 모드의 드롭다운 단추를 클릭해서 Soft Light를 적용시킵니다.

🎓 **기적의 Tip**

- [Layers] 패널의 눈 모양 아이콘을 끄면 그 해당 레이어는 보이지 않게 됩니다.
- 그리드 레이어의 눈 모양 아이콘을 필요에 따라 끄고 켜기를 하며 작업합니다.

04 로봇 손 만들기

01 [File] > [Open]을 선택하고, [Open] 대화상자가 열리면 손.jpg을 선택한 후, 이미지를 불러옵니다. 손만 남기고 배경을 모두 지워주기 위해 'Magic Wand Tool'로 어두운 배경을 클릭해서 Delete 키를 눌러서 삭제합니다. 'Polygonal Lasso Tool'을 클릭해서 삭제되지 않은 부분들을 선택해서 삭제합니다.

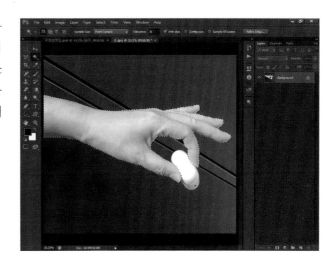

02 [Layers] 패널의 'Background'를 더블클릭해서 레이어로 바꿔줍니다. [Edit] > [Transform] > [Flip Horizontal]을 눌러서 손의 좌, 우를 반전시킵니다.

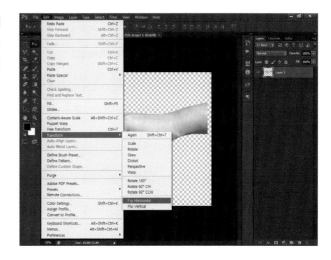

03 손가락의 유격을 만들어 주기 위해 'Pen Tool'을 선택하고 상단 옵션 바에 'Shape', 'Fill : None', 'Stroke : Black, 3pt'로 설정해주고 손가락 사이사이에 다음과 같이 선을 그려줍니다. 그려준 검은 선이 [Layers] 패널에 'Shape' 레이어가 선의 갯수만큼 생성이 되어 있는 것을 확인합니다.

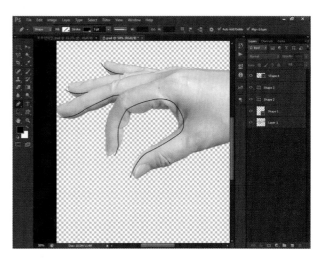

04 [Layers] 패널에 생성된 여러 개의 'Shape' 레이어들을 모두 선택하고 마우스 오른쪽 버튼을 클릭해서 'Rasterize Layers'를 클릭합니다. 레이어의 썸네일을 보면 벡터 상태의 '모양 레이어'가 '일반 레이어'로 바뀐 것을 확인할 수 있습니다. 여러 개의 레이어가 선택된 상태 그대로 마우스 오른쪽 버튼을 눌러서 'Merge Layers'를 눌러서 레이어를 하나의 레이어로 합쳐줍니다.

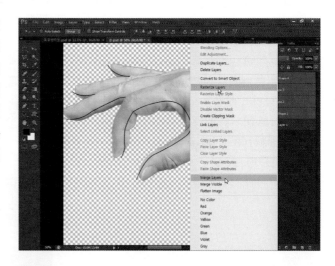

05 위와 같은 방법으로 손가락 관절 부분을 조금 더 두꺼운 'Stroke : 4pt'의 'Pen Tool'로 그려주고 관절을 그릴 때마다 생긴 'Shape' 레이어들을 모두 선택해서 마우스 오른쪽 버튼의 'Rasterize Layers'를 클릭하고, 'Merge Layers'를 클릭합니다.

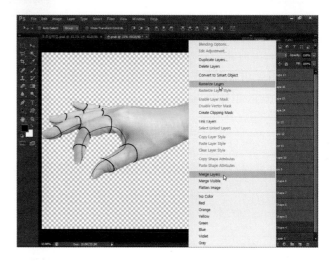

06 [Layers] 패널의 손 사진이 있는 레이어를 클릭해주고, [Ctrl]을 누른 채로 'Shape' 레이어의 썸네일을 클릭합니다. 검은 선의 선택영역이 지정되면 [Delete]를 눌러서 영역을 삭제합니다. 손가락의 검은 선 부분이 삭제되어 비어있는 것을 확인합니다. 같은 방법으로 남은 'Shape' 레이어도 선택 영역을 지정해서 손 사진 레이어에서 삭제를 해줍니다.

07 손가락 부분과 달리 손등은 삭제된 부분의 모양이 일정하지 않기 때문에 'Pen Tool'을 선택하고 상단 옵션은 Path를 선택해준 후 삭제될 부분을 그려줍니다. [Window] 〉 [Paths]를 열고 Ctrl 을 누른 채 썸네일을 클릭하면 선택 영역으로 지정됩니다. [Layers] 패널의 손 사진 레이어를 클릭하고 Delete 를 눌러서 영역을 삭제합니다.

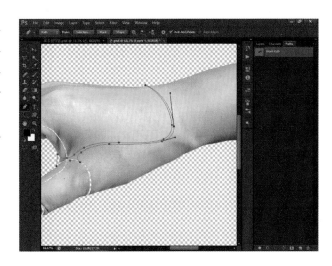

08 손목 부분도 'Polygonal Lasso Tool'로 선택한 후 삭제를 해줍니다.

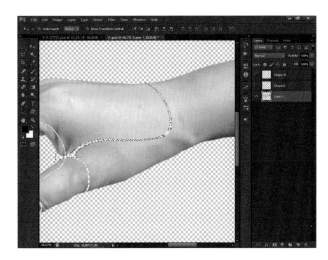

09 손 사진 레이어를 클릭하고 Ctrl 을 누른 채 손 사진 레이어의 썸네일을 클릭하면 손이 선택영역으로 지정됩니다. Ctrl + C 를 눌러서 복사를 합니다.

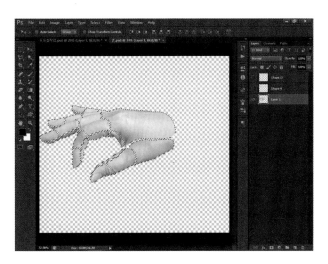

10 '포토샵작업' 창을 열고 [Ctrl]+[V]를 눌러서 복사된 손 사진을 붙여넣기합니다. [Ctrl]+[T]를 눌러 크기와 회전, 위치를 조절하여 배치한 후, [Enter]를 눌러 확정합니다. [Layers] 패널에서 레이어 이름을 손으로 바꿔주고 '회로' 레이어의 위에 위치시킵니다.

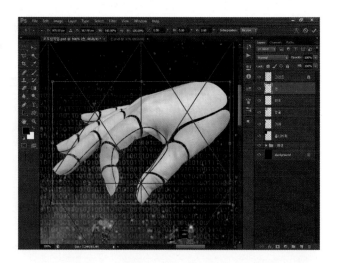

11 '손' 레이어를 클릭하고 [Image] 〉 [Adjustments] 〉 [Hue/Saturation] 패널을 열고 'Colorize'에 체크를 한 후 Hue, Saturation, Lightness의 슬라이더를 조절해서 시험지의 이미지 원고와 비슷한 색상으로 보정해 줍니다.

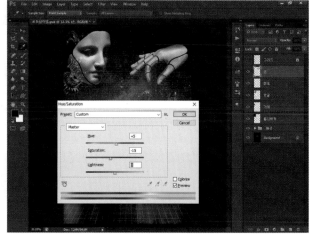

Hue/Saturation : [Ctrl]+[U]

12 '손' 레이어 이름 바로 옆 빈 공간을 더블클릭해서 [Layer Style] 대화상자가 나타나면 맨 아래에 있는 'Drop Shadow'에 체크를 해주고 오른쪽 옵션은 'Blend Mode : Normal, 색상은 Black, Opacity : 100, Angle : 120, Distance : 41, Spread : 1, Size : 43'으로 설정합니다.

작업물의 결과가 조금씩 다르기 때문에 자신의 작업물에 맞는 옵션 수치로 조절해 보세요.

13 '회로' 레이어를 클릭하고 $\boxed{\text{Ctrl}}$+$\boxed{\text{J}}$를 눌러서 '회로' 레이어를 복사합니다. 복사된 레이어의 이름을 손회로 로 바꿔주고, '손회로' 레이어의 위치를 '손' 레이어 위로 위치시킵니다. $\boxed{\text{Ctrl}}$+$\boxed{\text{T}}$를 눌러서 크기와 회전, 위치를 조절해 줍니다.

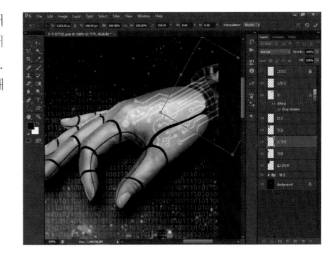

🎓 기적의 Tip

레이어의 복사
- [Layers] 패널에서 복사할 레이어를 $\boxed{\text{Alt}}$키를 누른 채 이 동시키면 해당 레이어가 복사됩니다.
- 복사할 레이어를 클릭해서 선택하고 $\boxed{\text{Ctrl}}$+$\boxed{\text{J}}$를 눌러줍 니다.
- 복사할 레이어를 클릭 드래그해서 [layers] 패널의 하단에 있는 'Create a new layer' 아이콘 위에 올리면 복사된 레 이어가 생성됩니다.

14 '기어' 레이어를 클릭하고 $\boxed{\text{Ctrl}}$+$\boxed{\text{J}}$를 눌러 서 복사합니다. 복사된 레이어의 이름을 손기어 로 바꿔주고 '손' 레이어 아래에 위치시킵니다. $\boxed{\text{Ctrl}}$+$\boxed{\text{T}}$를 눌러서 크기와 회전, 위치를 조절해 줍니다.

15 [Layers] 패널에서 하단의 'Create a new group' 를 클릭해서 새로운 그룹을 만들고 그룹 이름을 얼굴과 손으로 변경합니다. '손회로, 손, 회로, 얼 굴, 손기어, 기어, 톱니바퀴' 레이어를 모두 선택 해서 '얼굴과 손' 그룹으로 드래그합니다.

🎓 기적의 Tip

- $\boxed{\text{Shift}}$를 누른 상태로 레이어와 레이어를 클릭하면 그 사이 에 있는 레이어들이 한꺼번에 선택됩니다.
- $\boxed{\text{Ctrl}}$ 버튼을 누른 상태로 레이어를 한 개씩 클릭해서 원 하는 레이어만 추가, 제거를 할 수 있습니다.
- 레이어가 너무 많으면 Layers 패널에 스크롤이 길게 생기 고 찾기가 불편합니다. 수정이 필요 없는 레이어들은 같은 선상의 레이어끼리 그룹화합니다.

05 태극문양과 문자 넣기

01 '일러스트작업' 창에서 태극문양을 선택하고, Ctrl+C를 눌러 복사합니다. '포토샵작업' 창에 Ctrl+V를 눌러 붙여넣기 한 후, [Paste] 대화상자에서 'Pixels'를 선택하고, [OK] 버튼을 클릭합니다. 크기와 위치를 설정 해주고, 레이어 이름을 태극으로 바꿔줍니다.

> **기적의 Tip**
>
> 일러스트에서 오브젝트가 잠겨서 선택되지 않는 경우, [Object] 〉 [Unlock All]을 클릭하거나, 단축키 Alt+Ctrl+2를 눌러 오브젝트 잠금을 해제합니다.

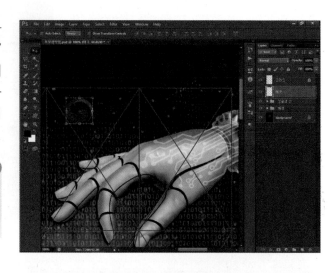

02 'Type Tool'을 클릭하고 '과학기술정보통신부'를 입력합니다. [Type] 〉 [Panels] 〉 [Character]를 열고 폰트, 글자크기, 자간, 글자 색상은 Black으로 설정해 줍니다.

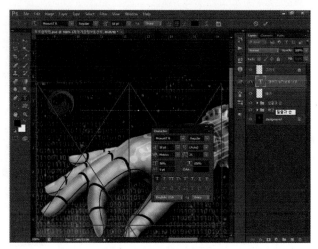

03 '태극' 레이어의 이름 옆 빈 공간을 더블클릭해서 [Layer Style] 대화상자가 나타나면 왼쪽의 'Stroke'에 체크를 해주고 오른쪽의 옵션은 'Size : 5px, Position : Outside, Blend Mode : Normal, Opacity : 100%, Fill Type : Color, Color : White'로 설정하고 [OK] 버튼을 눌러줍니다. '태극' 레이어의 이름 옆에 fx 모양의 레이어 스타일 마크를 Alt를 누르고 클릭 드래그해서 '과학기술정보통신부' 문자 레이어에 올려서 레이어 스타일을 복제합니다.

06 제목 넣기

01 '일러스트작업' 창에서 4차산업혁명을 선택하고, Ctrl+C 눌러 복사합니다. '포토샵작업' 창에 Ctrl+V를 눌러 붙여넣기 한 후, [Paste] 대화상자에서 'Pixels'를 선택하고, [OK] 버튼을 클릭합니다. 크기와 위치를 설정해주고, 레이어 이름을 4차산업혁명으로 바꿔줍니다.

02 '4차산업혁명' 레이어의 이름 옆 빈 공간을 더블클릭해서 [Layer Style] 대화상자가 나타나면 왼쪽의 'Drop Shadow'에 체크를 해주고 오른쪽의 옵션은 'Blend Mode : Multiply, 색상 : Black, Opacity : 100%, Angle : 113°, Distance : 19px, Spread : 29%, Size : 38px'로 설정하고 [OK] 버튼을 누릅니다.

> 🎓 **기적의 Tip**
>
> 작업물의 결과가 조금씩 다르기 때문에 자신의 작업물에 맞는 옵션 수치로 조절합니다.

03 '일러스트작업' 창에서 별 모양을 선택하고, Ctrl+C를 눌러 복사합니다. '포토샵작업' 창에 Ctrl+V를 눌러 붙여넣기 한 후, [Paste] 대화상자에서 'Pixels'를 선택하고, [OK] 버튼을 클릭합니다. 크기와 위치를 설정해주고, 레이어 이름을 별로 바꿔줍니다.

04 손가락이 잘 보이도록 '4차산업혁명' 레이어의 눈 모양 아이콘을 클릭해서 잠시 꺼줍니다. '얼굴과 손' 그룹 폴더 안에 '손' 레이어를 클릭하고 'Polygonal Lasso Tool'을 이용해서 엄지손가락만 선택합니다. Ctrl + J 를 눌러서 선택된 부분만 새 레이어로 복사합니다. 복사된 레이어의 이름을 엄지손가락으로 바꿔주고, '4차산업혁명' 레이어 위로 위치시킵니다.

🎓 기적의 Tip

• 레이어를 클릭해서 선택한 후 Ctrl + J 를 누르면 레이어가 복사되어 생성됩니다.
• 레이어에 선택영역이 지정된 상태에서 Ctrl + J 를 누르면 선택영역만 복사된 레이어가 생성됩니다.

05 '4차산업혁명' 레이어의 눈 모양 아이콘을 클릭해서 다시 보이도록 켜줍니다. '손가락' 레이어의 이름 옆 빈 공간을 더블클릭해서 [Layer Style] 대화상자가 나타나면 왼쪽의 'Drop Shadow'에 체크를 해주고 오른쪽의 옵션은 'Blend Mode : Multiply, 색상 : Black, Opacity : 100%, Angle : 104°, Distance : 6px, Spread : 0%, Size : 18px'로 설정하고 [OK] 버튼을 누릅니다.

06 'Type Tool'을 클릭하고 과학기술과 ICT로 열어가는을 입력합니다. [Type] 〉 [Panels] 〉 [Character]를 열고 폰트, 글자크기, 자간, 글의 색상은 White로 설정합니다. 문자 레이어는 '엄지손가락' 레이어 위에 위치시킵니다.

07 '과학기술과 ICT' 레이어의 이름 옆 빈 공간을 더블클릭해서 [Layer Style] 대화상자가 나타나면 왼쪽의 'Drop Shadow'에 체크를 해주고 오른쪽의 옵션은 'Blend Mode : Normal, 색상 : Black, Opacity : 100%, Angle : 113°, Distance : 6px, Spread : 0%, Size : 6px'로 설정하고 [OK] 버튼을 누릅니다.

08 'Type Tool'을 클릭하고 심포지엄을 입력합니다. [Type] 〉 [Panels] 〉 [Character]를 열고 폰트, 글자크기, 자간, 글의 색상은 C40M0Y0K0으로 설정해 줍니다. '4차산업혁명' 레이어 위로 위치시킵니다.

09 '심포지엄' 레이어의 이름 옆 빈 공간을 더블클릭해서 [Layer Style] 대화상자가 나타나면 왼쪽의 'Drop Shadow'에 체크를 해주고 오른쪽의 옵션은 'Blend Mode : Multiply, 색상 : Black, Opacity : 100%, Angle : 113°, Distance : 10px, Spread : 10%, Size : 10px'로 설정하고 [OK] 버튼을 누릅니다.

10 'Type Tool'을 클릭하고 6.21(수)15:00 ~17:20을 입력합니다. [Type] > [Panels] > [Character]를 열고 폰트, 글자크기, 자간, 글의 색상은 White로 설정해주고 '심포지엄' 레이어 위로 위치시킵니다. 'Type Tool'을 클릭하고 과학 기술정보통신부 3층 다목적실을 입력합니다. 폰 트, 글자크기, 자간 글의 색상은 White로 설정해 주고 '6.21(수)...'레이어 위로 위치시킵니다.

11 '6.21(수)...' 레이어의 이름 옆 빈 공간을 더 블클릭해서 [Layer Style] 대화상자가 나타나면 왼쪽의 'Drop Shadow' 에 체크를 해주고 오른쪽 의 옵션은 'Blend Mode : Normal, 색상 : Black, Opacity : 100%, Angle : 113°, Distance : 5px, Spread : 0%, Size : 5px'로 설정하고 [OK] 버튼 을 누릅니다. '6.21(수)' 레이어의 이름 옆에 fx 모 양의 레이어 스타일 마크를 Alt 를 누른 채로 클 릭 드래그해서 '과학기술정보통신부 3층...' 레이 어에 올려서 레이어 스타일을 복제합니다.

12 [Layers] 패널에서 하단의 'Create a new group'를 클릭해서 새로운 그룹을 만들고 그 룹 이름을 중앙 문자로 변경합니다. '과학기술 과 ICT, 엄지손가락, 과학기술정보통신부 3층, 6.21.(수)15:00~, 심포지엄, 4차산업혁명, 별' 레 이어를 모두 선택해서 '중앙 문자' 그룹으로 드래 그합니다.

07 아이콘 넣기

01 '일러스트작업' 창에서 휴대폰 아이콘 모양을 선택하고, Ctrl + C 를 눌러 복사합니다. '포토샵작업' 창에 Ctrl + V 를 눌러 붙여넣기 한 후, [Paste] 대화상자에서 'Pixels'를 선택하고, [OK] 버튼을 클릭합니다. 크기와 위치를 설정해 주고, 레이어 이름을 아이콘1로 바꿔줍니다. 같은 방법으로 모니터 아이콘과 구름 열쇠 아이콘도 복사해서 붙여넣기 한 후 아이콘2, 아이콘3으로 이름을 바꿔줍니다.

02 '아이콘1' 레이어의 이름 옆 빈 공간을 더블클릭해서 [Layer Style] 대화상자가 나타나면 왼쪽의 'Outer Glow'에 체크를 하고, 오른쪽 옵션 설정은 'Blend Mode : Lighten, Opacity : 87%, Noise : 0%, 색상 : C62M13, Technique : Softer, Spread : 5%, Size : 20px, Range : 50%, Jitter : 0%'로 설정합니다.

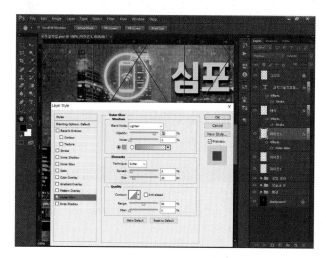

03 '아이콘1' 레이어의 이름 옆에 fx 모양의 레이어 스타일 마크를 Alt 를 누른 채로 클릭 드래그해서 '아이콘2'와 '아이콘3' 레이어에 올려서 레이어 스타일을 복제합니다.

04 '일러스트작업' 창에서 글상자를 선택하고, Ctrl+C를 눌러 복사합니다. '포토샵작업' 창에 Ctrl+V를 눌러 붙여넣기 한 후, [Paste] 대화상 자에서 'Pixels'를 선택하고, [OK] 버튼을 클릭합 니다. 크기와 위치를 설정해주고, 레이어 이름을 아이콘상자1로 바꿔줍니다.

05 '아이콘상자1' 레이어를 마우스로 클릭 드 래그해서 [Layers] 패널의 하단에 있는 'Create a new layer' 위로 올리면 '아이콘상자1' 레이어가 복제가 됩니다. 복제된 레이어의 이름을 아이콘 상자2로 바꿔주고, 'Move Tool'을 이용해서 모니 터 아이콘의 앞으로 이동시킵니다. 같은 방법으 로 아이콘상자3 레이어를 만들어서 구름 열쇠 아 이콘 앞으로 이동시킵니다.

> 🎓 **기적의 Tip**
>
> **레이어의 복사**
> • [Layers] 패널에서 복사할 레이어를 Alt 키를 누른 채 이 동시키면 해당 레이어가 복사됩니다.
> • 복사할 레이어를 클릭해서 선택하고 Ctrl+J 를 눌러줍 니다.

06 'Type Tool'을 클릭하고 IOT 규제개선을 입 력하고, [Type] 〉 [Panels] 〉 [Character]를 열고 폰트, 글자크기, 자간, 글의 색상은 C29 M0Y0K0로 설정해 주고 '아이콘상자1' 레이어 위로 위치시킵니다. 'IOT 규제개선' 레이어를 Ctrl+J 를 두 번 눌러서 두 개를 더 복제한 후 'Move Tool'을 이용해서 아래로 모니터 아이콘과 구름 열쇠 아이콘 앞으로 각각 이동시킵니다. 'Type Tool'을 클릭하고 복제된 레이어의 문자 내 용을 020 규제개선, 클라우드 규제개선으로 수 정해 줍니다.

07 'IOT 규제개선' 레이어의 이름 옆 빈 공간을 더블클릭해서 [Layer Style] 대화상자가 나타나면 왼쪽의 'Drop Shadow'에 체크를 해주고 오른쪽의 옵션은 'Blend Mode : Normal, 색상 : Black, Opacity : 100%, Angle : 113°, Distance : 5px, Spread : 0%, Size : 5px'로 설정하고 [OK] 버튼을 누릅니다. [Layers] 패널의 'IOT 규제개선' 문자 레이어의 오른쪽에 생성된 fx 레이어스타일 아이콘을 Alt 를 누른채 '020 규제개선' 레이어와, '클라우드 규제개선' 레이어로 각각 클릭 드래그해서 레이어 스타일을 복제합니다.

08 [Layers] 패널에서 하단의 'Create a new group'를 클릭해서 새로운 그룹을 만들고 그룹 이름을 중앙 아이콘으로 변경합니다. 'IOT 규제개선, 020 규제개선, 클라우드 규제개선, 아이콘상자1, 아이콘상자2, 아이콘상자3, 아이콘1, 아이콘2, 아이콘3' 레이어를 모두 선택해서 '중앙 아이콘' 그룹으로 드래그합니다.

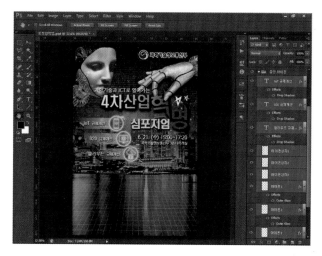

08 투명 휴대폰 만들기

01 [File] > [Open]을 선택하고, [Open] 대화상자가 열리면 손바닥.jpg을 선택한 후, 이미지를 불러옵니다. 손을 선택 영역으로 지정하기 위해 'Magic Wand Tool'로 배경의 흰색 부분을 클릭합니다. Ctrl + Shift + I 를 눌러서 선택 영역을 반전시킵니다. 선택된 손을 Ctrl + C 를 눌러서 복사합니다.

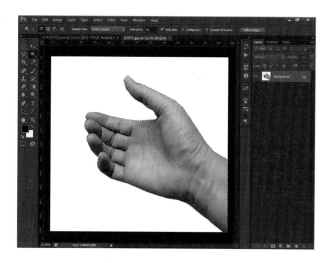

02 복사된 손을 '포토샵작업' 창에서 `Ctrl`+`V`를 눌러 붙여넣기합니다. 크기와 위치를 설정해 주고, 레이어 이름을 손바닥으로 바꿔줍니다.

03 '손바닥' 레이어의 이름 옆 빈 공간을 더블 클릭해서 [Layer Style] 대화상자가 나타나면 왼쪽의 'Drop Shadow'에 체크를 해주고 오른쪽의 옵션은 'Blend Mode : Overlay, 색상 : Black, Opacity : 75%, Angle : 113°, Distance : 60px, Spread : 30%, Size : 60px'로 설정하고 [OK] 버튼을 누릅니다.

04 [Layers] 패널의 하단에 위치한 'Create a new layer'을 클릭해서 새 레이어를 만들고 레이어 이름을 폰 화면으로 바꿔준 후 '손바닥' 레이어의 위쪽에 위치시킵니다. 'Rounded Rectangle Tool'을 클릭하고 상단 옵션 바의 'Radius : 25px'로 설정한 후, 클릭 드래그해서 모서리가 둥근 사각형을 그려줍니다.

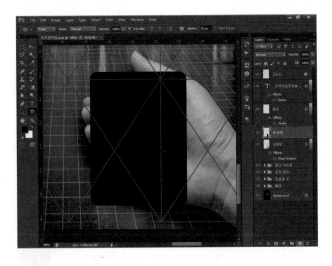

05 '폰 화면' 레이어가 선택된 상태에서 [Edit] 〉
[Transform] 〉 [Skew]를 클릭해서 사각형 상단의
변을 잡고 왼쪽으로 드래그해서 기울여줍니다.
[Edit] 〉 [Transform] 〉 [Distort]와 [Perspective]
를 이용해서 휴대폰 모양을 수정해 줍니다.

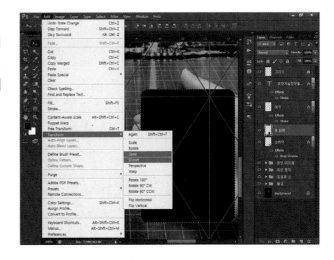

06 '폰 화면' 레이어를 클릭하고 Ctrl+J를 눌
러서 레이어를 복제하고, 레이어 이름을 폰 테두
리로 바꿔줍니다.

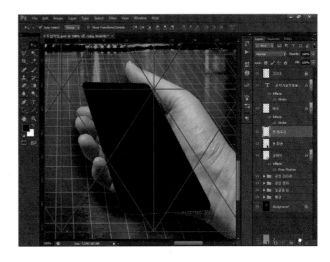

07 '폰 테두리' 레이어를 클릭해서 선택하고,
[Edit]〉[Stroke]를 열고 [Stroke] 대화상자가 나
타나면 'Width : 12px'를 입력하고 Outside를 선
택한 후 [OK] 버튼을 누릅니다.

08 [Layers] 패널의 '폰 테두리' 레이어를 클릭해
서 선택을 하고, Alt 를 누른 채로 '폰 화면' 레이
어의 썸네일을 클릭해서 선택영역을 지정한 후,
Delete 키를 눌러서 삭제합니다.

09 '폰 화면' 레이어를 클릭하고 [Layers] 패널의
상단에 있는 'Fill : 40%'로 설정해 줍니다. '폰
테두리' 레이어를 클릭하고 'Gradient Tool'을 클
릭한 후 왼쪽 상단 옵션 바에서 Reflected Gradi-
ent를 선택하고, 색상을 지정하기 위해 'Click to
edit the gradient'를 클릭합니다. [Gradient edi-
tor] 대화상자가 열리면 색상바 아래에 위치한
'색 정지점'을 클릭하고 아래에 Color를 클릭해서
왼쪽은 C0M0Y0K50, 오른쪽은 C0M0Y0K100으
로 설정하고 [OK]를 눌러줍니다. 작업 화면의
왼쪽 상단 끝에서 오른쪽 하단으로 드래그 해
서 그라디언트를 넣어줍니다.

10 '폰 테두리' 레이어의 이름 옆 빈 공간을 더
블클릭해서 'Layer Style' 대화상자를 열고 왼쪽
의 'Inner Shadow'를 클릭합니다. 오른쪽의 옵
션 설정은 'Blend Mode : Lighten, 색상 : White,
Opacity : 75%, Angle : 115˚, Distance : 2px,
Choke : 0%, Size : 2px'로 설정합니다.

11 왼쪽의 'Drop Shadow'를 클릭한 후 오른쪽 옵션 설정은 'Blend Mode : Normal, 색상 : Black, Opacity : 75%, Angle : 115°, Distance : 2px, Spread : 0%, Size : 2px'를 설정해주고 [OK] 버튼을 누릅니다.

12 [Layers] 패널의 '폰 테두리' 레이어와, '폰 화면' 레이어의 눈을 잠시 꺼두고, '손바닥' 레이어를 클릭한 후 'Polygonal Lasso Tool'을 이용해서 엄지손 둘레를 대충 선택합니다. Ctrl + J 를 눌러 선택 영역만 복사된 새 레이어를 만들고 레이어 이름을 엄지손가락으로 바꿔준 후 '폰 테두리' 레이어 위에 위치시킵니다.

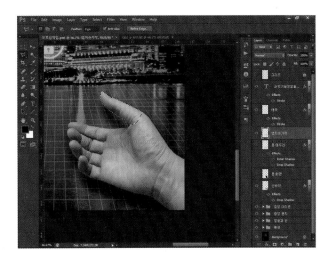

13 'Pen Tool'을 클릭하고 상단 옵션 바의 'Path'를 선택한 후 새끼손가락과 약지손가락 마디를 패스선으로 그려줍니다. [Window] > [Paths]를 열고 Ctrl 을 누른 채 썸네일을 클릭하면 패스선이 선택 영역으로 지정됩니다. [Layers] 패널의 '손바닥' 레이어를 클릭한 후 Ctrl + J 를 눌러 선택 영역만 복사된 새 레이어를 만들고 레이어 이름을 약지손가락으로 바꿔준 후 '폰 테두리' 레이어 위에 위치시킵니다.

14 'Type Tool'을 클릭하고 ICT ISSUE를 입력하고, [Type] > [Panels] > [Character]를 열고 폰트, 글자 크기, 자간, 글의 색상은 C30M0Y0K0으로 설정해 주고 '엄지손가락' 레이어 위로 위치시킵니다.

15 'ICT ISSUE' 레이어를 클릭하고 마우스 오른쪽 버튼을 눌러서 'Rasterize Type'을 클릭합니다.

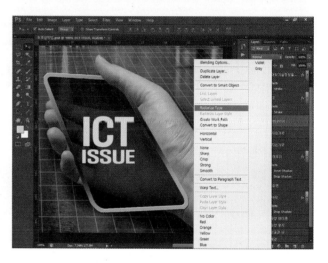

16 [Edit] > [Transform] > [Skew]를 클릭해서 휴대폰 기울기에 맞게 문자 이미지를 기울입니다.

17 [ICT ISSUE] 레이어를 클릭하고 **Alt**를 눌러 채 레이어를 바로 위 칸으로 드래그해서 복제합니다. 복제된 레이어의 이름을 ICT ISSUE 필터로 바꿔줍니다.

18 ICT ISSUE 레이어를 클릭하고 [Select] 〉 [Modify] 〉 [Expand]를 클릭하고 대화상자가 나타나면 4를 입력합니다.

> 🎓 **기적의 Tip**
>
> Modyfi는 선택된 범위를 수정하는 기능입니다.
> • Border : 선택 영역의 가장자리 경계선을 추가합니다.
> • Smooth : 선택 영역의 각진 테두리를 완만하게 수정합니다.
> • Expand : 선택 영역의 경계를 수치만큼 확장합니다.
> • Contract : 선택 영역의 경계를 축소합니다.
> • Ferther : 선택 영역 가장자리가 흐려지듯이 부드럽게 선택됩니다.

19 'ICT ISSUE' 레이어를 클릭해서 선택하고, **Alt**를 누른 채로 'ICT ISSUE 필터' 레이어의 썸네일을 클릭해서 선택 영역을 지정합니다. 'ICT ISSUE' 레이어가 선택된 상태로 **Delete**를 눌러서 선택 영역만큼 삭제합니다.

20 'ICT ISSUE 필터'의 눈 모양 아이콘을 클릭해서 눈을 끄고, 'ICT ISSUE' 레이어의 이름 옆 빈 공간을 더블클릭해서 'Layer Style' 대화상자를 열고 왼쪽의 'Out Glow'를 클릭합니다. 오른쪽 옵션을 'Blend Mode : Normal, Opacity : 100%, Noise : 0%, 색상 : C66, Technique : Softer, Spread : 0%, Size : 15px, Range : 50%, Jitter : 0%'로 설정해 줍니다.

21 'ICT ISSUE 필터' 레이어의 눈 모양 아이콘을 다시 클릭해서 켜 주고, 'ICT ISSUE' 아이콘의 눈 모양 아이콘은 클릭해서 꺼 줍니다. 'ICT ISSUE 필터' 레이어를 클릭하고 [Select] 〉 [Modify] 〉 [Expand]를 열고 대화상자가 나타나면 4를 입력합니다.

22 [Filter] 〉 [Blur] 〉 [Motion Blur]를 클릭하고 미리보기를 보며 슬라이더를 조절해서 적절한 수치를 찾아줍니다.

23 필터가 적용된 이미지를 확인하고, [Edit] ⟩ [Transform] ⟩ [Distort]를 클릭해서 필터가 적용된 이미지를 아래는 좁고 위로 갈수록 퍼지는 형태로 변형시킵니다. 'ICT ISSUE' 아이콘의 눈 모양 아이콘은 클릭해서 다시 켜 줍니다.

24 [Layers] 패널에서 하단의 'Create a new group'을 클릭해서 새로운 그룹을 만들고 그룹 이름을 폰으로 변경합니다. 'ICT ISSUE필터, ICT ISSUE, 엄지손가락, 약지손가락, 폰 테두리, 폰화면, 손바닥' 레이어를 모두 선택해서 '폰' 그룹으로 드래그합니다.

25 '일러스트작업' 창에서 내용과표를 선택하고, [Ctrl]+[C]를 눌러 복사합니다. '포토샵작업' 창에 [Ctrl]+[V]를 눌러 붙여넣기 한 후, [Paste] 대화상자에서 'Pixels'를 선택하고, [OK] 버튼을 클릭합니다. 왼쪽 하단에 위치를 설정해 주고, 레이어 이름을 내용문자로 바꿔줍니다.

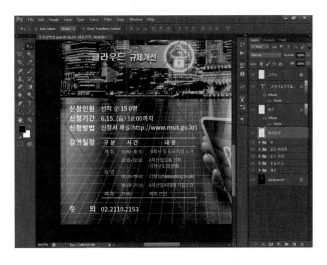

01 작업 준비하기

[File] 〉 [New] 〉 [Document]를 선택하여 'Number of Pages : 1, Facing Pages : 체크 해제', 'Page Size : A4', Margins 'Make all settings the same : 해제, 'Top : 25.5mm, Bottom : 25.5mm, Left : 22mm, Righ t : 22mm'로 입력한 후, [OK] 버튼을 클릭합니다.

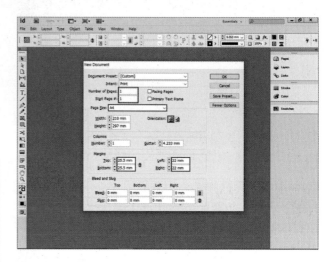

02 안내선 만들기

01 실제크기의 안내선이 만들어졌으면 안내선의 위쪽, 아래쪽, 왼쪽, 오른쪽의 안쪽으로 3mm를 뺀 작품규격 크기이 안내선도 만들어야 합니다. 눈금자의 기준점을 드래그하여 왼쪽 위의 안내선 교차지점에 이동시켜 기준점이 0이 되도록 합니다.

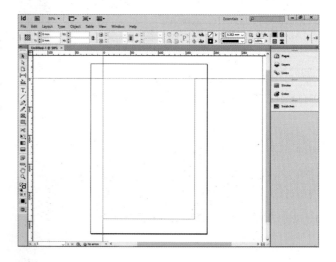

02 'Zoom Tool'로 실제크기 안내선 왼쪽 위를 드래그하여 확대하고, 왼쪽 눈금자에서 마우스를 드래그하여 0mm 지점에서 오른쪽으로 3mm만큼 이동한 지점과 위쪽 눈금자에서 마우스를 드래그하여 0mm 지점에서 아래쪽으로 3mm만큼 이동한 지점에 안내선을 가져다 놓습니다.

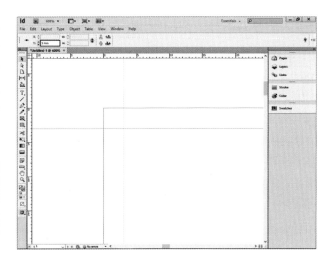

🎓 **기적의 Tip**

왼쪽 눈금자에서 안내선을 꺼내 컨트롤 패널에서 'X : 3mm'로 입력하고, 위쪽 눈금자에서 안내선을 꺼내 'Y : 3mm'로 입력하여 정확히 배치할 수 있습니다.

03 'Hand Tool'을 더블클릭하여 윈도우 화면으로 맞춘 후, 실제크기의 안내선 오른쪽 아래를 'Zoom Tool'로 확대합니다. 왼쪽 눈금자에서 마우스를 드래그하여 166mm 지점에서 왼쪽으로 3mm만큼 이동한 지점(163mm)과 위쪽 눈금자에서 마우스를 드래그하여 오른쪽 아래의 246mm 지점에서 위쪽으로 3mm만큼 이동한 지점(243mm)에 안내선을 가져다 놓습니다.

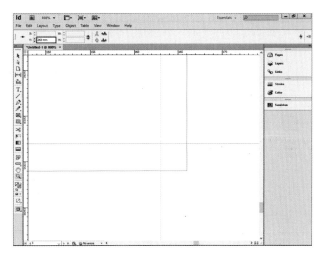

🎓 **기적의 Tip**

왼쪽 눈금자에서 안내선을 꺼내 컨트롤 패널에서 'X : 163mm'로 입력하고, 위쪽 눈금자에서 안내선을 꺼내 'Y : 243mm'로 입력하여 정확히 배치할 수 있습니다.

⑬ 재단선 그리기

01 왼쪽 위를 'Zoom Tool'로 확대한 후, 'Line Tool'을 클릭하고, [Shift]를 누른 상태에서 왼쪽 위의 세로 안내선과 실제크기 안내선 경계 부분에 수직으로 드래그하여 5mm 길이의 재단선을 그립니다. 가로 안내선과 실제크기 안내선 경계 부분도 수평으로 드래그하여 5mm 길이의 재단선을 그립니다. 두 재단선을 'Selection Tool'로 [Shift]를 누른 상태에서 각각 클릭하고, [Ctrl]+[C]를 눌러 복사합니다.

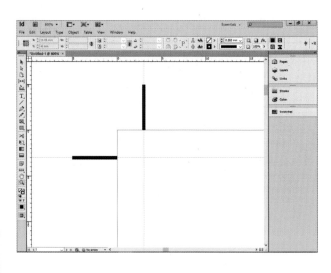

> 🎓 **기적의 Tip**
>
> 컨트롤 패널에서 'L' 값을 참고하여 수치를 확인하거나 입력할 수 있습니다. 디자인 원고에서 재단선의 규격에 대한 언급이 없지만 5mm~10mm 정도가 적절합니다.

02 '오른쪽 위를 'Zoom Tool'로 확대한 후 [Ctrl]+[V]를 눌러 붙여넣기합니다. 컨트롤 패널에서 'Rotate 90° Clockwise'를 클릭하여 위치를 변경한 후, 안내선에 맞춰 배치합니다. 동일한 방법으로 아래쪽의 재단선도 만듭니다.

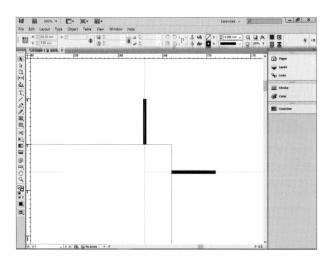

> 🎓 **기적의 Tip**
>
> 아래쪽의 재단선도 컨트롤 패널에서 'Rotate 90° Clockwise'를 클릭하고, 안내선에 맞춰 배치하면 됩니다.

04 이미지 가져오기

01 [File] 〉 [Place]를 선택하여 01.jpg를 선택하고 [열기] 버튼을 클릭합니다.

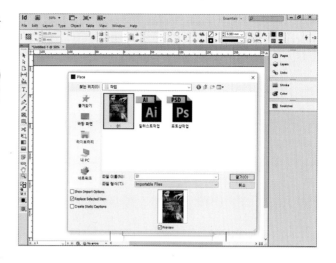

02 실제크기 안내선의 왼쪽 위에 마우스를 클릭하여 이미지를 삽입합니다. 마우스 오른쪽 버튼을 클릭하여 [Display Performance] 〉 [High Quality Display]를 선택합니다. 다음으로 외곽선 생략 여부를 반드시 확인한 후, 다음 작업으로 넘어갑니다.

기적의 Tip

- 컨트롤 패널에서 'Reference Point'를 왼쪽 상단 점을 클릭하고 'X : 0mm, Y : 0mm, W : 166mm, H : 246mm'를 확인합니다. 수치가 차이가 날 경우 위와 같이 수치를 직접 입력해 줍니다.
- 이미지를 삽입한 후, 디자인 원고의 지시사항에 작품 외곽선을 표현 또는 표시 여부에 관한 문구를 반드시 확인하고, 그려야 할 경우, 재단선을 따라 1pt 두께의 검은색으로 외곽선을 그려줍니다.

05 비번호 입력하기

이미지 왼쪽 아래를 'Zoom Tool'로 확대하고 'Type Tool'로 비번호(등번호)를 입력한 후 글자를 블록 지정하여 컨트롤 패널에서 '글꼴 : Dotum, Font Size : 10pt'로 지정합니다.

🎓 기적의 Tip

비번호(등번호)를 재단선 끝선에 맞추어 배치합니다.

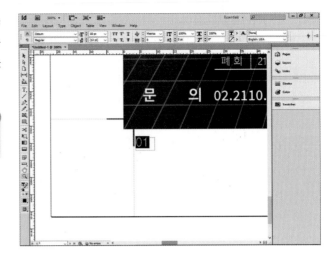

06 저장하고 제출하기

[File] 〉 [Save]를 선택하여 파일 이름을 자신의 비번호 01로 입력한 후 [저장] 버튼을 클릭합니다. 'Hand Tool'를 더블클릭하여 결과물 전제를 확인합니다. 작업 폴더를 열고, '01.indd'와 '01.jpg'만 제출합니다. 출력은 출력지정 자리에서 '01.indd'를 열고 프린트합니다. 프린트된 A4 용지는 시험장에서 제공하는 켄트지의 한 가운데에 붙여 제출합니다.

🎓 기적의 Tip

제출해야 할 파일(포토샵에서 만든 JPG 파일+인디자인 파일)의 용량은 총 10MB 이하입니다.

PART 05

일러스트레이터
기출 변형 문제

차례

Section 01 (하) 호흡 명상 클리닉 포스터

Section 02 (하) 한국의 조각과 문양전 포스터

Section 03 (중) 가죽칠가공 기능전승자 포스터

Section 04 (중) 쌀 문화축제 포스터

Section 05 (중) 문화가 있는 날 포스터

자격종목	컴퓨터그래픽스운용기능사	과제명	호흡 명상 클리닉 포스터

※ 시험시간 : 4시간

1. 요구사항

※ 다음의 요구사항에 맞도록 주어진 자료(컴퓨터에 수록)를 활용하여 디자인 원고를 시험시간 내에 컴퓨터 작업으로 완성하여 A4 용지로 출력 후 A3 용지에 마운팅(부착)하여 제출하시오.

※ 모든 작업은 수험자가 컴퓨터 바탕화면에 폴더를 만들어 저장하시오.

가. 작품규격(재단되었을 때의 규격) : 160mmX240mm ※A4 용지 중앙에 작품이 배치되도록 하시오.

나. 구성요소(문자, 그림) : ※(디자인 원고 참조)

① 문자요소

• 호흡 명상 클리닉
• 08.22 (금)
• BEXCO 2F
• 요가의 흐름과 명상을 통해 건강한 몸과 마음을 만들자
• 주최 : 사단법인 한국요가연합회
• www.yogakorea.or.kr
• 한국요가연합회

② 그림요소 : 디자인 원고 참조

명상 용품1.jpg 　명상 용품2.jpg 　명상.jpg

원형 물결.jpg 　구름.jpg

다. 작업내용

01) 주어진 디자인 원고(그림, 사진, 문자, 색채, 레이아웃, 규격 등)와 동일하게 작업하시오.

02) 디자인 원고 내용 중 불명확한 형상, 색상코드 불일치, 색 지정이 없는 부분, 원고에 없는 형상 등이 있을 때는 수험자가 완성도면 내용과 같이 작업하시오.

03) 디자인 원고의 서체(요구서체)가 사용 컴퓨터 및 소프트웨어와 맞지 않을 경우는 가장 근접한 서체를 사용하시오.

04) 상하, 좌우에 3mm 재단여유를 갖도록 작품을 배치하고, 재단선은 작품규격에 맞추어 용도에 맞게 표시하시오.
    (단, 디자인 원고 중 작품의 규격을 표시한 외곽선이 있을 때는 원고의 지시에 따라 표시여부를 결정한다.)

05) 디자인 원고 좌측 하단으로부터 3mm를 띄워 비번호를 고딕 10pt로 반드시 기록하시오.

06) 출력물(A4)는 어떠한 경우에도 절취할 수 없으며, 반드시 A3 용지 중앙에 마운팅하시오.

라. 컴퓨터 작업범위

01) 10MB 용량의 폴더에 수록될 수 있도록 작업범위(해상도 및 포맷형식)를 계획하시오.

02) 규격 : A4(210×297mm) 중앙에 디자인 원고 내용과 같은 작품(원고규격)을 배치하시오.

03) 해상도 및 포맷형식 : 제한용량 범위 내에서 선택하시오.

04) 기타 : ① 제공된 자료범위 내에서 활용하시오.
    ② 3개의 2D 응용프로그램을 고루 활용하되, 최종작업 및 출력은 편집프로그램(쿽 익스프레스, 인디자인)에서 하시오. (최종작업 파일이 다른 프로그램에서 생성된 경우는 출력할 수 없음)

작품명 : 호흡 명상 클리닉 포스터

※ 작품규격(재단되었을 때의 규격) : 가로 160mm×세로 240mm, 작품 외곽선은 표시하고, 재단선은 3mm 재단 여유를 두고 용도에 맞게 표시할 것.
※ 지정되지 않은 색상 및 모든 작업은 "최종결과물" 오른쪽 디자인 원고를 참고하여 작업하시오.

❶

← 색상 : W

❷

흰부분 : 투명
도형 : W
크기를 조절해 여러개를
패턴으로 만들어서 바탕과
자연스럽게 합성

❸

C100M70, 테두리 W
↓

한국요가연합회

K100, 내부는 투명

❹

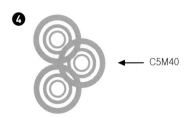

← C5M40

❺

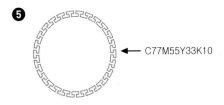

← C77M55Y33K10

❻ 호흡 명상 클리닉

문자 : W
외곽선 : C100M76Y17K3
그림자 : C92M86Y40K40

❼ 좌.우 패턴효과, 테두리 적용

C100
M90
Y40
K10

C80   C60   C5
M50   M30   M40
↓   ↓   ↓   ↓

C100   C30
M80   Y5
Y20

❽ **08.22** (금)
BEXCO 2F

요가의 흐름과 명상을 통해
건강한 몸과 마음을 만들자
↑
문자, 선 색상 : C100M89Y26K10

주최 : 사단법인 한국요가연합회
w w w . y o g a k o r e a . o r . k r
↑
문자 색상 : K100

이미지(구름),
원고와 같이
자연스럽게 합성

원고와 같은
광원 효과 적용

배경 전체:
그라데이션
W~C95M78,
구름 필터 효과 적용

색상 : W,
블랜딩 모드를
적용해서 배경과 합성

패턴 브러시 적용

그림자에 불투명도와
외곽에 흐림효과를
적용해서 배경과
어우러지게 합성

이미지(명상 용품1)
원고와 같은 필터,
입체감, 외부광선
효과 적용

블랜딩 모드 적용으로
배경과 어우러지게
합성

외곽선, 그림자
효과 적용

이미지(명상),
모노톤으로 색상 변경,
원고와 같은 필터,
마스크 효과 적용

이미지(명상 용품2),
원고와 같은 필터,
입체감, 외부광선
효과 적용

불투명도를 조절해서
배경과 어우러지게
합성

블랜딩 모드 적용으로
배경과 어우러지게
합성

01 디자인 원고 분석 및 그리드 제작하기

01 작업 그리드 그리기

배부받은 디자인 원고의 완성 이미지 위에 필기구와 자를 이용하여 가로, 세로의 크기를 측정한 후 각 4등분으로 선을 그어 줍니다. 16등분의 직사각형이 그려지면 가로와 세로선이 교차되는 지점을 기준으로 대각선을 그립니다.

🎓 기적의 Tip

작업 그리드를 그리는 이유?
컴퓨터 작업 시 각 이미지나 도형의 크기, 위치, 간격을 파악하기 위해 필요한 작업입니다. 빨간색 볼펜 등의 튀는 색상의 필기구로 기준선 그리기 작업을 하는 것이 좋습니다.

02 실제 작업 크기 분석 및 계획 세우기

작품규격 160mm × 240mm를 확인합니다. 작품 외곽선을 생략하고, 재단선은 3mm의 재단 여유를 두고 용도에 맞게 표시할 것을 염두에 둡니다. 작품규격에 위쪽, 아래쪽, 왼쪽, 오른쪽으로 각 3mm씩 재단여유를 주면 실제작업 크기는 166mm × 246mm가 됩니다. 그리고 각 요소를 표현하기 위해 사용될 프로그램을 계획해 줍니다.

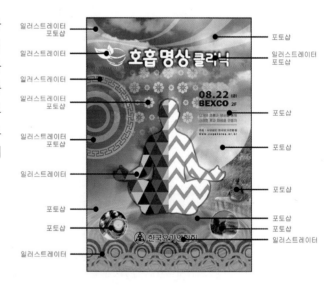

03 그리드 제작하기

01 일러스트레이터를 실행하고, [File] > [New]를 선택하여 'Units : Millimeters, Width : 166mm, Height : 246mm, Color Mode : CMYK'로 설정한 후, [OK] 버튼을 클릭합니다.

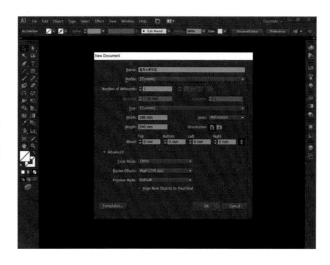

> 🎓 **기적의 Tip**
>
> • Ctrl + N : New Document(새 문서 만들기)
> • 작품규격은 160mmX240mm이므로 재단선 3mm씩을 더하면 작업창의 크기는 166mmX246mm가 됩니다.

02 'Rectangular Gr Tool'을 선택하고, 작업창을 클릭하여 대화상자를 엽니다. 작품규격대로 Default Size 'Width : 160mm, Height : 240mm'로 설정하고, 16등분으로 나누기 위해 Horizontal Dividers, Vertical Dividers 'Number : 3'으로 입력한 후, [OK] 버튼을 클릭합니다.

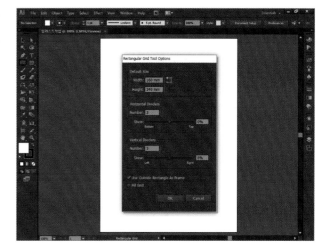

03 Align 패널에서 'Align To : Align to Art-board'를 선택하고 'Align Objects : Horizontal Align Center, Vertical Align Center'를 차례로 클릭합니다. Ctrl + 2 를 눌러 격자도형을 잠그고, 'Line Segment Tool'로 좌측 상단에서 우측 하단으로 대각선 7개를 그린 후, Reflect Tool을 이용하여 반대방향으로 대각선을 복사합니다. Alt + Ctrl + 2 를 눌러 격자도형의 잠금을 해제하고, Ctrl + A 를 눌러 오브젝트를 모두 선택합니다. Stroke 색상을 빨간색으로 변경하고 Ctrl + G 를 눌러 그룹으로 지정한 후, 일러스트작업.ai로 저장합니다.

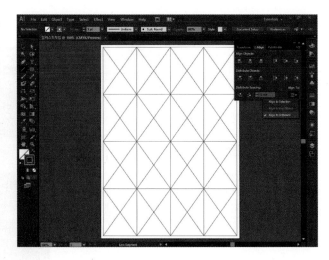

> **기적의 Tip**
>
> • Shift + F7 : Show Align
> • 대각선을 그릴 때 'Line Segment Tool'로 7개의 선을 그린 후, Ctrl + A 를 눌러 모두 선택하고, 'Reflect Tool'을 더블클릭하여 'Vertical'을 선택한 후 [Copy] 버튼을 클릭하면 반대편으로 대각선이 복사됩니다.

① 흰색 곡선 만들기

01 'Selection Tool'로 그리드를 선택한 후 [Ob-ject] 〉 [Lock] 〉 [Selection]을 클릭해서 그리드가 선택되지 않도록 해둡니다.

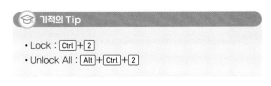

기적의 Tip

- Lock : Ctrl + 2
- Unlock All : Alt + Ctrl + 2

02 'Pen Tool'을 선택하고 면색은 C0M0Y0K0, 선색은 None으로 설정해 주고 다음과 같은 면을 그려줍니다. 흰색 배경에 흰색 면이 잘 보이지 않으면 오브젝트를 임의의 색으로 바꿔서 작업 한 후 다시 흰색으로 바꿔줍니다.

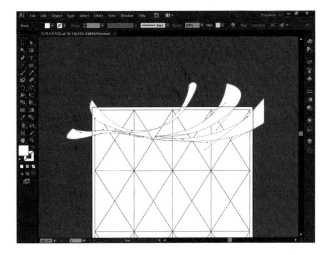

03 튀어나온 테두리를 잘라주기 위해서 'Rect-angle Tool'을 이용해서 잘라낼 부분만 가려줍니다. 'Selection Tool'로 오브젝트를 모두 선택한 후, [Window] > [Pathfinder] > [Shap Mode : Exclude]를 클릭합니다.

> **기적의 Tip**
>
> • Pathfinder : Shift + Ctrl + F9

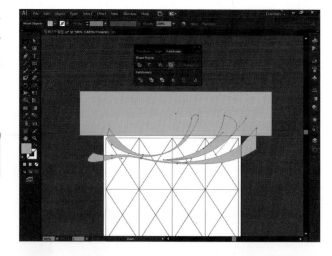

04 마우스 오른쪽 버튼을 클릭하고 'Ungroup'을 클릭합니다. 'Selection Tool'로 나머지 불필요한 부분을 선택해서 삭제합니다.

> **기적의 Tip**
>
> Pathfinder 대화상지의 옵션들을 사용하면 자동으로 'Group'으로 묶여있게 됩니다. 수정하기 위해서는 'Ungroup' 해주거나 'Direct Selection Tool'을 사용해야 합니다.
> • Group : Ctrl + G
> • Ungroup : Shift + Ctrl + G

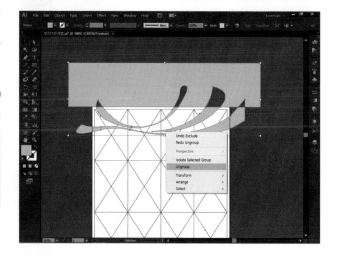

05 같은 방법으로 좌, 우측의 튀어나와 있는 부분을 삭제합니다.

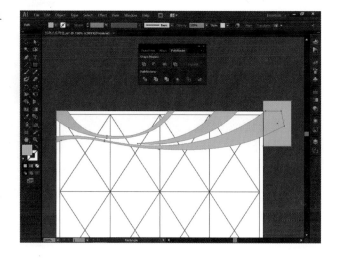

⑫ 꽃 패턴 만들기

01 '일러스트작업.ai' 파일이 열린 상태에서 도큐먼트의 빈 곳으로 작업공간을 이동합니다. 배경의 꽃잎 패턴을 그리기 위해 'Ellipse Tool'을 선택하고, 면색을 C0M0Y0K0으로, 선색은 None으로 설정한 후, 작업창을 클릭, [Shift]를 누른 상태로 드래그하여 다음과 같은 정원을 그립니다.

기적의 Tip

배경색 변경하기 : [Alt]+[Shift]+[Ctrl]+[Y]

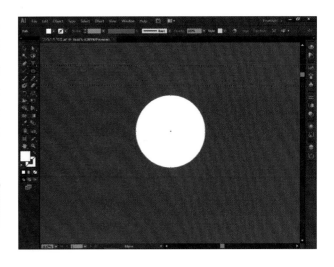

02 'Direct Selection Tool'로 원의 가장 아래에 있는 조절점만 선택한 후 아래로 끌어 내려 늘려줍니다.

기적의 Tip

[Shift]를 누른 상태에서 조절점을 내리면 수직으로 내려집니다.

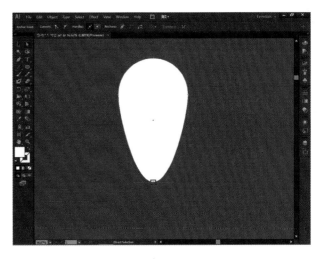

03 'Rotate Tool'을 선택한 후 오브젝트의 맨 아랫부분보다 살짝 더 아래를 클릭해서 기준점을 찍고, 대화상자가 나오면 Ange : 45°를 입력하고 Copy를 클릭합니다. 오브젝트가 회전 복사가 되면 [Ctrl]+[D]를 눌러서 꽃 모양이 만들어지도록 반복 적용합니다.

기적의 Tip

[Ctrl]+[D] : 마지막 행위 반복

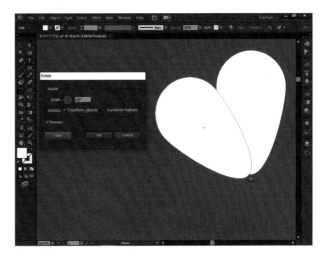

04 'Selection Tool'로 꽃 모양의 오브젝트를 모두 선택한 후 [Window] 〉 [Pathfinder] 패널의 [Shape Modes : Eclude]를 클릭합니다.

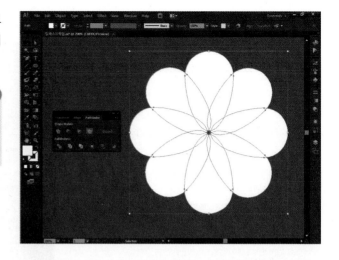

05 'Selection Tool'로 오브젝트를 선택하고 옆으로 이동하며 Alt를 눌러서 복사합니다. 작은 꽃의 크기를 큰 꽃의 1/4만큼 줄여줍니다.

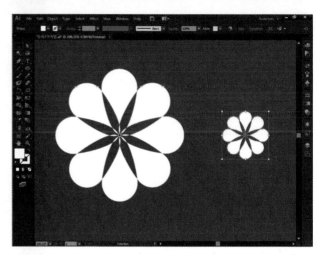

06 그리드를 기준 삼아 두 개의 꽃모양 오브젝트의 크기와 간격을 적절히 조절한 후, 패턴으로 만들어주기 위해 두 개의 오브젝트를 모두 선택하고 [Object] 〉 [Pattern] 〉 [Make]를 클릭합니다.

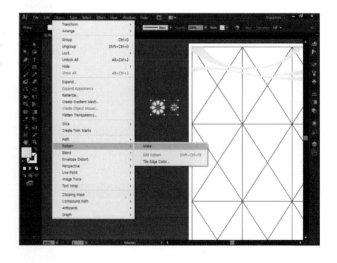

07 [Pattern Options]의 대화상자가 나오면 적용된 패턴의 모양을 확인하며 값을 입력하고 상단에 위치한 [Done]을 클릭합니다. [Swatches] 팔레트에 새로운 패턴이 생성된 것을 확인합니다.

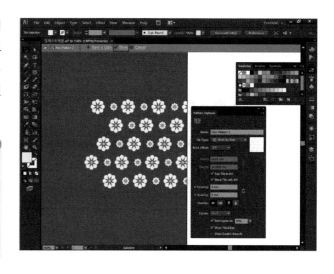

08 'Ractangle Tool'을 이용해서 사각형을 만들어준 후 선색은 None으로 면색은 [Swatches] 팔레트에 새로 생성된 '꽃모양 패턴'을 클릭합니다.

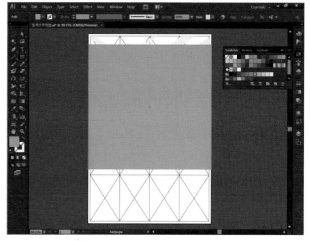

09 필요할 때 찾기 편하도록 패턴이 적용된 사각형 오브젝트를 잘 보이는 곳에 둡니다.

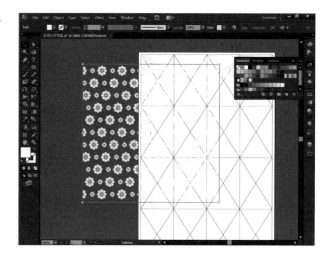

01 'Pen Tool'로 면색은 None, 선색은 C0M0
Y0K0인 곡선을 하나 그려줍니다. 거친 붓 자국
느낌의 선을 만들기 위해서 [Window] 〉 [Brush-
es]를 선택해서 [Brushes] 패널을 열고 왼쪽 하단
에 위치한 [Brush Libraries Menu] 아이콘을 클릭
한 후 [Artistic] 〉 [Artistic ChalkCharcoalPencil]
을 선택합니다.

02 [Artistic ChalkCharcoalPencil] 패널이 열리
면 'Charcoal'계열의 브러시를 클릭합니다. 브
러시가 적용된 모양을 확인하고 상단 옵션 바
에서 'Strokc'를 적절히 입력하여 선 두께를 조
절합니다.

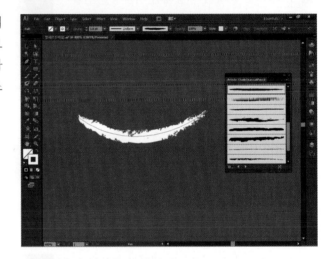

03 같은 방법으로 위쪽에 선을 그리고 Charcoal
브러시를 적용합니다.

04 찻잔을 만드는 데 필요한 나머지 아랫부분도 같은 방법으로 그려준 후 'Selection Tool'로 모두 선택하고 [Object] > [Path] > [Outline Stroke]를 적용하여 모두 면 오브젝트로 변환해 줍니다.

🎓 **기적의 Tip**

선 두께를 조금씩 다르게 설정하여 자연스럽게 만들어야 합니다.

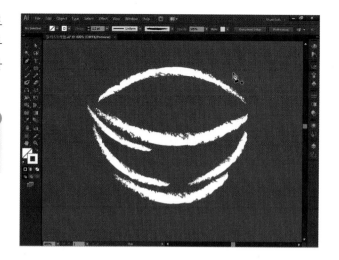

05 'Pen Tool'로 잎사귀 모양을 그립니다. 선색은 None 면색은 C0M0Y0K0으로 그려줍니다.

🎓 **기적의 Tip**

Direct Selection Tool을 클릭한 후 Pen Tool을 클릭해서 사용하면
- Ctrl 을 누르고 있는 동안에는 'Direct Selection Tool'로 변환되어 있습니다.
- Alt 를 누르고 있는 동안에는 'Convert Anchor Point Tool'로 변환되어 있습니다.

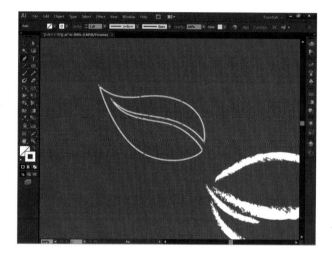

06 같은 방법으로 작은 잎사귀 하나를 더 만들고 잎사귀와 찻잔의 크기와 위치를 디자인 원고를 보며 적절히 배치합니다.

07 'Type Tool'을 선택하고 면색 C0M0Y0K0, 선색 None으로 설정한 후 문자를 입력합니다. 글자의 폰트, 크기, 자간 옵션은 [Window] 〉 [Type] 〉 [Character] 패널을 열어서 설정합니다.

08 문자들을 모두 선택하고 [Window] 〉 [Type] 〉 [Create Outlines]를 클릭해서 문자를 이미지로 변환시켜줍니다.

09 오브젝트에 두께감을 더해주기 위해 [Object] 〉 [Path] 〉 [Offset Path]를 클릭합니다.

10 [Offset Path]의 대화상자가 열리면 'Preview'에 체크를 해서 오브젝트 두께의 변화를 보며 'Offset'의 수치를 조절합니다.

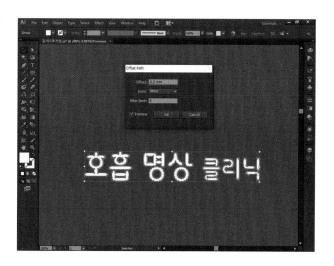

11 'Selection Tool'로 찻잔과 글자의 사이즈와 비율을 조절합니다.

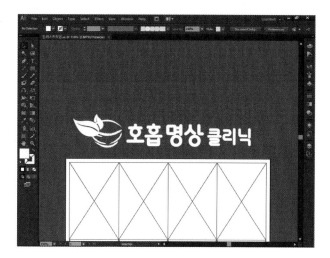

01 'Pen Tool'을 선택하고 작업창의 빈 공간에 Shift 를 누른 채 다음과 같은 선 모양을 그린 후, 면색은 None, 선색은 C77M55Y33K10으로 설정합니다. 옵션 바에서 'Stroke'에 적절한 수치를 입력하여 두께를 설정합니다.

🎓 기적의 Tip

• 복잡한 패턴이 문제로 나온 경우 가장 먼저 해야 할 일은 반복되는 패턴의 기본 오브젝트를 파악하여 그리는 것입니다.
• 양쪽으로 빠져나온 선의 길이를 서로 같게 맞출수록 패턴의 모양이 정렬되어 나옵니다.

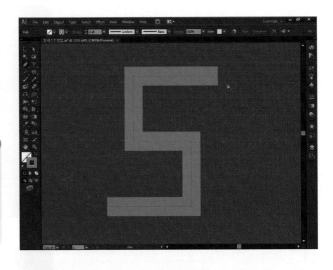

02 선이 선택된 상태에서 'Reflect Tool'을 선택하고 Alt 를 누른 채 선의 가장 오른쪽 점을 클릭합니다. [Reflect] 대화상자에서 Vertical로 설정하고 [Copy] 버튼을 클릭합니다.

🎓 기적의 Tip

Reflect Tool로 Alt 를 누른 채 점을 클릭하는 이유는 복사의 기준점을 설정하는 것입니다. 이때 Smart Guides가 설정되어 있으므로 점을 쉽게 선택할 수 있습니다.

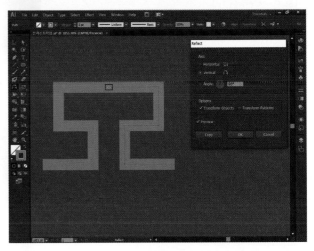

03 'Selection Tool'로 오브젝트를 모두 선택하고 [Object] 〉 [Path] 〉 [Outline Stroke]를 클릭해서 선을 면으로 바꿔줍니다.

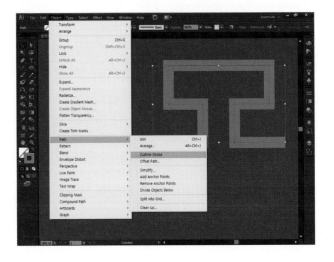

04 [Window] 〉 [Brushes]를 클릭해서 [Brushes] 패널을 열어두고 문양을 모두 선택해서 [Brushes] 패널로 드래그 합니다. 브러시의 유형을 선택하라는 메시지 창이 나오면 Pattern Brush를 선택하고 [OK] 버튼을 클릭합니다.

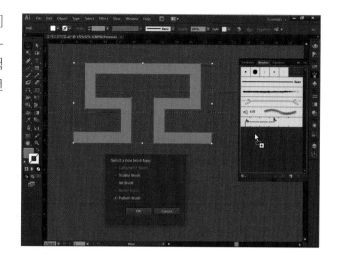

05 [Pattern Brush Options] 대화상자가 열리면 기본 설정대로 [OK] 버튼을 클릭하고, Brushes 패널에 새 패턴이 등록되어 있는지 확인합니다.

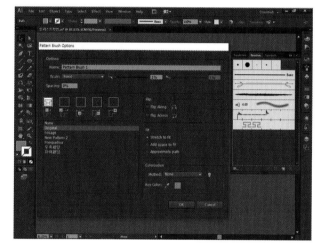

> 🎓 **기적의 Tip**
>
> • 간혹 패턴에 특정한 이름을 지정하라고 시험 지시서에 나올 때가 있습니다. 그럴 때는 [Pattern Brush Options]의 Name 부분에 이름을 써 주면 됩니다.
> • 만들어 둔 패턴을 수정할 때에는 [Window] 〉 [Brushes] 패널을 열고 패턴을 찾아 더블클릭하면 대화상자가 열립니다.

01 'Ellipse Tool'을 이용해서 면색은
C0M0Y0K0, 선색은 None인 원을 그려줍니다.
Shift + Alt 를 누른 상태에서 'Center' 표시부분
을 시작으로 점점 더 커지는 원을 여섯 개 그려
줍니다. 오브젝트에 'Center' 표시가 나타나지 않
을 때는 [View] > [Smart Guides]를 클릭합니다.

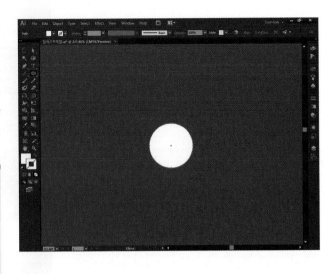

🎓 **기적의 Tip**

원을 그리는 여러 가지 방법
- Shift : 정원을 만들 때 사용합니다. 시작점이 원의 테두리
  입니다.
- Alt : 시작점이 원의 가운데입니다.
- Shift + Alt : 정원을 만들면서 시작점을 중심으로 원을 만
  듭니다.

02 'Selection Tool'로 여섯 개의 원을 모두
선택하고 [Window] > [Align] 패널을 열고,
[Align Objects : Horizontal Align Center]과
[Align Objects : Vertical Align Center]를 클릭합
니다.

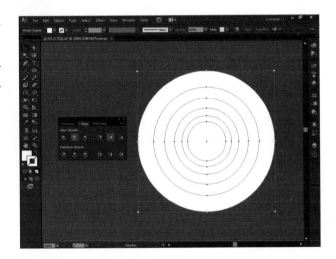

03 원이 모두 선택된 상태에서 [Window] >
[Pathfinder] 패널을 열어 [Shape Modes : Ex-
clude]를 클릭합니다.

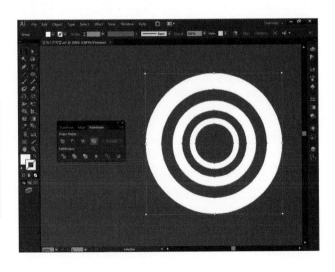

🎓 **기적의 Tip**

Shape Modes
- Unite : 겹쳐진 오브젝트를 합친다.
- Minus Front : 겹쳐진 오브젝트 중에 위에 위치한 오브젝
  트 모양으로 아래의 오브젝트를 삭제힌다.
- Intersect : 겹쳐진 부분만 남기고 모두 삭제한다.
- Exclude : 오브젝트의 겹쳐진 부분만 삭제한다.

04 'Ellipse Tool'을 이용해서 가장 큰 흰색 원과 크기를 맞춰서 원을 그려주고 면색은 None, 선색은 브러시 패널에 만들어 놓은 '전통문양 패턴 브러시'를 클릭해서 적용합니다.

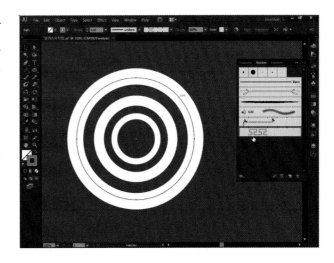

05 빈 공간으로 브러시 오브젝트를 옮긴 후 이미지로 변환해주기 위해 [Object] > [Path] > [Outline Stroke]를 클릭합니다.

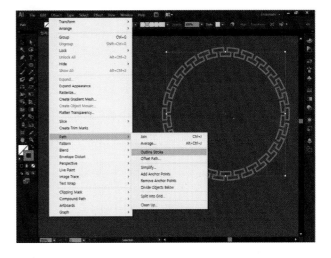

06 하단의 작은 원 만들기

01 'Selection Tool'을 클릭하고 만들어두었던 여러 개의 원 오브젝트를 Alt를 누른 상태로 클릭 드래그해서 아래로 복사합니다.

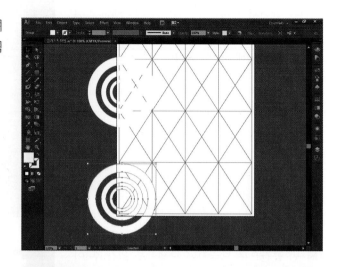

02 복사한 원 오브젝트의 크기를 이미지 원고와 비슷하게 줄여주고 면색은 C5M40Y0K0, 선색은 None으로 설정합니다. Alt를 누른 상태로 클릭 드래그하고 Shift를 추가로 눌러서 수평으로 붙여서 복사합니다.

> 🎓 기적의 Tip
>
> **복사와 이동의 기본 단축키**
> - Alt+드래그 : 이동복사 (이동 도중 Shift를 누르면 수직, 수평, 45°로 이동합니다)
> - Ctrl+C : 복사
> - Ctrl+V : 붙이기

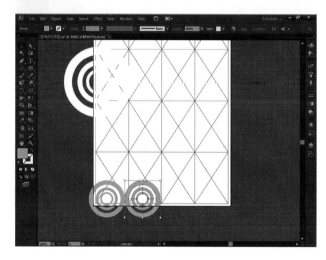

03 Ctrl을 누른 상태에서 D를 복사할 개수만큼 눌러줍니다.

> 🎓 기적의 Tip
>
> Ctrl+D : 마지막 행위 반복

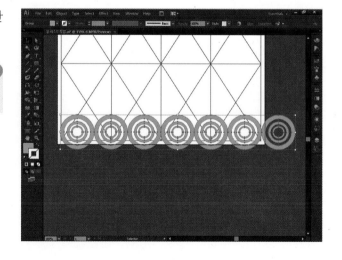

07 로고 만들기

01 'Ellipse Tool'과 'Polygon Tool'을 이용해서 다음과 같이 원안의 삼각형을 그려줍니다. 면색은 None, 선색은 Black으로 지정합니다.

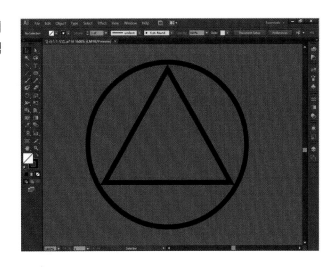

02 그림과 같이 삼각형 안에 원과 삼각형을 그려주고 'Ellipse Tool'을 이용해 납작한 타원을 그려줍니다.

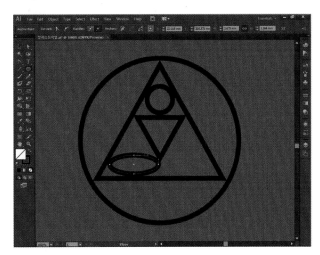

03 'Convert Anchor Point Tool'로 타원의 오른쪽 끝점을 클릭해서 곡선을 꺾은 선으로 만들어 주고, 'Direct Selection Tool'로 타원의 가운데 위, 아랫점을 동시에 선택해서 방향키를 이용해 왼쪽으로 살짝 수평 이동시켜줍니다.

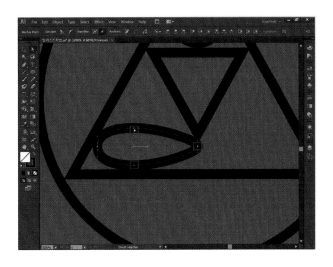

04 'Reflect Tool'을 선택하고 Alt 를 누른 채 선의 가장 오른쪽 끝점을 클릭합니다. [Reflect] 대화상자에서 'Vertical'로 설정하고 [Copy] 버튼을 클릭합니다.

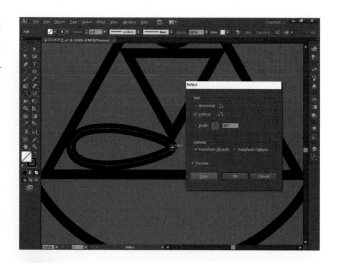

05 'Paintbrush Tool'을 선택하고 상단에 있는 옵션 바의 'Stroke' 수치를 조절한 다음 로고의 중앙에 들어갈 그림을 그려줍니다. 수정해야 하는 부분이 생기면 'Direct Selection Tool'을 사용합니다.

> 🎓 **기적의 Tip**
>
> Direct Selection Tool을 이용해 오브젝트를 수정할 때 anchor point의 핸들점이 양쪽에 대칭 상태로 함께 움직이고 있을 때는 Alt 를 누른 상태에서 핸들점을 움직여 보세요. +부호가 보이면서 한쪽 핸들점만 따로 움직일 수가 있습니다.

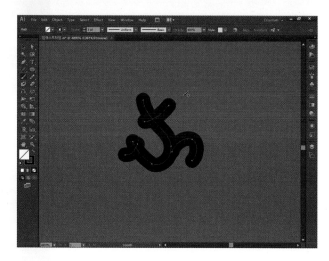

06 가운데에 들어갈 그림을 적절히 배치하고 [Object] > [Path] > [Outline Stroke]을 클릭해서 선 속성의 오브젝트를 면으로 바꿔줍니다.

07 한 개의 오브젝트로 연결해 주기 위해 'Selection Tool'로 오브젝트를 모두 선택한 후 [Window] 〉 [Pathfinder] 패널의 [Shape Modes : Unite]를 클릭합니다.

🎓 **기적의 Tip**

오브젝트들이 맞닿은 부분이 없고 모두 제각기 떨어져 있어서 연결되지 않는다면 Ctrl + G 를 눌러서 그룹으로 묶어줍니다.

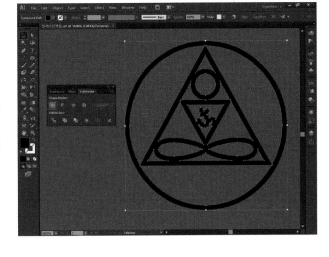

08 'Type Tool'을 선택하고 면색 C100M70 Y0K0, 선색 None으로 설정한 후 문자를 입력합니다. 글자의 폰트, 크기, 자간 옵션은 [Window] 〉 [Type] 〉 [Character] 패널을 열어서 설정합니다.

🎓 **기적의 Tip**

Ctrl + T : Character

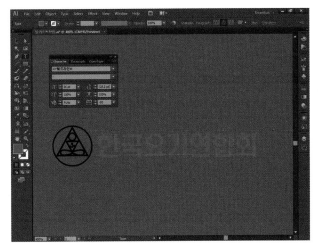

09 문자들을 모두 선택하고 [Window] 〉 [Type] 〉 [Create Outlines]를 클릭해서 문자를 이미지로 변환시켜줍니다.

🎓 **기적의 Tip**

Shift + Ctrl + O : Create Outlines

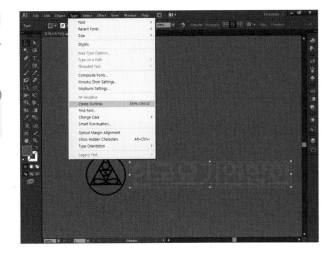

10 테두리의 흰색 외곽선을 만들어주기 위해 오브젝트를 선택하고 [Object] > [Path] > [Offset Path]를 클릭합니다.

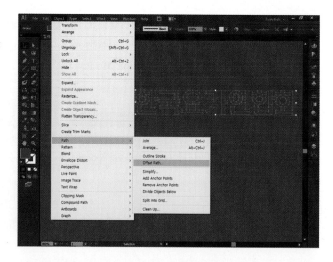

11 [Offset Path]의 대화상자가 나타나면 Offset : 적절한 비율의 수치로 설정해 주고, Joins : Round 로 바꿔준 후 Preview에 체크를 해서 테두리의 두께를 확인한 후 [OK] 버튼을 클릭합니다.

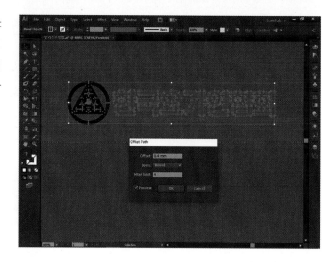

12 선택된 상태 그대로 면색을 C0M0Y0K0 선색은 None으로 바꿔줍니다.

08 명상하는 사람 만들기

01 'Pen Tool'을 클릭하고 면색은 C0M0Y0K0, 선색은 None으로 설정한 후 이미지의 한쪽 테두리를 그려줍니다. 면은 흰색으로 채워져 있지만 선은 끊겨 있는 상태입니다.

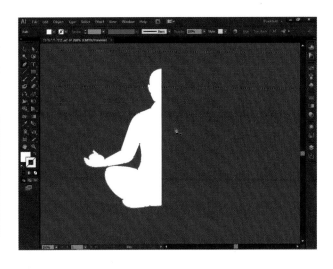

> 🎓 **기적의 Tip**
>
> Direct Selection Tool을 클릭한 후 Pen Tool을 클릭해서 사용하면
> - `Ctrl`을 누르고 있는 동안에는 'Direct Selection Tool'로 변환되어 있습니다.
> - `Alt`를 누르고 있는 동안에는 'Convert Anchor Point Tool'로 변환되어 있습니다.

02 'Reflect Tool'을 클릭하고 오브젝트를 선택한 다음 오른쪽 기준점이 될 선에 `Alt`를 누른 채 클릭합니다. [Reflect] 대화상자가 나타나면 Vertical을 선택하고 [Copy]를 클릭합니다.

03 'Direct Selection Tool'을 이용해서 끊긴 두 패스 끝의 Anchor Point 두 개를 선택하고, 마우스 오른쪽 버튼을 클릭한 후 Join을 클릭해서 두 개의 패스를 연결합니다.

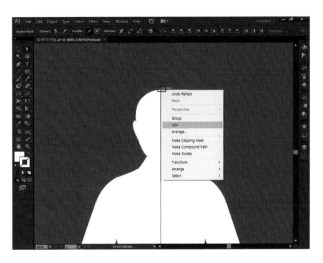

04 아래쪽도 끊겨 있는 점 두 개를 선택하고 Join을 클릭해서 연결시켜 줍니다.

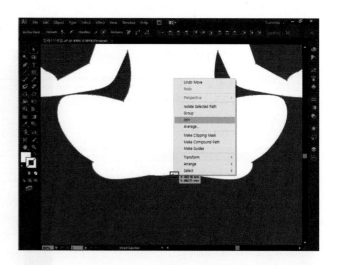

05 그리드 위에 올려서 오브젝트의 크기를 적당한 사이즈로 조절합니다.

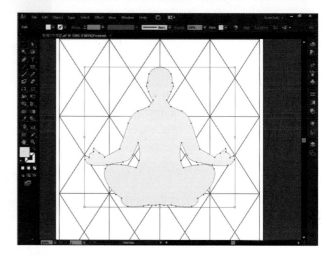

09 삼각형 패턴 만들기

01 'Polygon Tool'을 선택하고 빈 화면을 클릭해서 [Polygon] 대화상자를 열고 'Sides : 3'으로 설정환 후 면색은 임의의 색상을, 선색은 None의 삼각형을 만듭니다.

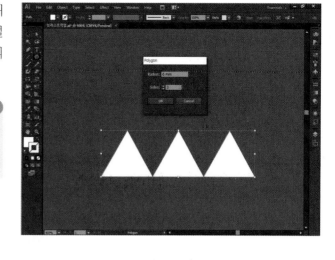

02 'Reflect Tool'을 클릭하고 세 개의 삼각형을 선택한 다음 위나 아래의 기준점이 될 지점에 Alt 를 누른 채 클릭합니다. [Reflect] 대화상자가 나타나면 'Horizontal'을 선택하고 [Copy]를 클릭합니다.

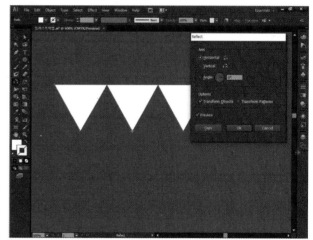

03 복사된 오브젝트를 맞물려 붙여주고 불필요삼각형은 삭제합니다. 위쪽 세 개의 삼각형에 면색 C80M50Y0K0, C60M30Y0K0, C100M90Y40K10, 아래쪽 두 개의 삼각형에는 C100M80Y20K0, C30M0Y5K0으로 설정해 주고 선색은 모두 None으로 지정합니다. 오브젝트를 정렬하기 위해 [Window] 〉 [Align] 패널을 열어서 [Align Objects : Vertical Align Center]를 클릭합니다.

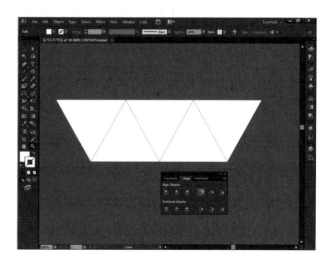

04 'Selection Tool'을 이용해 다섯 개의 삼각형들을 한꺼번에 선택하고, 'Reflect Tool'을 이용해서 위나 아래의 기준점이 될 지점에 [Alt]를 누른 채 클릭 합니다. [Reflect] 대화상자가 나타나면 'Horizontal'을 선택하고 [Copy]를 클릭합니다.

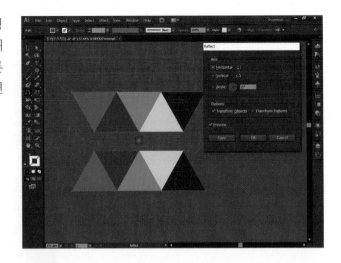

05 복사된 오브젝트를 가로로 붙인 후 [Align] 패널을 열어서 [Align Objects : Vertical Align Top]를 클릭합니다.

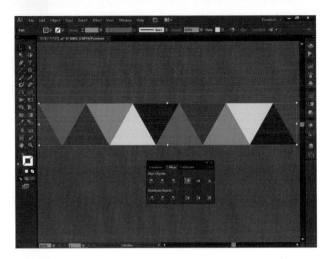

06 'Selection Tool'로 오브젝트를 모두 선택한 후 [Alt]를 누르고 드래그를 해서 복사합니다.

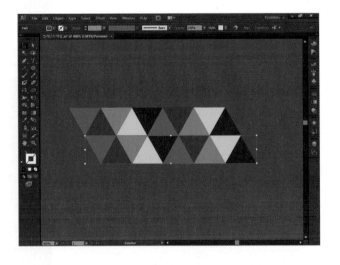

07 오브젝트를 모두 선택한 후 [Object] 〉
[Pattern] 〉 [Make]를 클릭합니다.

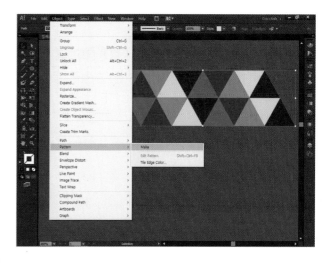

08 패턴을 볼 수 있는 창으로 바뀌고 [Pattern]
Options] 대화상자가 열리면 패턴 사이의 빈 공
간을 메워주기 위해 'Size Tile to Art'에 체크
를 하고 'H Spacing : 마이너스 값', V Spacing
: 0mm'를 입력하고 결과물을 확인 후 상단의
Done을 클릭합니다. [Swatches] 패널에 등록한
패턴이 생성되어 있는지 확인합니다.

🎓 **기적의 Tip**

패턴을 수정할 때에는 [Swatches] 패널의 패턴을 더블클릭
하면 'Pattern Options'이 다시 열립니다.

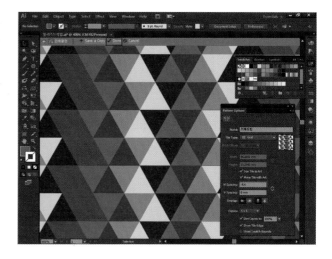

09 'Rectangle Tool'을 선택하고 만들어둔 '명상
하는 사람'의 절반을 가릴 만큼의 사각형을 만듭
니다. 면색은 [Swatches] 패널에 등록한 패턴을
클릭해서 적용해주고 선 색은 None으로 설정합
니다.

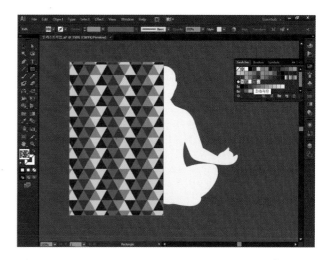

⑩ 지그재그 패턴 만들기

01 'Rectangle Tool'을 이용하여 사각형을 그려 넣고, 'Direct Selection Tool'로 오른쪽 끝의 두 점을 선택해서 위로 올려서 기울어진 사각형을 만들어줍니다.

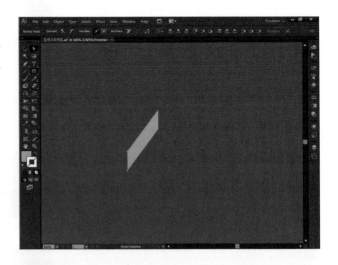

02 'Reflect Tool'을 이용해서 오브젝트의 오른쪽 끝에 Alt 를 누른 채 기준점을 클릭합니다. [Reflect] 대화상자가 나타나면 'Vertical'을 선택하고 [Copy]를 클릭합니다.

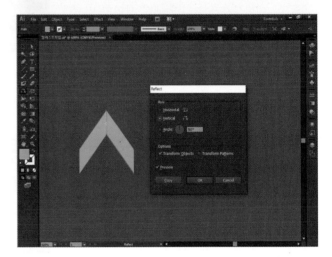

03 'Selection Tool'로 오브젝트를 모두 선택한 후 바로 옆으로 복사해서 붙입니다. 다시 오브젝트를 모두 선택하고 [Window] 〉 [Pathfinder] 패널의 [Shape Modes : Unite]를 클릭해서 한 개의 개체로 민들이 줍니다.

🎓 기적의 Tip

오브젝트를 이동시켜 복사를 할 때는 Alt 를 누른 상태로 클릭 드래그해서 복사합니다. 이동 도중에 Shift 를 누르면 45°, 수직, 수평으로만 이동할 수 있습니다.

04 오브젝트를 선택해서 아래에 수직선상에 한 개 더 복사해 줍니다. 'Rectangle Tool'을 이용하여 면색 C0M0Y0K0, 선색은 None인 사각형을 만듭니다. 사각형에 마우스 오른쪽 버튼을 클릭해서 [Arrange] 〉 [Send to Back]을 눌러서 맨 아래로 위치 시킵니다. 사각형을 사선 무늬의 끝선에 딱 맞도록 크기를 조절해 줍니다.

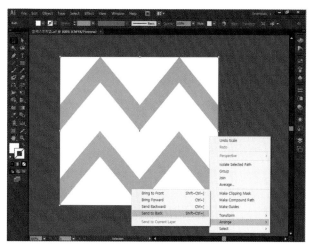

05 오브젝트를 모두 선택한 후 [Object] 〉 [Pattern] 〉 [Make]를 클릭합니다.

06 [Pattern Options] 대화상자가 열리면 패턴 사이의 빈 공간을 메워주기 위해 'Size Tile to Art'에 체크를 하고 'H Spacing : 0mm', V Spacing : 0mm'를 입력하고 결과물을 확인 후 상단의 Done을 클릭합니다. [Swatches] 패널에 등록한 패턴이 생성되어 있는지 확인합니다.

07 'Rectangle Tool'을 선택하고 만들어 둔 '명상하는 사람'의 절반을 가릴 만큼의 사각형을 만듭니다. 면색은 [Swatches] 패널에 등록한 패턴을 클릭해서 적용해주고 선 색은 None으로 설정합니다.

01 작업 준비하기

01 포토샵을 실행하고, [File] 〉 [New]를 선택하여 [New] 대화상자에서 'Width : 166mm, Height : 246mm, Resolution : 200 Pixels/Inch, Color Mode : RGB Color'로 설정한 후, [OK] 버튼을 클릭합니다.

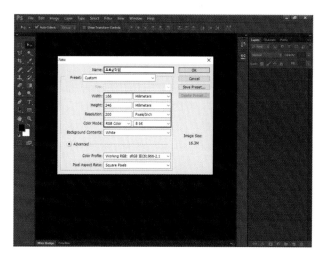

기적의 Tip

• Resolution : 300Pixels/Inch은 인쇄, 출판을 위한 최적의 해상도 설정입니다. 하지만 시험장마다 다른 컴퓨터 사양 때문에 200 정도의 해상도를 설정하는 것이 좋습니다.
• Color Mode : 인쇄물에 적합한 CMYK 모드를 설정해 주어야 하지만 시험 문항에 여러 가지 패턴 적용 문제들이 출제되고 5M 용량 제한도 고려해서 RGB 모드로 설정합니다.

02 '일러스트작업' 창에서 그리드를 선택하고, Ctrl+C를 눌러 복사합니다. '포토샵작업' 창에 Ctrl+V를 눌러 붙여넣기 한 후, [Paste] 대화상자에서 'Pixels'를 선택하고, [OK] 버튼을 클릭합니다. 사이즈는 일러스트에서 이미 설정했기 때문에 그대로 Enter를 누릅니다.

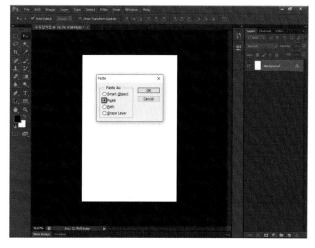

기적의 Tip

일러스트에서 오브젝트가 잠겨서 선택되지 않는 경우, [Object] 〉 [Unlock All]을 클릭하거나, 단축키 Alt+Ctrl +2를 눌러 오브젝트 잠금을 해제합니다.

03 [Layers] 패널에서 이름을 그리드로 변경합니다. 'Move Tool'을 선택하고, Ctrl 을 누른 채 'Background' 레이어와 함께 선택한 후, 옵션 바에서 'Align vertical centers', 'Align horizontal centers'를 클릭하여 정렬합니다. '그리드' 레이어만 선택하고, 'Lock all' 아이콘을 클릭하여 잠근 후, [File] 〉 [Save]를 클릭해서 포토샵작업.psd로 저장합니다.

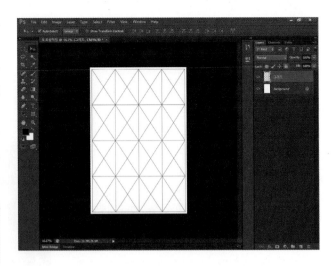

> 🎓 **기적의 Tip**
>
> 항상 작업 시작과 도중에는 예기치 못한 상황을 대비하여 수시로 하는 저장하는 습관을 길러야합니다.

02 배경 만들기

01 'Background' 레이어를 더블 클릭해서 하늘배경으로 이름을 지정하고 [OK] 버튼을 클릭합니다.

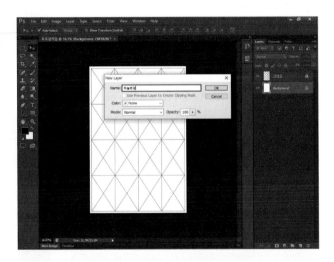

02 '하늘배경' 레이어에 필터 효과를 주기 위해 전경색을 C30M10Y0K0으로 설정하고 배경색은 C0M0Y0K0으로 설정해 줍니다.

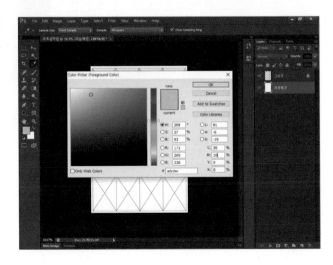

03 [Filter] 〉 [Render] 〉 [Clouds]를 클릭해서 필터를 적용합니다.

기적의 Tip

'Clouds' 필터는 전경색과 배경색 두 가지만 섞어 구름 모양으로 만들어줍니다.

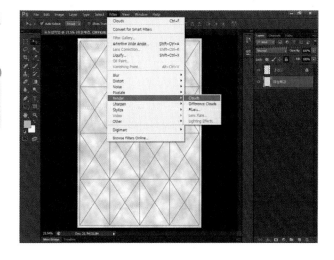

04 상단의 구름 이미지를 넣기 위해서 [File] 〉 [Open]을 선택하고, [Open] 대화상자가 열리면 구름.jpg를 찾아 선택한 후, 이미지를 불러옵니다.

기적의 Tip

소스(제공 파일) 다운로드 : 영진닷컴 이기적 홈페이지 (http://license.youngjin.com) [자료실] – [컴퓨터그래픽스]에서 자료를 다운받으실 수 있습니다.

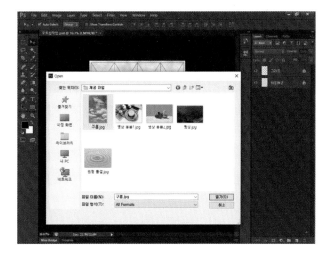

05 이미지가 열리면 필요한 부분만 'Rectangular Marquee Tool'로 선택한 후 Ctrl+C를 눌러 복사합니다. '포토샵작업' 창에서 Ctrl+V를 눌러 이미지를 붙여넣습니다. Ctrl+T를 눌러 크기와 위치를 조절하여 다음과 같이 상단 영역을 다 채우게 배치한 후, Enter를 눌러 확정합니다. [Layers] 패널에서 레이어의 이름을 구름으로 변경하고 'Opacity : 80%'로 설정합니다.

기적의 Tip

• Ctrl+T : Free Transform
• Free Transform을 이용하여 크기 조절을 할 때, 이미지의 가로, 세로 비율을 유지하기 위해서는 Shift를 누른 채 모서리 점을 드래그해야 합니다.

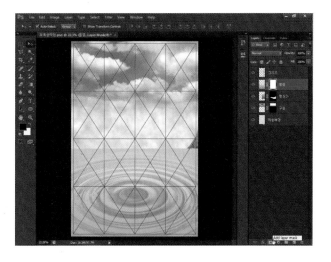

06 자연스러운 합성을 위해 '구름' 레이어를 선택하고 [Layers] 패널의 아래에 있는 'Add Layer Mask' 아이콘을 클릭해서 Layer Mask를 생성합니다. 'Gradient Tool'을 클릭한 후 상단 옵션 바에서 Linear Gradient를 선택하고 색상을 Black, White로 설정합니다. '구름' 레이어와 '하늘배경' 레이어의 경계선이 자연스럽게 이어지도록 클릭 드래그합니다.

> **기적의 Tip**
>
> Gradient 색상 설정은 'Gradient Tool'을 선택하고 상단 옵션 바의 'Click to edit the gradient'를 클릭해서 설정합니다.

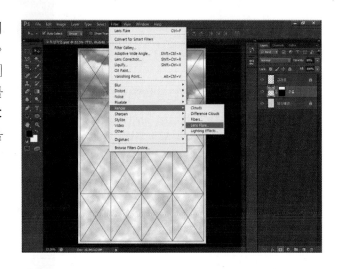

07 강렬한 빛의 느낌이 나는 필터를 적용하기 위해서 '구름' 레이어가 선택된 상태로 [Filter] 〉 [Render] 〉 [Lens Flare]를 클릭한 후 [Lens Flare] 대화상자가 나타나면 필터를 적용시킬 위치를 클릭해주고, 'Brightness : 100%', 'Lens Type : 50-300mm Zoom'으로 설정하고 [OK] 버튼을 누릅니다.

08 [File] 〉 [Open]을 선택하고, [Open] 대화상자가 열리면 명상.jpg을 찾아 선택한 후, 이미지를 불러옵니다. 이미지가 열리면 필요한 부분만 'Rectangular Marquee Tool'로 선택한 후 Ctrl+C를 눌러 복사합니다. '포토샵작업' 창에서 Ctrl+V를 눌러 이미지를 붙여넣습니다. Ctrl+T를 눌러 크기와 위치를 조절하여 다음과 같이 명상하는 사람이 오른쪽 하단에 위치하도록 배치한 후, Enter를 눌러 확정합니다. [Layers] 패널에서 레이어의 이름을 명상가로 변경합니다.

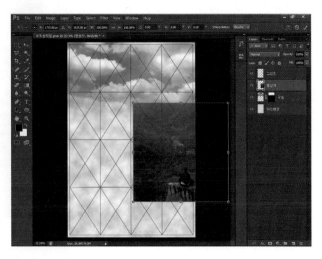

09 이미지를 단일 톤으로 바꾸기 위해 [Image] 〉 [Adjustments] 〉 [Hue/Saturation]을 열어서 하단의 'Colorize'와 'Preview'를 체크 해주고 슬라이더를 좌우로 움직여서 적당한 색감으로 설정합니다.

🎓 기적의 Tip

Hue/Saturation : [Ctrl]+[U]

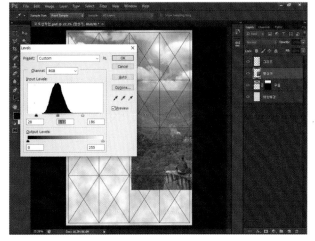

10 이미지의 밝기를 보정하기 위해 [Image] 〉 [Adjustments] 〉 [Level]을 열고 삼각 슬라이더를 좌우로 움직여서 조절해 줍니다.

🎓 기적의 Tip

Level : [Ctrl]+[L]

11 'Pen Tool'을 이용해서 '명상가' 레이어의 이미지를 필요한 부분만 곡선으로 잘라내기 위해 패스를 생성해 줍니다.

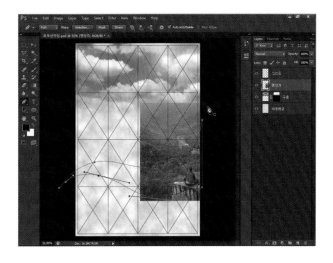

12 [Window] 〉 [Paths]를 열어서 만들어진 패스를 확인합니다. [Ctrl]을 누른 상태에서 패스 레이어를 클릭하면 패스 선이 선택 영역으로 바뀝니다.

13 영역이 선택된 상태에서 다시 [Layers] 패널을 열고 하단의 'Add layer mask'를 클릭해서 마스크를 적용시킵니다.

기적의 Tip

Layer : F7

14 '명상가' 레이어가 선택된 상태에서 [Filter] 〉 [Filter Gallery] 〉 [Artistic] 〉 [Rough Pastels]를 클릭한 후 오른쪽의 슬라이더들을 좌우로 움직여 옵션을 적용합니다.

15 [File] 〉 [Open]을 선택하고, [Open] 대화상
자가 열리면 원형 물결.jpg를 선택해서 이미지
를 불러옵니다. 필요한 부분만큼 이미지를 선택
해서 복사한 후 '포토샵작업' 창에 붙여넣기하고
레이어의 이름을 물결로 바꿔줍니다. '물결' 레이
어가 선택된 상태로 [Layers] 패널의 아래에 있
는 'Add Layer Mask' 아이콘을 클릭해서 Layer
Mask를 생성합니다.

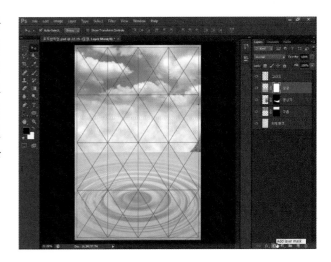

16 'Gradient Tool'을 클릭한 후 상단 옵션 바
에서 Linear Gradient를 선택하고 색상을 Black,
White로 설정합니다. '물결' 레이어의 경계선이
자연스럽게 그라데이션되도록 드래그합니다.

🎓 **기적의 Tip**

Gradient 색상 설정은 'Gradient Tool'을 선택하고 상단 옵
션 바의 'Click to edit the gradient'를 클릭해서 설정합니다.

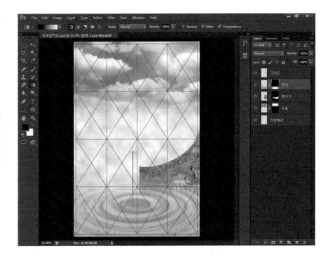

17 [Layers] 패널의 하단에 있는 'Create a new
layer'를 클릭해서 새로운 레이어를 생성하고, 이
름을 배경그라데이션으로 바꿔준 후 '하늘배경'
레이어의 바로 위로 위치시킵니다.

🎓 **기적의 Tip**

레이어 앞쪽에 있는 눈 아이콘을 클릭해서 끄면 해당 레이
어의 작업물은 보이지 않게 됩니다. 다시 클릭해서 눈 아이
콘이 활성화되면 해당 레이어도 나타납니다.

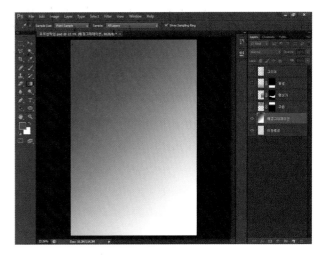

18 'Gradient Tool'을 클릭한 후 왼쪽 상단 옵션 바에서 Linear Gradient를 선택하고, 색상을 지정하기 위해 'Click to edit the gradient'를 클릭합니다. [Gradient editor] 대화상자가 열리면 색상 바 아래에 위치한 '색 정지점'을 클릭하고 아래에 Color를 클릭해서 C95M78Y0K0, 반대쪽 끝은 C0M0Y0K0으로 지정하고 [OK]를 눌러줍니다. 작업 화면의 왼쪽 상단 끝에서 오른쪽 하단으로 드래그해서 그라디언트를 넣어줍니다. [Layers] 패널의 상단에 있는 블랜딩 모드의 드롭다운 버튼을 클릭해서 'Darker Color'을 적용시켜서 아래의 '하늘배경' 레이어와 자연스럽게 블랜딩 시켜줍니다.

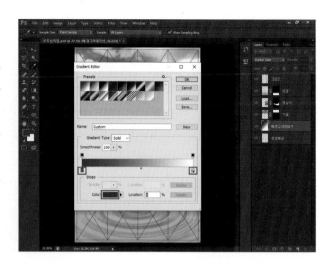

19 [Layers] 패널의 하단에 있는 'Create a new group' 아이콘을 클릭해서 새 그룹을 만듭니다. 그룹 이름을 배경으로 바꿔주고, '물결, 명상가, 구름, 배경그라데이션, 하늘배경' 레이어를 모두 선택해서 '배경' 그룹으로 드래그합니다.

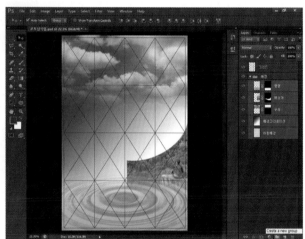

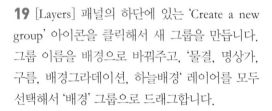

🎓 **기적의 Tip**

- Shift를 누른 상태로 맨 위 레이어와 맨 아래 레이어를 클릭하면 그 사이에 있는 레이어들까지 한꺼번에 선택됩니다.
- Ctrl 버튼을 누른 상태로 레이어를 한 개씩 클릭하면 원하는 레이어만 여러 개 선택할 수 있습니다.
- 레이어가 너무 많으면 Layers 패널에 스크롤이 길게 생기고 찾기가 불편합니다. 수정이 필요 없는 레이어들은 같은 선상의 레이어끼리 그룹화 합니다.

03 일러스트 작업물 배치하기

01 '일러스트작업' 창에서 만드는 상단의 흰 곡선을 Ctrl + C 로 복사해서 '포토샵작업' 창에 Ctrl + V 로 붙여넣기를 합니다. [Paste] 대화상자에서 'Pixels'를 선택하고, [OK] 버튼을 클릭한 후, 크기와 위치를 조절합니다. 레이어 이름을 하늘 곡선으로 변경합니다.

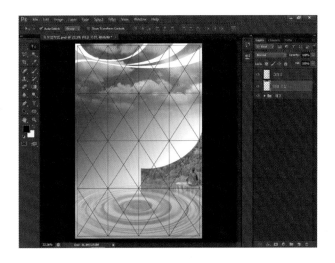

02 '하늘 곡선' 레이어가 선택된 상태에서 [Layers] 패널의 상단에 있는 블랜딩 모드의 드롭다운 버튼을 클릭해서 'Soft Light'를 선택합니다.

기적의 Tip

시험 지시서에 블랜딩 모드의 정확한 명칭이 지정되지 않았다면 자신의 작업물과 잘 어우러지는 블랜딩을 선택합니다.

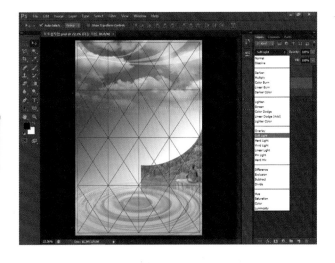

03 '일러스트작업' 창에서 만든 꽃무늬 패턴을 Ctrl + C 로 복사해서 '포토샵작업' 창에 Ctrl + V 로 붙여넣기를 합니다. [Paste] 대화상자에서 'Pixels'를 선택하고, [OK] 버튼을 클릭한 후, 크기와 위치를 조절합니다. 레이어 이름을 꽃무늬 배경으로 변경합니다.

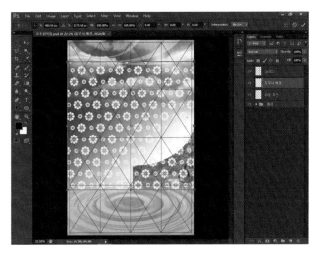

04 '꽃무늬 배경' 레이어가 선택된 상태로 하단의 'Add layer mask'를 클릭해서 마스크를 적용시킵니다. 'Gradient Tool'을 클릭한 후 왼쪽 상단 옵션 바에서 Radial Gradient를 선택하고 색상 선택은 Black, White를 선택합니다.

🎓 기적의 Tip

Gradient 색상 설정은 'Gradient Tool'을 선택하고 상단 옵션 바의 'Click to edit the gradient'를 클릭해서 설정합니다.

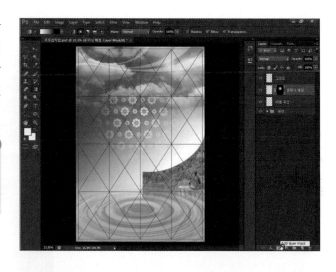

05 '일러스트작업' 창에서 만든 여러 개의 원 모양의 오브젝트를 Ctrl+C로 복사해서 '포토샵작업' 창에 Ctrl+V로 붙여넣기를 합니다. [Paste] 대화상자에서 'Pixels'를 선택하고, [OK] 버튼을 클릭한 후, 크기와 위치를 조절합니다. 레이어 이름을 왼쪽 원으로 변경합니다. [Layers] 패널의 상단에 있는 블랜딩 모드를 클릭해서 'Soft Light'를 선택해서 적용합니다.

🎓 기적의 Tip

시험 지시서에 블랜딩 모드의 정확한 명칭이 없으면 자신의 작업물과 잘 어울리는 블랜딩을 선택합니다.

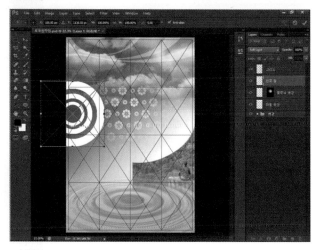

06 '일러스트작업' 창에서 만든 전통 문양의 오브젝트를 Ctrl+C로 복사해서 '포토샵작업' 창에 Ctrl+V로 붙여넣기를 합니다. [Paste] 대화상자에서 'Pixels'를 선택하고, [OK] 버튼을 클릭한 후, 크기와 위치를 조절합니다. 레이어 이름을 원 문양으로 변경합니다.

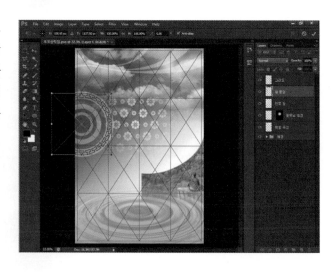

07 [Layers] 패널 하단에 있는 폴더 모양의 아이콘 'Create a new group'을 클릭하고 그룹 폴더가 생성되면 일러스트배경으로 이름을 변경합니다. '원 문양, 왼쪽 원, 꽃무늬 배경, 하늘 곡선' 레이어를 모두 선택해서 '일러스트배경'그룹으로 이동시킵니다.

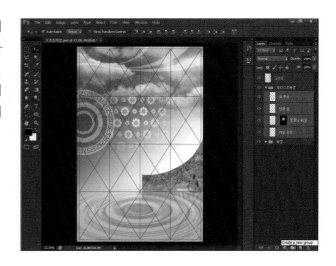

04 중앙의 명상가 만들기

01 '일러스트작업' 창에서 만든 명상하는 사람 오브젝트를 Ctrl + C 로 복사해서 '포토샵작업' 창에 Ctrl + V 로 붙여넣기를 합니다. [Paste] 대화상자에서 'Pixels'를 선택하고, [OK] 버튼을 클릭한 후, 크기와 위치를 조절합니다. 레이어 이름을 중앙 명상가로 변경합니다.

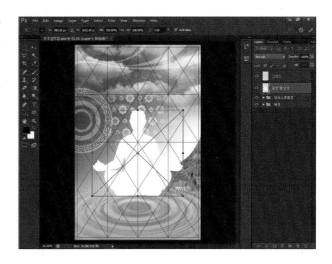

02 '일러스트작업' 창에서 만든 지그재그 무늬의 패턴 오브젝트를 Ctrl + C 로 복사해서 '포토샵작업' 창에 Ctrl + V 로 붙여넣기 합니다. [Paste] 대화상자에서 'Pixels'를 선택하고, [OK] 버튼을 클릭한 후, '중앙 명상가' 오브젝트의 오른쪽이 덮일 정도로 크기와 위치를 조절합니다. 레이어의 이름은 임의로 오른쪽패턴이라고 정해주고, 레이어의 위치는 '중앙 명상가' 레이어보다 위쪽에 위치해야 합니다.

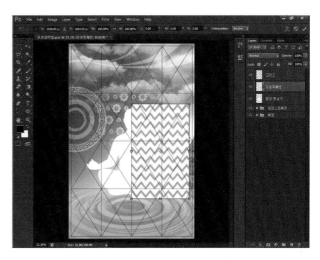

03 '일러스트작업' 창에서 만든 삼각형 무늬의 패턴 오브젝트를 Ctrl+C로 복사해서 '포토샵 작업' 창에 Ctrl+V로 붙여넣기를 합니다. [Paste] 대화상자에서 'Pixels'를 선택하고, [OK] 버튼을 클릭한 후, '중앙 명상가' 오브젝트의 왼쪽 이 덮일 정도로 크기와 위치를 조절합니다. 레이어의 이름은 임의로 왼쪽패턴이라고 정해주고, 레이어의 위치는 '중앙 명상가' 레이어보다 위쪽에 위치해야 합니다.

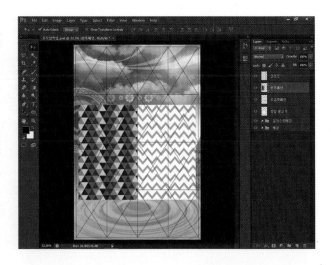

04 '왼쪽패턴' 레이어와 '오른쪽패턴' 레이어 두 개를 한꺼번에 선택한 후 Ctrl+Alt+G를 눌러서 클리핑 마스크를 적용시킵니다. 마스크가 적용된 이미지를 확인해보고 패턴의 크기나 위치 등을 조절해 줍니다.

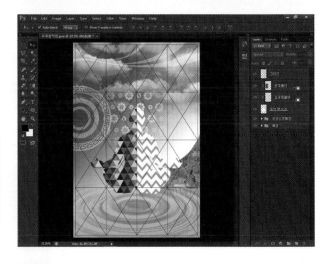

기적의 Tip

클리핑 마스크를 적용하기
- 레이어와 레이어 사이를 Alt를 누른 상태로 클릭해주면 마스크가 적용됩니다.
- [Layer] > [Create Clipping Mask]를 클릭합니다.

05 클리핑 마스크는 이미지의 원본을 훼손하지 않기 때문에 패턴의 크기나 위치 등을 조절할 수 있습니다. 조절을 마쳤으면 '왼쪽패턴' 레이어와 '오른쪽패턴' 레이어를 한꺼번에 선택한 후 마우스 오른쪽 버튼을 클릭하고 'Merge Layers'를 눌러 레이어를 합쳐줍니다. 하나로 합쳐진 레이어의 이름을 패턴으로 바꿔줍니다.

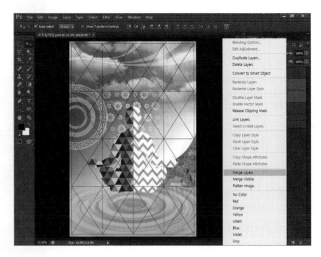

06 '중앙 명상가'의 오브젝트에 테두리를 만들기 위해서 레이어 이름의 바로 옆 빈 공간을 더블클릭합니다. [Layer Style] 대화상자가 타나나면 'Strocke'에 체크를 해주고 옵션을 'Size : 16, Position : Outside, Blend Mode : Nomal, Opacity : 40'으로 설정을 해주고 컬러는 Black으로 지정합니다.

07 '중앙 명상가'의 뒤에 보이는 후광 같은 필터를 만들기 위해 '패턴' 레이어가 선택된 상태로 '중앙 명상가' 레이어의 썸네일을 Ctrl 을 누른 채 클릭해서 선택 영역으로 지정합니다. Ctrl + C 를 눌러 복사한 후 [Layers] 패널 하단에 위치한 'Create a new layer'을 클릭해서 새로운 레이어를 만든 후 Ctrl + V 를 눌러 붙여넣기 합니다. 새로운 레이어의 이름을 중앙 필터로 설정하고 레이어 위치는 '중앙 명상가' 레이어의 아래에 위치시킵니다.

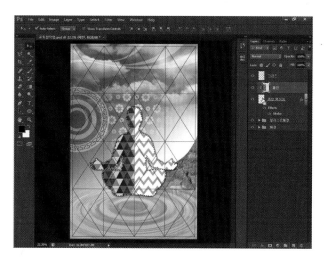

08 '중앙 필터' 레이어가 선택된 상태에서 [Filter] 〉 [Blur] 〉 [Radial Blur]를 클릭 후 Amount : 86, Blur Method : Zoom, Quality : Good 으로 설정한 후 오른쪽 Blur Center를 아래로 살짝 내려줍니다.

🎓 기적의 Tip

'중앙 명상가' 레이어에 가려져서 필터 효과가 잘 보이지 않는다면 '중앙 필터' 이미지의 크기를 Ctrl + T 를 눌러서 살짝만 키워보세요.

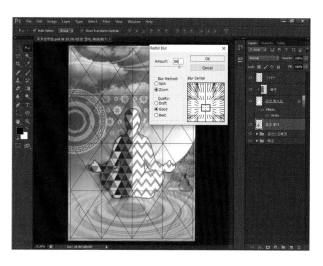

09 '중앙 명상가'의 물에 비치는 그림자를 만들기 위해 '중앙 명상가' 레이어의 썸네일에 [Ctrl]을 누른채 클릭해서 선택 영역으로 지정합니다. [Ctrl]+[C]를 눌러 복사한 후 [Layers] 패널 하단에 위치한 'Create a new layer'를 클릭해서 새로운 레이어를 만든 후 [Ctrl]+[V]를 눌러 붙여넣기합니다. 새로운 레이어의 이름을 중앙 그림자로 설정하고 레이어 위치는 '중앙 필터' 레이어의 아래에 위치시킵니다.

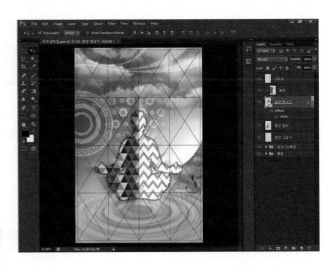

> 🎓 **기적의 Tip**
>
> **클리핑 마스크를 적용하기**
> • 레이어가 선택된 상태에서 [Ctrl]+[J]를 누르면 레이어가 복사됩니다.
> • 복사된 레이어에는 원본 레이어의 이팩트 효과도 함께 복사됩니다.

10 '중앙 그림자' 레이어에 [Ctrl]+[T]를 눌러서 맨 위 상단을 마우스로 클릭해서 아래로 쭉 내려 상하반전으로 만듭니다.

11 그림자에 색을 채워주기 위해 '중앙 그림자' 레이어를 선택하고 레이어의 썸네일을 Ctrl 을 누른 채 클릭합니다. 전경색을 C95M70Y2K0으로 설정해주고 '중앙 그림자' 레이어에 선택 영역이 지정된 것을 확인한 후 Alt + Delete 를 눌러줍니다. Ctrl + D 를 눌러서 선택 영역을 해제해줍니다. [Layers] 패널의 상단에 있는 불투명도를 'Opacity : 50'으로 설정합니다.

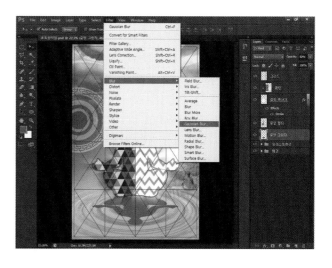

> **기적의 Tip**
>
> • 전경색으로 색 채우기 : Alt + Delete
> • 배경색으로 색 채우기 : Ctrl + Delete

12 [Filter] 〉 [Blur] 〉 [Gaussian Blur]를 클릭하고 미리보기를 보며 흐려짐 정도를 슬라이더로 조절하고 [OK]를 클릭합니다.

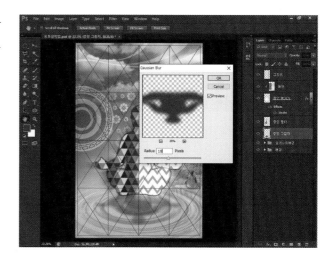

13 [Layers] 패널의 하단에 있는 폴더 모양의 아이콘 'Create a new group'을 클릭해서 새 그룹을 만들어 주고, 그룹 이름을 중앙 명상가로 바꿔줍니다. '패턴, 중앙 명상가, 중앙 필터, 중앙 그림자' 레이어를 모두 선택해서 '중앙 명상가'그룹으로 이동시킵니다.

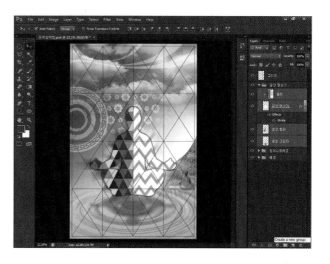

> **기적의 Tip**
>
> • 개수가 많아져서 스크롤이 길게 생긴 레이어들을 같은 선상의 레이어끼리 그룹으로 묶어두면 정리가 되어 찾기가 편합니다.
> • 그룹에 이팩트 효과를 주면 그룹에 묶인 레이어들 전체에 효과가 적용됩니다.

05 하단의 일러스트 배치

01 '일러스트작업' 창에서 만든 일곱 개의 원 모양 오브젝트를 Ctrl+C로 복사해서 '포토샵작업' 창에 Ctrl+V로 붙여넣기를 합니다. [Paste] 대화상자에서 'Pixels'를 선택하고, [OK] 버튼을 클릭한 후, 크기와 위치를 조절합니다. 레이어 이름을 하단 원으로 변경합니다.

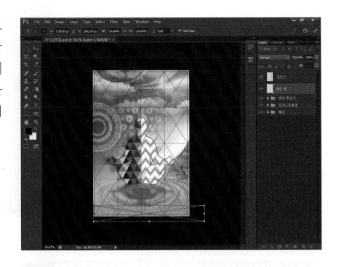

02 '하단 원' 레이어를 마우스로 클릭 드래그해서 [Layers] 패널 아래에 있는 'Create a new layer'에 가져가서 레이어 복사를 합니다. 같은 방법으로 하나를 더 복사하고 레이어 이름을 윗줄부터 각각 하단 원 1, 하단 원 2, 하단 원 3으로 바꿔줍니다.

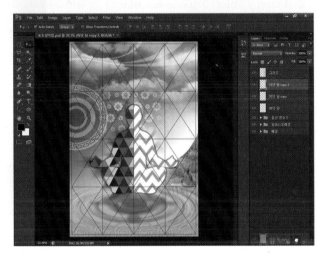

03 세 개의 레이어 중에 [Layers] 패널의 가장 아랫줄에 있는 '하단 원 3' 레이어를 클릭하고 'Move Tool'을 이용해서 원 이미지를 맨 위로 즉, '중앙 명상가'와 가장 가까운 위치로 올려줍니다. [Layers] 패널 상단에 있는 불투명도를 'Opacity : 50'으로 설정합니다.

> **기적의 Tip**
>
> 'Move Tool'을 선택하고 상단 옵션 바에 'Auto Select'의 체크를 해제하면 선택된 레이어의 이미지만 이동합니다. 겹쳐져서 잘 보이지 않거나 클릭하기 힘든 이미지를 이동시킬 때 유용합니다. 짧은 거리의 이동은 ←→↑↓(방향키) 사용이 유용합니다.

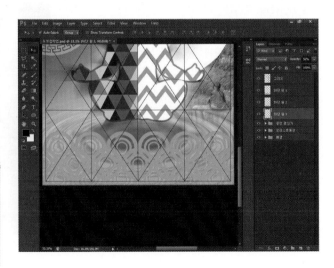

04 [Layers] 패널의 가운뎃줄에 있는 '하단 원 2' 레이어를 클릭하고 'Move Tool'을 클릭합니다. 상,하 방향키를 눌러서 원 이미지를 가운데 원 위치로 올려줍니다. 좌,우 방향키를 눌러서 원의 양 끝쪽이 반원이 되도록 이동시킵니다. [Layers] 패널 위쪽에 블렌딩 모드의 드롭다운 버튼을 클릭해서 Linear Burn을 선택합니다.

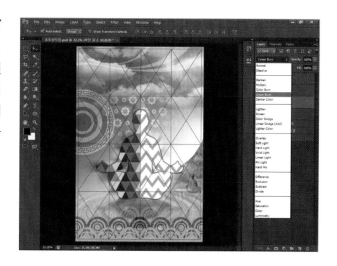

05 '일러스트작업' 창에서 '한국요가연합회' 로고 오브젝트를 Ctrl+C 로 복사해서 '포토샵작업'창에 Ctrl+V 로 붙여넣기를 합니다. [Paste] 대화상자에서 'Pixels'를 선택하고, [OK] 버튼을 클릭한 후, 크기와 위치를 조절합니다. 레이어 이름을 한국요가연합회로 변경합니다.

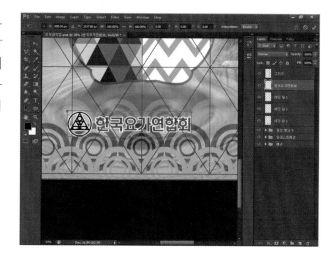

06 [Layers] 패널의 하단에 있는 폴더 모양의 아이콘 'Create a new group'을 클릭해서 새 그룹을 만들어 주고, 그룹 이름을 하단 일러스트로 바꿔 줍니다. '한국요가연합회, 하단 원 1, 하단 원 2, 하단 원 3' 레이어를 모두 선택해서 '하단 일러스트' 그룹으로 이동시킵니다.

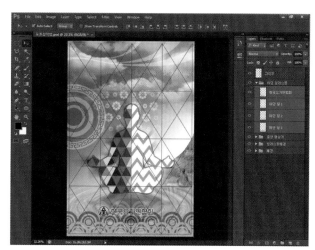

06 타이틀에 효과주기

01 '일러스트작업' 창에서 '호흡명상클리닉' 오브젝트를 Ctrl+C로 복사해서 '포토샵작업' 창에 Ctrl+V로 붙여넣기를 합니다. [Paste] 대화상자에서 'Pixels'을 선택하고, [OK] 버튼을 클릭한 후, 크기와 위치를 조절합니다. 레이어 이름을 호흡명상클리닉으로 변경합니다. '호흡명상클리닉' 레이어 이름 바로 옆 빈 공간을 더블클릭해서 [Layer Style] 대화상자가 나타나면 'Stroke'에 체크하고 Size : 3을, 컬러는 C100M76Y17K3으로 설정해 주고 [OK] 버튼을 클릭합니다.

02 [Layer Style] 대화상자 맨 아래에 있는 'Drop Shadow'에 체크를 해주고 오른쪽 옵션은 Blend Mode : Multiply, 색상은 C92M86 Y40K40, Opacity : 75, Angle : −45, Distance : 12, Spread : 36, Size : 29로 설정합니다.

> 🎓 **기적의 Tip**
>
> 작업물의 결과가 조금씩 다르기 때문에 자신의 작업물에 맞는 옵션 수치로 조절해 보세요.

03 '일러스트작업' 창에서 '나뭇잎잔' 오브젝트를 Ctrl+C로 복사해서 '포토샵작업' 창에 Ctrl+V로 붙여넣기를 합니다. [Paste] 대화상자에서 'Pixels'을 선택하고, [OK] 버튼을 클릭한 후, 크기와 위치를 조절합니다. 레이어 이름을 나뭇잎잔으로 변경합니다.

07 안내 글 넣기

01 오른쪽 공간에 문자들을 줄 맞춰서 정돈되어 보이도록 만들기 위해서 [View] 〉 [Rulers]를 클릭합니다. 작업 창의 상단과 왼쪽에 생긴 눈금자에서 '가이드선'을 꺼내어 문자가 들어갈 부분에 표시를 해둡니다.

기적의 Tip

- [View] 〉 [Rulers] : Ctrl + R
- [View] 〉 [Show] 〉 [Guides] : Ctrl + ;
- [View] 〉 [Snap] : Shift + Ctrl + ;
- 눈금자끼리 만나는 모서리를 클릭해서 드래그하면 두 눈금자의 0점 위치를 조절할 수 있습니다.

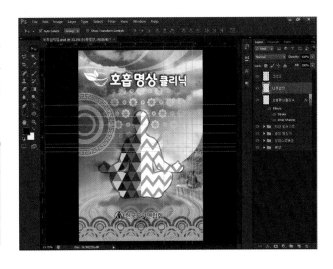

02 'Horizontal Type Tool'을 선택하고 전경색을 C100M89Y26K10으로 설정하고 레이어 한 개에 문자를 한 줄씩 입력합니다.
[Type] 〉 [Panels] 〉 [Character Panel]을 클릭하고, 각 레이어의 T모양을 더블 클릭해서 적절한 폰트, 크기, 두께를 설정합니다.

기적의 Tip

특정 폰트에 관한 지시가 없다면 가장 비슷한 폰트로 선택해서 작업하면 됩니다.

03 문자 중간에 위치한 선을 그려주기 위해 [Layers] 패널 하단에 있는 'Create a new layer'를 클릭해서 새 레이어를 만들고 이름을 윗 선으로 바꿔줍니다. 'Line Tool'을 클릭하고 상단 옵션바에서 드롭다운 버튼을 눌러 'Pixels'로 선택하고, Weight : 3px'로 설정하고 전경색을 C100M89Y26K10으로 설정합니다. Shift 를 누른 상태에서 마우스를 움직여 선을 그려줍니다.

04 '윗 선' 레이어를 선택하고 Ctrl + J 를 눌러서 레이어를 복사합니다. 복사된 레이어의 이름을 아랫 선으로 바꿔준 후 'Move Tool'을 선택하고 키보드의 ↓방향키를 눌러서 아래로 이동시킵니다.

05 [Layers] 패널의 하단에 있는 폴더 모양의 아이콘 'Create a new group'을 클릭해서 새 그룹을 만들어 주고, 그룹 이름을 문자로 바꿔줍니다. 문자 레이어들과 윗 선, 아랫 선 레이어를 모두 선택해서 '문자' 그룹 폴더로 이동시킵니다.

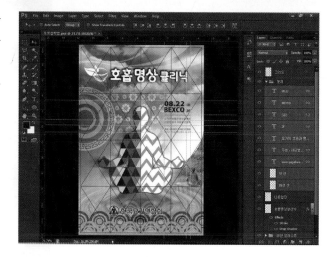

08 명상 용품 효과 주기

01 [File] 〉 [Open]을 선택하고, [Open] 대화상
자가 열리면 명상 용품1.jpg를 선택해서 이미지
를 불러옵니다. 필요한 부분을 'Rectangular Mar-
quee Tool'로 선택해서 복사한 후 '포토샵작업'
창에 붙여넣기하고 레이어의 이름을 왼쪽 명상
용품으로 바꿔줍니다.

02 '왼쪽 명상용품' 레이어가 선택된 상태에서
'Elliptical Marquee Tool'을 클릭하고 [Shift]+[Alt]
를 누른 상태로 원형 선택영역을 지정합니다.
[Layers] 패널의 하단에 있는 'Add layer mask'를
클릭해서 마스크를 적용합니다.

03 '왼쪽 명상용품' 레이어의 썸네일을 클릭하
고 [Filter] 〉 [Filter Gallery]를 클릭합니다.

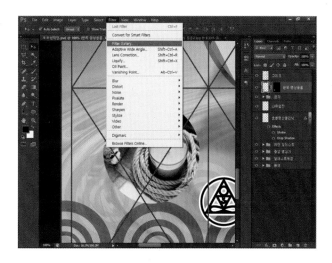

04 [Artistic] 〉 [Rough Pastels]를 선택하고 미리
보기를 보며 오른쪽에 위치한 옵션 슬라이더를
조절한 후 [OK] 버튼을 클릭합니다.

05 [Layers] 패널의 '왼쪽 명상용품' 레이어의 이
름 옆을 더블클릭해서 [Layer Style] 대화상자를
열고 Bevel & Emboss에 체크하고 Style : Inner
Bevel, Technique : Smooth, Direction : Up,
Size : 6, Angel : −45, Altitude : 30, Highlight
Mode : Screen, Opacity : 75, Shadow Mode :
Multiply, Opacity : 75를 설정하고 [OK] 버튼을
클릭합니다.

> 🎓 기적의 Tip
>
> 작업물의 결과가 조금씩 다르기 때문에 자신의 작업물의
> 결과를 확인하며 옵션을 조절하세요.

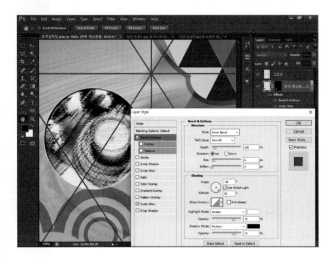

06 [Layer Style] 대화상자의 'Outer Glow'에 체
크를 하고 Blend Mode : Screen, Opacity : 75,
색상 : C2M0Y30K0, Technique : Softer, Size :
6, Range : 50으로 설정하고 [OK] 버튼을 클릭
합니다.

07 [File] 〉 [Open]을 선택하고, [Open] 대화싱자가 열리면 명상 용품2.jpg를 선택해서 이미지를 불러옵니다. 필요한 부분만큼 이미지를 선택해서 복사한 후 '포토샵작업' 창에 붙여넣기하고 레이어의 이름을 오른쪽 명상용품으로 바꿔줍니다.

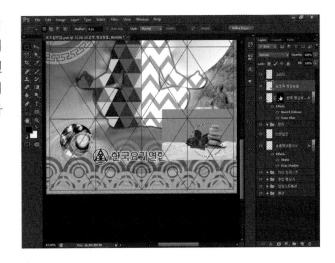

08 [Filter] 〈 [Filter Gallery] 〉 [Artistic] 〉 [Underpainting]을 선택하고 미리보기를 보며 오른쪽에 위치한 옵션 슬라이더들을 조절 후 [OK] 버튼을 클릭합니다.

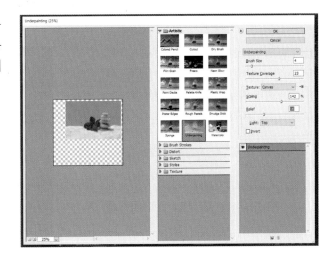

09 [Layers] 패널의 '오른쪽 명상용품' 레이어가 선택된 상태에서 'Elliptical Marquee Tool'을 클릭하고 Shift + Alt 를 누른 상태로 원 선택영역을 지정합니다. [Layers] 패널의 하단에 있는 'Add layer mask'를 클릭해서 마스크를 적용합니다. 'Layer Style'은 '왼쪽 명상용품'과 효과가 동일하기 때문에 '왼쪽 명상용품' 레이어에 있는 FX 마크를 Alt 를 누른 채로 마우스로 끌어서 '오른쪽 명상용품' 레이어로 이동시켜서 복사해 줍니다.

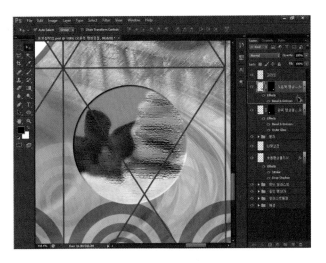

01 [Hand Tool]을 더블클릭해서 화면에 작업물 전체가 보이도록 해주고, 가이드선이 보이면 [View] 〉 [Show] 〉 [Guides]를 클릭해서 체크를 해제하고, [Layers] 패널에서 '그리드' 레이어의 눈을 켠 후, 디자인 원고와 전체적으로 비교하여 검토합니다. 검토가 끝나면 '그리드' 레이어의 눈을 끄고, Ctrl + S 를 눌러 저장합니다.

> 🎓 **기적의 Tip**
>
> • Save(저장하기) : Ctrl + S
> • 가이드선 : Ctrl + ;

02 Layers 패널에서 '그리드' 레이어 바로 아래 레이어를 선택하고, Ctrl + Alt + Shift + E 를 눌러 주면 화면에 보이는 레이어가 모두 합쳐진 새 레이어가 만들어집니다.

> 🎓 **기적의 Tip**
>
> Ctrl + Alt + Shift + E 를 누르면 현재 보이는 모든 레이어를 하나의 새 레이어로 만듭니다. 기존의 레이어는 지워지지 않고 그대로 유지되므로 혹시 모를 수정작업에 유리합니다.

03 [File] 〉 [Save As] 메뉴를 선택하여 '파일이름: 자신의 비번호(예를 들어 01번이면 01)'을 입력합니다. PC 응시자는 'Format : JPEG' 형식을 선택합니다. [JPEG Options] 대화상자가 열리면 'Quality : 12'로 설정하고, [OK] 버튼을 클릭합니다. 이때 저장된 JPEG 파일을 확인하고, 용량이 너무 큰 경우 'Quality'를 8~11 정도의 수치로 설정하여 저장합니다.

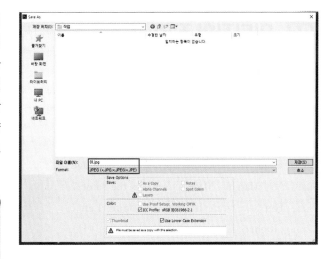

> 🎓 **기적의 Tip**
>
> • 제출해야 할 파일(포토샵에서 만든 JPEG 파일+인디자인 파일)의 용량은 총 10MB 이하입니다.
> • Quality는 JPEG의 압축 품질을 설정하는 옵션으로서 수치를 낮게 설정하면 용량이 매우 줄어들며 화질이 손상됩니다. 따라서 허용하는 용량 내에서 최대한 높은 수치로 설정하여 화질이 최대한 떨어지지 않도록 합니다.

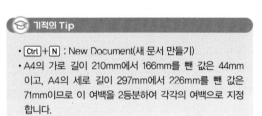

04 인디자인 작업

01 작업 준비하기

[File] > [New] > [Document]를 선택하여 'Number of Pages : 1, Facing Pages 체크해제', 'Page Size : A4', Margins 'Make all settings the same : 해제, 'Top : 25.5mm, Bottom : 25.5mm, Left : 22mm, Right : 22mm'로 입력한 후, [OK] 버튼을 클릭합니다.

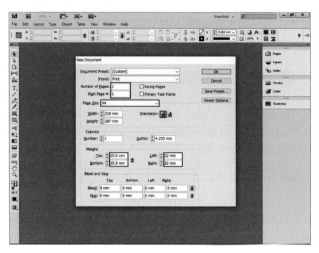

02 안내선 만들기

01 실제 크기의 안내선이 만들어졌으면 안내선의 위쪽, 아래쪽, 왼쪽, 오른쪽의 안쪽으로 3mm를 뺀 작품규격 크기의 안내선도 만들어야 합니다. 눈금자의 기준점을 드래그하여 왼쪽 위의 안내선 교차지점에 이동시켜 기준점이 0이 되도록 합니다.

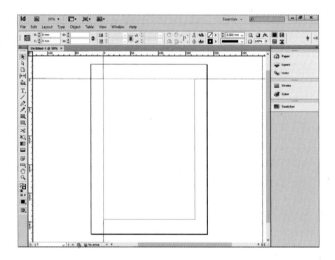

02 'Zoom Tool'로 실제크기 안내선 왼쪽 위를 드래그하여 확대하고, 왼쪽 눈금자에서 마우스를 드래그하여 0mm 지점에서 오른쪽으로 3mm만큼 이동한 지점과 위쪽 눈금자에서 마우스를 드래그하여 0mm 지점에서 아래쪽으로 3mm만큼 이동한 지점에 안내선을 가져다 놓습니다.

🎓 **기적의 Tip**

왼쪽 눈금자에서 안내선을 꺼내 컨트롤 패널에서 'X : 3mm'로 입력하고, 위쪽 눈금자에서 안내선을 꺼내 'Y : 3mm'로 입력하여 정확히 배치할 수 있습니다.

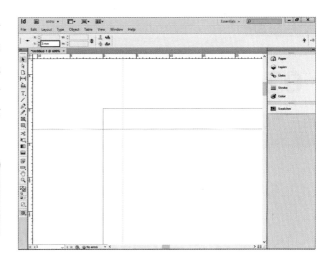

03 'Hand Tool'을 더블클릭하여 윈도우 화면으로 맞춘 후, 실제크기의 안내선 오른쪽 아래를 'Zoom Tool'로 확대합니다. 왼쪽 눈금자에서 마우스를 드래그하여 166mm 지점에서 왼쪽으로 3mm만큼 이동한 지점(163mm)과 위쪽 눈금자에서 마우스를 드래그하여 오른쪽 아래의 246mm 지점에서 위쪽으로 3mm만큼 이동한 지점(243mm)에 안내선을 가져다 놓습니다.

🎓 **기적의 Tip**

왼쪽 눈금자에서 안내선을 꺼내 컨트롤 패널에서 'X : 163mm'로 입력하고, 위쪽 눈금자에서 안내선을 꺼내 'Y : 243mm'로 입력하여 정확히 배치할 수 있습니다.

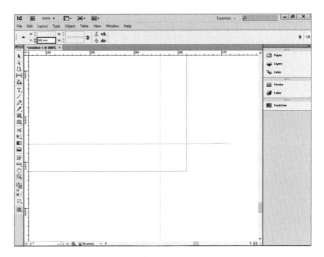

자격종목	컴퓨터그래픽스운용기능사	과제명	한국의 조각과 문양전 포스터

※ 시험시간 : 4시간

1. 요구사항

※ 다음의 요구사항에 맞도록 주어진 자료(컴퓨터에 수록)를 활용하여 디자인 원고를 시험시간 내에 컴퓨터 작업으로 완성하여 A4 용지로 출력 후 A3 용지에 마운팅(부착)하여 제출하시오.

※ 모든 작업은 수험자가 컴퓨터 바탕화면에 폴더를 만들어 저장하시오.

가. 작품규격(재단되었을 때의 규격) : 170mm×230mm ※A4 용지 중앙에 작품이 배치되도록 하시오.

나. 구성요소(문자, 그림) : ※(디자인 원고 참조)

① 문자요소

• 한국의 조각과 문양전
　◇전시장소: 국립중앙박물관 '역사의 길'
　◇전시유물: 전국 사찰 조각, 문양
　◇전시기간: 2010.9.23.(화)~10.27.(일)
• 국립중앙박물관
• NATIONAL MUSEUM OF KOREA

② 그림요소 : 디자인 원고 참조

단청문양.jpg　　　　용두.jpg　　　　문양1.jpg

문양2.jpg　　문양3.jpg　　문양4.jpg　　문양5.jpg

다. 작업내용

01) 주어진 디자인 원고(그림, 사진, 문자, 색채, 레이아웃, 규격 등)와 동일하게 작업하시오.

02) 디자인 원고 내용 중 불명확한 형상, 색상코드 불일치, 색 지정이 없는 부분, 원고에 없는 형상 등이 있을 때는 수험자가 완성도면 내용과 같이 작업하시오.

03) 디자인 원고의 서체(요구서체)가 사용 컴퓨터 및 소프트웨어와 맞지 않을 경우는 가장 근접한 서체를 사용하시오.

04) 상하, 좌우에 3mm 재단여유를 갖도록 작품을 배치하고, 재단선은 작품규격에 맞추어 용도에 맞게 표시하시오.
　　(단, 디자인 원고 중 작품의 규격을 표시한 외곽선이 있을 때는 원고의 지시에 따라 표시여부를 결정한다.)

05) 디자인 원고 좌측 하단으로부터 3mm를 띄워 비번호를 고딕 10pt로 반드시 기록하시오.

06) 출력물(A4)는 어떠한 경우에도 절취할 수 없으며, 반드시 A3 용지 중앙에 마운팅하시오.

라. 컴퓨터 작업범위

01) 10MB 용량의 폴더에 수록될 수 있도록 작업범위(해상도 및 포맷형식)를 계획하시오.

02) 규격 : A4(210×297mm) 중앙에 디자인 원고 내용과 같은 작품(원고규격)을 배치하시오.

03) 해상도 및 포맷형식 : 제한용량 범위 내에서 선택하시오.

04) 기타 : ① 제공된 자료범위 내에서 활용하시오.
　　　　　② 3개의 2D 응용프로그램을 고루 활용하되, 최종작업 및 출력은 편집프로그램(퀵 익스프레스, 인디자인)에서 하시오. (최종작업 파일이 다른 프로그램에서 생성된 경우는 출력할 수 없음)

작품명 : 한국의 조각과 문양전 포스터

※ 작품규격(재단되었을 때의 규격) : 가로 170mm×세로 230mm, 작품 외곽선은 표시하고, 재단선은 3mm 재단 여유를 두고 용도에 맞게 표시할 것.

※ 지정되지 않은 색상 및 모든 작업은 "최종결과물" 오른쪽 디자인 원고를 참고하여 작업하시오.

❶ 그라디언트 적용 M75Y50 ~ W ~ C50Y100
그림자 효과, 테두리(K100) 적용

❷ 삼각형 면 C20M16Y16
돌출효과 적용
– 선 : K70

❸ 구름 문양
W
투명도 50%

❹

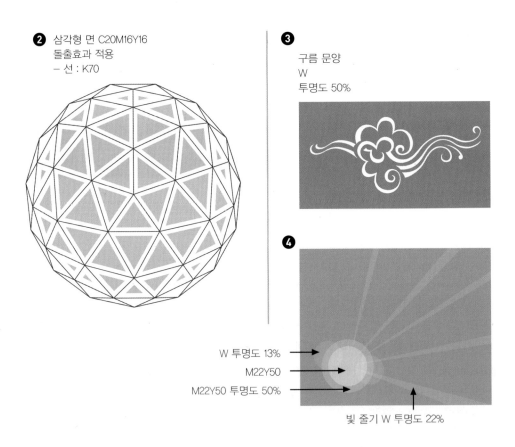

W 투명도 13% →
M22Y50 →
M22Y50 투명도 50% →

빛 줄기 W 투명도 22%

❺
로고 K70   글자 K70

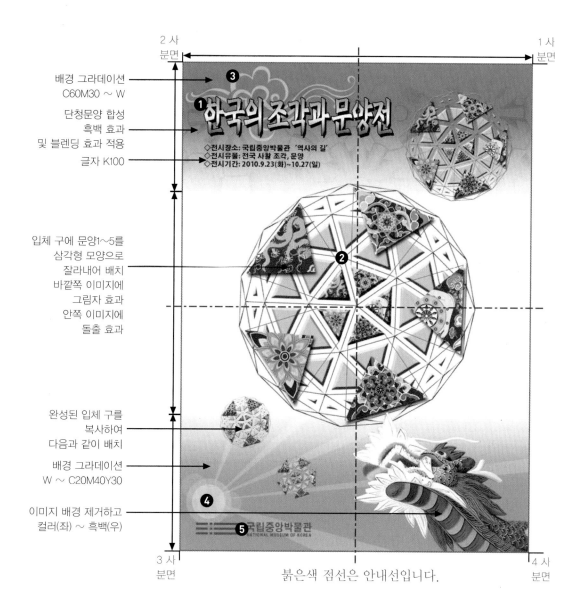

01 작업 그리드 그리기

배부 받은 디자인 원고의 완성 이미지 위에 필기구와 자를 이용하여 가로, 세로의 크기를 측정한 후 각 4등분으로 선을 그어 줍니다. 16등분의 직사각형이 그려지면 가로와 세로선이 교차되는 지점을 기준으로 대각선을 그립니다.

> **🎓 기적의 Tip**
>
> **작업 그리드를 그리는 이유?**
> 컴퓨터 작업 시 각 이미지나 도형의 크기, 위치, 간격을 파악하기 위해 필요한 작업입니다. 빨간색 볼펜 등의 튀는 색상의 필기구로 기준선 그리기 작업을 하는 것이 좋습니다.

02 실제 작업 크기 분석 및 계획 세우기

작품규격 170mm×230mm를 확인합니다. 작품 외곽선을 표시하고, 재단선은 3mm의 재단 여유를 두고 용도에 맞게 표시할 것을 염두에 둡니다. 작품규격에 위쪽, 아래쪽, 왼쪽, 오른쪽으로 각 3mm씩 재단여유를 주면 실제 작업 크기는 176mm×236mm가 됩니다. 그리고 각 요소를 표현하기 위해 사용될 프로그램을 계획해 줍니다.

03 그리드 제작하기

01 일러스트레이터를 실행하고, [File] 〉 [New]를 선택하여 'Units : Millimeters, Width : 176mm, Height : 236mm, Color Mode : CMYK'로 설정한 후, [OK] 버튼을 클릭합니다.

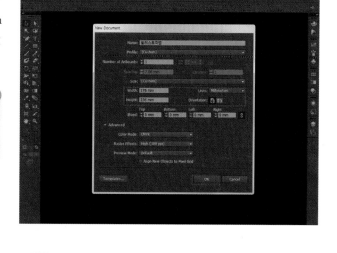

02 'Rectangular Grid Tool'을 선택하고, 작업창을 클릭한 후, 작품규격대로 Default Size 'Width : 170mm, Height : 230mm'로 설정하고, 16등분으로 나누기 위해 Horizontal Dividers, Vertical Dividers 'Number : 3'을 입력한 후 [OK] 버튼을 클릭합니다.

03 [Window]〉[Align] 패널에서 'Align To : Align to Artboard'를 선택하고 'Align Objects : Horizontal Align Center, Vertical Align Center'를 차례로 클릭합니다. Ctrl+2를 눌러 격자도형을 잠그고, 'Line Segment Tool'로 좌측 상단에서 우측 하단으로 대각선 7개를 그린 후, Reflect Tool을 이용하여 반대방향으로 대각선을 복사합니다. Alt+Ctrl+2를 눌러 격자도형의 잠금을 해제하고, Ctrl+A를 눌러 오브젝트를 모두 선택하여 선색을 빨간색으로 변경하고, Ctrl+G를 눌러 그룹으로 지정한 후, 일러스트작업.ai로 저장합니다.

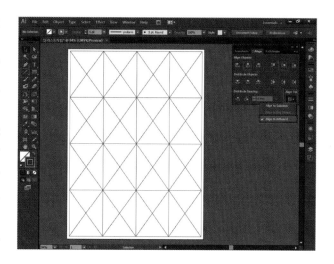

01 입체 구 만들기

01 '일러스트작업.ai' 파일이 열린 상태에서 작업창의 빈 공간으로 화면을 이동합니다. 'Line Segment Tool'을 선택하고, Shift 를 누른 채 작업창의 빈 공간을 드래그하여 수직선을 그린 후, 면색을 None, 선색은 C0M0Y0K70으로 설정합니다.

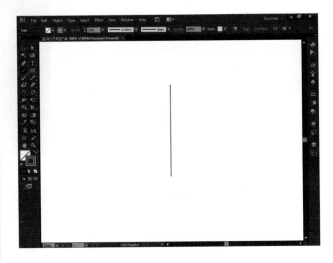

> **기적의 Tip**
>
> • 작업창 빈 공간의 배경색은 기본 회색이지만 [View] 〉 [Overprint Preview]를 선택하여 필요에 따라 흰색으로 변경하여 작업할 수 있습니다.
> • Shift 를 누른 채 선을 그리면 수평, 수직, 대각선을 그릴 수 있습니다.

02 'Rotate Tool'로 Alt 를 누른 채 수직선의 가장 아래 끝점을 클릭합니다. [Rotate] 대화상자에서 'Angle : 72°'로 입력하고, [Copy] 버튼을 클릭하여 직선을 복사합니다.

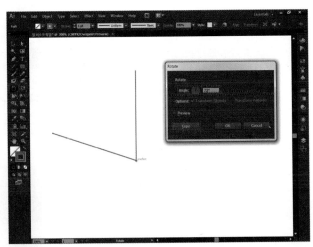

> **기적의 Tip**
>
> Rotate Tool로 Alt 를 누른 채 직선의 가장 끝점을 클릭할 때 'Anchor'로 표시되는지 확인하고, 표시가 나오지 않을 경우, [View] 〉 [Smart Guide]가 활성화되어 있는지 확인합니다.

03 Ctrl + D 를 연속으로 세 번 눌러 위에서 실행한 회전 복사 명령을 반복합니다. 다음과 같이 복사된 오브젝트들을 확인합니다.

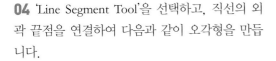
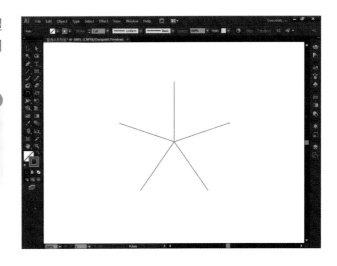

04 'Line Segment Tool'을 선택하고, 직선의 외곽 끝점을 연결하여 다음과 같이 오각형을 만듭니다.

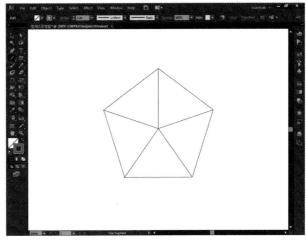

05 'Selection Tool'을 선택하고, 연결한 직선 중 왼쪽 상단의 선을 선택하고, 'Rotate Tool'로 Alt 를 누른 채 선택한 직선의 가장 왼쪽 끝점을 클릭합니다. [Rotate] 대화상자에서 'Angle : 60°'로 입력하고, [Copy] 버튼을 클릭하여 직선을 복사합니다.

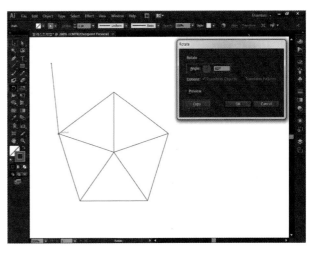

06 다시 'Selection Tool'로 오각형의 왼쪽 상단 선을 선택하고, 'Rotate Tool'로 Alt 를 누른 채 이번에는 직선의 가장 오른쪽 끝점을 클릭합니다. [Rotate] 대화상자에서 'Angle : −60°'로 입력하고, [Copy] 버튼을 클릭하여 직선을 복사합니다. 다음과 같이 삼각형 모양을 확인합니다.

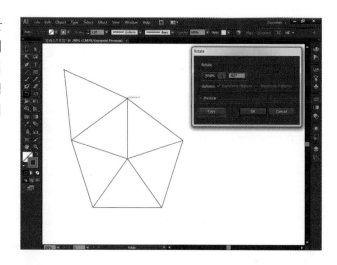

07 'Selection Tool'로 복사한 직선 두개를 선택하고, 'Rotate Tool'로 Alt 를 누른 채 오각형의 중심점을 클릭합니다. [Rotate] 대화상자에서 'Angle : 72°'로 입력하고, [Copy] 버튼을 클릭하여 복사한 후, Ctrl + D 를 세 번 눌러서 나머지 부분도 복사합니다.

🎓 기적의 Tip

선택된 직선 두 개를 오각형의 각 변에 정확히 복사하기 위해서 360°를 5로 나눈 값 72°를 입력하였습니다.

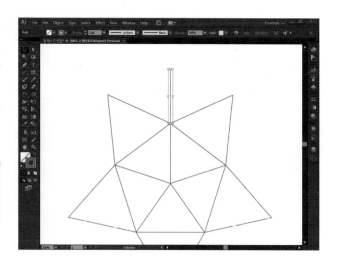

08 'Selection Tool'을 선택하고, 가장 처음에 그린 오각형의 수직선을 Alt 를 누른 채 위쪽으로 드래그하여 복사합니다. 끝점이 정확히 일치하도록 정렬한 후, 직선 상단 중앙의 크기 조절점을 아래로 드래그하여 직선의 길이를 원래보다 살짝 줄입니다.

🎓 기적의 Tip

Alt 를 누른 채 오브젝트를 복사할 때 중간에 Shift 를 누르면 수평 또는 수직으로 복사할 수 있습니다.

09 'Line Segment Tool'을 선택하고, 복사한 직선과 삼각형의 끝점을 연결합니다.

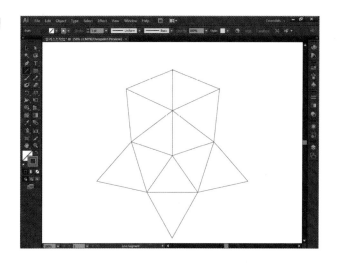

10 'Selection Tool'로 복사한 직선과 연결한 직선 세 개를 선택하고, 'Rotate Tool'로 Alt 를 누른 채 오각형의 중심점을 클릭합니다. [Rotate] 대화상자에서 'Angle : 72°'로 입력하고, [Copy] 버튼을 클릭하여 복사한 후, Ctrl + D 를 3번 눌러서 나머지 부분도 복사합니다.

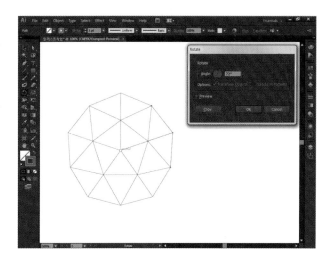

11 'Line Segment Tool'을 선택하고, 상단 중앙에 짧은 수직선을 그립니다. 왼쪽 꼭지점에서 중앙으로 살짝 기울어진 수직선을 그립니다.

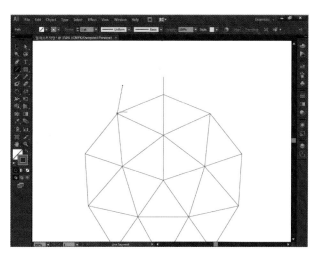

12 기울어진 수직선이 선택된 상태에서 'Reflect Tool'로 Alt 를 누른 채 오각형의 중심점을 클릭합니다. [Reflect] 대화상자에서 'Vertical'로 설정하고, [Copy] 버튼을 클릭하여 복사합니다.

🎓 **기적의 Tip**

양 옆의 수직선의 상단 끝점은 중앙의 수직선 상단 끝점보다 아래에 위치해야 합니다.

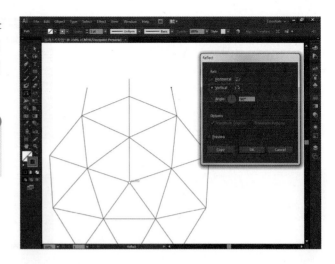

13 'Line Segment Tool'을 선택하고, 직선과 점들을 연결하여 다음과 같은 모양이 나오도록 그립니다.

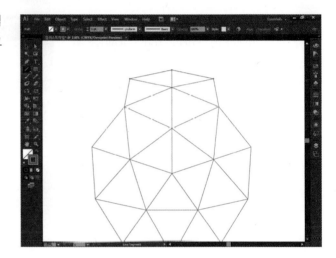

14 'Selection Tool'로 새로 만든 직선 일곱 개를 선택하고, 'Rotate Tool'로 Alt 를 누른 채 오각형의 중심점을 클릭합니다. [Rotate] 대화상자에서 'Angle : 72°로 입력하고, [Copy] 버튼을 클릭하여 복사한 후, Ctrl + D 를 세 번 눌러서 나머지 부분도 복사합니다.

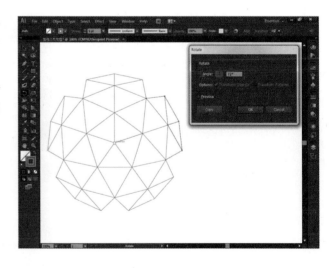

15 'Line Segment Tool'을 선택하고, 외곽 끝점들을 연결하여 다음과 같이 둥근 모양이 나오도록 그립니다.

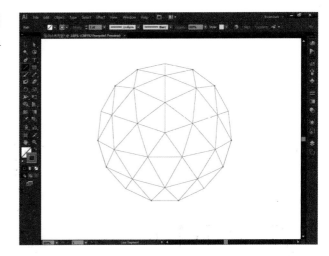

16 'Polygon Tool'을 선택하고, 그려진 오브젝트의 중심점을 기준으로 드래그하여 다각형 모양이 나오면 ↑, ↓를 눌러 15각형으로 설정한 후, Shift를 누른 상태에서 마우스 버튼을 뗍니다. 다음과 같이 기존 오브젝트보다 살짝 크게 그립니다.

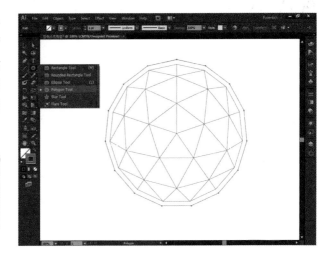

기적의 Tip

다각형을 그릴 때 'Polygon Tool'로 드래그한 상태에서 마우스 왼쪽 버튼을 떼지 않고 누른 채 방향키 ↑, ↓를 누르면 각 Sides 개수를 변경할 수 있습니다.

17 방금 그린 다각형이 선택된 상태에서 'Rotate Tool'로 Alt를 누른 채 다각형의 중심점을 클릭합니다. [Rotate] 대화상자에서 'Angle : 12°'로 입력하고, [OK] 버튼을 클릭하여 회전합니다.

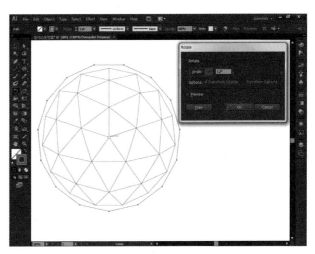

18 'Line Segment Tool'을 선택하고, 외곽의 15 각형 끝점과 안쪽의 끝점들을 연결하여 다음과 같이 입체 구 모양이 나오도록 그립니다.

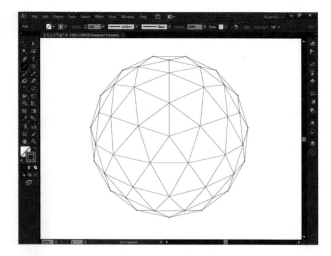

19 'Selection Tool'로 그려진 모든 선들을 선택 합니다. 상단의 옵션 바에서 'Stroke'를 적당한 값 으로 입력하여 디자인 원고와 비슷한 선 두께가 나오도록 합니다.

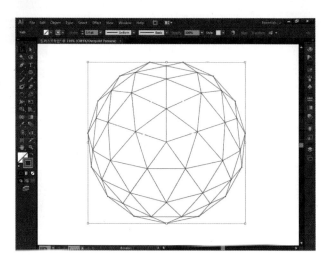

20 [Object] 〉 [Compound Path] 〉 [Make]를 선 택하여 하나의 오브젝트로 만든 후, [Object] 〉 [Path] 〉 [Outline Stroke]를 선택하여 선을 면 속 성으로 변경합니다.

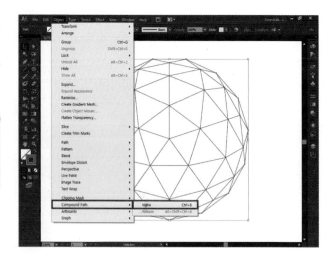

21 다음으로 입체 구의 각 면을 만들어 보겠습니다. 입체 구를 선택한 후, Ctrl+2를 눌러 오브젝트를 잠그고, 'Pen Tool'을 선택하여 다음과 같이 오각형의 한쪽 삼각형에 맞는 크기로 삼각형 도형을 그립니다.

🎓 **기적의 Tip**

책에서는 독자의 이해를 돕기 위해 면색을 None, 선색을 빨간색으로 설정하였습니다.

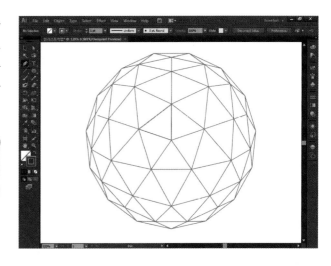

22 그려진 삼각형이 선택된 상태에서 [Object] 〉 [Path] 〉 [Offset Path]를 선택합니다. [Offset Path] 대화상자에서 'Offset'에 임의의 마이너스 수치를 입력하고, 'Joins : Miter'로 설정한 후, 'Preview'를 체크하여 확인합니다. 다음과 같은 간격을 확인하고, [OK] 버튼을 클릭합니다.

🎓 **기적의 Tip**

그려진 입체 구의 크기에 따라 [Offset Path]의 'Offset' 수치가 위에서 다르기 때문에 자신이 그린 크기와 간격을 보며 디자인 원고에 맞게 적당한 값을 입력합니다.

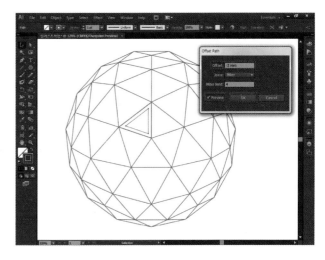

23 'Selection Tool'로 원본(바깥쪽) 삼각형을 선택하고, Delete를 눌러 삭제합니다. 복사된 안쪽 삼각형을 선택하고, 면색을 C20M16Y16K0, 선색은 None로 설정합니다. 'Rotate Tool'로 Alt를 누른 채 다각형의 중심점을 클릭하여 'Angle : 72˚'로 입력하고, [Copy] 버튼을 클릭하여 복사한 후, Ctrl+D를 세 번 눌러서 나머지도 복사합니다.

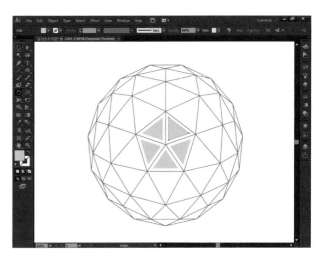

24 같은 방법으로 'Pen Tool', [Offset Path], 'Rotate Tool'을 이용하여 디자인 원고를 참고로 안쪽의 삼각형을 모두 그려 입체 구를 완성합니다. 그려진 모든 입체 구 오브젝트를 선택하고, [Object] 〉 [Group]를 선택하여 그룹으로 만듭니다.

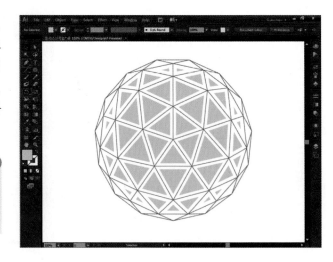

> **기적의 Tip**
>
> • Ctrl + G : Group
> • 항상 작업 시작과 도중에는 Ctrl + S 를 눌러 수시로 저장하는 습관을 기르도록 합니다.

02 구름 문양 만들기

01 다음으로 구름 문양을 그려 보겠습니다. 먼저 모든 오브젝트의 선택이 해제된 상태에서 면색을 None, 선색을 임의의 색으로 설정한 후, 'Pen Tool'로 작업창의 빈 공간에 다음과 같이 문양의 기본이 되는 선을 그립니다.

> **기적의 Tip**
>
> 최근 시험의 일러스트 난이도가 점차 올라가고 있습니다. 특히 복잡한 드로잉 요소가 많이 출제되므로 100% 똑같이 그릴 수는 없더라도 주어진 시간 내에 어느 정도 비슷한 형태를 만들 수 있도록 'Pen Tool'을 이용한 드로잉을 충분히 연습하도록 합니다.

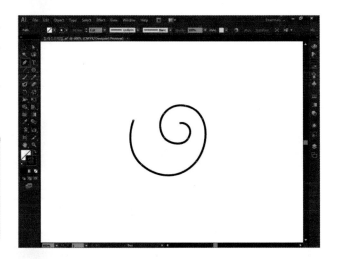

02 계속 이어서 'Pen Tool'로 구름 문양의 선을 그립니다.

> **기적의 Tip**
>
> Pen Tool로 부드러운 곡선을 그릴 때는 드래그하면서 선을 그립니다. 반대로 직선을 그릴 때는 클릭만 하면 됩니다.

03 계속 이어서 'Pen Tool'로 다음과 같이 구름 문양 오브젝트를 그립니다.

> 🎓 **기적의 Tip**
>
> Pen Tool을 이용하여 오브젝트를 그릴 때 처음부터 원하는 모양을 그리는 것보다 처음에는 간단하게 전체적인 비율만 맞춰서 그린 후, Pen Tool의 수정 기능을 이용하여 좀 더 정확한 모양으로 만드는 것이 시간을 단축할 수 있습니다.

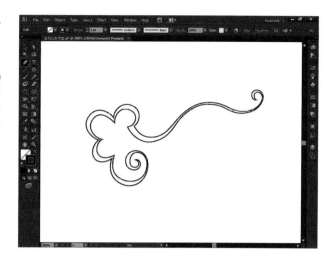

04 위와 같은 방법으로 디자인 원고를 참고하여 구름 문양 오브젝트를 완성합니다.

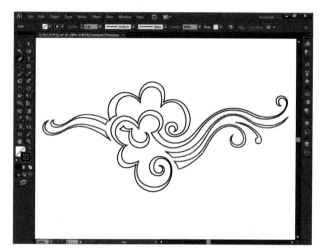

05 그려진 모든 구름 문양을 모두 선택하고, 면 색은 C0M0Y0K0, 선색은 None으로 설정한 후, Ctrl+G를 눌러 그룹으로 만듭니다.

> 🎓 **기적의 Tip**
>
> • 오브젝트가 흰색이므로 [View] 〉 [Overprint Preview]를 체크 해제하여 어두운 색으로 변경하였습니다. 오브젝트의 색상에 따라 작업환경을 알맞게 변경하여 작업합니다.
> • 작업 도중 오류로 인해 프로그램이 닫히는 경우가 있으므로 수시로 파일을 저장하는 습관을 기르도록 합니다.

⑬ 로고 만들기

01 작업창의 빈 공간으로 이동합니다. 'Rect-angle Tool'을 선택하고, 작업창을 드래그하여 가로가 넓은 직사각형을 그린 후, 오브젝트의 면색을 C0M0Y0K70, 선색은 None으로 설정합니다.

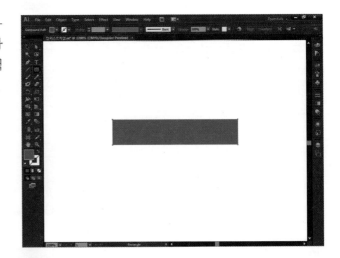

02 'Selection Tool'로 사각형을 선택하고, Alt 를 누른 채 오른쪽으로 드래그하여 복사합니다. 복사된 사각형의 좌우 크기 조절점을 조절하여 다음과 같이 길이를 조절합니다. 같은 방법으로 하나 더 복사하여 크기를 조절한 후, 다음과 같이 배치합니다.

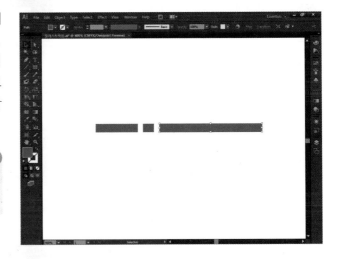

🎓 **기적의 Tip**

Alt 를 누른 채 오브젝트를 복사할 때 중간에 Shift 를 누르면 수평 또는 수직으로 복사할 수 있습니다.

03 만들어진 3개의 직사각형을 선택하고, 'Se-lection Tool'로 Alt + Shift 를 누른 채 아래쪽으로 드래그하여 복사합니다. Ctrl + D 를 한 번 눌러서 복사하여 로고를 완성한 후, 함께 선택하고, Ctrl + G 를 눌러 그룹으로 만듭니다. [File] 〉 [Save]를 선택하여 저장합니다.

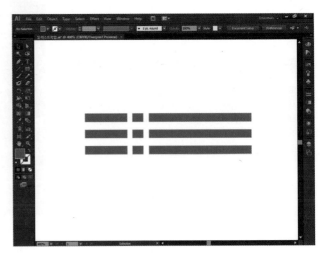

🎓 **기적의 Tip**

Ctrl + S : Save

03 포토샵 작업

01 작업 준비하기

01 포토샵을 실행하고, [File] 〉 [New]를 선택하여 [New] 대화상자에서 'Width : 176Millimeters, Height : 236Millimeters, Resolution : 300Pixels/ Inch, Color Mode : CMYK Color'로 설정한 후, [OK] 버튼을 클릭합니다.

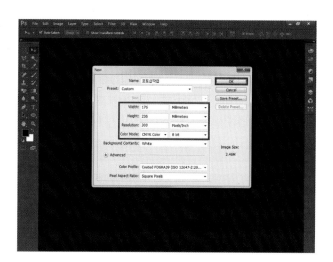

기적의 Tip

- Ctrl + N : New(새로 만들기)
- Resolution : 300Pixels/Inch은 인쇄, 출판을 위한 최적의 해상도 설정입니다. 하지만 작업 파일의 크기가 커지고 고사양의 컴퓨터가 요구됩니다. 시험에서 제출할 파일의 총 용량은 10MB 이하이기 때문에 파일크기는 크게 문제가 되지 않지만 시험장마다 다른 컴퓨터 사양으로 인해 작업 진행에 어려움이 예상되는 경우, 150~250 정도의 해상도를 설정하는 것이 좋습니다.

02 '일러스트작업' 창에서 그리드를 선택하고, Ctrl + C 를 눌러 복사합니다.

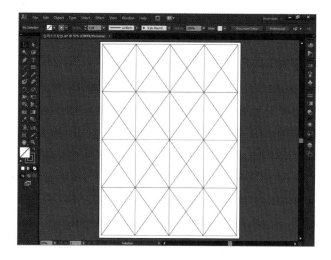

03 '포토샵작업' 창에 `Ctrl`+`V`를 눌러 붙여넣기한 후, [Paste] 대화상자에서 'Pixels'를 선택하고, [OK] 버튼을 클릭합니다. `Enter`를 눌러 그리드를 확정하고, Layers 패널에서 이름을 그리드로 변경합니다. 'Move Tool'을 선택하고, `Ctrl`을 누른 채 'Background' 레이어와 함께 선택한 후, 옵션 바에서 Align vertical centers, Align horizontal centers를 클릭하여 정렬합니다. '그리드' 레이어만 선택하고, 'Lock all' 아이콘을 클릭하여 잠근 후, [File] 〉 [Save]를 선택하여 포토샵작업.psd로 저장합니다.

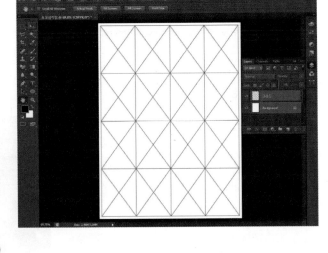

> 🎓 **기적의 Tip**
>
> 항상 작업 시작과 도중에는 예기치 못한 상황을 대비하여 수시로 하는 저장하는 습관을 길러야 합니다.

---

02 배경 만들기

01 Layers 패널에서 새 레이어를 만들고, 이름을 위쪽 배경으로 변경한 후, 위치를 '그리드' 레이어 아래로 이동합니다. 툴 박스에서 전경색을 C60M30Y0K0, 배경색을 C0M0Y0K0으로 설정합니다. 'Gradient Tool'을 선택하고, 옵션 바에서 'Foreground to Transparent'로 설정합니다. 디자인 원고를 참고로 위에서 아래로 드래그하여 다음과 같은 그라데이션 배경을 만듭니다.

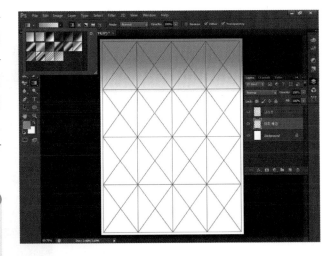

> 🎓 **기적의 Tip**
>
> • 새 레이어 만들기 : Layer 패널 [Create a new layer] 아이콘 클릭 or [Layer] 〉 [New] 〉 [Layer] 메뉴 선택
> • Foreground to Transparent : 전경색으로 시작하여 점점 투명해지는 그라데이션 옵션입니다.

02 [File] 〉 [Open]을 선택하여 단청문양.jpg를 불러옵니다. Ctrl+A를 눌러 전체 영역을 선택하고, Ctrl+C를 눌러 복사합니다.

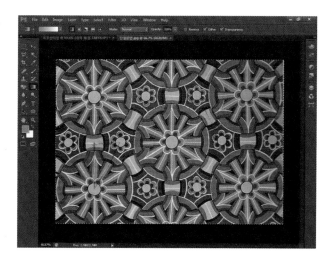

03 '포토샵작업' 창에 Ctrl+V를 눌러 붙여 넣습니다. Ctrl+T를 눌러 크기와 위치를 조절하여 다음과 같이 윗 부분에 배치한 후, Layers 패널에서 레이어의 이름을 단청문양으로 변경하고, 레이어의 위치를 '그리드' 레이어 아래로 이동합니다.

> 🎓 **기적의 Tip**
>
> Ctrl+T : Free Transform

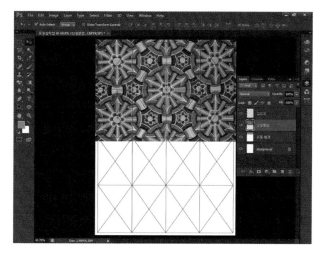

04 [Image] 〉 [Adjustments] 〉 [Hue/Saturation]을 클릭하여 'Saturation : +100', 'Lightness : +100'으로 설정하고, [OK] 버튼을 클릭하여 밝은 흑백의 이미지로 변환합니다.

> 🎓 **기적의 Tip**
>
> • Ctrl+U : Hue/Saturation
>   - Hue : 색조 조절
>   - Saturation : 채도 조절
>   - Lightness : 밝기 조절
> • 위에서 사용한 흑백 이미지 변환 방법은 CMYK 모드에서만 동작합니다. CMYK 모드는 책의 설명대로 흑백 무늬가 남습니다. 만약 RGB 모드에서 작업한다면 [Image] 〉 [Adjustments] 〉 [Desaturate]를 이용하여 흑백 이미지로 만든 후, [Image] 〉 [Adjustments] 〉 [Levels]로 이미지의 밝기를 조절하면 됩니다.

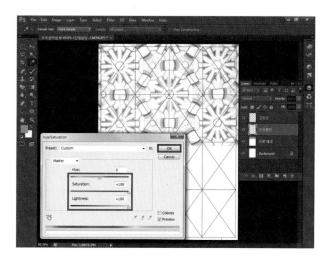

05 Layers 패널에서 'Add Layer mask' 아이콘을 클릭하여 '단청문양' 레이어에 마스크를 적용하고, 전경색을 C0M0Y0K100, 배경색을 C0M0Y0K0으로 설정한 후, 'Gradient Tool'로 패턴의 위쪽 부분에서 아래로 드래그합니다.

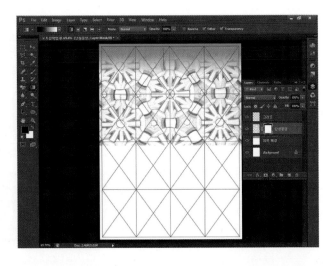

🎓 **기적의 Tip**

• 시험에서는 지우개 도구를 사용하는 것보다 마스크를 활용하는 것이 편리합니다.
• 마스크에 그라데이션을 적용할 때, 위와 같이 되지 않는다면 Layers 패널에서 마스크 레이어가 선택되어 있는지 확인합니다.

06 Layers 패널에서 '단청문양' 레이어의 Blending Mode를 'Darken'으로 설정하여 뒤쪽에 위치한 하늘색 배경과 자연스럽게 합성되도록 합니다.

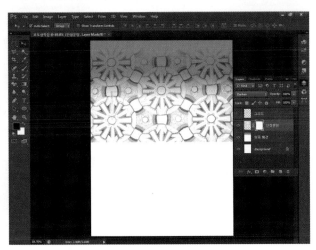

🎓 **기적의 Tip**

Blending Mode : 레이어에 적용할 수 있는 합성 효과로써 선택된 레이어와 아래 위치한 레이어간의 픽셀이 옵션에 따라 섞이는 방식입니다.

07 Layers 패널에서 '단청문양' 레이어에 마우스 오른쪽 버튼을 클릭하고, [Create Clipping Mask]를 선택한 후, 'Opacity : 40%'로 설정합니다.

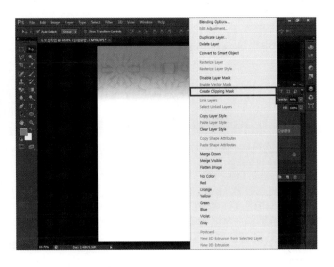

🎓 **기적의 Tip**

Clipping Mask : 바로 아래 위치한 레이어의 픽셀이 존재하는 부분만 위쪽 레이어의 픽셀을 화면에 표시합니다. 이 효과는 해제하거나 다시 적용할 수 있습니다.

08 Layers 패널에서 새 레이어를 만들고, 이름을 아래쪽 배경으로 변경한 후, 위치를 '그리드' 레이어 아래로 이동합니다. 툴 박스에서 전경색을 C20M40Y30K0, 배경색을 C0M0Y0K0으로 설정합니다. 'Gradient Tool'을 선택하고, 옵션 바에서 'Foreground to Transparent'로 설정한 후, 디자인 원고를 참고하여 아래에서 위쪽으로 드래그하여 다음과 같은 그라데이션 배경을 만듭니다.

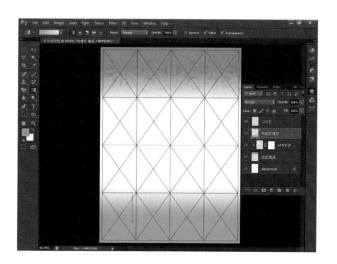

03 빛 퍼짐 효과 만들기

01 툴 박스에서 'Ellipse Tool'을 선택하고, 옵션 바에서 'Shape'으로 설정합니다. 하단 왼쪽에 Shift 를 누른 채 드래그하여 다음과 같은 크기로 정원을 그린 후, 옵션 바에서 'Fill : C0M22 Y50K0, Stroke : None'으로 설정합니다. Layers 패널에서 'Opacity : 50%'로 설정한 후, 레이어의 이름을 빛 효과1로 변경합니다.

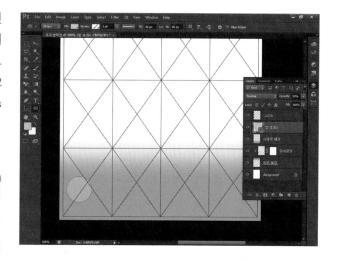

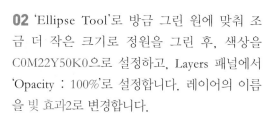

02 'Ellipse Tool'로 방금 그린 원에 맞춰 조금 더 작은 크기로 정원을 그린 후, 색상을 C0M22Y50K0으로 설정하고, Layers 패널에서 'Opacity : 100%'로 설정합니다. 레이어의 이름을 빛 효과2로 변경합니다.

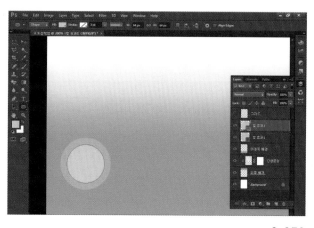

03 'Ellipse Tool'로 다음과 같은 위치에 정원을 두 개 더 그린 후, 색상을 C0M0Y0K0으로 설정하고, Layers 패널에서 'Opacity : 13%'로 설정합니다. 레이어의 이름을 각각 빛 효과3, 빛 효과4로 변경합니다.

04 'Pen Tool'로 다음과 같은 위치에 빛이 퍼져나가는 모양을 그린 후, 색상을 C0M0Y0K0으로 설정하고, Layers 패널에서 'Opacity : 22%'로 설정합니다. 레이어의 위치를 '빛 효과1' 레이어 아래로 이동하고, 이름을 빛 줄기1로 변경합니다.

🎓 **기적의 Tip**

'Pen Tool'을 이용하여 도형을 그리는 이유는 수정이 편리하기 때문입니다. 'Polygon Lasso Tool'을 이용하여 필요한 부분만 선택한 후, 색상을 채우는 방식으로 해도 무방합니다. 여러 가지 방법을 시도해보고 실제 시험에서 시간을 절약할 수 있는 방법을 선택합니다.

05 위와 같은 방법을 이용하여 'Pen Tool'로 빛이 퍼져 나가는 모양을 디자인 원고를 참고로 네게 더 그린 후, 색상과 투명도를 같은 옵션으로 설정하고, 레이어의 이름을 각각 빛 줄기2~빛 줄기5로 변경합니다.

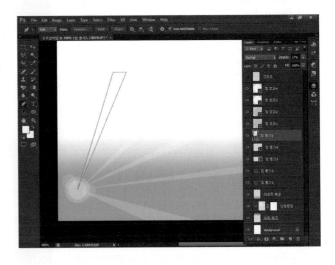

④ 입체 구 배치하기

01 '일러스트작업' 창에서 입체 구를 선택하고, Ctrl + C를 눌러 복사합니다.

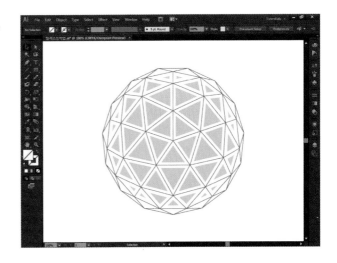

02 '포토샵작업' 창에 Ctrl + V를 눌러 붙여넣기합니다. [Paste] 대화상자에서 'Pixels'를 선택하고 [OK] 버튼을 클릭한 후, 디자인 원고를 참고하여 크기와 위치 및 회전 값을 조절하여 다음과 같이 입체 구를 배치합니다.

🎓 **기적의 Tip**

일러스트 소스를 포토샵 작업창에 붙여넣기할 때, 수정이 필요 없는 경우는 [Paste] 대화상자에서 'Smart Object'를 선택합니다. 'Smart Object'는 크기를 키워도 픽셀이 깨지지 않는 벡터와 같은 이미지입니다. 하지만 포토샵에서 부분 삭제, 효과 적용 등의 일반적인 편집이 불가능합니다.

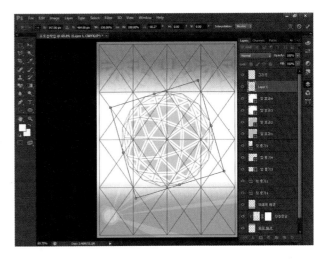

03 레이어의 이름을 입체구로 변경한 후, 레이어의 위치를 '그리드' 레이어 아래로 이동합니다. 레이어를 더블클릭하여 [Layer Style] 대화상자를 열어 'Styles : Bevel and Emboss'를 클릭하고, 'Style : Inner Bevel, Technique : Smooth, Depth : 400%, Size : 5px, Soften : 0px'로 설정한 후, [OK] 버튼을 클릭합니다.

🎓 **기적의 Tip**

Bevel and Emboss 효과는 이미지에 시각적인 높낮이 차이를 주어 입체처럼 보이게 합니다.

01 다음으로 입체 구에 제공된 각 문양을 배치해 보겠습니다. [File] 〉 [Open]을 선택하여 문양 1.jpg를 불러옵니다. 'Polygon Tool'을 선택하고, 옵션 바에서 'Paths, Sides : 3'으로 설정합니다. 이미지의 중심을 기준으로 Shift 를 누른 채 위로 드래그하여 정삼각형으로 패스를 그린 후, Ctrl +Enter 를 눌러 선택영역으로 전환합니다.

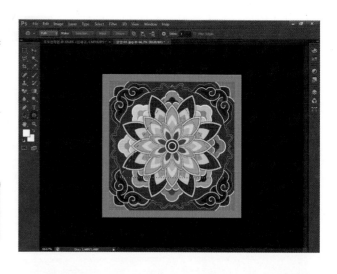

> 🎓 **기적의 Tip**
>
> 'Paths' 모드로 그려진 도형에 Ctrl+Enter 를 누르면 선택 영역으로 전환됩니다.

02 [Select] 〉 [Transform Selection]을 선택하고, 상단 중앙의 크기 조절점을 아래로 드래그하여 납작한 삼각형 형태로 만든 후, Enter 를 눌러 선택영역을 수정합니다. Ctrl +C 를 눌러 선택된 영역을 복사합니다.

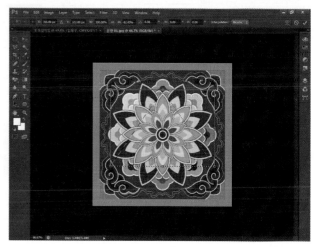

> 🎓 **기적의 Tip**
>
> Transform Selection : 이미지가 아닌 선택영역의 크기, 위치, 회전을 Free Transform과 같은 기능으로 수정할 수 있습니다.

03 '포토샵작업' 창에 Ctrl +V 를 눌러 붙여 넣습니다. Ctrl +T 를 눌러 크기 조절점을 나타내고, 크기와 위치, 회전을 조절하여 다음과 같이 배치한 후, 레이어의 이름을 문양1로 변경합니다.

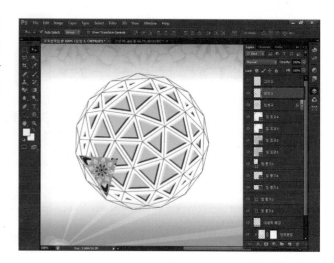

04 Layers 패널에서 '문양1' 레이어를 선택하고, Ctrl+J를 눌러 복사합니다. Ctrl+T를 눌러 크기 조절점을 나타내고, 크기와 위치를 조절하여 입체 구의 가장 안쪽 삼각형 부분에 배치한 후, 복사된 레이어 이름을 작은 문양1로 변경합니다.

기적의 Tip

Ctrl+J : Layer via Copy

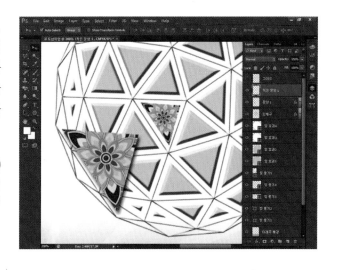

05 Layers 패널에서 '작은 문양1' 레이어의 위치를 '입체구' 레이어 바로 위로 이동합니다. '작은 문양1' 레이어 마우스 오른쪽 버튼을 클릭하고, [Create Clipping Mask]를 선택하여 입체 구의 안쪽 삼각형에 맞게 보이도록 합니다.

기적의 Tip

Clipping Mask를 올바로 나타내기 위해서는 반드시 '작은 문양1' 레이어가 '입체구' 레이어 바로 위에 위치해야 합니다.

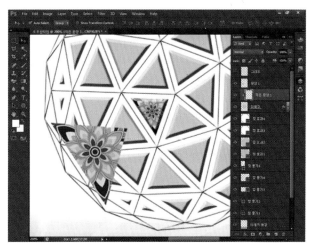

06 Layers 패널에서 '문양1' 레이어를 더블클릭하여 [Layer Style] 대화상자를 엽니다. 'Styles : Drop Shadow'를 클릭하고, 'Opacity : 90%, Distance : 6px, Size : 6px'로 설정한 후, [OK] 버튼을 클릭합니다.

07 같은 방법으로 제공 이미지 문양2~문양 5.jpg를 불러온 후, 다음과 같이 배치하고 각각 효과를 주어 배치합니다.

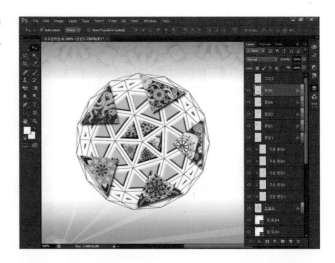

08 문양과 복사한 작은 문양을 선으로 이어주기 위해서 'Line Tool'을 선택하고, 옵션 바에서 'Shape'으로 설정합니다. 입체 구에 배치된 같은 문양의 끝점끼리 이어준 후, 옵션 바에서 색상을 C0M0Y0K70, Layers 패널에서 'Opacity : 100%'로 설정합니다.

🎓 **기적의 Tip**

Shape 도형은 이전에 사용된 Opacity 수치를 기억하고 있어서 기본 100%가 자동으로 설정되지 않을 수 있으므로 반드시 확인합니다.

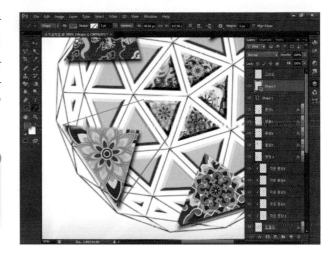

09 위와 같은 방법으로 같은 문양의 끝점끼리 'Line Tool'을 이용하여 모두 이어 줍니다. Layers 패널에서 모든 선을 선택하고, 마우스 오른쪽 버튼을 눌러 [Merge Shapes]를 선택하여 하나로 합친 후, 이름을 연결선으로 변경합니다.

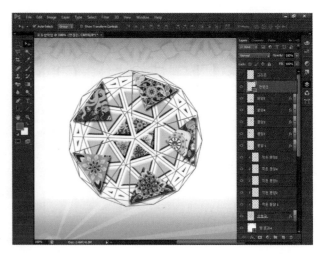

06 입체 구 복사하여 배치하기

01 Layers 패널에서 입체 구와 문양 및 선 레이어를 모두 선택하고, Create a new layer 아이콘에 드래그하여 복사합니다.

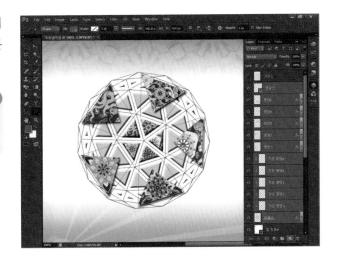

기적의 Tip

레이어를 Layers 패널의 아이콘에 드래그하여 복사, 삭제 등의 기능을 수행할 수 있습니다.

02 복사된 레이어가 모두 선택된 상태에서 [Ctrl]+[E]를 눌러 하나의 레이어로 합치고, 레이어의 이름을 입체구2로 변경합니다. [Ctrl]+[T]를 눌러 크기 조절점을 나타내고, 크기와 위치를 조절하여 오른쪽 상단 부분에 다음과 같이 배치합니다.

기적의 Tip

[Ctrl]+[E] : Merge Layers

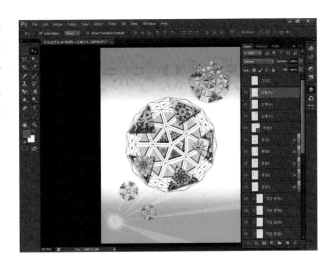

03 '입체구2' 레이어를 선택하고, [Ctrl]+[J]를 눌러 복사합니다. [Ctrl]+[T]를 눌러 크기 조절점을 나타내고, 크기와 위치를 조절하여 왼쪽 하단에 배치한 후, 복사된 레이어 이름을 입체구3로 변경합니다. 같은 방법으로 하나 더 복사하여 배치한 후, 이름을 입체구4로 변경합니다.

07 문양 배치 및 타이틀 만들기

01 '일러스트작업' 창에서 구름 문양을 선택하고, [Ctrl]+[C]를 눌러 복사합니다.

02 '포토샵작업' 창에 [Ctrl]+[V]를 눌러 붙여넣기합니다. [Paste] 대화상자에서 'Pixels'를 선택하고, [OK] 버튼을 클릭한 후, 크기와 위치를 조절하여 배치합니다. Layers 패널에서 레이어의 이름을 구름문양으로 변경하고, 'Opacity : 50%'로 설정합니다.

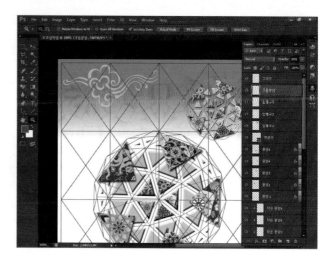

03 'Type Tool'을 클릭하고, 디자인 원고를 참고하여 글꼴과 크기를 적절히 설정한 후, 한국의 조각과 문양전을 입력합니다.

> 🎓 **기적의 Tip**
>
> 세로가 긴 문자를 만들기 위해서는 Character 패널에서 Horizontally scale 수치를 조절합니다.

04 입력한 글자 레이어를 더블클릭하여 [Layer Style] 대화상자를 엽니다. 'Styles : Drop Shadow'를 클릭하고, 'Color : C0M0Y0K100, Opacity : 95%, Distance : 6px, Size : 0px'로 설정합니다.

05 [Layer Style] 대화상자에서 'Gradient Overlay'를 클릭하고, 'Gradient' 옵션의 'Gradient' 색상상자를 클릭합니다. [Gradient Editor] 대화상자가 열리면 왼쪽 Color Stop을 더블클릭하여 색상을 C0M75Y50K0으로 설정하고, 오른쪽 Color Stop은 C50M0Y100K0으로 설정합니다. 그리고 색상 슬라이더의 바깥쪽 가운데 부분을 클릭하여 Color Stop을 하나 더 추가하고, 색상을 C0M0Y0K0으로 설정한 후, [OK] 버튼을 클릭합니다.

06 [Layer Style] 대화상자에서 'Styles : Stroke'를 클릭하여 'Size : 1px', Position : Outside, Color : C0M0Y0K100'으로 설정하고 [OK] 버튼을 클릭합니다.

08 로고 배치하기

01 '일러스트작업' 창에서 로고를 선택하고,
Ctrl + C 를 눌러 복사합니다.

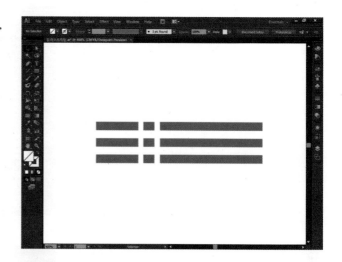

02 '포토샵작업' 창에 Ctrl + V 를 눌러 붙여넣기합니다. [Paste] 대화상자에서 'Pixels'를 선택하고, [OK] 버튼을 클릭한 후, 크기와 위치를 조절하여 로고를 배치하고, 레이어의 이름을 로고로 변경합니다. 레이어의 위치를 그리드 레이어 아래로 이동합니다.

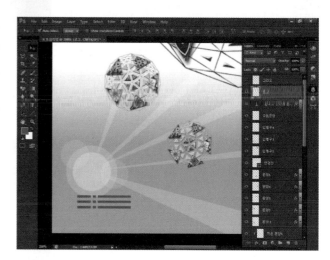

09 용두 이미지 배치하기

01 [File] 〉 [Open]을 선택하여 용두.jpg를 불러옵니다. 'Pen Tool'을 선택하여 용머리를 따라 선을 그린 후, Ctrl + Enter 를 눌러 선택영역으로 변환하고, Ctrl + C 를 눌러 선택된 영역을 복사합니다.

> **기적의 Tip**
> - Ctrl + J : Layer via Copy
> - Pen Tool의 옵션이 Path로 설정되어 있는지 확인합니다.

02 '포토샵작업' 창으로 돌아와 Ctrl+V를 눌러 붙여 넣고, Ctrl+T를 눌러 크기 조절점을 나타낸 후, 크기와 위치를 다음과 같이 조절하여 배치합니다. Layers 패널에서 레이어의 이름을 용두 컬러로 변경하고, 위치를 '그리드' 레이어 아래로 이동합니다.

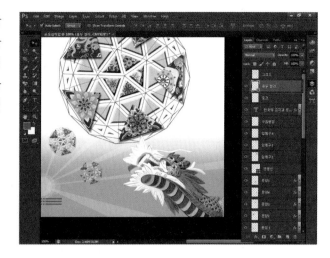

03 Ctrl+J를 눌러 용두 레이어를 하나 더 복사합니다. 레이어의 이름을 용두 흑백으로 변경하고, [Image] 〉 [Adjustments] 〉 [Desaturate]를 선택하여 흑백 이미지로 변환합니다.

🎓 **기적의 Tip**

Shift+Ctrl+U : Desaturate

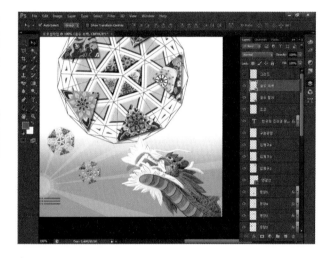

04 Layers 패널에서 'Add Layer mask' 아이콘을 클릭하여 '용두 흑백' 레이어에 마스크를 적용한 후, 전경색을 C0M0Y0K100, 배경색을 C0M0Y0K0으로 설정하고, 'Gradient Tool'로 용두의 왼쪽에서 오른쪽으로 드래그하여 컬러에서 흑백으로 자연스럽게 이어지게 합니다.

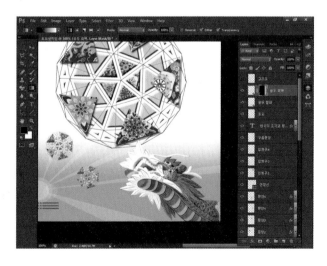

⑩ 검토 및 저장하기

01 Layers 패널에서 '그리드' 레이어를 켠 후, 디자인 원고와 비교하며 전체적으로 검토합니다. 검토가 끝나면 '그리드' 레이어의 눈을 끄고 Ctrl +S를 눌러 저장합니다.

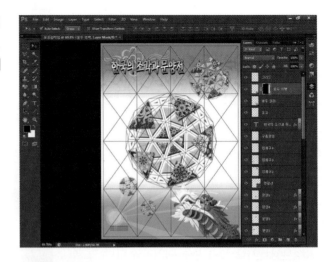

02 Layers 패널에서 '그리드' 레이어 바로 아래 레이어를 선택한 후, Ctrl +Alt +Shift +E를 눌러 모든 레이어가 합쳐진 새 레이어를 만듭니다.

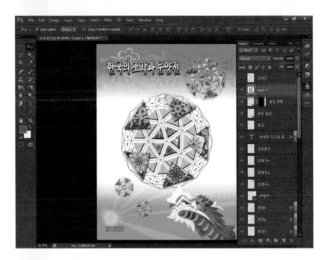

> 🎓 기적의 Tip
>
> Ctrl +Alt +Shift +E를 누르면 현재 보이는 모든 레이어를 하나의 새 레이어로 만듭니다.

03 [Image] 〉 [Mode] 〉 [RGB Color]를 선택하여 RGB 모드로 전환하고 대화상자에서 [Don't Flatten] 버튼을 클릭합니다. [File] 〉 [Save As] 메뉴를 선택하여 '파일이름 : 자신의 비번호(예를 들어 01번이면 01)'로 입력합니다. PC 응시자는 'Format : JPEG' 형식을 선택하고, 매킨토시 응시자는 'Format : PICT' 형식을 선택 한 후 [저장] 버튼을 클릭합니다.

> 🎓 기적의 Tip
>
> • [JPEG Options] 대화상자에서 'Quality : 12'로 설정하고, [OK] 버튼을 클릭합니다. 저장된 파일의 용량이 너무 크면 'Quality'를 8~11 정도의 수치로 설정하여 저장합니다.
> • 제출해야 할 파일(포토샵에서 만든 JPG 파일+인디자인 파일)의 용량은 총 10MB 이하입니다.

04 인디자인 작업

01 작업 준비하기

[File] 〉 [New] 〉 [Document]를 선택하여
'Number of Pages : 1, Facing Pages : 체크 해
제', 'Page Size : A4', 'Margins Make all settings
the same : 해제', 'Top : 30.5mm, Bottom :
30.5mm, Left : 17mm, Right : 17mm'로 입력한
후, [OK] 버튼을 클릭합니다.

> **기적의 Tip**
>
> • Ctrl + N : New Document(새로 만들기)
> • A4의 가로 길이 210mm에서 176mm를 뺀 값은 34mm
>   이고, A4의 세로 길이 297mm에서 236mm를 뺀 값은
>   61mm이므로 이 여백을 2등분하여 각각의 여백으로 지정
>   합니다.

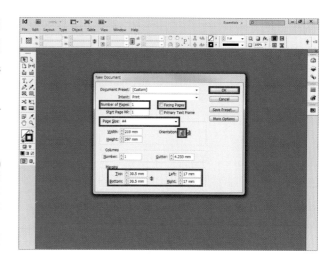

02 안내선 만들기

01 실제크기의 안내선이 만들어졌으면 안내선
의 위쪽, 아래쪽, 왼쪽, 오른쪽의 안쪽으로 3mm
를 뺀 작품규격 크기의 안내선도 만들어야 합니
다. 눈금자의 기준점을 드래그하여 왼쪽 위의 안
내선 교차지점에 이동시켜 기준점이 0이 되도록
합니다.

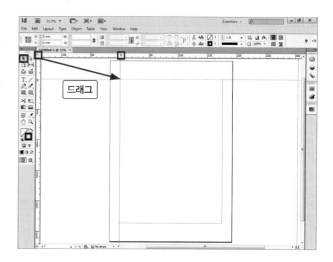

02 'Zoom Tool'로 실제크기 안내선 왼쪽 위를 드래그하여 확대하고, 왼쪽 눈금자에서 마우스를 드래그하여 0mm 지점에서 오른쪽으로 3mm만큼 이동한 지점과 위쪽 눈금자에서 마우스를 드래그하여 0mm 지점에서 아래쪽으로 3mm만큼 이동한 지점에 안내선을 가져다 놓습니다.

🎓 **기적의 Tip**

왼쪽 눈금자에서 안내선을 꺼내 컨트롤 패널에서 'X : 3mm'로 입력하고, 위쪽 눈금자에서 안내선을 꺼내 'Y : 3mm'로 입력하여 정확히 배치할 수 있습니다.

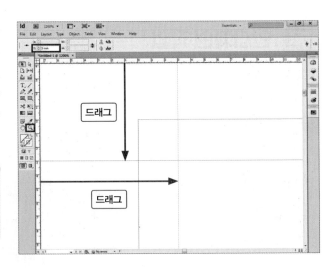

03 'Hand Tool'을 더블클릭하여 윈도우 화면으로 맞춘 후, 실제크기의 안내선 오른쪽 아래를 'Zoom Tool'로 확대합니다. 왼쪽 눈금자에서 마우스를 드래그하여 176mm 지점에서 왼쪽으로 3mm만큼 이동한 지점(173mm)과 위쪽 눈금사에서 마우스를 드래그하여 오른쪽 아래의 236mm 지점에서 위쪽으로 3mm만큼 이동한 지점(233mm)에 안내선을 가져다 놓습니다.

🎓 **기적의 Tip**

왼쪽 눈금자에서 안내선을 꺼내 컨트롤 패널에서 'X : 173mm'로 입력하고, 위쪽 눈금자에서 안내선을 꺼내 'Y : 233mm'로 입력하여 정확히 배치할 수 있습니다.

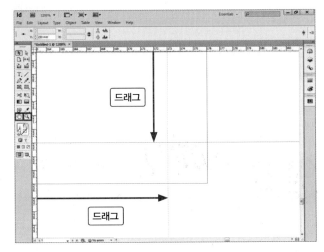

03 재단선 그리기

01 왼쪽 위를 'Zoom Tool'로 확대한 후, 'Line Tool'을 클릭하고, Shift를 누른 상태에서 왼쪽 위의 세로 안내선과 실제크기 안내선 경계 부분에 수직으로 드래그하여 5mm 길이의 재단선을 그립니다. 가로 안내선과 실제크기 안내선 경계 부분도 수평으로 드래그하여 5mm 길이의 재단신을 그립니다. 두 재단선을 'Selection Tool'로 Shift를 누른 상태에서 각각 클릭하고, Ctrl +C를 눌러 복사합니다.

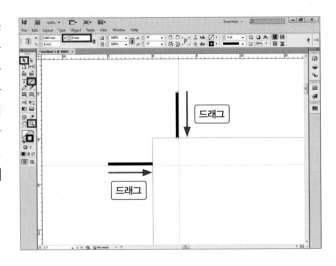

02 오른쪽 위를 'Zoom Tool'로 확대한 후 Ctrl +V를 눌러 붙여넣기합니다. 컨트롤 패널에서 'Rotate 90° Clockwise'를 클릭하여 위치를 변경한 후, 안내선에 맞춰 배치합니다. 동일한 방법으로 아래쪽의 재단선도 만듭니다.

기적의 Tip

아래쪽의 재단선도 컨트롤 패널에서 'Rotate 90° Clockwise' 를 클릭하고, 안내선에 맞춰 배치하면 됩니다.

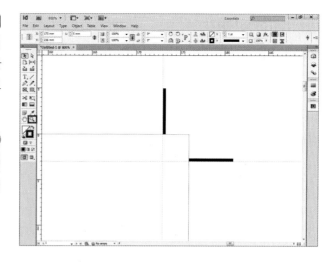

04 이미지 가져오기

01 [File] 〉 [Place] 메뉴를 선택하여 01.jpg를 선택하고 [열기] 버튼을 클릭합니다.

기적의 Tip

Ctrl + D : Place

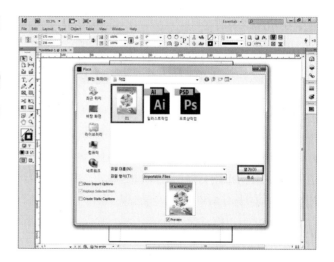

02 실제크기 안내선의 왼쪽 위에 마우스를 클릭하여 이미지를 삽입합니다. 마우스 오른쪽 버튼을 클릭하여 [Display Performance] 〉 [High Quality Display]를 선택합니다.

기적의 Tip

컨트롤 패널에서 'Reference Point'를 왼쪽 위의 점을 클릭하고 'X : 0mm, Y : 0mm, W : 176mm, H : 236mm'를 확인합니다. 수치가 차이가 날 경우 위와 같이 수치를 직접 입력해 줍니다.

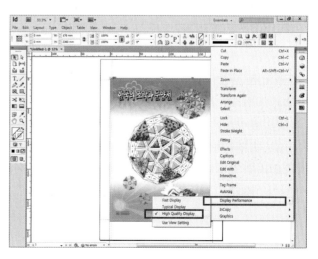

05 외곽선 표시하기

'Rectangle Tool'을 선택하고, 상단 좌측 안내선이 교차하는 지점에서 클릭한 후, 하단 좌측의 안내선 교차점까지 드래그하여 사각형을 그립니다. Stroke 패널을 열어서 'Weight : 1pt'로 설정하여 외곽선을 표시합니다.

🎓 기적의 Tip

컨트롤 패널에서 'Reference Point'를 왼쪽 위의 점을 클릭하고 'X : 3mm, Y : 3mm, W : 170mm, H : 230mm'를 확인합니다.

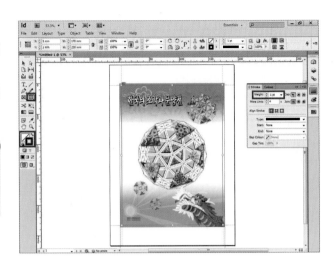

06 글자 입력하기

01 글자를 입력하기 위해서 'Type Tool'을 선택하고, 타이틀 아래쪽 부분을 드래그하여 글상자를 만듭니다. ◇전시장소 : 국립중앙 ~ 2010. 9.23(화)~10.27(일)을 입력하고, 'Type Tool'로 글자를 블록 지정하여 컨트롤 패널에서 디자인 원고를 참고로 글꼴과 크기를 적절히 설정한 후, 툴 박스에서 문자 색상을 C0M0Y0K100으로 지정합니다.

🎓 기적의 Tip

• 글자를 입력할 때는 먼저 글상자를 만들어야 합니다.
• [Type] 〉 [Character]를 선택하여 패널을 열어 글자의 자간, 행간 등의 세부설정을 할 수 있습니다.

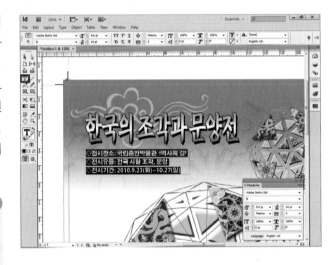

02 'Type Tool'을 선택하고, 아래 로고 옆에 글상자를 만든 후, 국립중앙박물관을 입력합니다. 같은 방법으로 NATIONAL MUSEUM OF KOREA를 입력하고, 디자인 원고를 참고로 글꼴과 크기를 각각 적절히 설정한 후, 툴 박스에서 글자 색상을 C0M0Y0K70으로 각각 지정합니다.

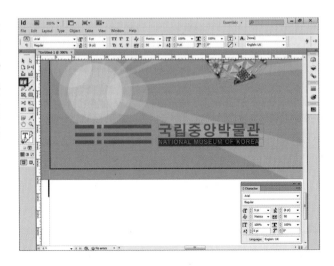

07 비번호 입력하기

이미지 왼쪽 아래를 'Zoom Tool'로 확대하고 'Type Tool'로 비번호(등번호)를 입력한 후 글자를 블록 지정하여 컨트롤 패널에서 '글꼴: Do-tum, Font Size: 10pt'로 지정합니다.

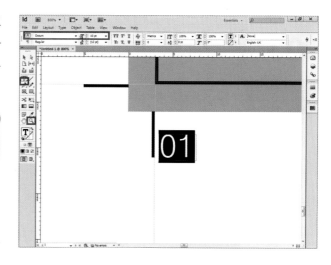

08 저장하고 제출하기

01 [File] 〉 [Save]를 선택하여 파일이름을 자신의 비번호 01로 입력한 후 [저장] 버튼을 클릭합니다.

02 'Hand Tool'를 더블클릭하여 결과물 전체를 확인합니다. 작업 폴더를 열고, '01.indd'와 '01. jpg'만 제출합니다. 출력은 출력지정 자리에서 '01.indd'를 열고 프린트합니다. 프린트된 A4 용지는 시험장에서 제공하는 켄트지의 한 가운데에 붙여 제출합니다.

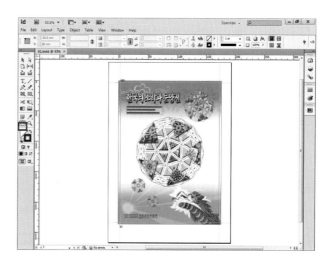

▶ 합격 강의

자격종목	컴퓨터그래픽스운용기능사	과제명	가죽칠가공 기능전승자 포스터

※ 시험시간 : 4시간

1. 요구사항

※ 다음의 요구사항에 맞도록 주어진 자료(컴퓨터에 수록)를 활용하여 디자인 원고를 시험시간 내에 컴퓨터 작업으로 완성하여 A4 용지로 출력 후 A3 용지에 마운팅(부착)하여 제출하시오.

※ 모든 작업은 수험자가 컴퓨터 바탕화면에 폴더를 만들어 저장하시오.

가. 작품규격(재단되었을 때의 규격) : 160mm×240mm ※A4 용지 중앙에 작품이 배치되도록 하시오.

나. 구성요소(문자, 그림) : ※(디자인 원고 참조)

① 문자요소

• 가죽칠가공연구소

• 가죽칠가공 기능전승자

• 박성규

• 칠피공예란 '칠(漆)과 피(皮)'가 합쳐져 있는 것으로 칠은 옻칠을, 피는 가죽을 말한다. 결국 가죽에 옻칠을 입히는 것이다. 우리나라는 예로부터 모피공예가 활발히 발달되었으나 근세에 들어 서양문명이 들어오면서 점차 사라 지는 경향이다. 옛날 우리 조상들은 인류문화와 나란히 짐승의 가죽을 손쉽게 접할 수 있어 집안의 장신구는 물론 생활용기 즉, 의류, 악기, 가구류 등 여러 종류의 다양한 기술이 발달 되었다.

② 그림요소 : 디자인 원고 참조

기능장.jpg 　　　　가죽공예.jpg

다. 작업내용

01) 주어진 디자인 원고(그림, 사진, 문자, 색채, 레이아웃, 규격 등)와 동일하게 작업하시오.

02) 디자인 원고 내용 중 불명확한 형상, 색상코드 불일치, 색 지정이 없는 부분, 원고에 없는 형상 등이 있을 때는 수험자가 완성도면 내용과 같이 작업하시오.

03) 디자인 원고의 서체(요구서체)가 사용 컴퓨터 및 소프트웨어와 맞지 않을 경우는 가장 근접한 서체를 사용하시오.

04) 상하, 좌우에 3mm 재단여유를 갖도록 작품을 배치하고, 재단선은 작품규격에 맞추어 용도에 맞게 표시하시오.
(단, 디자인 원고 중 작품의 규격을 표시한 외곽선이 있을 때는 원고의 지시에 따라 표시여부를 결정한다.)

05) 디자인 원고 좌측 하단으로부터 3mm를 띄워 비번호를 고딕 10pt로 반드시 기록하시오.

06) 출력물(A4)은 어떠한 경우에도 절취할 수 없으며, 반드시 A3 용지 중앙에 마운팅하시오.

라. 컴퓨터 작업범위

01) 10MB 용량의 폴더에 수록될 수 있도록 작업범위(해상도 및 포맷형식)를 계획하시오.

02) 규격 : A4(210×297mm) 중앙에 디자인 원고 내용과 같은 작품(원고규격)을 배치하시오.

03) 해상도 및 포맷형식 : 제한용량 범위 내에서 선택하시오.

04) 기타 : ① 제공된 자료범위 내에서 활용하시오.
② 3개의 2D 응용프로그램을 고루 활용하되, 최종작업 및 출력은 편집프로그램(퀵 익스프레스, 인디자인)에서 하시오. (최종작업 파일이 다른 프로그램에서 생성된 경우는 출력할 수 없음)

작품명 : 가죽칠가공 기능전승자 포스터

※ 작품규격(재단되었을 때의 규격) : 가로 160mm×세로 240mm, 작품 외곽선은 표시하고, 재단선은 3mm 재단 여유를 두고 용도에 맞게 표시할 것.
※ 지정되지 않은 색상 및 모든 작업은 "최종결과물" 오른쪽 디자인 원고를 참고하여 작업하시오.

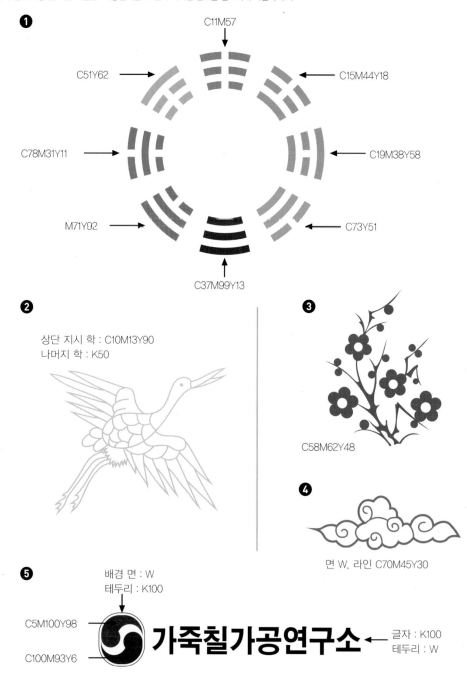

①

C11M57

C51Y62

C15M44Y18

C78M31Y11

C19M38Y58

M71Y02

C73Y51

C37M99Y13

②

상단 지시 학 : C10M13Y90
나머지 학 : K50

③

C58M62Y48

④

면 W, 라인 C70M45Y30

⑤

배경 면 : W
테두리 : K100

C5M100Y98

C100M93Y6

가죽칠가공연구소

글자 : K100
테두리 : W

흰색 테두리 적용

배경색상 : K 100

이미지 배경 제거하고
원고와 같은 필터 적용
이미지 밝기 및 대비 조절
브러시 선 필터 적용

팔괘문양 외곽 : W
원고와 같은 효과 적용

안쪽 팔괘문양 : W
투명도 70%

글자 K100

글자 K100

글자 K100
매화문양 돌출효과
투명도 왼쪽부터
10%, 50%, 100%

배경색상 : W

이미지에 원고와 같은
그림자 표현

구름문양 투명도 40%

붉은색 점선은 안내선입니다.

01　작업 그리드 그리기

배부 받은 디자인 원고의 완성 이미지 위에 필기구와 자를 이용하여 가로, 세로의 크기를 측정한 후 각 4등분으로 선을 그어 줍니다. 16등분의 직사각형이 그려지면 가로와 세로선이 교차되는 지점을 기준으로 대각선을 그립니다.

기적의 Tip

작업 그리드를 그리는 이유?
컴퓨터 작업 시 각 이미지나 도형의 크기, 위치, 간격을 파악하기 위해 필요한 작업입니다. 빨간색 볼펜 등의 튀는 색상의 필기구로 기준선 그리기 작업을 하는 것이 좋습니다.

02　실제 작업 크기 분석 및 계획 세우기

작품규격 160mm×240mm를 확인합니다. 작품 외곽선을 표시하고, 재단선은 3mm의 재단 여유를 두고 용도에 맞게 표시할 것을 염두에 둡니다. 작품규격에 위쪽, 아래쪽, 왼쪽, 오른쪽으로 각 3mm씩 재단여유를 주면 실제 작업 크기는 166mm×246mm가 됩니다. 그리고 각 요소를 표현하기 위해 사용될 프로그램을 계획해 줍니다.

03 그리드 제작하기

01 일러스트레이터를 실행하고, [File] > [New] 메뉴를 선택하여 'Units : Millimeters, Width : 166mm, Height : 246mm, Color Mode : CMYK'로 설정한 후 [OK] 버튼을 클릭합니다.

> **기적의 Tip**
>
> • Ctrl + N : New Document(새 문서 만들기)
> • 작품규격은 160mm×240mm이므로 재단선 3mm씩을 더하면 작업창의 크기는 166mm×246mm이 됩니다.

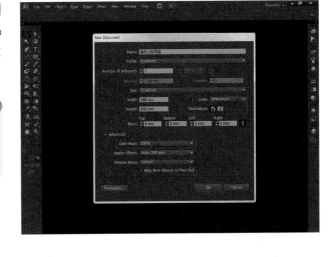

02 'Rectangular Grid Tool'을 선택하고, 작업창을 클릭하여 대화상자를 엽니다. 작품규격대로 Default Size 'Width : 160mm, Height : 240mm'로 설정하고, 16등분으로 나누기 위해 Horizontal Dividers, Vertical Dividers 'Number : 3'으로 입력한 후, [OK] 버튼을 클릭합니다.

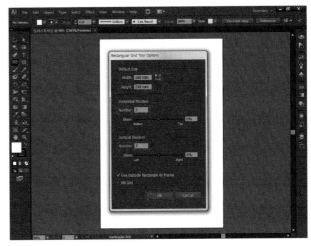

03 [Window]>[Align] 패널에서 'Align To : Align to Artboard'를 선택하고 'Align Objects : Horizontal Align Center, Vertical Align Center'를 차례로 클릭합니다. Ctrl + 2 를 눌러 격자도형을 잠그고, 'Line Segment Tool'로 좌측 상단에서 우측 하단으로 대각선 7개를 그린 후, Reflect Tool을 이용하여 반대방향으로 대각선을 복사합니다. Alt + Ctrl + 2 를 눌러 격자도형의 잠금을 해제하고, Ctrl + A 를 눌러 오브젝트를 모두 선택합니다. Stroke 색상을 빨간색으로 변경하고 Ctrl + G 를 눌러 그룹으로 지정한 후, 일러스트작업.ai로 저장합니다.

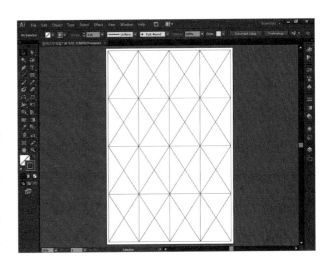

01 팔괘 문양 만들기

01 '일러스트작업.ai' 파일이 열린 상태에서 작업창의 빈 공간으로 화면을 이동합니다. 'Ellipse Tool'을 선택하고, 작업창을 클릭하여 [Ellipse] 대화상자가 열리면 'Width : 100mm', 'Height : 100mm'로 입력한 후, [OK] 버튼을 클릭합니다. 원의 면색은 None, 선색은 임의의 색으로 설정합니다.

> 🎓 **기적의 Tip**
>
> • 작업창 빈 공간의 배경색은 기본 회색이지만 [View] 〉 [Overprint Preview]를 선택하여 필요에 따라 흰색으로 변경하여 작업할 수 있습니다.
> • 실제 시험에서는 디자인 원고에서 오브젝트의 비율을 확인하고, 임의로 수치를 적용해야 합니다.

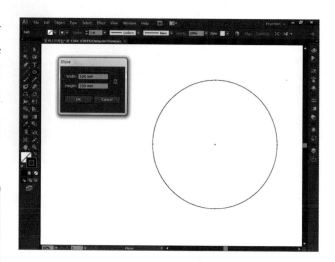

02 원이 선택된 상태에서 'Scale Tool'을 더블클릭하여 [Scale] 대화상자가 열리면 'Uniform : 64%'로 입력한 후, [Copy] 버튼을 클릭합니다.

> 🎓 **기적의 Tip**
>
> • Scale Tool을 더블클릭하여 확대, 축소를 할 경우, 기준점은 자동으로 선택된 오브젝트의 중심이 됩니다.
> • Uniform Scale은 좌우 비율을 유지한 채로 확대, 축소합니다.

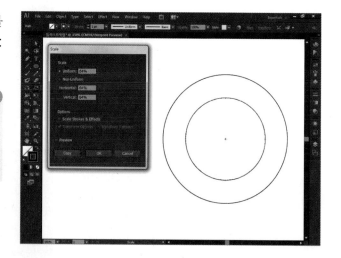

03 복사된 원 사이로 간격이 일정한 원을 여러 개 만들기 위해서 Blend 기능을 이용해 보겠습니다. 우선 'Blend'의 간격을 설정하기 위해서 [Object] 〉 [Blend] 〉 [Blend Option]을 선택합니다.

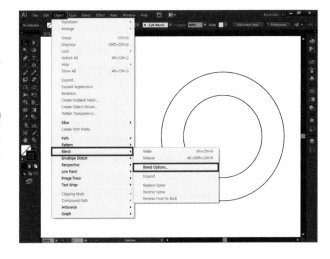

04 [Blend Option] 대화상자가 열리면 'Spacing : Specified Steps, 4'로 설정하고 [OK] 버튼을 클릭합니다.

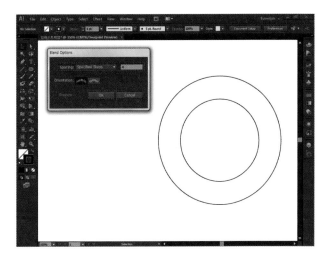

05 'Selection Tool'로 원 두개를 모두 선택하고, [Object] 〉 [Blend] 〉 [Make]를 클릭합니다.

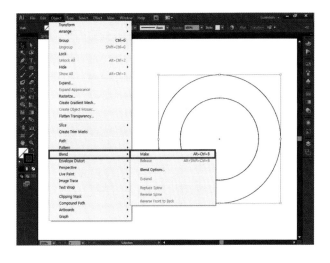

06 원들 사이에 네 개의 원이 일정한 간격으로 배열되었음을 확인합니다.

> 🎓 **기적의 Tip**
>
> 오브젝트를 하나만 임의의 간격으로 복사하기 위해서는 [Object] 〉 [Path] 〉 [Offset Path] 메뉴를 이용하는 것이 편리합니다.

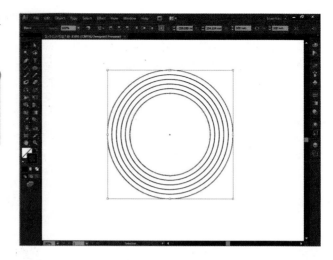

07 복사된 오브젝트들을 편집이 가능한 일반 오브젝트로 바꾸기 위해서 [Object] 〉 [Expand]를 선택하고, [Expand] 대화상자가 열리면 기본설정대로 [OK] 버튼을 클릭합니다.

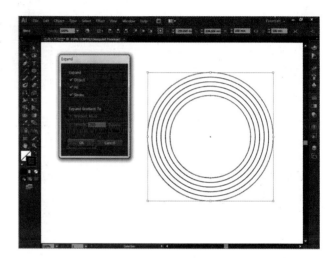

08 오브젝트에 마우스 오른쪽 버튼을 클릭하고, [Ungroup]을 선택하여 그룹을 해제합니다.

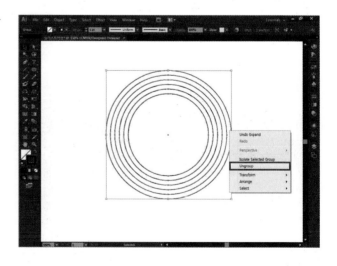

09 가장 바깥쪽에 위치한 원 2개를 선택하고, 마우스 오른쪽 버튼을 클릭한 후, [Make Compound Path]를 선택하여 하나의 오브젝트로 만듭니다.

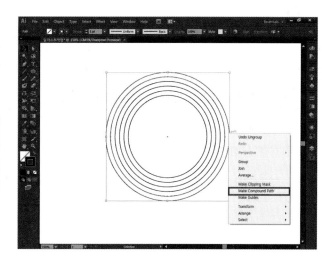

10 합쳐진 오브젝트의 면색은 임의의 색상, 선색은 None으로 설정합니다.

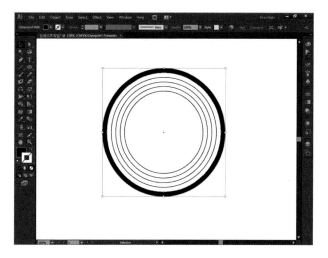

11 위와 같은 방법으로 가장 안쪽과 중간에 위치한 원 2개씩을 선택하여 [Make Compound Path]를 이용하여 하나의 오브젝트로 만든 후, 면색은 임의의 색상, 선색은 None으로 설정합니다.

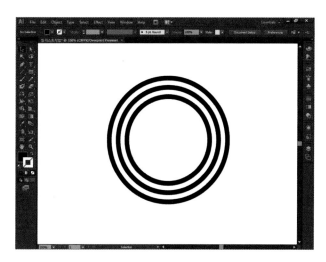

12 안내선을 설정하기 위해서 [View] 〉 [Rulers] 〉 [Show Rulers]를 선택하여 눈금자를 나타냅니다. 왼쪽 눈금자에서 마우스를 클릭하고 오른쪽으로 드래그하여 원들의 중심에 안내선을 위치시킨 후, 같은 방법으로 위쪽 눈금자에서 마우스를 아래로 클릭 후 드래그하여 원의 중심에 안내선을 위치시킵니다.

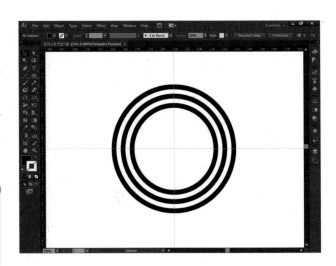

> **기적의 Tip**
>
> • Ctrl + R : Show Rulers / Hide Rulers
> • 프로그램 버전에 따라 메뉴의 위치가 조금씩 다를 수 있습니다. [View] 〉 [Show Rulers]
> • 안내선을 정확한 위치에 가져다 놓기 위해서 Smart Guide 기능을 이용합니다. 안내선을 드래그하여 원의 상하좌우에 위치한 점에 가져가면 자동으로 붙습니다.
> • 안내선 선택과 이동은 'Selection Tool' 또는 'Direct Selection Tool'을 이용합니다.

13 'Selection Tool'로 Shift 를 누른 채 안내선을 차례로 클릭하여 함께 선택하고, Ctrl + 2 를 눌러 잠급니다. 'Line Segment Tool'을 선택하고, 안내선을 따라 원의 중심에서 아래쪽으로 드래그하여 직선을 그립니다. 면색은 None, 선색은 임의로 설정합니다.

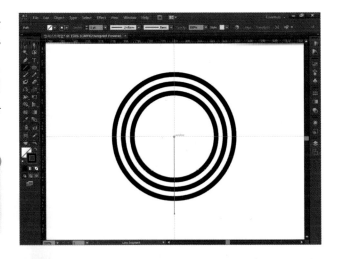

> **기적의 Tip**
>
> • Ctrl + 2 : Lock Selection
> • 라인을 그릴 때 안내선에 Snap 기능이 작동하지 않는다면 [View] 〉 [Smart Guides]가 체크되어 있는지 확인합니다.

14 라인이 선택된 상태에서 'Rotate Tool'을 선택하고, Alt 를 누른 채 원의 중심을 클릭합니다. [Rotate] 대화상자에서 'Angle : 15°'로 입력하고, [OK] 버튼을 클릭합니다.

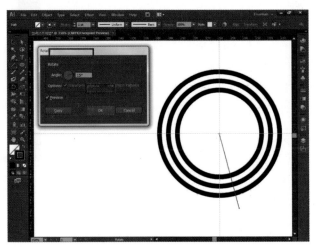

> **기적의 Tip**
>
> Alt 를 누른 채 원의 중심을 클릭하는 이유는 회전의 기준점을 설정하기 위해서입니다.

15 'Reflect Tool'을 선택하고, [Alt]를 누른 채 원의 중심을 클릭합니다. [Reflect] 대화상자에서 'Vertical'로 설정하고, [Copy] 버튼을 클릭합니다.

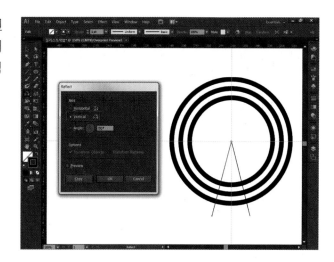

16 'Selection Tool'로 원들과 직선 오브젝트를 모두 선택한 후, 'Pathfinders : Divide'를 클릭하여 오브젝트를 분리합니다.

> **기적의 Tip**
>
> • Pathfinder 패널이 보이지 않는 경우, [Window] 〉 [Pathfinder]를 클릭합니다.
>   [Shift]+[Ctrl]+[F9] : Show Pathfinder / Hide Pathfinder
> • 안내선을 만든 후, 눈금자는 필요 없기 때문에 [Ctrl]+[8]을 눌러 안보이게 해도 됩니다.

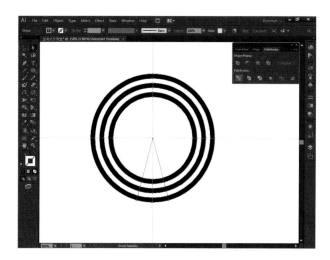

17 'Direct Selection Tool'을 선택하고, 원의 상단 포인트들을 다음과 같이 드래그하여 선택한 후, [Delete]를 두 번 눌러 필요 없는 부분들을 삭제합니다.

> **기적의 Tip**
>
> [Delete]를 한 번 누르면 선택된 포인트와 직접적으로 연결된 선만 지워지고, 두 번 누르면 포인트에 연결된 모든 선이 삭제됩니다.

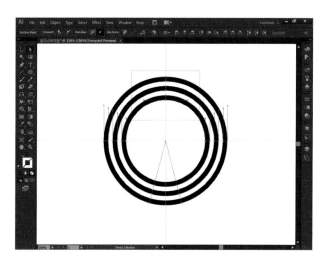

18 다음과 같이 팔괘 문양의 아래쪽 부분만 남겨진 것을 확인합니다.

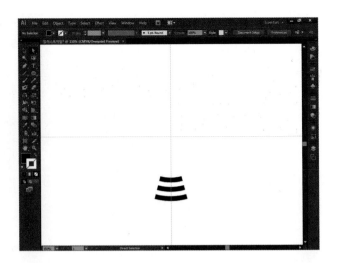

19 'Rectangle Tool'을 선택하고, Alt 를 누른 채 안내선의 교차지점을 클릭하여 [Rectangle] 대화 상자를 열고 'Width : 3.6mm', 'Height : 30mm' 을 입력한 후, [OK] 버튼을 클릭합니다. 만들어 진 세로가 긴 직사각형의 면색은 임의의 색상, 선색은 None으로 설정합니다

🎓 **기적의 Tip**

실제 시험에서는 디자인 원고에서 오브젝트의 전체적인 비율을 확인하고, 임의로 수치를 적용해서 오브젝트를 그려야합니다.

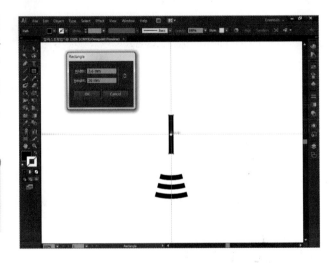

20 'Selection Tool'을 선택하고 직사각형을 Shift 를 누른 상태에서 아래쪽으로 드래그하여 다음과 같이 팔괘 문양과 겹치도록 합니다.

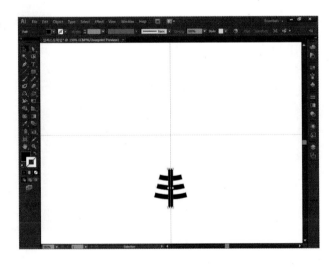

21 'Selection Tool'로 팔괘 문양과 직사각형을 모두 선택합니다. 회전 복사하기 위해서 'Rotate Tool'을 선택하고, 안내선의 교차지점을 [Alt]를 누른 상태에서 클릭합니다. [Rotate] 대화상자에서 'Angle : 45°'로 입력하고 [Copy] 버튼을 클릭하여 다음과 같이 반시계 방향으로 오브젝트를 복사합니다.

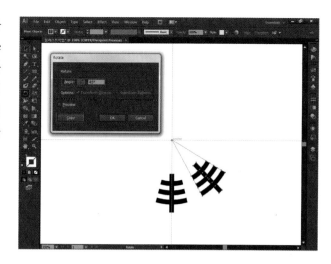

22 [Ctrl]+[D]를 여섯 번 눌러 위에서 적용한 회전 복사 기능을 반복합니다. 다음과 같이 원형으로 복사된 오브젝트들을 확인합니다.

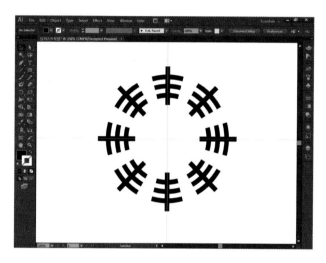

> 🎓 **기적의 Tip**
>
> [Ctrl]+[D]를 이용하여 복사하면 이전에 복사된 변형 모드까지 복사됩니다. 즉, 원본으로부터 복사본이 이동, 회전, 크기의 변형까지 기억하여 그대로 재실행합니다.

23 디자인 원고에서 팔괘 문양을 만들기 위해서 삭제되어야 할 부분을 확인합니다. 여섯 시 방향에 위치한 직사각형은 필요 없기 때문에 선택하고, [Delete]를 눌러 삭제합니다. 'Selection Tool'로 다섯 시 방향의 직사각형 오브젝트의 크기 조절점을 드래그하여 다음과 같이 바깥쪽 문양에만 걸치도록 배치합니다.

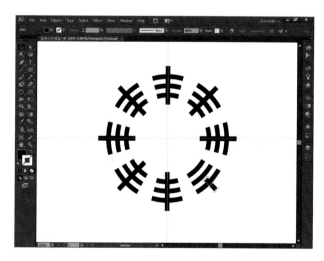

24 같은 방법으로 모든 직사각형을 다음과 같이 변형하여 배치합니다. 모든 오브젝트를 함께 선택한 후, 'Pathfinders : Trim'을 클릭하여 오브젝트를 잘라냅니다. 'Direct Selection Tool'로 불필요한 직사각형 부분을 선택하고, Delete 를 두 번 눌러 삭제합니다.

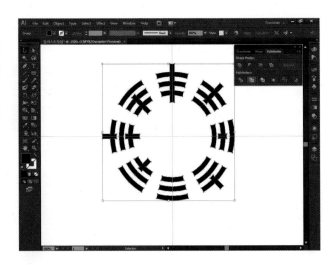

25 팔괘 문양에서 'Direct Selection Tool'로 가장 상단에 위치한 부분을 선택한 후, 면색은 C11M57Y0K0, 선색은 None으로 설정합니다.

🎓 기적의 Tip

디자인 원고에서는 색상을 지시할 때 CMYK에 '0' 수치가 있는 경우 생략하여 표시합니다.
📌 C11M57Y0K0 → C11M57
또한 검은색은 K100, 흰색은 W로 지시하므로 색상지시 방법을 숙지하세요.

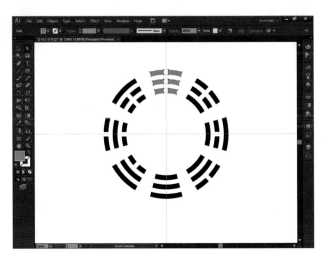

26 디자인 원고를 참고하여 시계방향으로 C15 M44Y18K0, C19M38Y58K0, C73M0Y51K0, C37M99Y13K0, C0M71Y92K0, C78M31 Y11K0, C51M0Y62K0으로 면색을 설정하여 팔괘 문양을 완성합니다.

🎓 기적의 Tip

• 안내선은 Alt + Ctrl + 2 를 눌러 잠금을 해제하고, 선택하여 지우거나, Ctrl + ; 를 눌러 잠시 안보이게 숨길 수 있습니다.
• 항상 작업 시작과 도중에는 Ctrl + S 를 눌러 수시로 저장하는 습관을 기르도록 합니다.

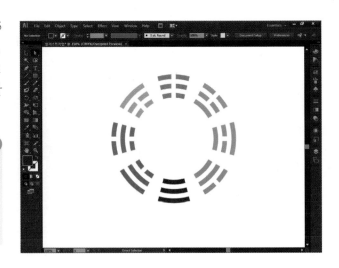

02 학 문양 만들기

01 'Pen Tool'로 작업창의 빈 공간에 다음과 같이 학의 몸통 부분을 그립니다. 면색은 None, 선색은 임의의 색으로 설정합니다.

> **기적의 Tip**
>
> 최근 시험의 일러스트 난이도가 점차 올라가고 있습니다. 특히 복잡한 드로잉 요소가 많이 출제되므로 100% 똑같이 그릴 수는 없더라도 주어진 시간 내에 어느 정도 비슷한 형태를 만들 수 있도록 'Pen Tool'을 이용한 드로잉을 충분히 연습하도록 합니다.

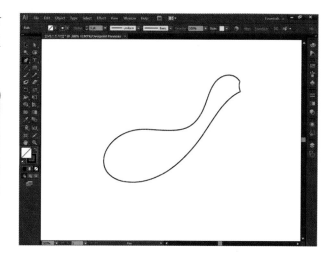

02 계속해서 'Pen Tool'로 학의 부리 모양을 그립니다.

> **기적의 Tip**
>
> 드로잉으로 그려야 할 전체 오브젝트의 각 부분을 눈대중으로 분리하여 그리면 편리합니다. 또한 각 부분의 비율을 잘 맞춰가며 그리도록 합니다.

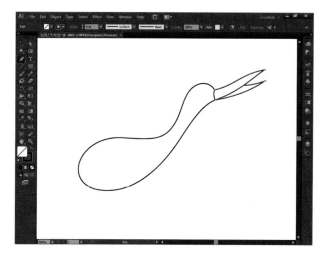

03 'Ellipse Tool'로 학의 눈을 그립니다. 면색은 임의의 색상, 선색은 None으로 설정합니다. 이어서 'Pen Tool'로 몸통의 깃털 문양을 하나씩 그립니다.

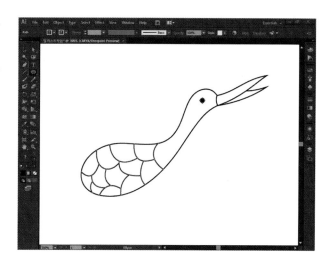

04 계속해서 'Pen Tool'로 학의 위쪽 날개 부분을 그립니다.

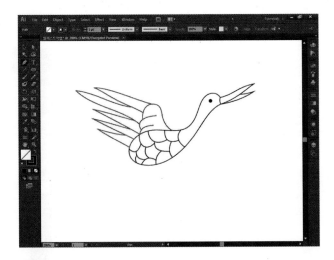

05 계속해서 'Pen Tool'로 학의 아래쪽 날개 부분을 그립니다.

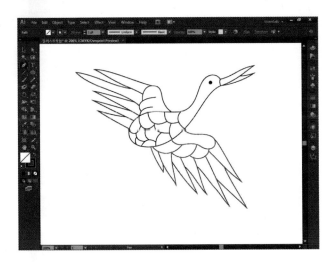

06 마지막으로 학의 꼬리와 다리 부분을 그린 후, 전체적으로 비율이 맞는지 디자인 원고와 비교하여 확인합니다.

> 🎓 **기적의 Tip**
>
> 실제 시험에서는 시간분배가 중요합니다. 복잡한 문양을 정확하게 그리기보다는 전체적인 완성도를 올려야 합니다. 시간이 부족하다면 문양의 기본적인 모양만 그린 후, 다음 작업으로 넘어가야 합니다.

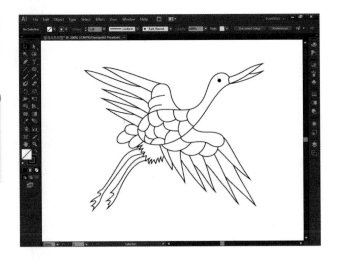

07 'Selection Tool'로 눈을 제외한 모든 오브젝트를 선택하고, 상단 옵션 바의 Stroke를 적당히 입력하여 디자인 원고와 같은 선 두께가 나오도록 합니다.

🎓 **기적의 Tip**

상단 옵션 바에서 Stroke가 보이지 않는 경우, [Window] 〉 [Stroke]로 Stroke 패널을 열어서 Weight 수치를 조절하여 선 두께를 조절할 수도 있습니다.

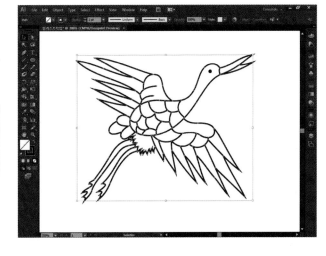

08 그려진 모든 선들을 드래그하여 선택하고, [Object] 〉 [Path] 〉 [Outline Stroke]를 선택하여 선을 면 오브젝트로 변환합니다.

🎓 **기적의 Tip**

Pen Tool로 그려진 곡선에 [Outline Stroke] 기능을 적용하면 패스 성분이 사라지고 면 속성으로 변경됩니다.

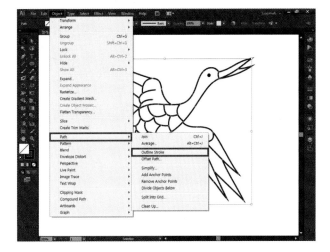

09 학 문양의 면색을 C10M13Y90K0, 선색은 None으로 설정합니다. 모든 학 문양 오브젝트를 선택하고, Ctrl+G를 눌러 그룹으로 만든 후, Ctrl+S를 눌러 저장합니다.

🎓 **기적의 Tip**

작업 도중 오류로 인해 프로그램이 닫히는 경우가 있으므로 수시로 파일을 저장하는 습관을 기르도록 합니다.

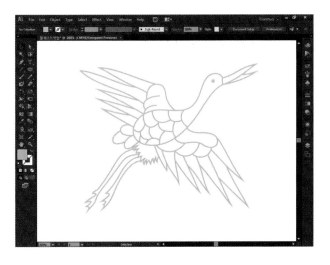

03 구름 문양 만들기

01 'Pen Tool'로 작업창의 빈 공간에 다음과 같이 구름 모양을 그립니다.

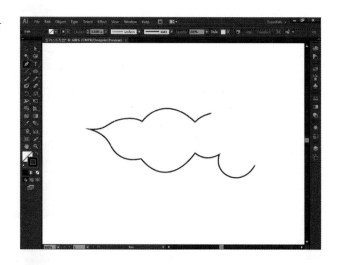

02 계속해서 'Pen Tool'로 구름의 나머지 부분을 그려서 닫힌 곡선으로 만든 후, 선의 두께를 디자인 원고와 비슷하게 설정한 후, 면색을 C0M0Y0K0, 선색은 C70M45Y30K0으로 설정합니다.

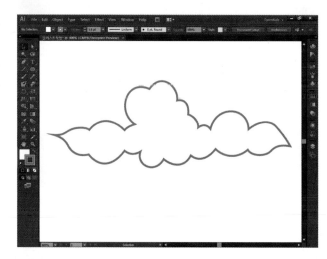

03 'Pen Tool'로 구름 안쪽의 문양을 다음과 같이 그린 후, 선의 두께를 구름 외곽보다 약간 가늘게 설정합니다. Stroke 패널에서 'Round Cap'으로 설정하여 선의 끝 부분을 둥글게 처리한 후, 면색을 None, 선색은 C70M45Y30K0으로 설정합니다.

04 같은 방법으로 나머지 구름 안쪽의 선을 그려서 구름 문양을 모두 완성한 후, 디자인 원고와 비교하고, Ctrl + G 를 눌러 그룹으로 만듭니다.

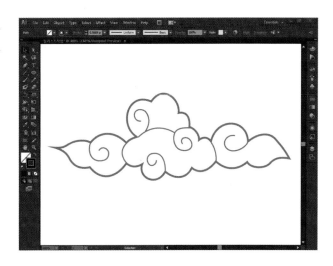

04 매화 문양 만들기

01 다음으로 매화 문양을 만들어 보겠습니다. 'Pen Tool'로 작업창의 빈 공간에 다음과 같이 매화 문양의 가지 부분을 그립니다.

기적의 Tip

일정한 규칙이 없는 오브젝트의 경우, Pencil Tool을 이용하여 대략적인 모양을 그린 후, 수정하는 방법도 시간을 단축할 수 있습니다.

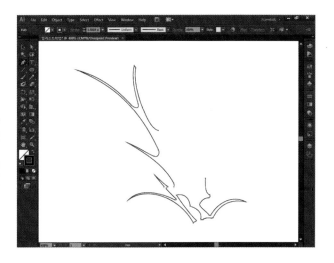

02 계속해서 'Pen Tool'로 매화 문양의 큰 가지 부분을 그린 후, 면색은 C58M62Y48K0, 선색은 None으로 설정합니다.

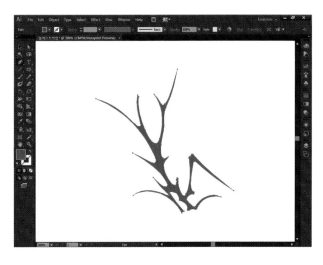

03 'Pen Tool'로 매화 문양의 작은 가지 부분을 그린 후, 면색은 C58M62Y48K0, 선색은 None 으로 설정합니다.

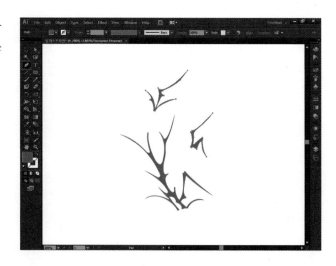

04 'Ellipse Tool'로 가지 사이사이에 원을 그립니다.

05 매화의 꽃 문양을 만들기 위해서 'Ellipse Tool'로 원을 하나 그리고, 면색은 C58M62Y48K0, 선색은 None으로 설정합니다. 'Rotate Tool'로 Alt를 누른 채 원의 바깥 지점을 클릭한 후, [Rotate] 대화상자에서 'Angle : 72'로 입력한 후, [Copy] 버튼을 클릭합니다.

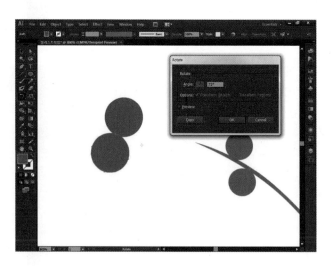

기적의 Tip

'Rotate Tool'로 Alt를 누른 채 클릭하는 기준점에 따라 회전반경이 다를 수 있습니다. 회전 복사된 원의 위치가 맘이 들지 않을 경우, Ctrl+Z를 눌러 이전 상태로 돌아간 후, 다시 회전 복사를 적용합니다.

06 `Ctrl`+`D`를 3번 눌러 원을 3번 더 복사하여 다음과 같이 꽃 문양이 나오도록 합니다.

🎓 **기적의 Tip**

꽃 문양이 원하는 대로 나오지 않았을 경우, `Ctrl`+`Z`를 여러 번 눌러 이전 상태로 돌아간 후, 다시 회전 복사 후, `Ctrl`+`D`를 누릅니다.

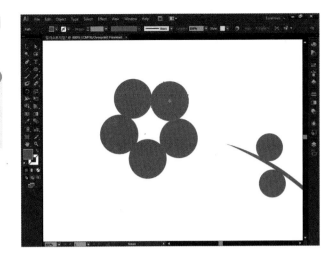

07 복사된 원들을 모두 드래그하여 선택하고, Pathfinder 패널에서 'Shape modes : Unite'를 클릭하여 하나로 합칩니다.

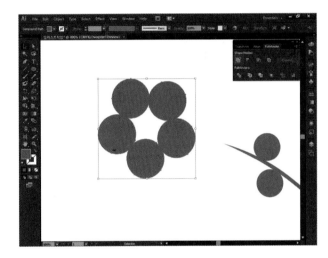

08 꽃 문양의 중앙 부분을 만들기 위해서 'Ellipse Tool'로 꽃 문양의 중심에 원을 그리고, 면색은 C0M0Y0K0, 선색은 None으로 설정합니다. 꽃 문양을 드래그하여 모두 선택한 후, Pathfinder 패널에서 'Shape modes : Minus Front'를 클릭하여 가운데 부분을 삭제합니다.

🎓 **기적의 Tip**

Minus Front 기능이 잘 되지 않는 경우, `Ctrl`+`Z`를 눌러 이전 상태로 돌아간 후, 흰색 원에 마우스 오른쪽 버튼을 클릭하고, [Arrange] 〉 [Bring to Front]를 선택하여 앞쪽으로 배치합니다. 다시 Minus Front를 적용하여 가운데 부분을 오려냅니다. 이는 먼저 만든 꽃 문양이 아래, 나중에 만든 꽃 문양의 중앙에 위치한 흰색 오브젝트가 위에 배치되어 있어야 Minus Front 기능이 원하는 대로 적용되기 때문입니다.

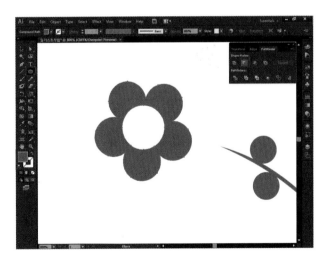

09 만들어진 꽃 문양을 디자인 원고를 참고로 다음과 같은 위치에 복사하여 배치합니다. 전체적인 모양을 디자인 원고와 비교하여 확인하고, 매화 문양을 완성합니다. Ctrl + G 를 눌러 그룹으로 만들고, Ctrl + S 를 눌러 저장합니다.

> 🎓 기적의 Tip
>
> 오브젝트 복사하기 : Alt 를 누른 채 오브젝트를 마우스로 드래그하거나 오브젝트를 선택한 후 Ctrl + C / Ctrl + V 를 누릅니다.

05 태극 문양 로고 만들기

01 'Rounded Rectangle Tool'을 선택하고, 작업창의 빈 공간을 클릭하여 [Rounded Rectangle] 대화상자가 열리면 'Width : 12.5mm', 'Height : 14mm', 'Corner Radius : 5.6mm'로 입력한 후, [OK] 버튼을 클릭합니다. 둥근 모서리 사각형의 면색은 None, 선색은 임의의 색으로 설정한 후, 선 두께를 디자인 원고를 참고로 적당히 설정합니다.

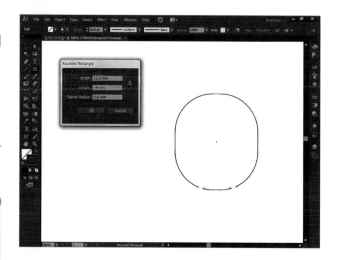

> 🎓 기적의 Tip
>
> 단위가 mm로 표시되지 않는 경우, [Edit] 〉 [Preferences] 〉 [Units]를 선택하고, General이 Millimeters로 설정되어 있는지 확인합니다.

02 둥근 사각형이 선택된 상태에서 [Object] 〉 [Path] 〉 [Offset Path]를 선택하여 [Offset Path] 대화상자에서 'Offset : −0.6mm'으로 입력한 후, [OK] 버튼을 클릭합니다.

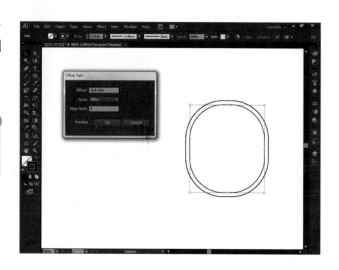

> 🎓 기적의 Tip
>
> Offset 수치에 +값을 입력하면 오브젝트의 바깥쪽으로 복사되고, −값을 입력하면 안쪽으로 복사됩니다.

03 'Rectangle Tool'로 다음과 같은 위치에 사
각형을 그려서 둥근 사각형과 겹치도록 합니다.
'Selection Tool'로 안쪽에 위치한 둥근 사각형과
방금 그린 사각형을 함께 선택하고, Pathfinder
패널에서 'Shape modes : Minus Front'를 클릭하
여 겹쳐진 위쪽 부분을 삭제합니다.

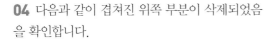

기적의 Tip

사각형 가장 아래선의 위치가 둥근 사각형의 중앙보다 살짝
더 아래에 위치해야 합니다.

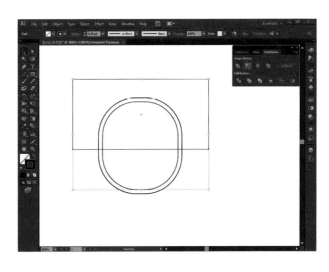

04 다음과 같이 겹쳐진 위쪽 부분이 삭제되었음
을 확인합니다.

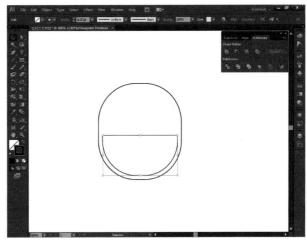

05 'Ellipse Tool'을 선택하고, [Alt]를 누른 채 잘
려진 안쪽 둥근 사각형 위 라인의 중앙을 클릭합
니다. [Ellipse] 대화상자에서 'Width : 7mm',
'Height : 7mm'로 입력한 후, [OK] 버튼을 클릭
합니다.

기적의 Tip

Snap 기능으로 인해 라인을 클릭할 때 쉽게 중앙을 찾아 클
릭할 수 있습니다. 이 기능이 동작하지 않는다면 [View] 〉
[Smart Guides]가 체크되어 있는지 확인합니다.

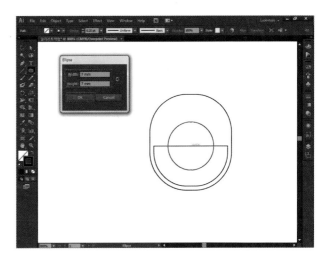

06 'Selection Tool'로 안쪽 둥근 사각형과 방금 그린 원을 함께 선택하고, Align 패널에서 'Align To : Align to Selection'으로 설정한 후, 'Align Objects : Horizontal Align Left'을 클릭하여 왼쪽으로 정렬합니다.

🎓 기적의 Tip

Align To가 'Align to Artboard'로 설정된 상태에서 정렬을 할 경우, 도큐먼트의 상하좌우를 기준으로 정렬이 됩니다.

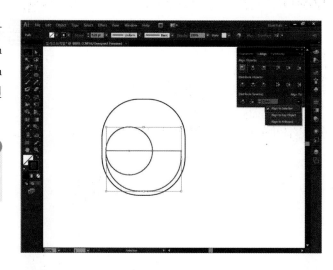

07 'Selection Tool'로 안쪽에 위치한 둥근 사각형과 원을 함께 선택하고, Pathfinder 패널에서 'Shape modes : Minus Front'를 클릭하여 겹쳐진 부분을 삭제합니다.

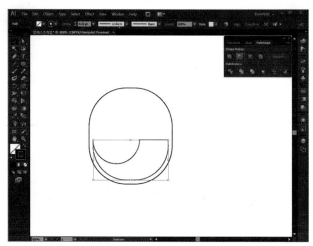

08 'Ellipse Tool'로 Alt 를 누른 채 잘려진 둥근 사각형 위 라인 점을 클릭하여 [Ellipse] 대화상자에서 'Width : 5.2mm', 'Height : 5.2mm'로 입력한 후, [OK] 버튼을 클릭합니다. 안쪽 둥근 사각형과 방금 그린 원을 함께 선택하고, Align 패널에서 'Align Objects : Horizontal Align Right'를 클릭하여 오른쪽으로 정렬합니다.

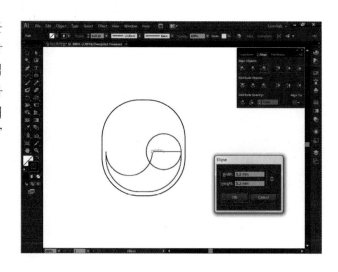

09 안쪽에 위치한 둥근 사각형과 원을 함께 선택하고, Pathfinder 패널에서 'Shape modes : Unite'를 클릭하여 오브젝트를 합칩니다. 면색을 C100M93Y6K0, 선색은 None으로 설정합니다.

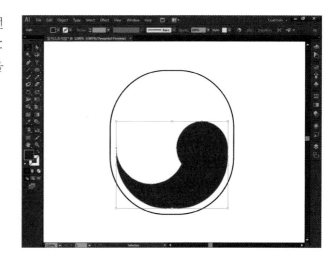

10 파란색 태극 문양이 선택된 상태에서 'Rotate Tool'을 선택하고, 바깥쪽 둥근 사각형의 중앙 점을 Alt 를 누른 상태에서 클릭합니다. [Rotate] 대화상자에서 'Angle : 180˚'로 입력하고, [Copy] 버튼을 클릭합니다.

11 복사된 오브젝트의 면색은 C5M100Y98K0, 선색은 None으로, 바깥쪽 둥근 사각형은 면색을 C0M0Y0K0, 선색은 C0M0Y0K100으로 설정하여 태극 문양을 완성합니다. 디자인 원고와 비교하여 전체적으로 확인한 후, 모든 태극 문양 오브젝트를 선택하고, Ctrl + G 를 눌러 그룹으로 만든 후, Ctrl + S 를 눌러 저장합니다.

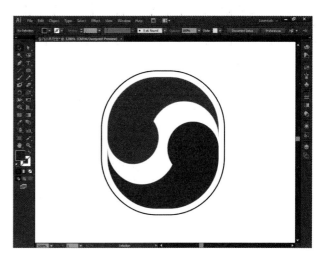

01 작업 준비하기

01 포토샵을 실행하고 [File] 〉 [New]를 선택하여 [New] 대화상자에서 'Width : 166Millimeters, Height : 246Millimeters, Resolution : 300Pixels/Inch, Color Mode : CMYK Color'로 설정한 후, [OK] 버튼을 클릭합니다.

> **기적의 Tip**
>
> • Ctrl + N : New(새로 만들기)
> • Resolution : 300Pixels/Inch은 인쇄, 출판을 위한 최적의 해상도 설정입니다. 하지만 작업 파일의 크기가 커지고 고사양의 컴퓨터가 요구됩니다. 시험에서 제출할 파일의 총 용량은 10MB 이하이기 때문에 파일크기는 크게 문제가 되지 않지만 시험장마다 다른 컴퓨터 사양으로 인해 작업 진행에 어려움이 예상되는 경우, 150~250 정도의 해상도를 설정하는 것이 좋습니다

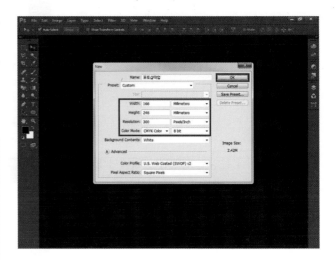

02 '일러스트작업' 창에서 그리드를 선택하고, Ctrl + C 를 눌러 복사합니다.

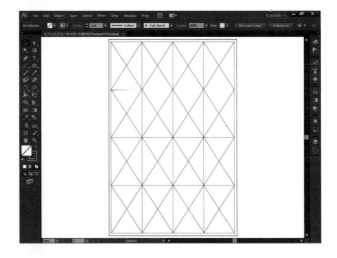

03 '포토샵작업' 창에 [Ctrl]+[V]를 눌러 붙여넣기한 후, [Paste] 대화상자에서 'Pixels'를 선택하고, [OK] 버튼을 클릭합니다. [Enter]를 눌러 그리드를 확정하고, Layers 패널에서 이름을 그리드로 변경합니다. 'Move Tool'을 선택하고, [Ctrl]을 누른 채 'Background' 레이어와 함께 선택한 후, 옵션 바에서 Align vertical centers, Align horizontal centers를 클릭하여 정렬합니다. '그리드' 레이어만 선택하고, 'Lock all' 아이콘을 클릭하여 잠근 후, [File] 〉 [Save]를 선택하여 포토샵작업.psd로 저장합니다.

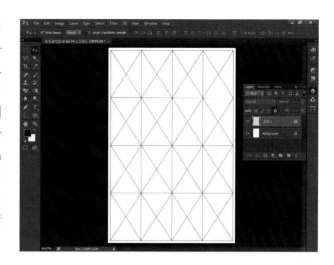

 기적의 Tip

항상 작업 시작과 도중에는 예기치 못한 상황을 대비하여 수시로 하는 저장하는 습관을 길러야 합니다.

---

02 **그라데이션 배경 만들기**

01 Layers 패널에서 새 레이어를 만들고, 레이어의 이름을 배경으로 입력한 후, 레이어의 위치를 '그리드' 레이어 아래로 이동합니다.

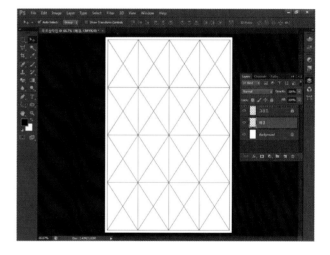

기적의 Tip

- 새 레이어 만들기 : Layer 패널에서 [Create a new layer] 아이콘을 클릭하거나 [Layer] 〉 [New] 〉 [Layer]를 선택합니다.
- 레이어 이름 변경하기 : 레이어의 이름을 더블클릭합니다.

02 '배경' 레이어가 선택된 상태에서 'Gradient Tool'을 선택하고, 전경색을 C0M0Y0K100, 배경색을 C0M0Y0K0으로 설정합니다. 옵션 바에서 'Foreground to Background'로 설정한 후, Shift 를 누른 채 위쪽에서 중앙 부분으로 드래그하여 다음과 같이 자연스러운 그라데이션 배경을 만듭니다.

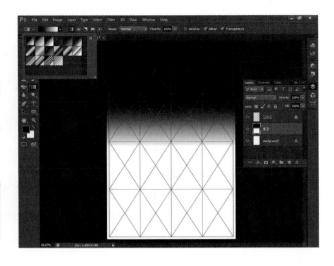

> **기적의 Tip**
> • 검정색 표기 : C0M0Y0K100 또는 K100
> • 흰색 표기 : C0M0Y0K0 또는 W

03 인물 이미지 배치하기

01 인물 이미지를 불러오기 위해서 [File] 〉 [Open]을 선택하여 기능장.jpg를 불러옵니다.

> **기적의 Tip**
> Ctrl + O : Open(열기)

02 'Pen Tool'로 인물 부분만 선택하고, Ctrl + Enter 를 눌러 선택영역으로 전환한 후, Ctrl + J 를 눌러 선택된 부분만 새 레이어로 만듭니다.

> **기적의 Tip**
> • Pen Tool이 아닌 Polygonal Lasso Tool을 이용해도 됩니다. Pen Tool로 선택영역을 지정하는 방법은 Pen Tool 에 대한 기본 기능 숙지가 필요하지만 익숙해지면 선택영역에 대한 수정과 관리가 편리합니다.
> • Ctrl + J : Layer via Copy
> • Pen Tool을 선택하고, 옵션 바에서 Path로 설정되어 있는지 확인합니다.

03 불러온 이미지의 밝기와 대비를 수정하기 위해서 [Image] > [Adjustment] > [Levels]를 선택하고, [Levels] 대화상자에서 Input Levels의 슬라이더를 조절합니다.

🎓 **기적의 Tip**

- Ctrl + L : Levels
- [Levels] 대화상자에서 중앙에 위치한 3개의 슬라이더는 밝기 조절 역할을 합니다. 왼쪽 슬라이더는 어두운 부분을 어둡게, 중앙 슬라이더는 전체 밝기를, 오른쪽 슬라이더는 밝은 곳을 밝게 조절할 수 있습니다.

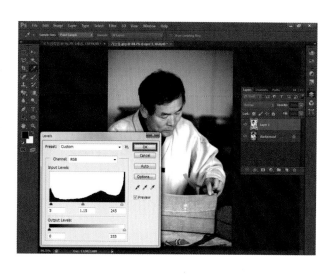

04 다음으로 이미지에 회화 필터효과를 추가하기 위해서 [Filter] > [Filter Gallery]를 선택합니다. 대화상자가 열리면 [Artistic] > [Paint Daubs]를 선택하고, 'Brush Size : 4, Sharpness : 8'로 설정한 후, [OK] 버튼을 클릭합니다.

🎓 **기적의 Tip**

- 포토샵 버전에 따라 메뉴의 위치가 다를 수 있습니다.
[Filter] > [Artistic] > [Paint Daubs]
- Artistic 필터 효과는 CMYK 모드에서는 작동하지 않기 때문에 효과를 적용한 후, 포토샵 작업창에 붙여넣기하면 작업시간을 단축할 수 있습니다.

05 Ctrl + A 를 눌러 전체영역을 선택하고, Ctrl + C 를 눌러 복사합니다.

🎓 **기적의 Tip**

Layers 패널에서 Layer 1이 선택되어 있는지 확인합니다.

06 '포토샵작업' 창으로 돌아와 Ctrl + V 를 눌러 기능장 이미지를 붙여 넣습니다. Ctrl + T 를 눌러 크기 조절점을 나타내고, 크기와 위치를 조절하여 이미지를 다음과 같이 배치한 후, 레이어의 이름을 기능장으로 변경합니다.

🎓 기적의 Tip

Ctrl + T : Free Transform

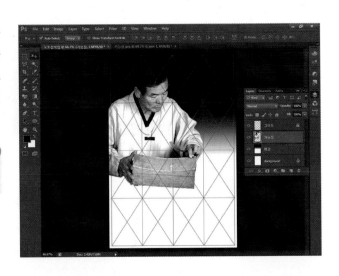

07 Layers 패널에서 'Add Layer mask' 아이콘을 클릭하여 '기능장' 레이어에 마스크를 적용한 후, 전경색을 C0M0Y0K100, 배경색을 C0M0Y0K0으로 설정하고, 'Gradient Tool'로 기능장 이미지의 아래쪽 부분을 아래에서 위로 드래그하여 자연스럽게 사라지게 합니다.

🎓 기적의 Tip

• 시험에서는 지우개 도구를 사용하는 것보다 마스크를 활용하는 것이 좋습니다. 실수를 했을 시 다시 이미지를 불러와 작업할 필요 없이 마스크 레이어만 지우고 다시 적용하면 되기 때문입니다.
• '그리드' 레이어는 계속 켜둘 필요는 없습니다. 디자인 원고와 비교하여 위치나 크기 등을 조절해야 할 경우 잠시 켜두는 정도로 활용하면 됩니다.

04 팔괘 문양 배치하기

01 '일러스트작업' 창에서 팔괘 문양을 선택하고, Ctrl + C 를 눌러 복사합니다.

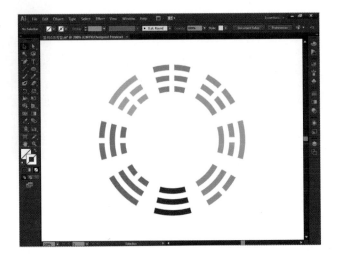

02 '포토샵작업' 창에 Ctrl+V 를 눌러 붙여넣기합니다. [Paste] 대화상자에서 'Pixels'를 선택하고 [OK] 버튼을 클릭한 후, 크기와 위치를 조절하여 다음과 같이 팔괘 문양을 배치하고, 레이어의 이름을 팔괘문양으로 변경합니다.

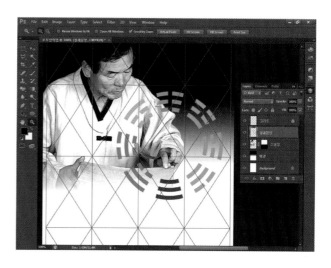

> 🎓 **기적의 Tip**
>
> 일러스트 소스를 포토샵에 붙여넣기할 때, 수정이 필요 없는 경우 [Paste] 대화상자에서 'Smart Object'를 선택합니다. 'Smart Object'는 크기를 키워도 픽셀이 깨지지 않는 벡터와 같은 이미지입니다. 하지만 포토샵에서 부분 삭제, 효과 적용 등의 일반적인 편집이 불가능합니다.

03 Ctrl+J 를 눌러 '팔괘문양' 레이어를 복사하고, 레이어의 이름을 작은 팔괘문양으로 변경합니다. Ctrl+T 를 눌러 크기 조절점을 나타내고, Shift+Alt 를 누른 상태에서 모서리의 조절점을 안쪽으로 드래그하여 작은 팔괘 문양을 만듭니다.

04 Layers 패널에서 '작은 팔괘문양' 레이어의 'Lock Transparent Pixels' 아이콘을 클릭하여 이미지의 픽셀이 있는 곳에만 수정이 가능하도록 설정합니다. 배경색을 C0M0Y0K0으로 설정하고, Ctrl+Delete 를 눌러 색상을 채운 후, 'Opacity : 70%'로 설정합니다.

> 🎓 **기적의 Tip**
>
> • Ctrl+Delete : 배경색으로 채우기
> • Alt+Delete : 전경색으로 채우기

05 Layers 패널에서 '팔괘문양' 레이어를 선택하고, [Ctrl]+[J]를 눌러 하나 더 복사한 후, 레이어의 이름을 팔괘문양 효과로 변경합니다. 'Lock Transparent Pixels' 아이콘을 클릭한 후, 흰색으로 채웁니다.

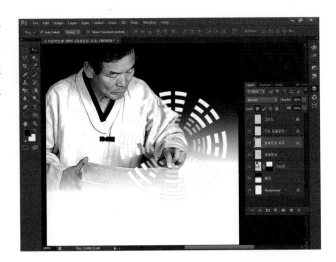

06 '팔괘문양 효과' 레이어가 선택된 상태에서 'Lock Transparent Pixels' 아이콘을 클릭하여 해제합니다. [Filter] 〉 [Blur] 〉 [Radial Blur]를 클릭하여 [Radial Blur] 대화상자가 나타나면 'Amount : 100, Blur Method : Zoom'으로 설정하고, Blur Center를 팔괘 문양의 중심으로 설정하기 위해 다음과 같은 위치를 클릭한 후, [OK] 버튼을 클릭합니다.

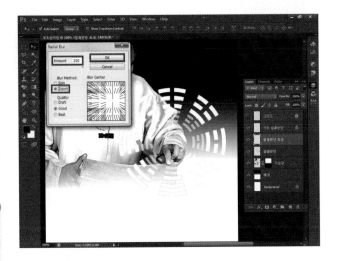

🎓 기적의 Tip

• 'Lock Transparent Pixels'가 활성화된 상태에서는 블러 효과가 적용되지 않습니다.
• Blur Center 설정은 까다롭습니다. 원하는 효과가 나오지 않으면 [Ctrl]+[Z]를 눌러 취소한 후, 다시 Blur Center를 설정하고 효과를 적용합니다.

07 Blur 효과가 다음과 같이 방사형으로 퍼져나가는 것을 확인하고, [Ctrl]+[F]를 2번 눌러 효과를 더 돋보이게 합니다. Layers 패널에서 '팔괘문양 효과' 레이어의 위치를 '팔괘문양' 아래로 이동합니다.

🎓 기적의 Tip

• [Ctrl]+[F] : 방금 적용한 필터 효과를 다시 한 번 같은 옵션으로 적용합니다.
• Photoshop CC 버전부터는 단축키가 바뀌었으므로 [Alt]+[Ctrl]+[F]를 눌러야 합니다.

05 학 문양 배치하기

01 '일러스트작업' 창에서 학 문양을 선택하고, Ctrl + C 를 눌러 복사합니다.

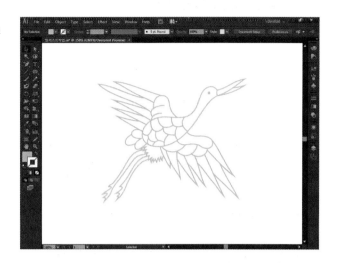

02 '포토샵작업' 창에 Ctrl + V 를 눌러 붙여넣기합니다. [Paste] 대화상자에서 'Pixels'를 선택하고 [OK] 버튼을 클릭한 후, 크기와 위치, 회전을 조절하여 다음과 같이 학 문양을 배치하고, 레이어의 이름을 학으로 변경합니다. 레이어의 위치를 '그리드' 레이어 아래로 이동합니다.

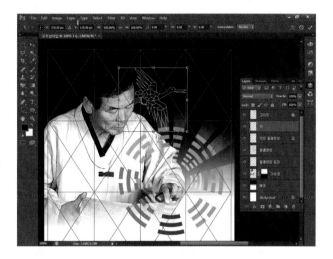

🎓 **기적의 Tip**

• 크기 조절점을 이용하여 크기 조절을 할 때 모서리의 점을 드래그합니다. 이때 Shift 를 눌러 이미지의 가로, 세로 비율이 유지된 채로 조절해야 합니다.
• 크기 조절점의 외곽을 드래그하여 회전할 수 있습니다.

03 '학' 레이어가 선택된 상태에서 Ctrl 을 누른 채 '기능장' 레이어의 섬네일 이미지를 클릭하여 선택한 후, Delete 를 눌러 학과 인물 이미지가 겹친 부분을 삭제합니다.

🎓 **기적의 Tip**

레이어의 모양대로 선택하려면 Ctrl 을 누른 채 Layers 패널에서 해당 레이어의 섬네일 이미지를 클릭합니다.

04 '일러스트작업' 창에서 학 문양을 복사하고, '포토샵작업' 창에 붙여 넣은 후, 크기와 위치, 회전을 조절하여 다음과 같이 두 개의 학 문양을 더 배치합니다. Layers 패널에서 모든 학 문양 레이어를 함께 선택한 후, 마우스 오른쪽 버튼을 클릭하고, [Merge Layers]를 선택하여 레이어를 하나로 합칩니다. 합쳐진 레이어의 이름을 학으로 변경합니다.

05 같은 방법으로 '포토샵작업' 창에 붙여 넣은 후, 크기와 위치를 조절하여 다음과 같이 인물의 아래쪽에 학 문양을 배치합니다. Layers 패널에서 'Lock Transparent Pixels' 아이콘을 클릭한 후, 전경색을 C0M0Y0K50으로 설정하고, Alt +Delete 눌러 색을 채웁니다. 레이어의 이름을 학2로 변경합니다.

06 **가죽 공예 이미지 배치하기**

01 [File] 〉 [Open]을 선택하여 가죽공예.jpg를 불러옵니다. 'Polygonal Lasso Tool'로 가죽 공예 작품 부분만 선택하고, Ctrl+C를 눌러 복사합니다.

02 '포토샵작업' 칭에 Ctrl+V 를 눌러 붙여 넣습니다. Ctrl+T 를 눌러 크기 조절점을 나타내고, 크기와 위치를 조절하여 이미지를 다음과 같이 배치한 후, 레이어의 이름을 가죽공예로 변경합니다.

03 이미지의 밝기와 대비를 수정하기 위해서 [Image] 〉 [Adjustment] 〉 [Levels] 메뉴를 선택하고, [Levels] 대화상자에서 슬라이더를 조절합니다.

🎓 **기적의 Tip**

자주 사용하는 단축키는 반드시 외워서 사용하는 것이 시험 시간 단축에 도움이 됩니다.

04 가죽공예 이미지의 그림자를 만들기 위해서 Layers 패널에서 새 레이어를 만들고, 위치를 '가죽공예' 레이어 아래로 이동한 후, 이름을 가죽공예 그림자로 변경합니다. 'Polygonal Lasso Tool'로 다음과 같이 그림자 모양으로 선택한 후, 전경색을 C0M0Y0K100, 배경색을 C0M0Y0K0으로 설정합니다. 'Gradient Tool'을 선택하고, 아래에서 오른쪽 대각선 방향으로 드래그하여 그림자를 만든 후, 'Opacity : 65%'로 설정합니다.

🎓 **기적의 Tip**

단축키 D 를 누르면 전경색 C0M0Y0K100, 배경색 C0M0Y0K0으로 한 번에 설정할 수 있습니다.

01 '일러스트작업' 창에서 매화 문양을 선택하고, Ctrl + C 를 눌러 복사합니다.

02 '포토샵작업' 창에 Ctrl + V 를 눌러 붙여넣기합니다. [Paste] 대화상자에서 'Pixels'를 선택하고 [OK] 버튼을 클릭한 후, 크기와 위치를 조절하여 매화 문양을 배치하고, 레이어의 이름을 매화문양1로 변경합니다. 레이어의 위치를 '가죽공예' 레이어 아래로 이동합니다.

> 🎓 **기적의 Tip**
>
> **레이어 복사하기**
> Layer 패널에서 복사할 레이어를 선택하고 마우스로 드래그해서 Layers 패널 아래쪽에 있는 'Create a new layer' 아이콘 위에 올리면 레이어가 복사되어 작업 속도가 빨라집니다.

03 Layers 패널에서 'Opacity : 50%'로 설정한 후, '매화문양1' 레이어를 더블클릭하여 [Layer Style] 대화상자를 엽니다. 'Styles : Bevel and Emboss'를 클릭하고, 'Style : Inner Bevel, Technique : Smooth, Depth : 20%, Size : 5px, Soften : 0px'로 설정한 후, [OK] 버튼을 클릭합니다.

04 같은 방법으로 매화 문양을 복사하여 '포토샵작업' 창에 붙여 넣은 후, [Paste] 대화상자에서 'Pixels'를 선택하고, [OK] 버튼을 클릭합니다. 크기 조절상자에 마우스 오른쪽 버튼을 클릭하고, [Flip Horizontal] 메뉴를 선택하여 좌우를 바꾼 후, 크기와 위치를 조절하여 다음과 같이 배치합니다. 'Bevel and Emboss' 효과를 같은 옵션으로 적용한 후, 레이어의 이름을 매화문양2로 변경하고, 레이어의 위치를 '가죽공예' 레이어 아래로 이동합니다.

05 '일러스트작업' 창에서 매화 문양을 복사하여 '포토샵작업' 창에 붙여 넣고, 크기와 위치를 다음과 같이 조절하여 배치합니다. Layers 패널에서 'Opacity : 10%', 레이어 이름은 매화문양3로 변경한 후, 레이어의 위치를 '가죽공예' 레이어 아래로 이동합니다.

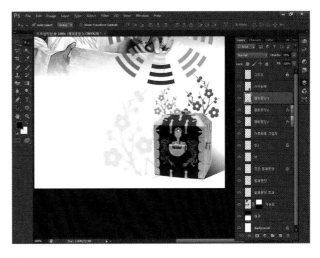

08 구름 문양 배치하기

01 '일러스트작업' 창에서 구름 문양을 선택하고, Ctrl + C 를 눌러 복사합니다.

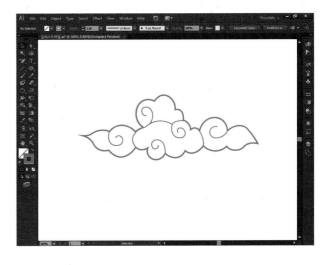

02 '포토샵작업' 창에 Ctrl+V 를 눌러 붙여넣기합니다. [Paste] 대화상자에서 'Pixels'를 선택하고, 크기와 위치를 조절하여 배치한 후, 레이어의 이름을 구름문양1로 변경합니다.

03 '일러스트작업' 창에서 구름 문양을 복사하여 '포토샵작업' 창에 붙여넣기합니다. 크기와 위치를 조절하여 다음과 같이 작업창의 아래쪽에 배치한 후, 레이어의 이름을 구름문양2로 변경하고, 'Opacity : 40%' 로 설정합니다.

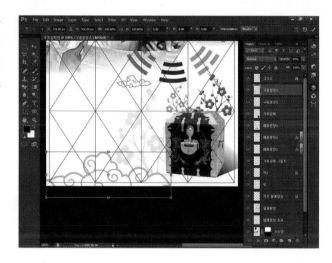

04 구름 문양과 매화 문양이 겹치는 부분을 삭제하기 위해서 Layers 패널에서 '매화문양3' 레이어를 선택하고, Ctrl 을 누른 상태에서 '구름문양2' 레이어의 섬네일 이미지를 클릭합니다. Delete 를 눌러 겹친 부분을 삭제합니다.

09 로고 작업하기

01 '일러스트작업' 창에서 로고를 복사하여 '포토샵작업' 창에 붙여넣기합니다. [Paste] 대화상자에서 'Pixels'를 선택하고, 크기와 위치를 조절하여 왼쪽 상단에 배치한 후, 레이어의 이름을 태극로고로 변경합니다.

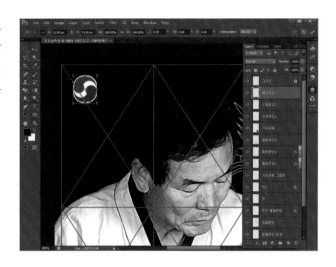

02 'Type Tool'을 클릭하고, 디자인 원고를 참고하여 글꼴과 크기를 적절히 설정한 후, 로고 옆에 가죽칠가공연구소를 입력하고, 색을 C0M0Y0K100으로 설정합니다. Layers 패널에서 '가죽칠가공연구소' 레이어를 더블클릭하고, [Layer Style] 대화상자에서 'Styles : Stroke'를 클릭하여 'Size : 2px, Position : Outside, Color : C0M0Y0K0'으로 설정하고, [OK] 버튼을 클릭합니다.

10 검토 및 저장하기

01 Layers 패널에서 '그리드' 레이어를 켠 후, 디자인 원고와 비교하며 전체적으로 검토합니다. 검토가 끝나면 '그리드' 레이어의 눈을 끄고 Ctrl + S 를 눌러 저장합니다.

02 Layers 패널에서 '그리드' 레이어 바로 아래 레이어를 선택한 후, Ctrl + Alt + Shift + E 를 눌러 모든 레이어가 합쳐진 새 레이어를 만듭니다.

🎓 기적의 Tip

Ctrl + Alt + Shift + E 를 누르면 현재 보이는 모든 레이어를 하나의 새 레이어로 만듭니다.

03 [Image] > [Mode] > [RGB Color]를 선택하여 RGB 모드로 전환하고 대화상자에서 [Don't Flatten] 버튼을 클릭합니다. [File] > [Save As] 메뉴를 선택하여 '파일이름 : 자신의 비번호(예를 들어 01번이면 01)'로 입력합니다. PC 응시자는 'Format : JPEG' 형식을 선택하고, 매긴토시 응시자는 'Format : PICT' 형식을 선택 한 후 [저장] 버튼을 클릭합니다.

🎓 기적의 Tip

JPEG 형식으로 저장했을 시 JPEG Options 대화상자에서 'Quality : 12', 'Format Option : Baseline(Standard)'으로도 설정하여 압축 품질이 최대한 떨어지지 않도록 합니다.

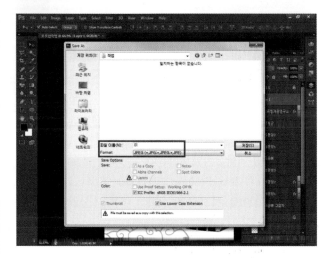

01 작업 준비하기

[File] 〉 [New] 〉 [Document]를 선택하여 'Number of Pages : 1, Facing Pages : 체크 해제', 'Page Size : A4', Margins 'Make all settings the same : 해제, 'Top : 25.5mm, Bottom : 25.5mm, Left : 22mm, Right : 22mm'로 입력한 후, [OK] 버튼을 클릭합니다.

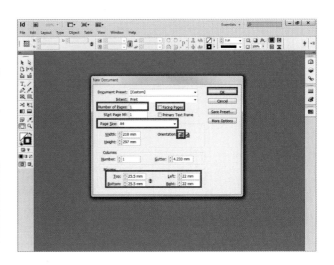

> 🎓 기적의 Tip
>
> • Ctrl + N : New Document(새로 만들기)
> • A4의 가로 길이 210mm에서 166mm를 뺀 값은 44mm이고, A4의 세로 길이 297mm에서 246mm를 뺀 값은 51mm이므로 이 여백을 2등분하여 각각의 여백으로 지정합니다.

02 작품규격 안내선 만들기

01 실제크기의 안내선이 만들어졌으면 안내선의 위쪽, 아래쪽, 왼쪽, 오른쪽의 안쪽으로 3mm를 뺀 작품규격 크기의 안내선도 만들어야 합니다. 눈금자의 기준점을 드래그하여 왼쪽 위의 안내선 교차지점에 이동시켜 기준점이 0이 되도록 합니다.

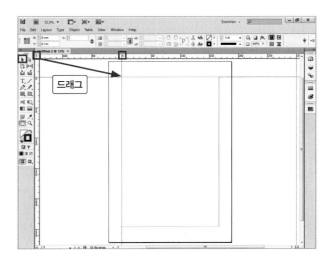

02 'Zoom Tool'로 실제크기 안내선 왼쪽 위를 드래그하여 확대하고, 왼쪽 눈금자에서 마우스를 드래그하여 0mm 지점에서 오른쪽으로 3mm만큼 이동한 지점과 위쪽 눈금자에서 마우스를 드래그하여 0mm 지점에서 아래쪽으로 3mm만큼 이동한 지점에 안내선을 가져다 놓습니다.

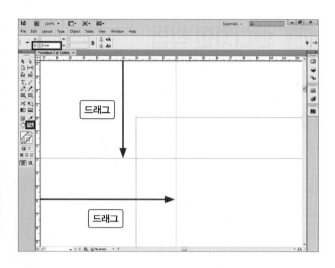

03 'Hand Tool'을 더블클릭하여 윈도우 화면으로 맞춘 후, 실제크기의 안내선 오른쪽 아래를 'Zoom Tool'로 확대합니다. 왼쪽 눈금자에서 마우스를 드래그하여 166mm 지점에서 왼쪽으로 3mm만큼 이동한 지점(163mm)과 위쪽 눈금자에서 마우스를 드래그하여 오른쪽 아래의 246mm 지점에서 위쪽으로 3mm만큼 이동한 지점(243mm)에 안내선을 가져다 놓습니다.

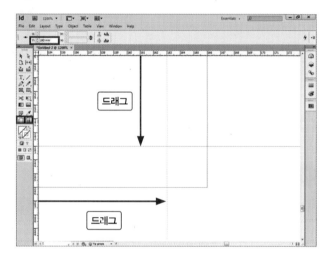

03 재단선 표시하기

01 왼쪽 위를 'Zoom Tool'로 확대한 후, 'Line Tool'을 클릭하고, Shift를 누른 상태에서 왼쪽 위의 세로 안내선과 실제크기 안내선 경계 부분에 수직으로 드래그하여 5mm 길이의 재단선을 그립니다. 가로 안내선과 실제크기 안내선 경계 부분도 수평으로 드래그하여 5mm 길이의 재단선을 그립니다. 두 재단선을 'Selection Tool'로 Shift를 누른 상태에서 각각 클릭하고, Ctrl +C를 눌러 복사합니다.

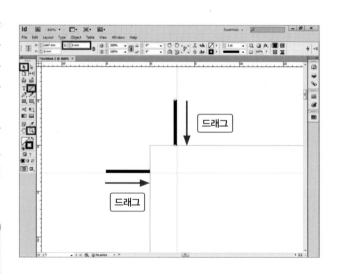

02 오른쪽 위를 'Zoom Tool'로 확대한 후 Ctrl +V 를 눌러 붙여넣기합니다. 컨트롤 패널에서 'Rotate 90° Clockwise'를 클릭하여 위치를 변경한 후, 안내선에 맞춰 배치합니다. 동일한 방법으로 아래쪽의 재단선도 만듭니다.

 기적의 Tip

아래쪽의 재단선도 컨트롤 패널에서 'Rotate 90° Clockwise' 를 클릭하고, 안내선에 맞춰 배치하면 됩니다.

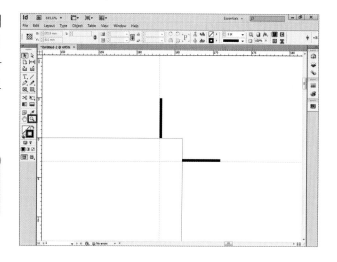

04 이미지 가져오기

01 [File] 〉 [Place]를 선택하여 01.jpg를 선택하고 [열기] 버튼을 클릭합니다.

 기적의 Tip

Ctrl + D : Place

02 실제크기 안내선의 왼쪽 위에 마우스를 클릭하여 이미지를 삽입합니다. 마우스 오른쪽 버튼을 클릭하여 [Display Performance] 〉 [High Quality Display]를 선택합니다.

 기적의 Tip

컨트롤 패널에서 'Reference Point'를 왼쪽 위의 점을 클릭하고 'X : 0mm, Y : 0mm, W : 166mm, H : 246mm'를 확인합니다. 수치가 차이가 날 경우 위와 같이 수치를 직접 입력해 줍니다.

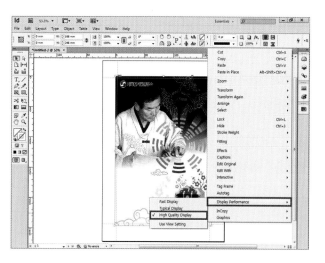

05 외곽선 표시하기

'Rectangle Tool'을 선택하고, 왼쪽 상단 안내선이 교차하는 지점에서 오른쪽 하단의 안내선 교차점까지 드래그하여 사각형을 그린 후, Stroke 패널을 열어서 'Weight : 1pt'로 설정되어 있는지 확인합니다.

> **기적의 Tip**
>
> 컨트롤 패널에서 Reference Point에서 왼쪽 위의 점을 클릭하고 X : 3mm, Y : 3mm, W : 160mm, H : 240mm를 확인합니다.

06 글자 입력하기

01 글자를 입력하기 위해서 'Type Tool'을 선택하고, 글자가 들어갈 부분을 드래그하여 글상자를 만듭니다. 글상자에 박성규를 입력하고, 'Type Tool'로 글자를 블록 지정하여 컨트롤 패널에서 디자인 원고를 참고로 글꼴과 크기를 적절히 설정한 후, 툴 박스에서 글자 색상을 C0M0Y0K100으로 설정합니다.

> **기적의 Tip**
>
> • 글자를 입력할 때는 먼저 글상자를 만들어야 합니다.
> • [Type] 〉 [Character]를 선택하여 패널을 열어 글자의 자간, 행간 등의 세부설정을 할 수 있습니다.

02 'Type Tool'을 선택하고, 다음과 같은 위치에 글상자를 만듭니다. 가죽칠가공 기능전승자를 입력하고, 'Type Tool'로 글자를 블록 지정하여 컨트롤 패널에서 디자인 원고를 참고로 글꼴과 크기를 적절히 설정한 후, 툴 박스에서 글자 색상을 C0M0Y0K100으로 설정합니다.

> **기적의 Tip**
>
> 문자의 두께를 조절해야 할 필요가 있을 때는 [Stroke] 패널의 'Weight' 수치를 조절합니다.

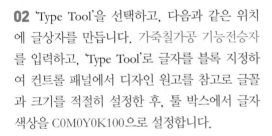

03 'Type Tool'을 선택하고, 다음과 같은 위치에 글상자를 만듭니다. 칠피공예란 ~ 기술이 발달 되었다.를 입력하고, 'Type Tool'로 글자를 블록 지정하여 컨트롤 패널에서 디자인 원고를 참고로 글꼴과 크기를 적절히 설정합니다. 글자 정렬을 위해서 [Type] > [Paragraph]를 선택하고, Paragraph 패널에서 'Justify with last line aligned left'를 클릭한 후, 툴 박스에서 글자 색상을 C0M0Y0K100으로 설정합니다.

07 비번호 입력하기

이미지 왼쪽 아래를 'Zoom Tool'로 확대하고 'Type Tool'로 비번호(등번호)를 입력한 후 문자를 블록 지정하여 컨트롤 패널에서 '글꼴 : Dotum, Font Size : 10pt'로 지정합니다.

🎓 **기적의 Tip**

비번호(등번호)를 재단선 끝선에 맞추어 배치합니다.

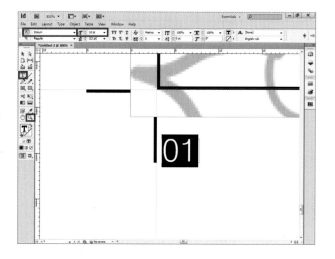

08 저장하고 제출하기

[File] > [Save]를 선택하여 파일이름을 자신의 비번호 01로 입력한 후 [저장] 버튼을 클릭합니다. 'Hand Tool'를 더블클릭하여 결과물 전체를 확인합니다. 작업 폴더를 열고, '01.indd'와 '01.jpg'만 제출합니다. 출력은 출력지정 자리에서 '01.indd'를 열고 프린트합니다. 프린트된 A4 용지는 시험장에서 제공하는 켄트지의 한 가운데에 붙여 제출합니다.

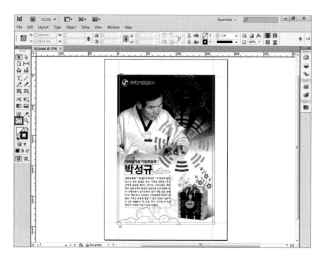

쌀 문화축제 포스터

난이도 상 중 하

작업 프로그램 포토샵, 일러스트레이터, 인디자인

국가기술자격 실기 시험 문제

자격종목	컴퓨터그래픽스운용기능사	과제명	쌀 문화축제 포스터

※ 시험시간 : 4시간

1. 요구사항

※ 다음의 요구사항에 맞도록 주어진 자료(컴퓨터에 수록)를 활용하여 디자인 원고를 시험시간 내에 컴퓨터 작업으로 완성하여 A4 용지로 출력 후 A3 용지에 마운팅(부착)하여 제출하시오.

※ 모든 작업은 수험자가 컴퓨터 바탕화면에 폴더를 만들어 저장하시오.

가. 작품규격(재단되었을 때의 규격) : 160mm×220mm ※A4 용지 중앙에 작품이 배치되도록 하시오.

나. 구성요소(문자, 그림) : ※(디자인 원고 참조)

① 문자요소
- 가족과 함께 하는 천년의 향
- 쌀 문화축제
- 들꽃향기가 가득한 10월을 맞아 여주시에서 다양한 문화예술 행사와 공연까지 우리나라 고유한 문화를 만끽할 수 있는 쌀 문화축제로 오세요.
- 풍년은 나누고~ 행복은 쌓이고~ 가족과 함께하는 쌀 문화축제
- The 15th Yeoju Rice Cultural Festival 2022. 10. 21 ~ 10. 25
- 남한강의 비상 여주시

② 그림요소 : 디자인 원고 참조

밥.jpg

벼.jpg

야채.jpg

한지배경.jpg

다. 작업내용

01) 주어진 디자인 원고(그림, 사진, 문자, 색채, 레이아웃, 규격 등)와 동일하게 작업하시오.

02) 디자인 원고 내용 중 불명확한 형상, 색상코드 불일치, 색 지정이 없는 부분, 원고에 없는 형상 등이 있을 때는 수험자가 완성도면 내용과 같이 작업하시오.

03) 디자인 원고의 서체(요구서체)가 사용 컴퓨터 및 소프트웨어와 맞지 않을 경우는 가장 근접한 서체를 사용하시오.

04) 상하, 좌우에 3mm 재단여유를 갖도록 작품을 배치하고, 재단선은 작품규격에 맞추어 용도에 맞게 표시하시오.
(단, 디자인 원고 중 작품의 규격을 표시한 외곽선이 있을 때는 원고의 지시에 따라 표시여부를 결정한다.)

05) 디자인 원고 좌측 하단으로부터 3mm를 띄워 비번호를 고딕 10pt로 반드시 기록하시오.

06) 출력물(A4)는 어떠한 경우에도 절취할 수 없으며, 반드시 A3 용지 중앙에 마운팅하시오.

라. 컴퓨터 작업범위

01) 10MB 용량의 폴더에 수록될 수 있도록 작업범위(해상도 및 포맷형식)를 계획하시오.

02) 규격 : A4(210×297mm) 중앙에 디자인 원고 내용과 같은 작품(원고규격)을 배치하시오.

03) 해상도 및 포맷형식 : 제한용량 범위 내에서 선택하시오.

04) 기타 : ① 제공된 자료범위 내에서 활용하시오.
② 3개의 2D 응용프로그램을 고루 활용하되, 최종작업 및 출력은 편집프로그램(퀵 익스프레스, 인디자인)에서 하시오. (최종작업 파일이 다른 프로그램에서 생성된 경우는 출력할 수 없음)

작품명 : 쌀 문화축제 포스터

※ 작품규격(재단되었을 때의 규격) : 가로 160mm×세로 220mm, 작품 외곽선은 표시하고, 재단선은 3mm 재단 여유를 두고 용도에 맞게 표시할 것.
※ 지정되지 않은 색상 및 모든 작업은 "최종결과물" 오른쪽 디자인 원고를 참고하여 작업하시오.

❶
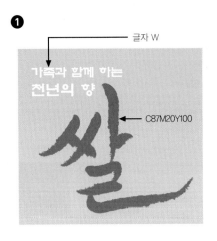

글자 W

C87M20Y100

❹

C95M69Y3
C100M80Y22K6
K8
W
K35
K100
C100M80Y22K6
W
C2M9Y18
C13M10Y62
C29M82Y75K24

모든 외곽선 K100

❷
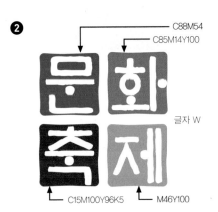

C88M54
C85M14Y100
글자 W
C15M100Y96K5
M46Y100

❺
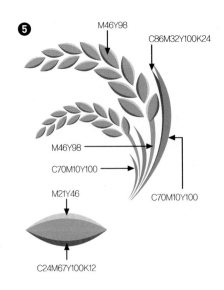

M46Y98
C86M32Y100K24
M46Y98
C70M10Y100
M21Y46
C70M10Y100
C24M67Y100K12

❸

그라디언트 M70Y100~M35Y100
글씨 C100M40K10
남한강의 비상
여주시
글씨 K80
그라디언트 C100M70Y10K20~C100M10
그라디언트 C70Y100~C25Y100

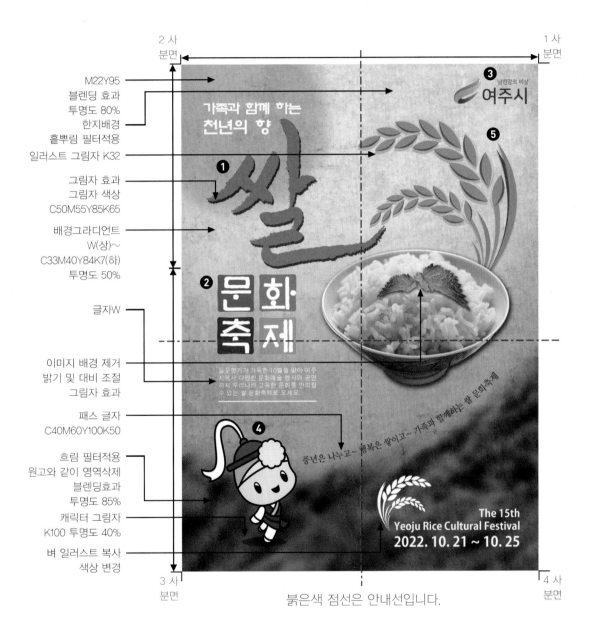

M22Y95
블렌딩 효과
투명도 80%
한지배경
흩뿌림 필터적용
일러스트 그림자 K32

그림자 효과
그림자 색상
C50M55Y85K65

배경그라디언트
W(상)~
C33M40Y84K7(하)
투명도 50%

글자W

이미지 배경 제거
밝기 및 대비 조절
그림자 효과

패스 글자
C40M60Y100K50

흐림 필터적용
원고와 같이 영역삭제
블렌딩효과
투명도 85%

캐릭터 그림자
K100 투명도 40%

벼 일러스트 복사
색상 변경

2 사
분면

1 사
분면

③ 남한강의 비상
여주시

⑤

가족과 함께 하는
천년의 향

①

쌀

② 문화
축제

벼꽃향기가 가득한 10월을 맞아 여주
시에서 다양한 문화예술 행사와 공연
까지 우리나라 고유한 문화를 만끽할
수 있는 쌀 문화축제로 오세요.

④

풍년은 나누고~ 행복은 쌀이고~ 가족과 함께하는 쌀 문화축제

The 15th
Yeoju Rice Cultural Festival
2022. 10. 21 ~ 10. 25

3 사
분면

4 사
분면

붉은색 점선은 안내선입니다.

01 디자인 원고 분석 및 그리드 제작하기

01 작업 그리드 그리기

배부 받은 디자인 원고의 완성 이미지 위에 필기구와 자를 이용하여 가로, 세로의 크기를 측정한 후 각 4등분으로 선을 그어 줍니다. 16등분의 직사각형이 그려지면 가로와 세로선이 교차되는 지점을 기준으로 대각선을 그립니다.

> **기적의 Tip**
>
> **작업 그리드를 그리는 이유?**
> 컴퓨터 작업 시 각 이미지나 도형의 크기, 위치, 간격을 파악하기 위해 필요한 작업입니다. 빨간색 볼펜 등의 튀는 색상의 필기구로 기준선 그리기 작업을 하는 것이 좋습니다.

02 실제 작업 크기 분석 및 계획 세우기

작품규격 160mm×220mm를 확인합니다. 작품 외곽선을 생략하고, 재단선은 3mm의 재단 여유를 두고 용도에 맞게 표시할 것을 엄두에 둡니다. 작품규격에 위쪽, 아래쪽, 왼쪽, 오른쪽으로 각 3mm씩 재단여유를 주면 실제 작업 크기는 166mm×226mm가 됩니다. 그리고 각 요소를 표현하기 위해 사용될 프로그램을 계획해 줍니다.

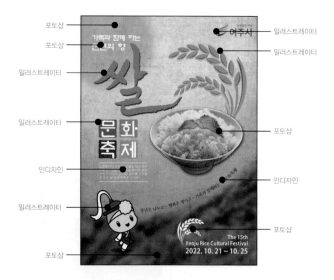

⓪③ 그리드 제작하기

01 일러스트레이터를 실행하고, [File] 〉 [New]를 선택하여 'Units : Millimeters, Width : 166mm, Height : 226mm, Color Mode : CMYK'로 설정한 후, [OK] 버튼을 클릭합니다.

> 🎓 **기적의 Tip**
>
> • Ctrl + N : New Document(새 문서 만들기)
> • 작품규격은 160mm×220mm이므로 재단선 3mm씩을 더하면 작업창의 크기는 166mm×226mm이 됩니다.

02 'Rectangular Grid Tool'을 선택하고, 작업창을 클릭하여 대화상자를 엽니다. 작품규격대로 Default Size 'Width : 160mm, Height : 220mm'로 설정하고, 16등분으로 나누기 위해 Horizontal Dividers, Vertical Dividers 'Number : 3'으로 입력한 후, [OK] 버튼을 클릭합니다.

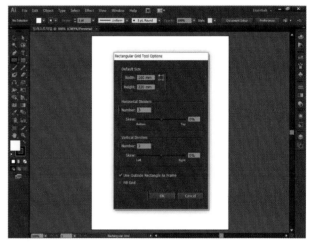

03 [Window]〉[Align] 패널에서 'Align To : Align to Artboard'를 선택하고 'Align Objects : Horizontal Align Center, Vertical Align Center'를 차례로 클릭합니다. Ctrl + 2 를 눌러 격자도형을 잠그고, 'Line Segment Tool'로 좌측 상단에서 우측하단으로 대각선 7개를 그린 후, Reflect Tool을 이용하여 반대방향으로 대각선을 복사합니다. Alt + Ctrl + 2 를 눌러 격자도형의 잠금을 해제하고, Ctrl + A 를 눌러 오브젝트를 모두 선택합니다. Stroke 색상을 빨간색으로 변경하고 Ctrl + G 를 눌러 그룹으로 지정한 후, 일러스트작업.ai로 저장합니다.

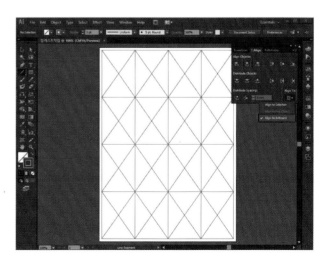

일러스트레이터 작업

01 쌀 캘리그라피 만들기

01 '일러스트작업.ai' 파일이 열린 상태에서 도큐먼트의 빈 곳으로 작업공간을 이동합니다. 'Pen Tool'을 선택하고, 면색을 None, 선색은 임의로 설정한 후, 작업창을 클릭, 드래그하여 다음과 같은 모양의 곡선을 그립니다. 곡선이 그려지면 'Selection Tool'을 선택하여 그리기를 끝냅니다.

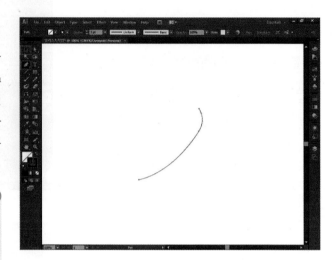

> 🎓 **기적의 Tip**
>
> • Pen Tool을 이용하여 오브젝트를 그릴 때 처음부터 원하는 모양을 그리는 것보다 먼저 단순한 모양으로 그린 후, Pen Tool의 수정 기능으로 정확한 모양을 만드는 것이 시간을 단축할 수 있습니다.
> • 배경색 흰색으로 변경하기 : Alt + Shift + Ctrl + Y

02 'Pen Tool'을 다시 클릭하고, '쌀' 글자의 자음 모양을 그립니다.

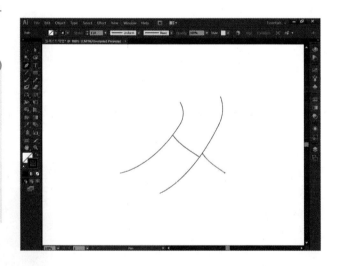

> 🎓 **기적의 Tip**
>
> 그려진 모양이 맘에 들지 않은 경우, Pen Tool의 수정 기능을 이용하여 수정합니다.
> • Direct Selection Tool 클릭 후, Pen Tool 클릭
> • Pen Tool로 선을 수정
>   – 점 추가/삭제 : 선을 클릭/점 클릭
>   – 점 위치 수정 : Ctrl 을 누른 채, 점 드래그
>   – 곡선 모양 수정 : Ctrl 을 누른 채, 곡선 핸들 드래그
>   – 직선→곡선/곡선→직선 변환 : Alt 를 누른 채, 점을 클릭/점 드래그

03 'Pen Tool'로 '쌀' 글자를 다음과 같이 모두 그렸습니다. 디자인 원고와 비교하여 비슷한 모양의 글꼴이 나올 수 있도록 수정하여 캘리그라피의 기본 뼈대를 완성합니다.

04 Brushes 패널을 열어 왼쪽 하단의 Brush Libraries Menu를 클릭한 후, [Artistic] 〉 [Artistic_ChalkCharcoalPencil]를 선택합니다. 브러쉬 적용을 위해서 'Selection Tool'로 그려진 기본 뼈대를 드래그하여 모두 선택합니다.

🎓 **기적의 Tip**

Brushes 패널 열기/닫기 : [Window] 〉 [Brushes] 선택 또는 F5

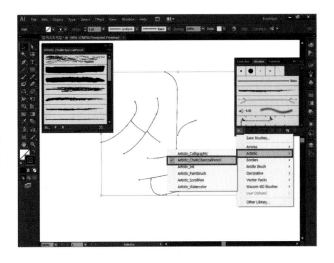

05 Artistic_ChalkCharcoalPencil 패널에서 적당한 브러쉬를 찾아 클릭하여 기본 뼈대에 붓글씨 느낌의 캘리그라피를 적용합니다. 이때 옵션 바의 'Stroke'를 조절하여 적당한 두께의 캘리그라피가 나오도록 합니다.

🎓 **기적의 Tip**

- Stroke의 수치는 각자 그린 글자의 절대 크기에 따라 달라질 수 있으니 수치를 조금씩 올리고, 눈으로 확인하면서 디자인 원고의 모양과 비슷하게 나오도록 합니다.
- Stroke는 옵션 바뿐만 아니라 Stroke 패널(Ctrl + F10)을 열어서 조절할 수도 있습니다.

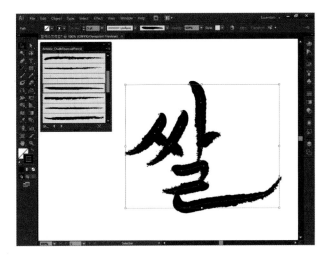

06 'Selection Tool'로 그려진 선들을 함께 선택하고, [Object] 〉 [Path] 〉 [Outline Stroke]를 선택하여 선을 면 오브젝트로 변환합니다.

07 캘리그라피의 면색은 C87M20Y100K0, 선색은 None으로 설정한 후, [Object] 〉 [Group]을 선택하여 그룹 오브젝트로 만든 후, [File] 〉 [Save]를 선택하여 저장합니다.

> 🎓 **기적의 Tip**
>
> - 디자인 원고에서는 색상을 지시할 때 CMYK에 '0' 수치가 있는 경우 생략하여 표시합니다.
>   📝 C100M50Y0K0 → C100M50
> - Ctrl + G : Group
> - 여러 개로 나눠진 오브젝트를 그룹으로 만들면 선택이 쉽게 되므로 나중에 포토샵으로 옮길 때 매우 편리합니다.
> - 항상 작업 시작과 도중에는 Ctrl + S 를 눌러 수시로 저장하는 습관을 기르도록 합니다.

02 문화축제 로고타이틀 만들기

01 'Rounded Rectangle Tool'을 선택하고, 작업창의 빈 곳을 Shift 를 누른 채, 드래그하여 정사이즈의 둥근 모서리 사각형을 만듭니다. 면색은 C88M54Y0K0, 선색은 None으로 설정합니다.

> 🎓 **기적의 Tip**
>
> Rounded Rectangle Tool을 이용하여 사각형을 그리는 도중(마우스 버튼을 누른 상태) ↑, ↓를 여러 번 눌러서 사각형의 모서리의 둥근 정도를 조절한 후, Shift 를 눌러 정사이즈의 오브젝트를 그립니다.

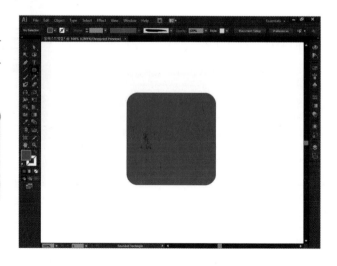

02 'Direct Selection Tool'과 'Pen Tool'을 차례로 선택합니다. 둥근 모서리 사각형이 선택된 상태에서 외곽선을 클릭하여 점을 추가합니다. Alt 을 누른 채 점을 드래그하여 곡선으로 변환하고, Ctrl 을 눌러 점과 핸들을 조절하여 다음과 같이 불규칙한 외곽선의 모양으로 수정합니다.

🎓 기적의 Tip

Direct Selection Tool과 Pen Tool을 차례로 선택한 후, Ctrl 을 누르면 Pen Tool이 선택된 상태에서 Direct Selection Tool의 기능을 이용할 수 있고, Alt 를 누르면 Convert Anchor Point Tool의 기능을 이용할 수 있습니다.

03 'Pen Tool'의 수정 기능을 이용하여 외곽선을 직선이 아닌 불규칙한 곡선으로 모두 수정합니다.

🎓 기적의 Tip

작업시간 단축을 위해서 Pen Tool의 수정 기능을 반드시 익혀야 하지만 아직 익숙하지 않은 경우, Direct Selection Tool과 Pen Tool을 필요에 따라 번갈아 가며 선택하고, 외곽선을 수정합니다.

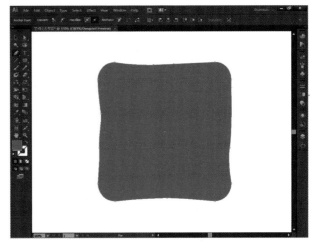

04 'Type Tool'을 선택하고, 문을 입력합니다. 글자의 색상을 C0M0Y0K0, 폰트, 크기 등을 디자인 원고와 비슷하게 설정합니다.

🎓 기적의 Tip

• Type Tool로 글자를 입력할 때 사각형 오브젝트의 외곽선을 클릭하면 선을 따라 입력되는 패스 문자가 입력되니 주의해야 합니다. 따라서 사각형의 외각에 글자를 입력한 후, 사각형 안으로 이동하면 좋습니다.
• [Window] 〉 [Type] 〉 [Character]를 선택하여 Character 패널을 열어 폰트, 크기, 자간 등을 설정할 수 있습니다.

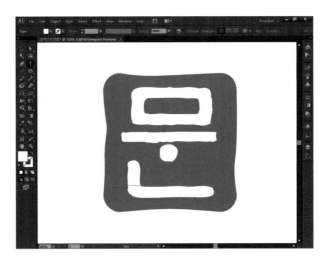

05 'Selection Tool'로 글자를 선택하고, [Type] 〉 [Create Outlines]를 선택하여 일반 오브젝트로 변환합니다.

06 위와 같은 방법을 이용하여 배경과 글자를 만든 후, 다음과 같이 배치하여 완성합니다. '화'의 배경색은 C85M14Y100K0, '축'의 배경색은 C15M100Y96K5, '제'는 C0M46Y100K0으로, 선 색은 모두 None으로 설정합니다. 문화축제 로고 디자인이 완성되었습니다. 디자인 원고와 비교하여 확인한 후, Ctrl + S 를 눌러 저장합니다.

03 벼 모양 그리기

01 'Pen Tool'을 선택하고, 면색은 None, 선색은 임의의 색으로 설정합니다. 'Pen Tool'로 작업 창의 빈 공간을 클릭하여 점을 하나 만든 후, 바로 이어서 다음 점을 클릭하고, 드래그하여 다음과 같은 곡선을 그립니다.

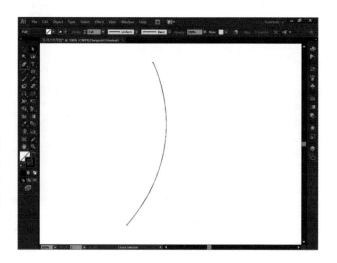

02 'Pen Tool'로 다음과 같은 곡선 모양의 벼 잎사귀를 그린 후, 면색은 C86M32Y100K24, 선색은 None으로 설정합니다.

- 곡선의 양끝이 꺾인 뾰족한 점을 만들기 위해서 'Pen Tool'로 점을 두 번 클릭하여 만들고, 다음 곡선을 이어서 그리면 됩니다.
- 최근 시험의 일러스트 난이도가 점차 올라가고 있습니다. 특히 복잡한 드로잉 요소가 많이 출제되므로 100% 똑같이 그릴 수는 없더라도 주어진 시간 내에 어느 정도 비슷한 형태를 만들 수 있도록 Pen Tool을 이용한 드로잉을 충분히 연습하도록 합니다.

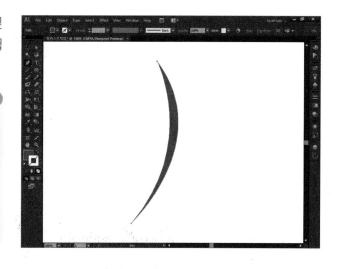

03 같은 방법으로 곡선 모양의 벼 잎사귀를 추가하여 그린 후, 면색은 C70M10Y100K0, 선색은 None으로 설정합니다.

시간이 부족할 경우, 벼 잎사귀를 복사(Alt+드래그/Ctrl+C, Ctrl+V)한 후, 크기 조절점을 이용하여 크기를 조절하고, 적당한 위치에 배치해도 됩니다.

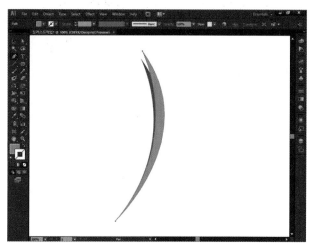

04 'Selection Tool'로 마지막에 그린 잎사귀를 선택하고, Ctrl+C를 눌러 복사합니다. Ctrl+V를 두 번 눌러 2개 복사하고, 크기 조절점을 이용하여 크기를 각각 다르게 줄인 후, 다음과 같이 배치합니다.

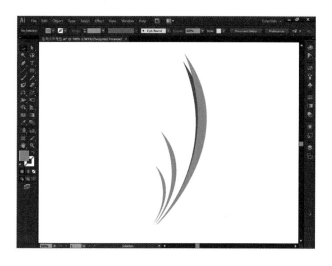

05 'Pen Tool'로 녹색 잎사귀의 중간에 다음과 같이 끝이 뭉툭한 노란 잎사귀를 그린 후, 면색은 C0M46Y98K0, 선색은 None으로 설정합니다.

🎓 **기적의 Tip**

끝을 뭉툭하게 하는 이유는 위쪽에 벼를 그려 넣어야 하기 때문에 튀어나오지 않도록 하기 위해서입니다.

06 벼알을 만들기 위해서 'Ellipse Tool'을 선택하고, 가로가 긴 타원을 그린 후, 면색은 C0M46Y98K0, 선색은 None으로 설정합니다.

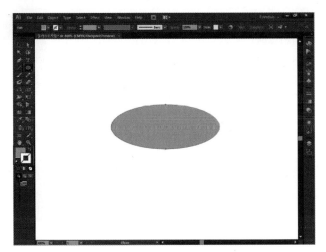

07 'Convert Anchor Point Tool'을 선택하고, 타원의 오른쪽과 왼쪽 점을 클릭하여 양끝이 뾰족한 타원을 만듭니다.

🎓 **기적의 Tip**

Convert Anchor Point Tool : 곡선상의 점을 클릭하여 곡선을 직선으로 변환하거나, 드래그하여 곡선으로 만들 수 있습니다. 원의 양 끝점을 클릭하여 직선으로 만들었기 때문에 뾰족한 점이 됩니다.

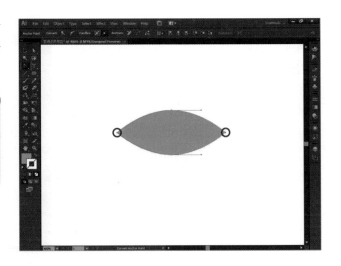

08 'Pen Tool'로 양 끝점을 잇는 곡선을 다음과 같이 그립니다.

🎓 **기적의 Tip**

Snap 기능으로 인해 곡선을 그릴 때 끝점이 정확하게 클릭됩니다. 이 기능이 동작하지 않는다면 [View] 〉 [Smart Guides]가 체크되어 있는지 확인합니다.

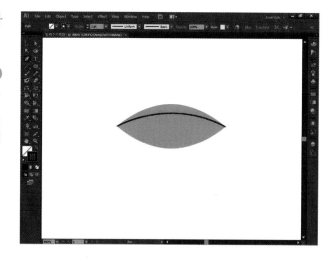

09 'Selection Tool'로 그린 곡선을 선택합니다. 반전 복사하기 위해서 'Reflect Tool'을 선택하고, Alt 를 누른 채, 타원의 양 끝점 중 하나를 클릭합니다. [Reflect] 대화상자가 열리면 'Horizontal'로 설정한 후, [Copy] 버튼을 클릭합니다.

🎓 **기적의 Tip**

Reflect Tool을 선택하고, Alt 를 누른 채 특정 점을 클릭하는 이유는 반전되는 기준을 설정하는 것입니다.

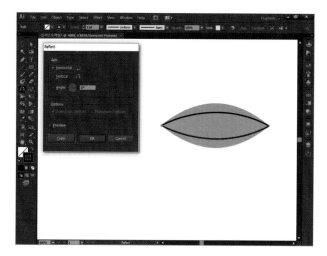

10 'Selection Tool'로 타원과 곡선 2개를 모두 선택하고, Pathfinder 패널에서 'Pathfinder : Divide'를 클릭합니다. 곡선 모양대로 타원이 다음과 같이 3개로 분리되었는지 확인합니다.

🎓 **기적의 Tip**

• 여러 개의 오브젝트 선택하기 : Selection Tool을 선택하고, 오브젝트를 드래그하거나 Shift 를 누른 채, 오브젝트를 하나씩 차례로 선택합니다.
• Pathfinder 패널이 보이지 않는 경우, [Window] 〉 [Pathfinder]를 선택합니다.

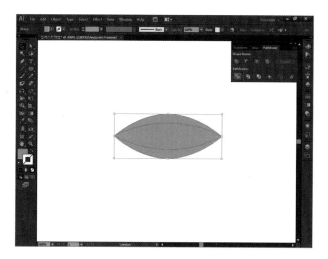

11 'Direct Selection Tool'로 분리된 각 영역을 선택하고, 가장 위쪽은 C0M21Y46K0, 가장 아래쪽은 C24M67Y100K12, 선색은 모두 None으로 설정합니다.

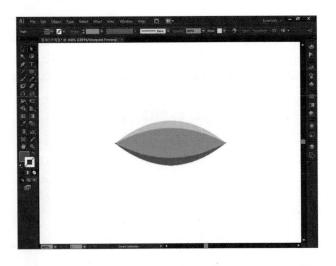

12 'Selection Tool'로 만들어진 벼알을 선택하고, 크기 조절점이 나타나면 벼 잎사귀에 맞게 크기, 회전, 위치 등을 조절하여 배치합니다.

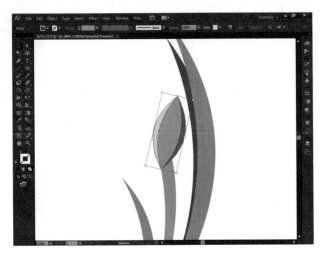

13 벼알을 복사한 후, 크기 조절점을 조절하여 다음과 같이 배치합니다.

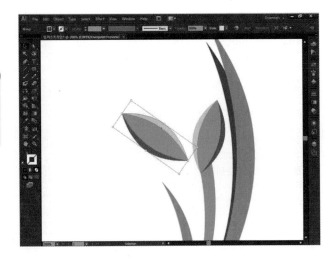

14 위와 같은 방법으로 벼알을 복사하고, 크기와 위치, 회전을 조절하여 벼 모양을 만듭니다. 노란색 벼 잎과 알들을 모두 선택하고, Ctrl+G 를 눌러 그룹으로 만듭니다.

기적의 Tip

• 그룹 : Ctrl + G
• 그룹 해제 : Shift + Ctrl + G

15 방금 만든 벼 그룹을 복사하여 다음과 같이 배치합니다. 디자인 원고와 비교하여 확인한 후, 'Selection Tool'로 모두 선택하고, Ctrl+G 를 눌러 그룹으로 만듭니다.

04 풍물놀이 캐릭터

01 'Pen Tool'을 선택하고, 면색을 None, 선색은 임의로 설정한 후, 머리 모양의 곡선을 그립니다.

기적의 Tip

Pen Tool로 선을 그리기 전에 면색을 None으로 설정하는 이유는 선의 모양을 잡을 때 편리하기 때문입니다.

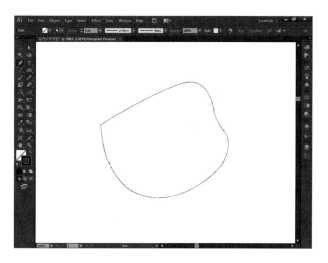

02 머리 부분의 영역이 나뉠 부분에 'Pen Tool'로 곡선을 그립니다. 'Selection Tool'로 머리 모양과 곡선을 함께 선택하고, Pathfinder 패널에서 'Pathfinder : Divide'를 클릭하여 곡선을 기준으로 머리 모양을 분리합니다.

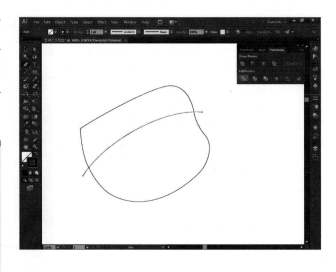

🎓 **가적의 Tip**

• 복잡한 드로잉 요소가 들어간 오브젝트를 그릴 때는 가장 중심이 되는 부분을 먼저 그린 후, 나머지 작은 부분들을 채워나가는 것이 좋습니다.
• 시험에서 복잡한 모양의 캐릭터가 나온 경우, 세밀한 부분까지 신경 쓰기보다는 특징적인 부분만 잘 그린 후, 나머지 부분은 비율만 맞춰서 빠르게 그리는 것이 시험시간 단축에 도움이 됩니다.

03 Shift + Ctrl + G 를 눌러 그룹을 해제하고, 위쪽 영역은 면색을 C0M0Y0K8, 아래쪽 영역은 C2M9Y18K0, 선색은 모두 None으로 설정합니다. 머리 위쪽 영역을 분리하기 위해서 'Pen Tool'로 다음과 같은 곡선을 그립니다.

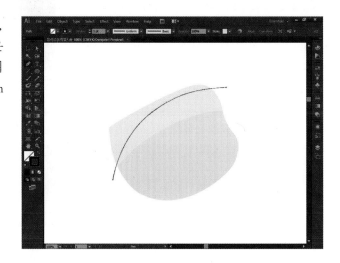

04 'Selection Tool'로 머리 위쪽 영역과 곡선을 함께 선택하고, Pathfinder 패널에서 'Pathfinder : Divide'를 클릭하여 머리 위쪽 영역을 분리합니다. Shift + Ctrl + G 를 눌러 그룹을 해제하고, 면색은 C0M0Y0K35, 선색은 None으로 설정합니다.

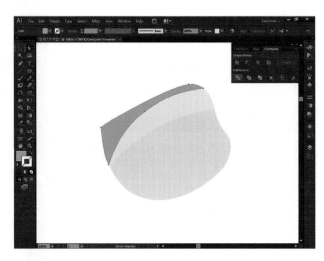

05 'Ellipse Tool'로 원을 그린 후, 면색을
C0M0Y0K100, 선색은 None으로 설정합니다.
'Selection Tool'로 눈을 선택하고, 회전하여 배치
합니다.

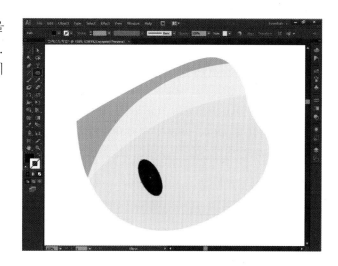

06 'Pen Tool'로 다음과 같은 모양을 그린 후,
면색을 C0M0Y0K0, 선색은 None으로 설정합
니다.

07 'Selection Tool'로 눈과 안쪽 흰색 부분을 함
께 선택하고, Alt 를 누른 채 드래그하여 복사한
후, 다음과 같이 배치합니다. 'Pen Tool'로 입 모
양을 그린 후, 면색을 C0M0Y0K100, 선색은
None으로 설정합니다.

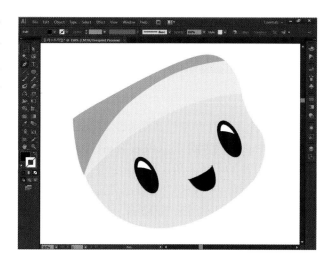

08 'Selection Tool'을 선택하고, 눈과 입을 제외한 얼굴 부분 오브젝트를 모두 선택합니다. 글자의 외곽선을 만들기 위해서 [Object] 〉 [Path] 〉 [Offset Path]를 선택하고, [Offset Path] 대화상자가 열리면 'Preview : 체크', 'Offset'에 적당한 수치를 입력한 후, [OK] 버튼을 클릭하여 다음과 같은 두께로 외곽선이 만들어지는지 확인합니다.

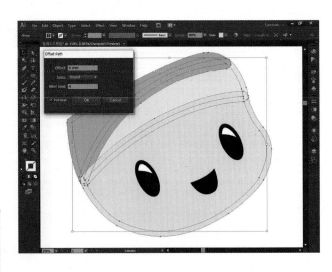

🎓 기적의 Tip

• Preview를 체크하면 수치에 따라 오브젝트의 변화를 바로 확인할 수 있기 때문에 편리합니다.
• Offset 수치는 그린 캐릭터의 절대 크기에 따라 달라질 수 있기 때문에 외곽선의 두께를 눈으로 확인하면서 각자 적당한 값을 입력합니다.

09 'Selection Tool'로 만들어진 외곽선을 선택하여 면색을 C0M0Y0K100, 선색은 None으로 모두 설정합니다. 다음으로 머리 위쪽에 모자를 만들기 위해서 'Rounded Rectangle Tool'을 선택하고, 가로가 긴 둥근 모서리 직사각형을 만듭니다. 면색을 C100M80Y22K6, 선색은 None으로 설정합니다. 'Selection Tool'로 오브젝트를 선택하고, 회전하여 다음과 같이 배치합니다.

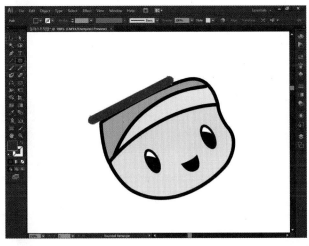

🎓 기적의 Tip

Rounded Rectangle Tool을 이용하여 둥근 모서리 사각형을 그리는 도중(마우스 버튼을 누른 상태) ↑, ↓를 여러 번 눌러서 사각형의 모서리의 둥근 정도를 조절한 후, Shift 를 눌러 정사이즈의 오브젝트를 그립니다.

10 외곽선을 만들기 위해서 [Object] 〉 [Path] 〉 [Offset Path]를 선택하고, [Offset Path] 대화상자가 열리면 'Offset'에 얼굴에 적용한 수치와 같은 값을 입력한 후, [OK] 버튼을 클릭합니다. 'Selection Tool'로 만들어진 외곽선을 선택하고, 면색을 C0M0Y0K100, 선색은 None으로 설정합니다.

11 모자 윗 부분을 만들기 위해서 'Ellipse Tool'을 선택하고, [Shift]를 누른 채 정원을 그린 후, 면색을 C95M69Y3K0, 선색은 None으로 설정합니다. 위와 같은 방법으로 Offset Path를 같은 수치로 적용한 후, 외곽선의 면색을 C0M0Y0K100, 선색은 None으로 설정합니다.

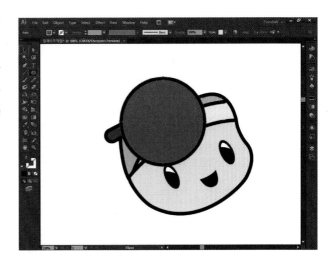

12 'Selection Tool'로 모자 윗 부분과 외곽선 오브젝트를 모두 선택하고, 마우스 오른쪽 버튼을 클릭한 후, [Arrange] 〉 [Send to Back]을 선택하여 머리 오브젝트 뒤쪽으로 배치합니다.

🎓 기적의 Tip

- [Shift]+[Ctrl]+[[] : Send to Back
- [Shift]+[Ctrl]+[]] : Bring to Front

13 위와 같은 방법으로 모자 장식을 만듭니다. 파란색 부분은 면색 C95M69Y3K0, 흰색 부분은 C0M0Y0K0, 외곽선은 C0M0Y0K100으로 설정합니다.

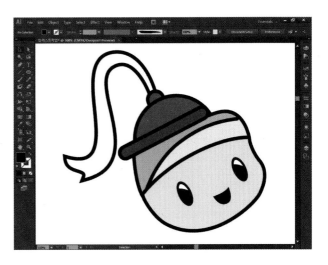

14 모자 앞쪽 장식을 'Pen Tool'로 그린 후, 면색을 C0M0Y0K8, 선색은 None으로 설정합니다. 장식에 'Offset Path'를 적용한 후, 면색을 C0M0Y0K100으로 설정합니다.

15 캐릭터의 몸통 부분을 그린 후, Offset Path를 적용합니다. 옷의 파란색 부분은 면색 C100M80Y22K6, 빨간색 부분은 C29M82Y75K24, 노란색 부분은 C13M10Y62K0, 흰색 부분은 C0M0Y0K0으로 설정합니다. 외곽선은 모두 C0M0Y0K100으로 설정합니다.

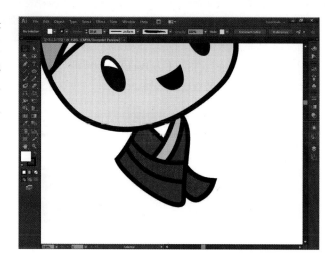

16 마지막으로 손과 발을 그린 후, Offset Path를 적용합니다. 면색은 C0M0Y0K0, 외곽선은 모두 C0M0Y0K100으로 설정합니다. 풍물놀이 캐릭터가 완성되었으므로 'Selection Tool'로 오브젝트를 모두 선택하고, Ctrl + G 를 눌러 그룹으로 만든 후, Ctrl + S 를 눌러 일러스트 작업을 저장합니다.

05 여주시 심벌로고 만들기

01 'Pen Tool'을 선택하고, 면색은 None, 선색은 임의의 색으로 설정한 후, 다음과 같은 모양의 오브젝트를 그립니다.

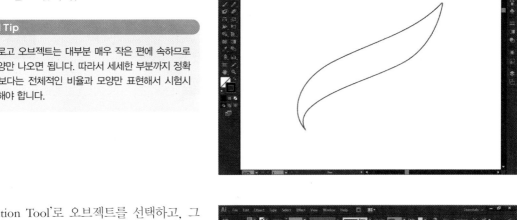

> 🎓 **기적의 Tip**
>
> 시험에서 로고 오브젝트는 대부분 매우 작은 편에 속하므로 비슷한 모양만 나오면 됩니다. 따라서 세세한 부분까지 정확히 그리기보다는 전체적인 비율과 모양만 표현해서 시험시간을 절약해야 합니다.

02 'Selection Tool'로 오브젝트를 선택하고, 그라디언트 색상을 적용하기 위해서 'Gradient Tool'을 더블클릭하여 Gradient 패널을 엽니다. 'Type : Linear', 'Angle'은 오브젝트의 기울기에 맞춰 적당한 각도로 설정하고, Gradient의 왼쪽 슬라이더는 'Location : 20%', 'Color : C0M70Y100K0', 오른쪽 슬라이더는 'Location : 100%', 'Color : C0M35Y100K0'으로 설정합니다.

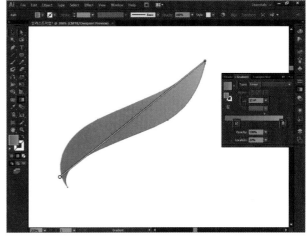

> 🎓 **기적의 Tip**
>
> • Gradient 패널에서 색상 슬라이더를 더블클릭하면 색상팔레트가 나타나고, 색상 변경이 가능합니다. 이때 색상이 흑백으로만 표시되는 경우 오른쪽 상단의 메뉴를 클릭하여 CMYK로 변경합니다.
> • Angle은 각자 그린 오브젝트의 기울기가 다르므로 눈으로 확인한 후, 비슷하게 설정합니다.

03 앞서 그린 심벌로고의 곡선에 맞춰 다음 오브젝트를 'Pen Tool'로 그립니다.

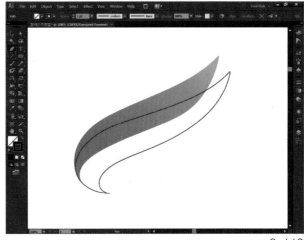

04 'Gradient Tool'을 더블클릭하여 Gradient 패널을 엽니다. 'Type : Linear', 'Angle'은 오브젝트의 기울기에 맞춰 적당한 각도로 설정하고, Gradient의 왼쪽 슬라이더는 'Location : 20%', 'Color : C70M0Y100K0', 오른쪽 슬라이더는 'Location : 100%', 'Color : C25M0Y100K0'으로 설정합니다.

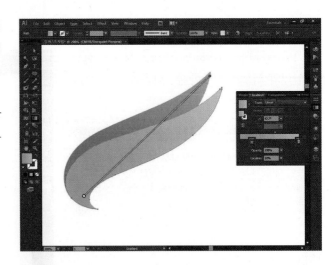

05 심벌로고의 아래쪽 부분을 'Pen Tool'로 그린 후, 'Gradient Tool'을 더블클릭하여 Gradient 패널을 엽니다. 'Type : Linear', 'Angle'은 오브젝트의 기울기에 맞춰 적당한 각도로 설정하고, Gradient의 왼쪽 슬라이더는 'Location : 0%', 'Color : C100M70Y10K20', 오른쪽 슬라이더는 'Location : 90%', 'Color : C100M10Y0K0'으로 설정합니다. 마우스 오른쪽 버튼을 클릭한 후, [Arrange] > [Send to Back]을 선택하여 가장 뒤쪽으로 배치합니다.

06 완성된 심벌로고를 디자인 원고와 비교하여 확인합니다. 오브젝트를 모두 선택하고, Ctrl +G를 눌러 그룹으로 들고, [File] > [Save]를 선택하여 일러스트 작업을 저장합니다.

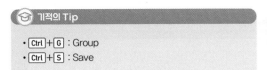

기적의 Tip

• Ctrl + G : Group
• Ctrl + S : Save

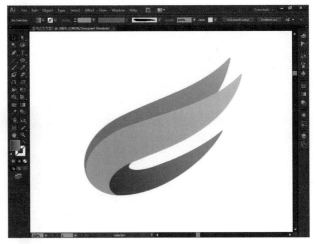

01 작업 준비하기

01 포토샵을 실행하고, [File] 〉 [New]를 선택하여 [New] 대화상자에서 'Width : 166mm, Height : 226mm, Resolution : 300Pixels/Inch, Color Mode : CMYK Color'로 설정한 후, [OK] 버튼을 클릭합니다.

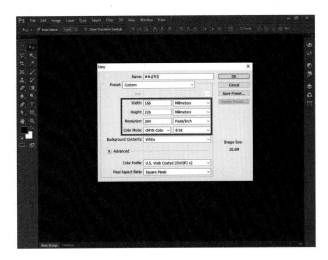

> 🎓 기적의 Tip
>
> • Ctrl + N : New(새로 만들기)
> • Resolution : 300Pixels/Inch은 인쇄, 출판을 위한 최적의 해상도 설정입니다. 하지만 작업 파일의 크기가 커지고 고사양의 컴퓨터가 요구됩니다. 시험에서 제출할 파일의 총 용량은 10MB 이하이기 때문에 파일크기는 크게 문제가 되지 않지만 시험장마다 다른 컴퓨터 사양으로 인해 작업 진행에 어려움이 예상되는 경우, 150~250 정도의 해상도를 설정하는 것이 좋습니다.

02 '일러스트작업' 창에서 그리드를 선택하고, Ctrl + C를 눌러 복사합니다.

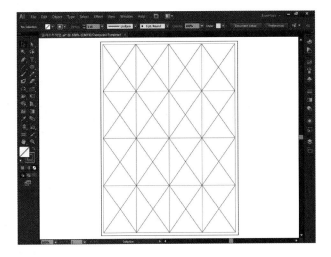

> 🎓 기적의 Tip
>
> 그리드가 잠겨 선택되지 않는 경우, [Window] 〉 [Layers]를 선택하고, Layers 패널에서 해당 레이어의 Toggles Lock 아이콘을 클릭하여 레이어 잠금을 해제하거나, Alt + Ctrl + 2를 눌러 오브젝트 잠금을 해제합니다.

03 '포토샵작업' 창에 [Ctrl]+[V]를 눌러 붙여넣기한 후, [Paste] 대화상자에서 'Pixels'를 선택하고, [OK] 버튼을 클릭합니다. [Enter]를 눌러 그리드를 확정하고, Layers 패널에서 이름을 그리드로 변경합니다. 'Move Tool'을 선택하고, [Ctrl]을 누른 채 'Background' 레이어와 함께 선택한 후, 옵션 바에서 'Align vertical centers', 'Align horizontal centers'를 클릭하여 정렬합니다. '그리드' 레이어만 선택하고, 'Lock all' 아이콘을 클릭하여 잠근 후, [File] 〉 [Save]를 선택하여 포토샵작업.psd로 저장합니다.

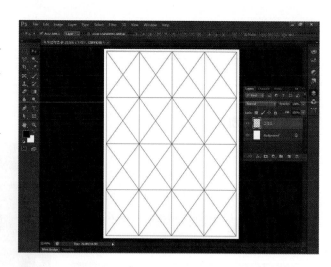

02 이미지 배경 넣기

01 [File] 〉 [Open]을 선택하고, [Open] 대화상자가 열리면 한지배경.jpg을 찾아 선택한 후, [Open] 버튼을 클릭하여 이미지를 불러옵니다. 이미지가 열리면 [Ctrl]+[A]를 눌러 전체영역을 선택하고, [Ctrl]+[C]를 눌러 복사합니다.

02 '포토샵작업' 창으로 돌아와 [Ctrl]+[V]를 눌러 이미지를 붙여 넣습니다. [Ctrl]+[T]를 눌러 크기 조절점을 나타내고, 크기와 위치를 조절하여 다음과 같이 전체 영역을 다 채우게 배치한 후, [Enter]를 눌러 확정합니다. Layers 패널에서 레이어의 이름을 한지배경으로 변경한 후, 레이어 위치를 '그리드' 레이어 아래로 이동합니다.

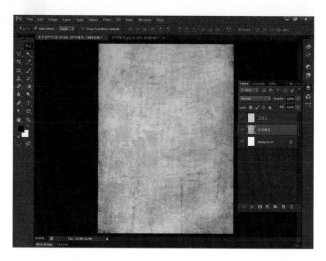

03 [Image] 〉 [Mode] 〉 [RGB Color]를 선택하고, [Adobe Photoshop CS6 Extended] 대화상자가 열리면 [Don't Flatten] 버튼을 클릭합니다.

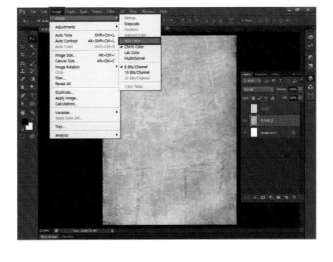

- 특정한 필터효과는 CMYK 모드에서는 동작하기 않기 때문에 잠시 RGB 모드로 변경하는 것입니다. 필터 적용 후, 다시 CMYK 모드로 전환하면 원래 작업했던 색상으로 유지됩니다.
- [Flatten]을 선택하게 되면 모든 레이어가 하나로 합쳐지므로 주의합니다.

04 [Filter] 〉 [Filter Gallery]를 선택하고, [Brush Strokes] 〉 [Spatter]를 클릭하여 'Spray Radius : 25, Smoothness : 15'로 설정한 후, [OK] 버튼을 클릭합니다.

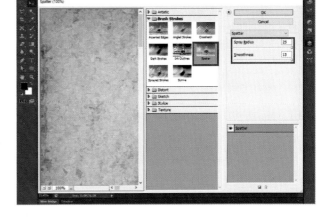

🎓 기적의 Tip

- Filter Gallery는 다양한 회화, 스케치 등의 필터효과를 모아놓은 곳으로써 시각적으로 적용결과를 확인하면서 효과를 적용할 수 있습니다.
- 실제 시험에서 수치 입력은 정확한 값이 아니라 이미지를 확인하면서 비슷한 결과가 나오도록 임의로 설정해야 합니다. 따라서 책에서 제시한 수치를 완벽하게 지키지 않아도 됩니다.

05 적용된 필터효과를 확인한 후, [Image] 〉 [Mode] 〉 [CMYK Color]를 선택하여 다시 CMYK 모드로 돌아옵니다.

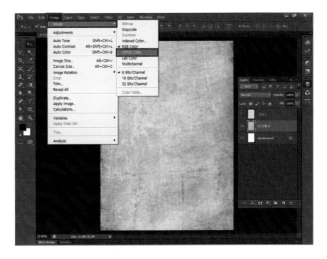

🎓 기적의 Tip

메뉴 선택 후, 대화상자가 열리면 반드시 [Don't Flatten] 버튼을 선택해야 합니다. [Flatten]을 실수로 선택하여 모든 레이어가 합쳐진 경우, Ctrl+Z를 눌러 이전 상태로 복귀한 후, 다시 모드를 변경합니다.

03 배경 만들기

01 Layers 패널에서 'Create a new layer' 아이콘을 클릭하여 새 레이어를 만들고, 이름을 그라데이션 배경으로 변경한 후, 전경색을 C33M40 Y84K7, 배경색을 C0M0Y0K0으로 설정합니다. 'Gradient Tool'을 선택하고, 옵션 바에서 'Foreground to Background'로 설정한 후, [Shift]를 누른 채 아래에서 위로 드래그하여 그라데이션 배경을 만듭니다.

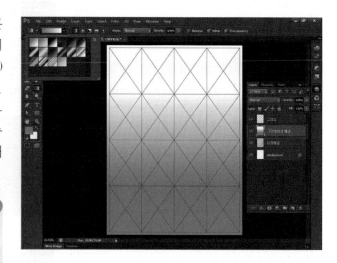

> **기적의 Tip**
>
> • Foreground to Background는 전경색에서 배경색으로 변하는 그라디언트를 적용합니다.
> • 그라디언트를 적용할 때 [Shift]를 누르면 수평, 수직, 45° 정 방향으로 그라데이션을 그릴 수 있습니다.
> • 그라디언트는 시작점과 끝점의 위치에 따라 결과가 달라질 수 있습니다. 결과물이 맘에 들지 않을 경우, [Ctrl]+[Z]를 눌러 이전 명령을 취소한 후, 다시 그라디언트를 적용합니다.

02 Layers 패널에서 '그라데이션 배경' 레이어의 'Opacity'를 50%로 설정하여 이미지와 자연스럽게 섞이도록 합니다.

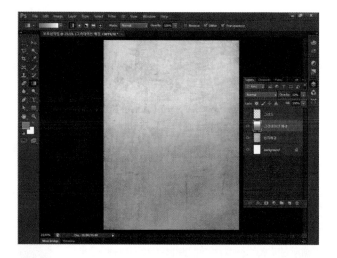

> **기적의 Tip**
>
> • Opacity : 불투명도
> • '그리드' 레이어는 계속 켜둘 필요는 없습니다. 디자인 원고와 비교하여 위치나 크기 등을 확인해야 할 경우 중간 중간 활용하면 됩니다.

03 [File] 〉 [Open]을 선택하여 대화상자가 열리면 벼.jpg를 선택하고, [Open] 버튼을 클릭합니다.

04 이미지가 열리면 [Ctrl]+[A]를 눌러 전체영역을 선택하고, [Ctrl]+[C]를 눌러 복사합니다. '포토샵작업' 창으로 돌아와 [Ctrl]+[V]를 눌러 붙여넣고, [Ctrl]+[T]를 눌러 크기와 위치를 조절하여 다음과 같이 하단에 배치한 후, Layers 패널에서 레이어의 이름을 벼로 변경합니다.

> 🎓 **기적의 Tip**
>
> Free Transform을 이용하여 위치, 크기 조절이 끝난 후, 반드시 [Enter]를 눌러 변경된 내용을 확정해야 합니다.

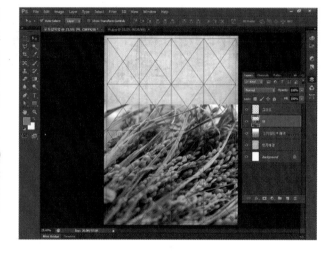

05 [Ctrl]+[−]를 여러 번 눌러 화면을 축소합니다. 'Elliptical Marquee Tool'을 클릭하고, 옵션바에서 'Feather : 50px'로 설정한 후, [Shift]를 누른 채 화면을 드래그하여 다음과 같은 위치에 선택영역을 만듭니다. [Delete]를 눌러 선택 부분을 삭제하고, [Ctrl]+[D]를 눌러 선택영역을 해제합니다.

> 🎓 **기적의 Tip**
>
> • 선택영역을 그릴 때 [Shift]를 누르면 가로, 세로의 비율이 동일한 정원을 그릴 수 있습니다. 그리는 도중(마우스 버튼을 누른 상태) [Space Bar]를 눌러 선택영역의 위치를 수정할 수 있습니다.
> • Feather : 높은 값을 입력할수록 선택영역의 외곽선 경계를 부드럽게 처리합니다.
> • [Ctrl]+[+] : Zoom In(화면 확대)
> • [Ctrl]+[−] : Zoom Out(화면 축소)
> • [Ctrl]+[D] : Deselect(선택영역 해제)

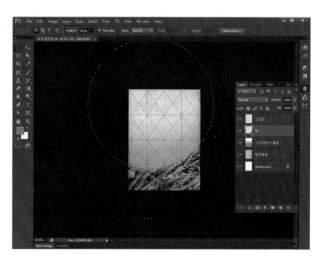

06 [Filter] 〉 [Blur] 〉 [Gaussian Blur]를 선택하고, [Gaussian Blur] 대화상자에서 'Radius : 18Pixels' 정도로 설정한 후, [OK] 버튼을 클릭하여 블러(흐림) 효과를 적용합니다.

🎓 **기적의 Tip**

• 포토샵 버전에 따라 필터 메뉴의 이름 또는 위치가 조금씩 다를 수 있습니다.
• 실제 시험에서는 정확한 숫자로 입력하기보다는 아래에 위치한 슬라이더를 좌우로 움직이고, 이미지에 적용되는 효과를 확인하면서 적당한 값을 찾는 것이 시간을 줄일 수 있습니다.

07 Layers 패널에서 '벼' 레이어의 Blend Mode를 Multiply로 설정하고, 'Opacity : 85%' 정도로 설정합니다.

🎓 **기적의 Tip**

선택한 레이어의 Blend Mode를 Normal이 아닌 다른 옵션으로 설정하면 아래 위치한 레이어들과 다양한 방법으로 합성됩니다.

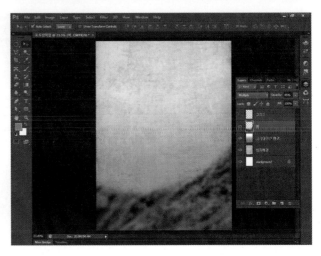

08 Layers 패널에서 'Create a new layer' 아이콘을 클릭하여 새 레이어를 만들고, 이름을 달로 변경합니다. 'Elliptical Marquee Tool'을 클릭하고, 옵션 바에서 'Feather : 40px'로 설정한 후, Shift 를 누른 채 화면을 드래그하여 다음과 같은 위치에 선택영역을 만듭니다. 전경색을 C0M22 Y95K0으로 설정한 후, Alt + Delete 를 눌러 색을 채우고, Ctrl + D 를 눌러 선택영역을 해제합니다.

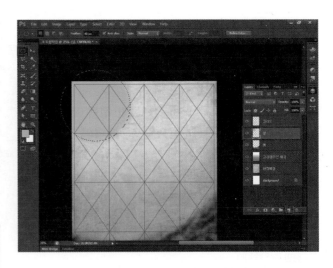

🎓 **기적의 Tip**

• 포토샵 작업을 시작할 때 설정한 해상도에 따라 책에서 제시한 수치가 다를 수 있습니다. 따라서 이미지를 확인하면서 비슷한 결과가 나오도록 임의로 설정하는 것이 좋습니다.
• Ctrl + Delete : 전경색으로 채우기

09 Layers 패널에서 '달' 레이어의 Blend Mode
를 Multiply로 설정하고, 'Opacity : 80%' 정도로
설정합니다. 배경이 완성되었습니다. 디자인 원
고와 비교하여 전체적으로 확인한 후, Ctrl + S
를 눌러 저장합니다.

 기적의 Tip

Ctrl + S : Save

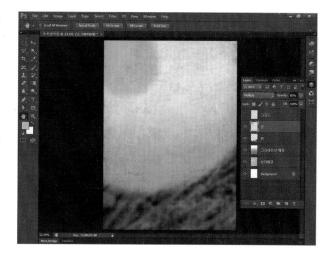

04 쌀밥 이미지와 벼 일러스트 배치하기

01 [File] 〉 [Open]을 선택하고, [Open] 대화상
자가 열리면 밥.jpg를 찾아 선택한 후, [Open] 버
튼을 클릭하여 이미지를 불러옵니다.

02 'Elliptical Marquee Tool'을 클릭하고, 옵션
바에서 'Feather : 0px'로 설정한 후, 화면을 드래
그하여 쌀 이미지의 윗 부분에 선택영역을 만듭
니다.

기적의 Tip

선택영역을 그리는 도중(마우스 버튼을 누른 상태)
Space Bar 를 눌러 선택영역의 위치를 변경해가며 선택영역
을 선택할 수 있습니다.

03 'Polygonal Lasso Tool'을 선택하고, Shift 를 누른 채, 아래쪽 밥그릇 부분을 선택영역으로 추가한 후, Ctrl + C 를 눌러 복사합니다.

04 '포토샵작업' 창으로 돌아와 Ctrl + V 를 눌러 붙여 넣고, Ctrl + T 를 눌러 크기와 위치를 조절하여 다음과 같이 배치한 후, Layers 패널에서 레이어의 이름을 밥으로 변경합니다.

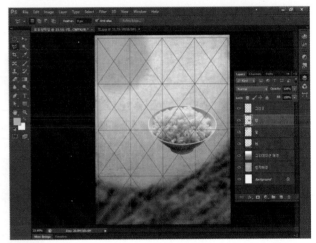

05 Layers 패널에서 '밥' 레이어의 빈 공간을 더블클릭합니다. [Layer Style] 대화상자에서 'Styles : Drop Shadow'를 클릭하고, 'Distance : 14px, Spread : 0%, Size : 30px'로 설정한 후, [OK] 버튼을 클릭합니다.

06 [File] 〉 [Open]을 선택하여 야채.jpg를 불러옵니다. 이미지가 열리면 'Pen Tool'을 선택하고, 중앙에 위치한 잎사귀 외곽을 따라 클릭하여 선을 그립니다. 선이 완성되면 Ctrl+Enter 를 눌러 선택영역으로 설정하고, Ctrl+C 를 눌러 복사합니다.

07 '포토샵작업' 창에 Ctrl+V 를 붙여 넣은 후, 크기와 위치, 회전을 조절하여 다음과 같이 배치한 후, 레이어의 이름을 야채01로 변경합니다.

08 '야채01' 레이어가 선택된 상태에서 [Image] 〉 [Adjustment] 〉 [Levels]를 선택하고, [Levels] 대화상자에서 각 슬라이더를 다음과 같이 조절한 후, [OK] 버튼을 클릭합니다.

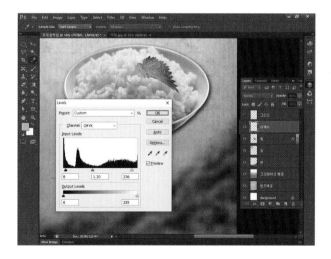

09 '야채01' 레이어가 선택된 상태에서 Ctrl +J를 눌러 레이어를 복사한 후, 레이어의 이름을 야채02로 변경합니다. Ctrl+T를 눌러 크기 조절점을 나타내고, 마우스 오른쪽 버튼을 클릭하여 [Flip Horizontal]로 이미지를 좌우 반전한 후, 크기 조절점을 Shift를 누른 채 조절하여 적당한 크기와 회전, 위치로 다음과 같이 배치합니다.

🎓 기적의 Tip

이미지 상하/좌우 반전 : 크기 조절점이 있는 상태에서 마우스 오른쪽 버튼을 클릭하고, [Flip Horizontal]/[Flip Vertical] 메뉴를 선택합니다.

10 Layers 패널에서 '야채01' 레이어의 빈 공간을 더블클릭합니다. [Layer Style] 대화상자에서 'Styles : Drop Shadow'를 클릭하고, 'Opacity : 60%', 'Distance : 6px, Spread : 0%, Size : 15px'로 설정한 후, [OK] 버튼을 클릭합니다.

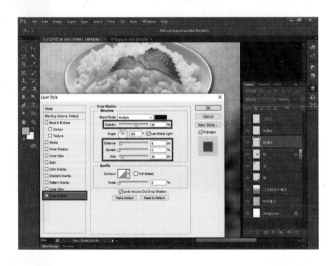

11 적용된 그림자효과를 다른 레이어에도 같은 옵션으로 적용하기 위해서 Layers 패널에서 '야채01' 레이어에 마우스 오른쪽 버튼을 클릭하고, [Copy Layer Style]을 선택합니다.

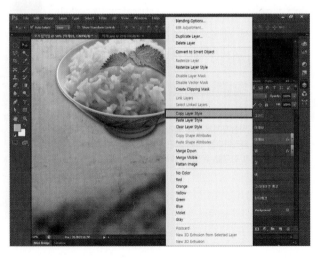

🎓 기적의 Tip

Layer Style 효과를 레이어별로 적용해도 되지만 같은 옵션으로 여러 개의 레이어에 적용해야 하는 작업이라면 효과를 복사, 붙여넣기로 적용하여 시간을 단축할 수 있습니다.

12 '야채02' 레이이에 마우스 오른쪽 버튼을 클릭하고, [Paste Layer Style]을 선택하여 그림자 효과를 똑같은 옵션으로 적용합니다.

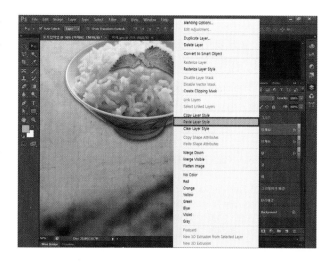

13 '일러스트작업' 창에서 벼를 선택하고, Ctrl +C를 눌러 복사합니다.

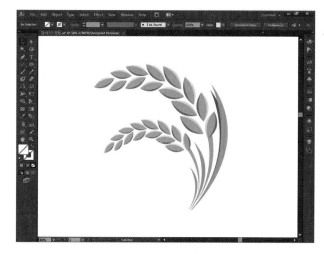

14 '포토샵작업' 창에 Ctrl+V를 눌러 붙여넣기합니다. [Paste] 대화상자에서 'Pixels'를 선택하고, [OK] 버튼을 클릭한 후, 크기와 위치를 조절하여 디자인 원고의 제시된 위치에 맞게 배치합니다. Layers 패널에서 레이어의 이름을 벼 일러스트로 변경한 후, 위치를 '달' 레이어 아래로 이동합니다.

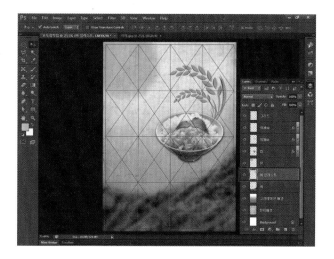

> **기적의 Tip**
> • 크기 조절점을 이용하여 이미지의 크기 조절을 할 때 Shift를 눌러 비율이 원본과 동일하게 유지된 채로 변경해야 합니다.
> • ←, →, ↑, ↓를 눌러 이미지의 위치를 세밀하게 이동할 수 있습니다.

15 '벼 일러스트' 레이어가 선택된 상태에서 [Ctrl]+[C]를 눌러 레이어를 복사합니다. 복사된 레이어의 이름을 벼 일러스트 회색으로 변경합니다. 'Lock Transparent Pixels' 아이콘을 클릭하고, 전경색을 C0M0Y0K32로 설정한 후, [Alt]+[Delete]를 눌러 색을 채웁니다.

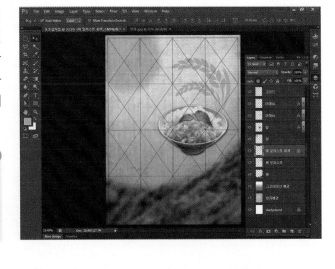

> 🎓 **기적의 Tip**
>
> • [Ctrl]+[D] : Layer via Copy
> • Lock Transparent Pixels를 활성화 시키면 이미지의 픽셀이 있는 곳에만 수정이 가능하게 됩니다. 따라서 선택 과정 없이 필요한 부분에만 색상을 쉽게 변경할 수 있습니다.

16 Layers 패널에서 '벼 일러스트 회색' 레이어를 '벼 일러스트' 레이어 아래로 이동한 후, [↓]를 여러 번 눌러 숨은 레이어가 아래쪽에 살짝 보이게 합니다. 쌀 이미지와 벼 일러스트를 편집하여 완성하였습니다. 디자인 원고와 비교하여 확인한 후, [Ctrl]+[S]를 눌러 저장합니다.

> 🎓 **기적의 Tip**
>
> 예기치 못한 상황에 대비하여 가끔씩 [Ctrl]+[S]를 눌러 저장을 하는 것이 좋습니다.

05 로고타이틀 배치하기

01 '일러스트작업' 창에서 쌀 캘리그라피를 선택하고, [Ctrl]+[C]를 눌러 복사합니다.

02 '포토샵작업' 창에 Ctrl+V를 눌러 붙여넣기합니다. [Paste] 대화상자에서 'Pixels'를 선택하고, 디자인 원고를 참고하여 크기를 조절한 후, 다음과 같은 위치에 배치합니다. Layer 패널에서 레이어의 이름을 캘리그라피로 변경한 후, 레이어 위치를 '그리드' 레이어 아래로 이동합니다.

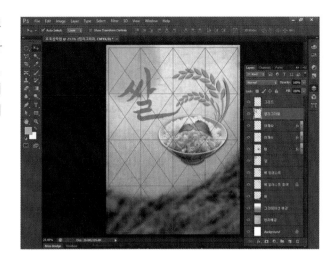

03 Layers 패널에서 '캘리그라피' 레이어의 빈 공간을 더블클릭합니다. [Layer Style] 대화상자에서 'Styles : Drop Shadow'를 클릭하고, 그림자 색상은 C50M55Y85K65, 'Distance : 14px, Spread : 0%, Size : 0px'로 설정한 후, [OK] 버튼을 클릭합니다.

04 'Type Tool'을 선택하고, 작업창을 클릭하여 가족과 함께하는 천년의 향을 다음과 같은 위치에 입력합니다. 디자인 원고를 참고하여 글꼴과 크기, 자간 등을 적절히 설정한 후, 문자의 색을 C0M0Y0K0으로 설정합니다.

> 🎓 **기적의 Tip**
>
> **글자는 일러스트, 포토샵, 인디자인 중 어디서 입력하는 것이 좋을까요?**
> 정답은 없습니다. 가장 자신 있는 프로그램을 선택하여 글자를 입력하면 됩니다. 다만 특수한 모양의 글자는 일러스트, 효과가 필요한 글자는 포토샵, 작은 크기의 글자는 인디자인을 이용하는 것이 편리합니다. 작은 크기의 글자는 포토샵에서 입력할 경우 비트맵 변환을 거치기 때문에 출력 시 살짝 흐릿해 질 수 있습니다. 다만 가독성이 조금 떨어진다고 해서 큰 감점이 있는 것은 아니니 크게 걱정할 필요는 없습니다.

05 '일러스트작업' 창에서 문화축제 로고타이틀을 선택하고, Ctrl+C를 눌러 복사합니다.

06 '포토샵작업' 창에 Ctrl+V를 눌러 붙여넣기합니다. [Paste] 대화상자에서 'Pixels'를 선택하고, [OK] 버튼을 클릭한 후, 크기와 위치를 조절하여 디자인 원고의 제시된 위치에 맞게 배치합니다. Layers 패널에서 레이어의 이름을 로고타이틀로 변경한 후, 위치를 '그리드' 레이어 아래로 이동합니다.

06 캐릭터 배치하기

01 '일러스트작업' 창에서 풍물놀이 캐릭터를 선택하고, Ctrl+C를 눌러 복사합니다.

02 '포토샵작업' 창에 [Ctrl]+[V]를 눌러 붙여넣기합니다. [Paste] 대화상자에서 'Pixels'를 선택하고, [OK] 버튼을 클릭한 후, 크기와 위치를 조절하여 디자인 원고의 제시된 위치에 맞게 배치합니다. Layers 패널에서 레이어의 이름을 캐릭터로 변경한 후, 위치를 '그리드' 레이어 아래로 이동합니다.

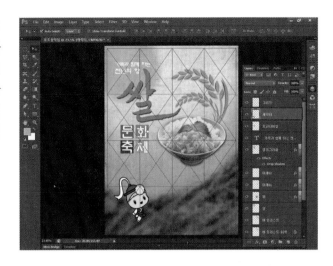

03 캐릭터에 그림자를 넣기 위해 Layers 패널에서 'Create a new layer' 아이콘을 클릭하여 새 레이어를 만들고, 이름을 그림자로 변경한 후, 위치를 '캐릭터' 레이어 아래로 이동합니다. 'Elliptical Marquee Tool' 화면을 드래그하여 다음과 같은 위치에 가로가 긴 타원 모양의 선택영역을 만듭니다. 전경색을 C0M0Y0K100으로 [Alt]+[Delete]를 눌러 색을 채우고, 'Opacity : 40%'로 설정한 후, [Ctrl]+[D]를 눌러 선택영역을 해제합니다.

07 기타 일러스트 배치하기

01 '일러스트작업' 창에서 여주시 로고를 선택하고, [Ctrl]+[C]를 눌러 복사합니다.

02 '포토샵작업' 창에 Ctrl+V를 눌러 붙여넣기합니다. [Paste] 대화상자에서 'Pixels'를 선택하고, [OK] 버튼을 클릭한 후, 크기와 위치를 조절하여 디자인 원고의 제시된 위치에 맞게 배치합니다. Layers 패널에서 레이어의 이름을 여주시로고로 변경한 후, 위치를 '그리드' 레이어 아래로 이동합니다.

03 다음으로 '일러스트작업' 창에서 벼를 선택하여 Ctrl+C로 복사하고, '포토샵작업' 창에 Ctrl+V를 눌러 'Pixels'로 붙여넣기합니다. 크기 조절점의 안쪽에서 마우스 오른쪽 버튼을 클릭하여 [Flip Horizontal]로 좌우 반전한 후, 위치를 수정하여 배치합니다. Layers 패널에서 레이어의 이름을 흰색 벼로 변경한 후, 'Lock Transparent Pixels' 아이콘을 클릭합니다. 배경색을 C0M0Y0K0으로 설정한 후, Ctrl+Delete를 눌러 색을 채웁니다.

08 검토 및 저장하기

01 Layers 패널에서 '그리드' 레이어를 켠 후, 디자인 원고와 전체적으로 비교하여 검토합니다. 검토가 끝나면 '그리드' 레이어의 눈을 끄고, Ctrl+S를 눌러 저장합니다.

> 🎓 **기적의 Tip**
>
> Ctrl+S : Save(저장하기)

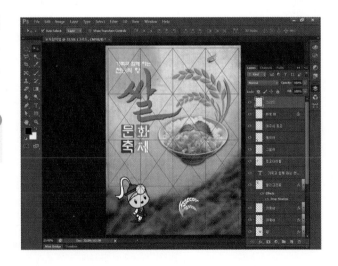

02 Layers 패널에서 '그리드' 레이어 바로 아래 레이어를 선택하고, Ctrl+Alt+Shift+E 를 눌러 모든 레이어가 합쳐진 새 레이어를 만든 후, [Image] 〉 [Mode] 〉 [RGB Color] 메뉴를 선택하여 RGB 모드로 전환합니다.

> 🎓 **기적의 Tip**
>
> • Ctrl+Alt+Shift+E 를 누르면 현재 보이는 모든 레이어를 하나의 새 레이어로 만듭니다. 기존의 레이어는 지워지지 않고 그대로 유지되므로 혹시 모를 수정 작업에 유리합니다. 또한 RGB 모드로 변환하기 전 색상 조합을 그대로 유지할 수 있습니다.
> • 모드 전환 시 [Adobe Photoshop CS6 Extended] 대화상자가 열리면 [Don't Flatten] 버튼을 클릭합니다.

03 [File] 〉 [Save As] 메뉴를 선택하여 '파일이름 : 자신의 비번호(예를 들어 01번이면 01)'을 입력합니다. PC 응시자는 'Format : JPEG' 형식을 선택합니다. [JPEG Options] 대화상자가 열리면 'Quality : 12'로 설정하고, [OK] 버튼을 클릭합니다. 이때 저장된 JPG 파일을 확인하고, 용량이 너무 큰 경우 'Quality'를 8~11 정도의 수치로 설정하여 저장합니다.

> 🎓 **기적의 Tip**
>
> • 제출해야 할 파일(포토샵에서 만든 JPG 파일+인디자인 파일)의 용량은 총 10MB 이하입니다.
> • Quality는 JPEG의 압축 품질을 설정하는 옵션으로서 수치를 낮게 설정하면 용량이 매우 줄어들며 화질이 손상됩니다. 따라서 허용하는 용량 내에서 최대한 높은 수치로 설정하여 화질이 최대한 떨어지지 않도록 합니다.

01 작업 준비하기

[File] 〉 [New] 〉 [Document]를 선택하여 'Number of Pages : 1, Facing Pages : 체크 해제', 'Page Size : A4', Margins 'Make all settings the same : 해제, 'Top : 35.5mm, Bottom : 35.5mm, Left : 22mm, Right : 22mm'로 입력한 후, [OK] 버튼을 클릭합니다.

> **기적의 Tip**
> - Ctrl + N : New Document(새로 만들기)
> - A4의 가로 길이 210mm에서 166mm를 뺀 값은 44mm 이고, A4의 세로 길이 297mm에서 226mm를 뺀 값은 71mm이므로 이 여백을 2등분하여 각각의 여백으로 지정합니다.

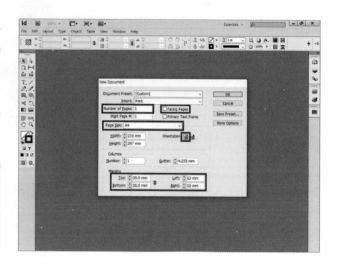

02 안내선 만들기

01 실제크기의 안내선이 만들어졌으면 안내선의 위쪽, 아래쪽, 왼쪽, 오른쪽의 안쪽으로 3mm를 뺀 작품규격 크기의 안내선도 만들어야 합니다. 눈금자의 기준점을 드래그하여 왼쪽 위의 안내선 교차지점에 이동시켜 기준점이 0이 되도록 합니다.

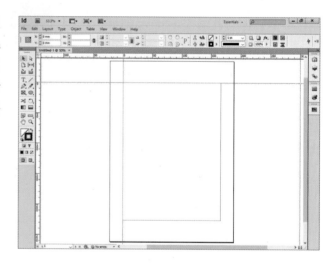

02 'Zoom Tool'로 실제크기 안내선 왼쪽 위를 드래그하여 확대하고, 왼쪽 눈금자에서 마우스를 드래그하여 0mm 지점에서 오른쪽으로 3mm만큼 이동한 지점과 위쪽 눈금자에서 마우스를 드래그하여 0mm 지점에서 아래쪽으로 3mm만큼 이동한 지점에 안내선을 가져다 놓습니다.

🎓 **기적의 Tip**

왼쪽 눈금자에서 안내선을 꺼내 컨트롤 패널에서 'X : 3mm'로 입력하고, 위쪽 눈금자에서 안내선을 꺼내 'Y : 3mm'로 입력하여 정확히 배치할 수 있습니다.

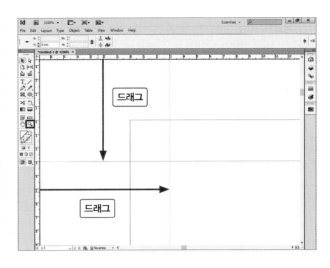

03 'Hand Tool'을 더블클릭하여 윈도우 화면으로 맞춘 후, 실제크기의 안내선 오른쪽 아래를 'Zoom Tool'로 확대합니다. 왼쪽 눈금자에서 마우스를 드래그하여 166mm 지점에서 왼쪽으로 3mm만큼 이동한 지점(163mm)과 위쪽 눈금자에서 마우스를 드래그하여 오른쪽 아래의 226mm 지점에서 위쪽으로 3mm만큼 이동한 지점(223mm)에 안내선을 가져다 놓습니다.

🎓 **기적의 Tip**

왼쪽 눈금자에서 안내선을 꺼내 컨트롤 패널에서 'X : 163mm'로 입력하고, 위쪽 눈금자에서 안내선을 꺼내 'Y : 243mm'로 입력하여 정확히 배치할 수 있습니다.

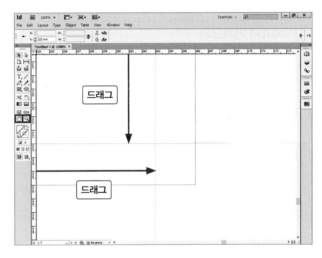

03 재단선 그리기

01 왼쪽 위를 'Zoom Tool'로 확대한 후, 'Line Tool'을 클릭하고, Shift 를 누른 상태에서 왼쪽 위의 세로 안내선과 실제크기 안내선 경계 부분에 수직으로 드래그하여 5mm 길이의 재단선을 그립니다. 가로 안내선과 실제크기 안내선 경계 부분도 수평으로 드래그하여 5mm 길이의 재단선을 그립니다. 두 재단선을 'Selection Tool'로 Shift 를 누른 상태에서 각각 클릭하고, Ctrl + C 를 눌러 복사합니다.

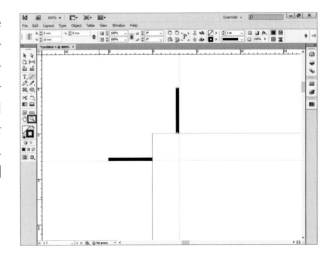

02 오른쪽 위를 'Zoom Tool'로 확대한 후 Ctrl +V를 눌러 붙여넣기합니다. 컨트롤 패널에서 'Rotate 90° Clockwise'를 클릭하여 위치를 변경한 후, 안내선에 맞춰 배치합니다. 동일한 방법으로 아래쪽의 재단선도 만듭니다.

> **기적의 Tip**
>
> 아래쪽의 재단선도 컨트롤 패널에서 'Rotate 90° Clockwise' 를 클릭하고, 안내선에 맞춰 배치하면 됩니다.

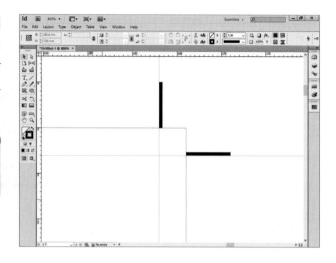

04 이미지 가져오기

01 [File] 〉 [Place]를 선택하여 01.jpg를 선택하 고 [열기] 버튼을 클릭합니다.

> **기적의 Tip**
>
> Ctrl + D : Place

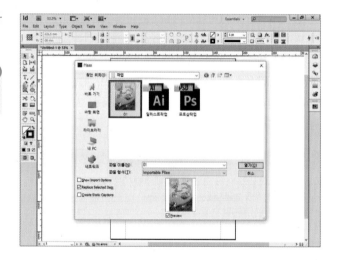

02 실제크기 안내선의 왼쪽 위에 마우스를 클 릭하여 이미지를 삽입합니다. 마우스 오른쪽 버 튼을 클릭하여 [Display Performance] 〉 [High Quality Display]를 선택합니다. 외곽선 생략여부 를 반드시 확인하고 다음 작업으로 넘어갑니다.

> **기적의 Tip**
>
> • 컨트롤 패널에서 'Reference Point'를 왼쪽 상단 점을 클 릭하고 'X : 0mm, Y : 0mm, W : 166mm, H : 226mm'를 확인합니다. 수치가 차이가 날 경우 위와 같이 수치를 직 접 입력해 줍니다.
> • 이미지를 삽입한 후, 디자인 원고의 지시사항에 작품 외곽 선을 표현 또는 표시 여부에 관한 문구를 반드시 확인하 고, 그려야 할 경우, 재단선을 따라 1pt 두께의 검은색으로 외곽선을 그려 줍니다.

05 글자 입력하기

01 패스를 따라 곡선처럼 휘어지는 글자를 입력하기 위해서 'Pen Tool'을 선택하고, 하단 이미지의 곡률에 맞춰 다음과 같이 선을 그립니다.

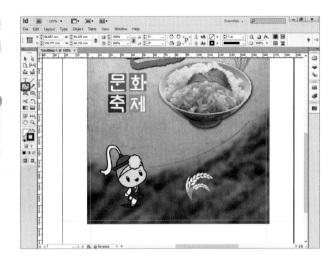

🎓 **기적의 Tip**

인디자인에서 Pen Tool의 사용법은 일러스트레이터와 100% 같습니다.

02 곡선은 패스로 사용할 용도이기 때문에 면색과 선색을 모두 None으로 설정합니다. 'Type on a path Tool'을 선택하고, 그려진 선을 클릭하여 풍년은 나누고~ 행복은 쌓이고~ 가족과 함께하는 쌀 문화축제를 입력합니다. 'Type on a path Tool'로 문자를 블록 지정하고, 디자인 원고를 참고로 글꼴과 크기를 적절히 설정한 후, 문자 색상을 C40M60Y100K50으로 설정합니다.

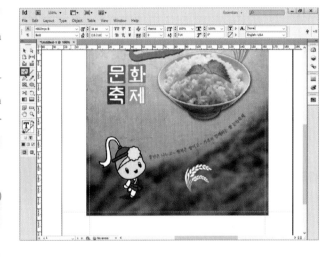

🎓 **기적의 Tip**

- 패스 문자는 처음 입력하는 위치가 중요하므로 글자가 시작되는 부분을 정확히 클릭합니다.
- 상단의 컨트롤 패널에서 수정해야 할 문자속성 옵션이 없는 경우, [Type] 〉 [Character]를 선택하여 [Character] 패널에서 세부옵션을 조절할 수 있습니다.

03 일반 글자를 입력하기 위해서 'Type Tool'을 선택하고, 하단 부분을 드래그하여 글상자를 만듭니다. 글상자에 The 15th Yeoju Rice Cultural Festival 2022. 10. 21 ~ 10. 25를 3줄로 입력하고, 'Type Tool'로 글자를 블록 지정하여 컨트롤 패널에서 디자인 원고를 참고로 글꼴과 크기를 적절히 설정한 후, Paragraph 패널에서 'Align right'를 클릭하여 정렬합니다. 툴 박스에서 글자 색상을 C0M0Y0K0으로 설정합니다.

🎓 **기적의 Tip**

Paragraph 패널 열기 : [Type] 〉 [Paragraph]

04 'Line Tool'을 선택하고, Shift 를 누른 채 드래그하여 로고타이틀 아래에 가로 선을 그린 후, 선색을 C0M0Y0K0으로 설정합니다.

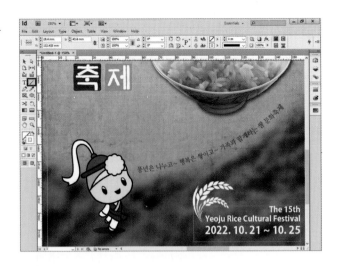

05 'Type Tool'을 선택하고, 선 아래에 글상자를 만듭니다. 글상자에 아래 내용을 입력하고, Paragraph 패널에서 'Justify with last line aligned left'를 클릭하여 양쪽 정렬합니다. 'Type Tool'로 글자를 블록 지정하여 컨트롤 패널에서 디자인 원고를 참고로 글꼴과 크기를 지정하 설정한 후, 툴 박스에서 글자 색상을 C0M0Y0K0으로 설정합니다.

들꽃향기가 가득한 10월을 맞아 여주시에서 다양한 문화예술 행사와 공연까지 우리나라 고유한 문화를 만끽할 수 있는 쌀 문화축제로 오세요.

06 'Line Tool'을 선택하고, Shift 를 누른 채 드래그하여 글 상자 아래 다음과 같은 위치에 가로 선을 그린 후, 선색을 C0M0Y0K0으로 설정합니다.

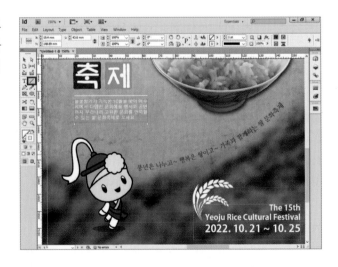

07 'Type Tool'을 선택하고, 여주시 로고 오른쪽에 글상자를 만듭니다. 글상자에 남한강의 비상 여주시를 입력하고, Paragraph 패널에서 'Align right'를 클릭하여 양쪽 정렬합니다. 'Type Tool'로 글자를 블록 지정하여 컨트롤 패널에서 니사인 원고를 참고로 글꼴과 크기를 적절히 설정한 후, 글자 색상은 C100M40Y0K10, C0M0Y0K80으로 각각 설정합니다.

06 비번호 입력하기

이미지 왼쪽 아래를 'Zoom Tool'로 확대하고 'Type Tool'로 비번호(등번호)를 입력한 후 글자를 블록 지정하여 컨트롤 패널에서 '글꼴: Dotum, Font Size: 10pt'로 지정합니다.

> **기적의 Tip**
>
> 비번호(등번호)를 재단선 끝선에 맞추어 배치합니다.

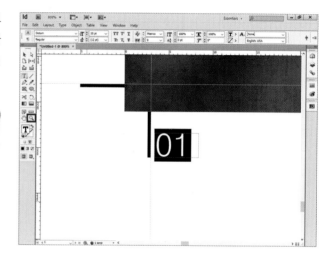

07 저장하고 제출하기

[File] 〉 [Save]를 선택하여 파일이름을 자신의 비번호 01로 입력한 후 [저장] 버튼을 클릭합니다. 'Hand Tool'을 더블클릭하여 결과물 전체를 확인합니다. 작업 폴더를 열고, '01.indd'와 '01.jpg'만 제출합니다. 출력은 출력지정 자리에서 '01. indd'를 열고 프린트합니다. 프린트된 A4 용지는 시험장에서 제공하는 켄트지의 한 가운데에 붙여 제출합니다.

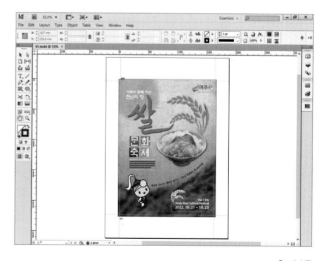

문화가 있는 날 포스터

작업 프로그램 포토샵, 일러스트레이터, 인디자인

자격종목	컴퓨터그래픽스운용기능사	과제명	문화가 있는 날 포스터

※ 시험시간 : 4시간

1. 요구사항

※ 다음의 요구사항에 맞도록 주어진 자료(컴퓨터에 수록)를 활용하여 디자인 원고를 시험시간 내에 컴퓨터 작업으로 완성하여 A4 용지로 출력 후 A3 용지에 마운팅(부착)하여 제출하시오.

※ 모든 작업은 수험자가 컴퓨터 바탕화면에 폴더를 만들어 저장하시오.

가. 작품규격(재단되었을 때의 규격) : 160mm×240mm ※A4 용지 중앙에 작품이 배치되도록 하시오.

나. 구성요소(문자, 그림) : ※(디자인 원고 참조)

① 문자요소

② 그림요소 : 디자인 원고 참조

- 일상의 쉼표
- 문화가 있는 날
- 문화가 있는 마지막 수요일엔 영화관으로 오세요!
- 문화재
- 공연
- 전시
- 영화
- 도서관
- 스포츠
- 지역문화진흥원
- Regional Culture & Development Agency

보케.jpg

조명.jpg

광대.jp

영화명장면A.jpg

영화명장면B.jpg

영화명장면C.jpg

영화명장면D.jpg

영화명장면E.jpg

다. 작업내용

01) 주어진 디자인 원고(그림, 사진, 문자, 색채, 레이아웃, 규격 등)와 동일하게 작업하시오.

02) 디자인 원고 내용 중 불명확한 형상, 색상코드 불일치, 색 지정이 없는 부분, 원고에 없는 형상 등이 있을 때는 수험자가 완성도면 내용과 같이 작업하시오.

03) 디자인 원고의 서체(요구서체)가 사용 컴퓨터 및 소프트웨어와 맞지 않을 경우는 가장 근접한 서체를 사용하시오.

04) 상하, 좌우에 3mm 재단여유를 갖도록 작품을 배치하고, 재단선은 작품규격에 맞추어 용도에 맞게 표시하시오. (단, 디자인 원고 중 작품의 규격을 표시한 외곽선이 있을 때는 원고의 지시에 따라 표시여부를 결정한다.)

05) 디자인 원고 좌측 하단으로부터 3mm를 띄워 비번호를 고딕 10pt로 반드시 기록하시오.

06) 출력물(A4)은 어떠한 경우에도 절취할 수 없으며, 반드시 A3 용지 중앙에 마운팅하시오.

라. 컴퓨터 작업범위

01) 10MB 용량의 폴더에 수록될 수 있도록 작업범위(해상도 및 포맷형식)를 계획하시오

02) 규격 : A4(210×297mm) 중앙에 디자인 원고 내용과 같은 작품(원고규격)을 배치하시오.

03) 해상도 및 포맷형식 : 제한용량 범위 내에서 선택하시오.

04) 기타 : ① 제공된 자료범위 내에서 활용하시오.

② 3개의 2D 응용프로그램을 고루 활용하되, 최종작업 및 출력은 편집프로그램(퀵 익스프레스, 인디자인)에서 하시오. (최종작업 파일이 다른 프로그램에서 생성된 경우는 출력할 수 없음)

작품명 : 문화가 있는 날 포스터

※ 작품규격(재단되었을 때의 규격) : 가로 160mm×세로 240mm, 작품 외곽선은 표시하고, 재단선은 3mm 재단 여유를 두고 용도에 맞게 표시할 것.
※ 지정되지 않은 색상 및 모든 작업은 "최종결과물" 오른쪽 디자인 원고를 참고하여 작업하시오.

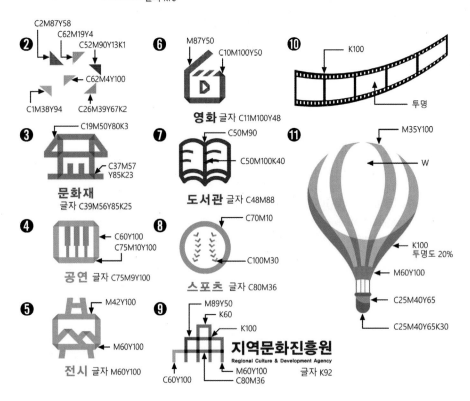

이미지 흑백효과
밝기/대비 조절
흰색 테두리 적용
그림자 효과
그림자 효과
이미지 색상화
배경과 합성

이미지 채도 수정
밝기 · 대비 조절
입체감 효과
박스 K45
흰색 테두리 적용

이미지 흑백효과
밝기 · 대비 조절

배경그라디언트
K15(상)～W(하)

패턴 반전복사

이미지 색상화
투명도 30%

투명도 12%

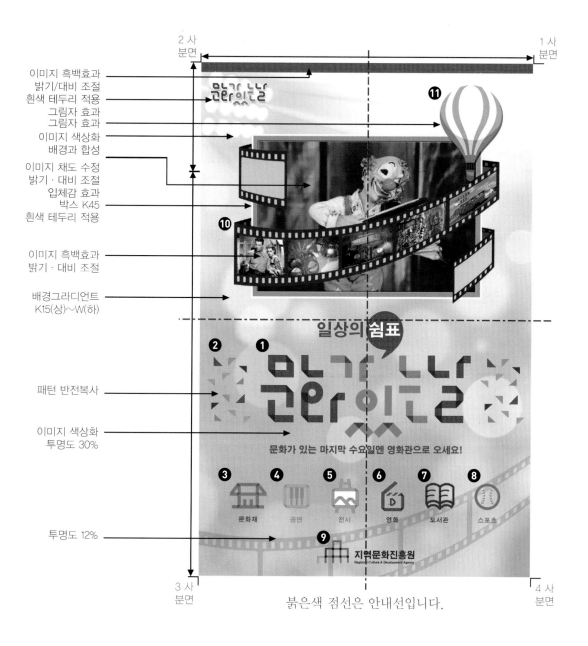

붉은색 점선은 안내선입니다.

01 작업 그리드 그리기

배부 받은 디자인 원고의 완성 이미지 위에 필기구와 자를 이용하여 가로, 세로의 크기를 측정한 후 각 4등분으로 선을 그어 줍니다. 16등분의 직사각형이 그려지면 가로와 세로선이 교차되는 지점을 기준으로 대각선을 그립니다.

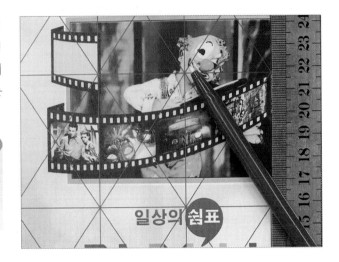

02 실제 작업 크기 분석 및 계획 세우기

작품규격 160mm×240mm를 확인합니다. 작품 외곽선을 생략하고, 재단선은 3mm의 재단 여유를 두고 용도에 맞게 표시할 것을 염두에 둡니다. 작품규격에 위쪽, 아래쪽, 왼쪽, 오른쪽으로 각 3mm씩 재단여유를 주면 실제 작업 크기는 166mm×246mm가 됩니다. 그리고 각 요소를 표현하기 위해 사용될 프로그램을 계획해 줍니다.

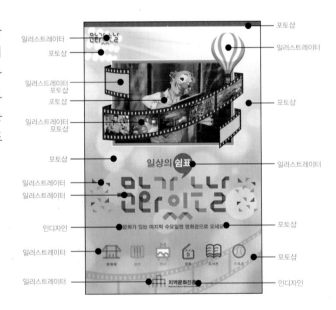

03 그리드 제작하기

01 일러스트레이터를 실행하고, [File] 〉 [New]를 선택하여 'Units : Millimeters, Width : 166mm, Height : 246mm, Color Mode : CMYK'로 설정한 후, [OK] 버튼을 클릭합니다.

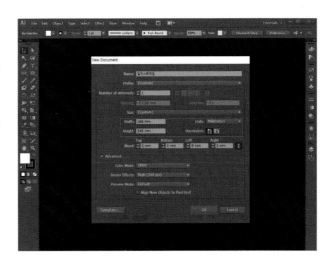

> **기적의 Tip**
>
> • Ctrl + N : New Document(새 문서 만들기)
> • 작품규격은 160mm×240mm이므로 재단선 3mm씩을 더하면 작업창의 크기는 166mm×246mm가 됩니다.

02 'Rectangular Grid Tool'을 선택하고, 작업창을 클릭하여 대화상자를 엽니다. 작품규격대로 Default Size 'Width : 160mm, Height : 240mm'로 설정하고, 16등분으로 나누기 위해 Horizontal Dividers, Vertical Dividers 'Number : 3'으로 입력한 후, [OK] 버튼을 클릭합니다.

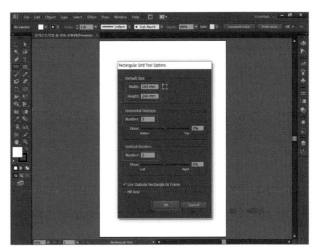

03 [Window]〉[Align] 패널에서 'Align To : Align to Artboard'를 선택하고 'Align Objects : Horizontal Align Center, Vertical Align Center'를 차례로 클릭합니다. Ctrl + 2 를 눌러 격자도형을 잠그고, 'Line Segment Tool'로 좌측 상단에서 우측 하단으로 대각선 7개를 그린 후, Reflect Tool을 이용하여 반대방향으로 대각선을 복사합니다. Alt + Ctrl + 2 를 눌러 격자도형의 잠금을 해제하고, Ctrl + A 를 눌러 오브젝트를 모두 선택합니다. Stroke 색상을 빨간색으로 변경하고 Ctrl + G 를 눌러 그룹으로 지정한 후, 일러스트작업.ai로 저장합니다.

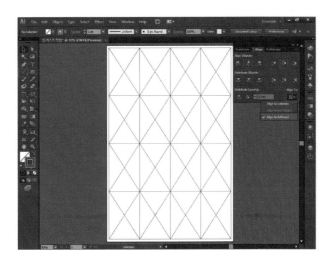

01 로고타이틀 만들기

01 '일러스트작업.ai' 파일이 열린 상태에서 Space Bar 를 누른 채 마우스를 드래그하여 도큐먼트의 빈 공간으로 이동합니다. 로고타이틀의 '문' 글자를 만들기 위해서 'Rectangle Tool'을 선택하고, 작업창의 빈 공간에 세로가 긴 직사각형을 만든 후, 면색을 C0M90Y50K0, 선색을 None으로 설정합니다.

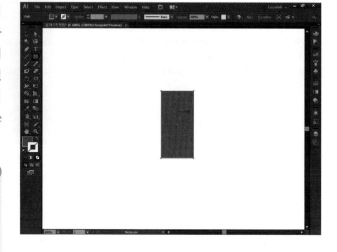

> **기적의 Tip**
>
> • 일러스트레이터CS6 버전의 배경색은 기본 회색이지만 [View] 〉 [Overprint Preview]를 선택하여 필요에 따라 흰색으로 변경한 후, 작업할 수 있습니다.
> • 오브젝트를 만들기 전에 디자인 원고를 충분히 검토하여 미리 계획 후, 작업에 임하는 것이 좋습니다.

02 'Selection Tool'로 직사각형을 선택하고, Alt 를 누른 채, 드래그하여 복사합니다. 90°만큼 회전하고, 좌우 중앙의 조절점을 오브젝트 안쪽으로 드래그하여 좌우 크기를 줄인 후, 다음과 같은 위치에 배치합니다.

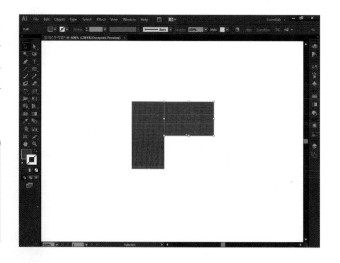

> **기적의 Tip**
>
> Selection Tool로 도형을 선택하면 오브젝트의 외곽에 조절점이 보입니다. 이때 조절점의 안쪽을 드래그하면 오브젝트의 위치를 이동할 수 있고, 조절점을 드래그하면 확대, 축소가 가능하며 조절점의 외곽을 드래그하면 회전 기능이 적용됩니다.

03 방금 편집한 직사각형을 'Selection Tool'로 Alt 를 누른 채, 드래그하여 복사한 후, 위치를 다음과 같이 모서리 끝점이 일치하도록 배치합니다.

🎓 **기적의 Tip**

• 오브젝트 복사하기 : Alt 를 누른 채 오브젝트를 마우스로 드래그하거나 오브젝트를 선택하고, Ctrl + C , Ctrl + V 를 누릅니다.
• Snap 기능으로 인해 끝점에 자동으로 붙습니다. 이 기능이 동작하지 않는다면 [View] 〉 [Smart Guides]가 체크되어 있는지 확인합니다.

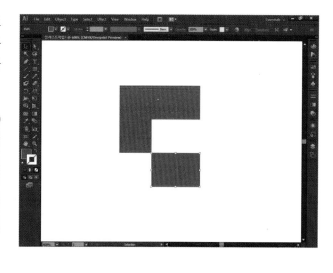

04 'Selection Tool'로 처음 만들었던 직사각형을 선택하고, Alt 를 누른 채, 드래그하여 복사한 후, 위치를 다음과 같이 상단 왼쪽 모서리 끝점이 일치하도록 배치합니다.

🎓 **기적의 Tip**

사각형을 새로 만들지 않고 복사하여 편집하는 이유는 같은 두께의 글자들로 이루어진 로고타입을 만들기 위해서입니다.

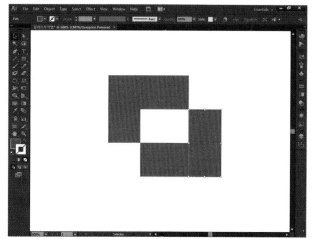

05 모서리 부분을 채워 넣기 위해서 'Pen Tool'을 선택하고, 상단 오른쪽 모서리 빈 공간에 삼각형을 그린 후, 면색을 C17M100Y75K6, 선색을 None으로 설정합니다.

🎓 **기적의 Tip**

• Pen Tool을 이용하여 직선으로만 이루어진 오브젝트를 그릴 때는 클릭만 하면서 모양을 만들면 됩니다.
• Snap 기능이 설정되어 있으면 직선을 그릴 때 각 점에 자동으로 붙습니다. 이 기능이 동작하지 않는다면 [View] 〉 [Smart Guides]가 체크되어 있는지 확인합니다.

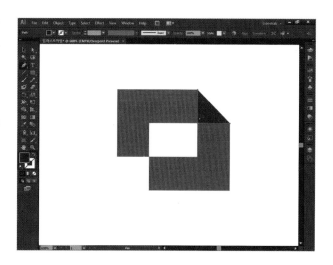

06 같은 방법을 이용하여 'Pen Tool'로 하단 왼쪽 모서리 빈 공간에 삼각형을 그린 후, 면색을 C17M100Y75K6, 선색을 None으로 설정합니다.

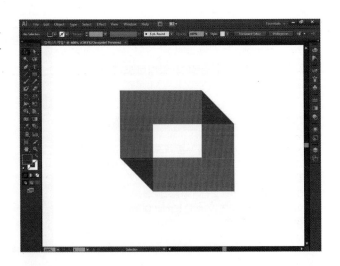

07 'Selection Tool'로 직사각형을 하나 선택하고, [Alt]를 누른 채, 드래그하여 복사한 후, 위치를 다음과 같이 아래쪽 부분에 배치합니다. 좌우 중앙의 조절점을 오브젝트 바깥쪽으로 드래그하여 좌우 크기를 늘려서 다음과 같은 크기로 만듭니다.

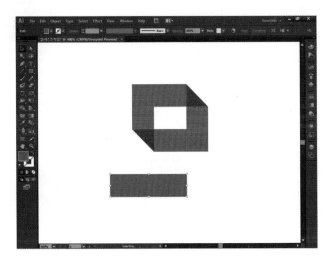

08 지금까지 사용한 로고타이틀 제작 방법을 이용하여 '문' 글자를 만듭니다.

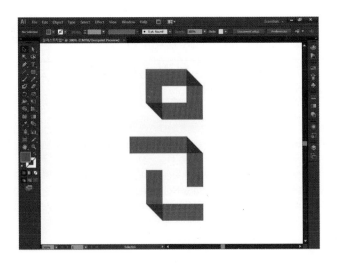

09 로고타이틀의 '화' 글자를 만들기 위해서 'Ellipse Tool'을 선택하고, 작업창의 빈 공간을 Shift 를 누른 채, 드래그하여 로고타이틀의 크기에 맞춰 크기가 다른 정원을 2개 그린 후, 면색은 None, 선색은 임의의 색으로 설정합니다. 'Selection Tool'로 2개의 원을 다음과 같이 배치한 후, 함께 선택합니다. [Object] 〉 [Compound Path] 〉 [Make]를 선택하여 하나로 합치고, 면색을 C0M90Y50K0, 선색을 None으로 설정합니다.

📖 기적의 Tip

Compound Path(Ctrl + 8) : 여러 개의 오브젝트를 하나의 오브젝트로 합칩니다. 이때 교차된 부분은 자동으로 계산되어 처리됩니다.

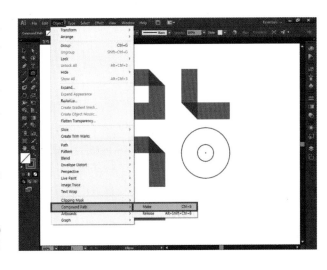

10 'Selection Tool'로 사각형들을 복사하고, 크기를 조절하여 원의 위치에 맞춰 다음과 같이 배치합니다. 원과 교차된 부분에 오브젝트를 만들기 위해서 원과 이어진 오브젝트를 함께 선택하고, Ctrl + C 를 눌러 복사합니다. 바로 이어서 [Edit] 〉 [Paste in Front]를 선택하여 오브젝트를 복사합니다

📖 기적의 Tip

• Ctrl + C : Copy
• Paste in Front(Ctrl + F) : 선택된 오브젝트의 같은 위치에 복사됩니다.

11 복사된 오브젝트가 선택된 상태에서 Pathfinder 패널을 열고, 'Shape Modes : Intersect'를 클릭하여 교차된 부분만 남깁니다. 오브젝트의 면색을 C17M100Y75K6, 선색을 None으로 설정합니다.

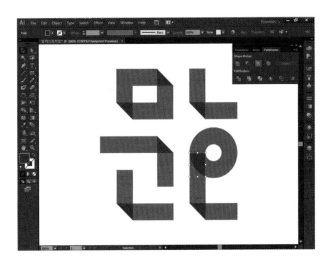

12 지금까시 사용한 방법을 이용하여 '뮤화가 있는 날' 로고 타이틀을 만듭니다. 로고타이틀의 연회색 부분은 C0M0Y0K50, 진회색 부분은 C0M0Y0K77로, 선색은 모두 None으로 설정합니다.

13 상단에 말풍선을 만들기 위해서 'Ellipse Tool'을 선택하고, Shift 를 누른 채 드래그하여 다음과 같은 크기로 정원을 그린 후, 면색은 C0M90Y50K0, 선색은 None으로 설정합니다.

14 말풍선의 꼬리 부분을 그리기 위해서 'Pen Tool'을 선택하고, 다음과 같이 모양의 곡선을 그립니다.

15 'Selection Tool'로 원과 말풍선 꼬리를 함께 선택하고, Pathfinder 패널에서 'Shape Modes : Unite'를 클릭하여 하나로 합칩니다.

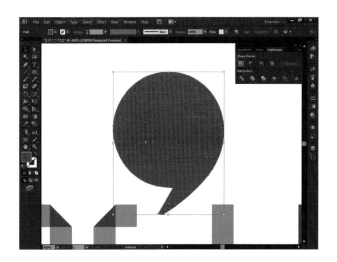

16 완성된 로고타이틀을 디자인 원고와 비교하여 전체적으로 확인합니다. 'Selection Tool'로 말풍선을 제외한 로고타이틀 오브젝트만 함께 선택하고, Ctrl + G 를 눌러 그룹으로 만든 후, [File] > [Save] 메뉴를 선택하여 저상합니다.

> 🎓 **기적의 Tip**
>
> - Ctrl + G : Group
> - 항상 작업 시작과 도중에는 Ctrl + S 를 눌러 수시로 저장하는 습관을 기르도록 합니다.

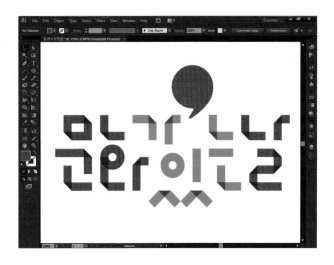

02 문화 아이콘 만들기

01 첫 번째 문화재 아이콘을 만들기 위해서 'Rectangle Tool'을 선택하고, 작업창의 빈 공간에 가로가 긴 직사각형을 만든 후, 면색은 C19M50Y80K3, 선색은 None으로 설정합니다.

> 🎓 **기적의 Tip**
>
> 디자인 원고를 참고하여 완성된 오브젝트의 비율에 맞게 눈대중으로 확인하면서 도형을 그립니다.

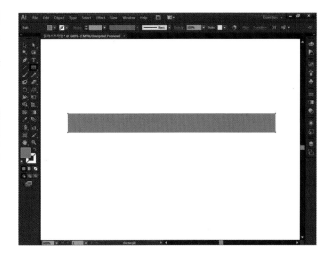

02 'Selection Tool'로 직사각형을 [Alt]+[Shift]를 누른 채, 아래쪽과 위쪽으로 드래그하여 2개 복사합니다. 복사된 직사각형의 좌우 중간에 위치한 크기 조절점을 [Alt]를 누른 채, 안쪽으로 드래그하여 다음과 같은 크기로 줄입니다.

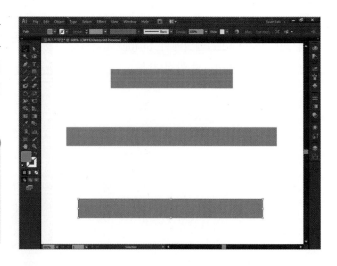

03 'Selection Tool'로 직사각형을 하나 선택하고, [Alt]를 누른 채, 드래그하여 복사한 후, 회전하고 크기를 조절하여 배치합니다. 여러 번 복사하여 다음과 같은 아이콘 모양을 만듭니다.

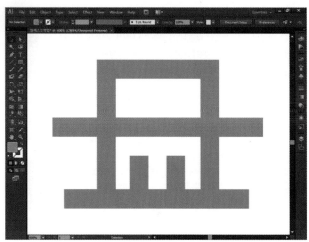

04 아이콘의 지붕 부분을 만들기 위해서 'Pen Tool'을 선택하고, 대각선 방향의 사각형을 그린 후, 면색은 C19M50Y80K3, 선색은 None으로 설정합니다. 양쪽 부분에 같은 모양의 지붕을 그립니다.

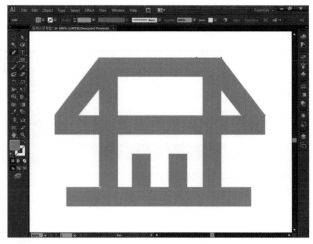

05 직사각형이 겹치는 부분에 삼각형 모양을 채워 넣기 위해서 'Pen Tool'로 겹치는 곳에 삼각형을 그린 후, 면색을 C37M57Y85K23, 선색을 None으로 설정합니다. 같은 방법을 여러 번 반복하여 문화재 아이콘을 완성한 후, 모두 선택하고, Ctrl + G 를 눌러 그룹으로 만듭니다.

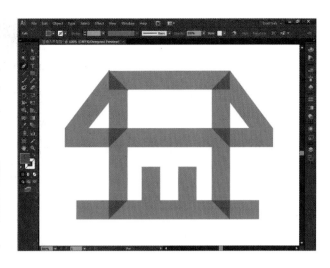

06 두 번째 공연 아이콘을 만들기 위해서 'Rectangle Tool'로 작업창의 빈 공간에 직사각형을 만든 후, 면색은 C60M0Y100K0, 선색은 None으로 설정합니다. 'Selection Tool'로 직사각형을 Alt + Shift 를 누른 채, 복사하여 다음과 같은 사각형 모양의 아이콘 모양을 만듭니다.

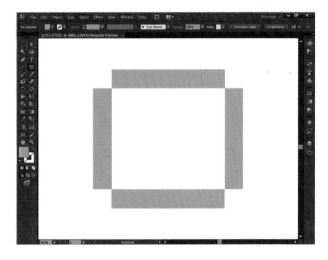

07 'Pen Tool'로 삼각형을 그린 후, 면색을 C75M10Y100K0, 선색을 None으로 설정합니다.

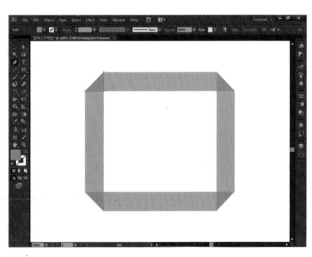

08 'Rectangle Tool'로 건반 모양의 직사각형을 그린 후, 복사하여 다음과 같이 배치합니다. 면 색은 C75M10Y100K0, 선색은 None으로 설정합니다. 공연 아이콘이 완성되었습니다. 모두 선택하고, Ctrl + G 를 눌러 그룹으로 만듭니다.

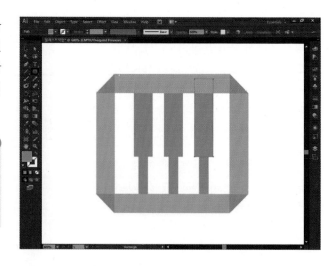

09 공연 아이콘을 만든 방법과 마찬가지로 사각형 모양의 아이콘을 먼저 만듭니다. 직사각형의 면색은 C0M42Y100K0, 선색은 None, 삼각형의 면색은 C0M60Y100K0, 선색은 None으로 설정합니다.

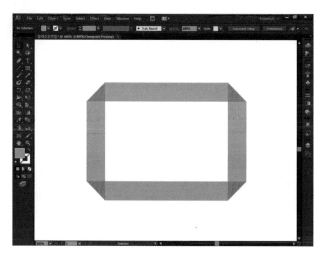

10 아이콘의 중앙 빈 곳을 흰색으로 채우기 위해서 'Rectangle Tool'로 직사각형을 만든 후, 면색은 C0M0Y0K0, 선색은 None으로 설정합니다.

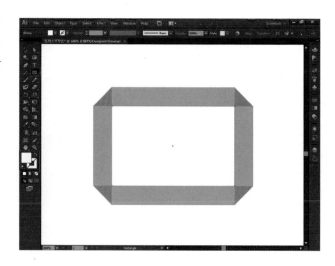

11 'Pen Tool'로 안쪽 흰색 부분에 다음과 같이 산 모양의 삼각형 모양을 그린 후, 경사면의 면색은 C0M42Y100K0, 선색은 None, 꼭대기 삼각형의 면색은 C0M60Y100K0, 선색은 None으로 설정합니다.

🎓 **기적의 Tip**

포스터에서 만들어진 아이콘의 크기가 매우 작게 배치되므로 너무 정확하게 그리지 않아도 됩니다. 시험시간을 안배하여 전체적인 완성과 조합에 좀 더 신경을 써야 합니다.

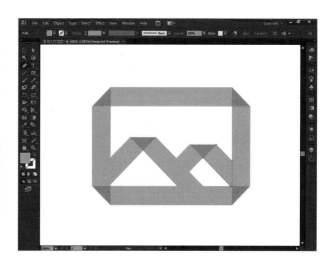

12 'Pen Tool'로 기울어진 사각형 2개와 지지대를 각각 그린 후, 면색은 C0M42Y100K0, 선색은 None으로 설정합니다. 그린 오브젝트들을 뒤쪽으로 보내기 위해서 'Selection Tool'로 함께 선택하고, 마우스 오른쪽 버튼을 클릭히여 [Arrange] 〉 [Send to Back]을 선택합니다. 전시 아이콘이 완성되었습니다. 모두 선택하고, Ctrl +G를 눌러 그룹으로 만듭니다.

🎓 **기적의 Tip**

반대로 뒤쪽에 숨어있는 오브젝트를 가장 앞쪽으로 배치하기 위해서는 [Arrange] 〉 [Bring to Front]를 선택합니다.

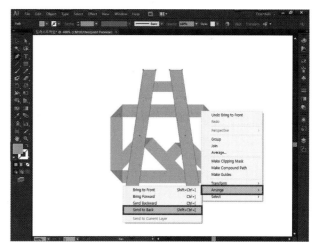

13 'Rectangle Tool'과 'Pen Tool'을 이용하여 직사각형과 삼각형을 만들고, 다음과 같은 모양의 아이콘을 그려나갑니다. 직사각형의 면색은 C0M87Y50K0, 선색은 None, 삼각형의 면색은 C10M100Y50K0, 선색은 None으로 설정합니다.

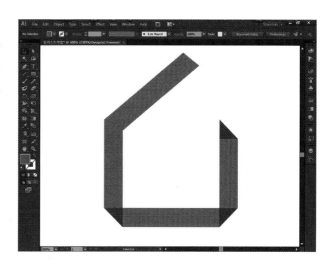

14 'Pen Tool'을 이용하여 아이콘의 위쪽 부분과 중앙의 플레이 버튼 모양을 그린 후, 연한 부분 면색은 C0M87Y50K0, 선색은 None, 좀 더 진한 부분의 면색은 C10M100Y50K0, 선색은 None으로 설정합니다. 영화 아이콘이 완성되었습니다. 모두 선택하고, Ctrl + G 를 눌러 그룹으로 만듭니다.

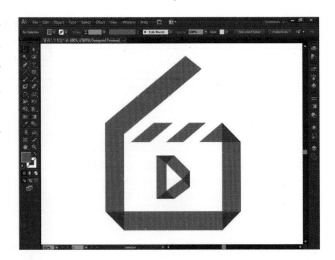

15 'Pen Tool'을 선택하고, 면색을 None, 선색을 임의의 색으로 설정한 후, 책 모양을 그립니다.

> **기적의 Tip**
>
> Pen Tool로 수평 또는 수직선을 그리기 위해서는 Shift 를 누른 채, 선을 그립니다.

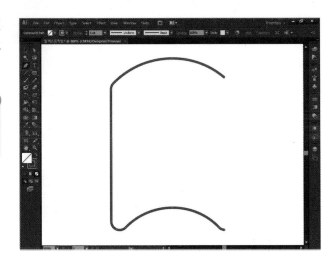

16 'Pen Tool'로 이어서 선을 계속 그려서 책 모양을 만듭니다.

> **기적의 Tip**
>
> 한쪽만 Pen Tool로 선을 그린 후, 반대쪽은 Reflect Tool을 이용하여 Vertical 방향으로 복사하고, 2개의 오브젝트를 함께 선택하여 Pathfinder 패널에서 Shape Modes : Unite를 클릭하여 하나로 합쳐도 같은 결과를 얻을 수 있습니다.

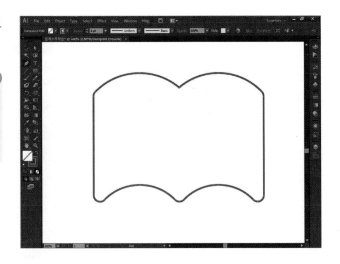

17 선을 하나 복사하기 위해서 'Selection Tool'로 선을 선택하고, [Object] 〉 [Path] 〉 [Outline Stroke]를 클릭하여 [Offset Path] 대화상자가 열리면 'Preview : 체크', 'Offset'에 임의의 '−' 수치를 입력하여 다음과 같은 두께가 나오도록 설정한 후, [OK] 버튼을 클릭합니다.

🎓 **기적의 Tip**

Preview는 설정한 수치에 따라 변하는 결과를 바로 확인할 수 있는 옵션이며, Offset에 + 수치를 입력하면 외곽선을 복사할 수 있습니다.

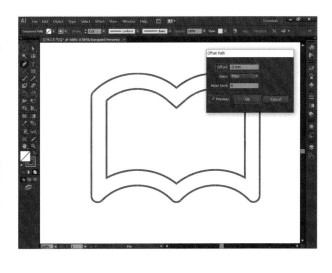

18 'Selection Tool'로 2개의 선을 함께 선택하고, [Object] 〉 [Compound Path] 〉 [Make]를 선택합니다.

🎓 **기적의 Tip**

Compound Path는 2개 이상의 선을 하나로 만드는 기능입니다. 이때 겹치는 부분은 자동으로 계산되어 비어있는 영역으로 만들어 집니다.

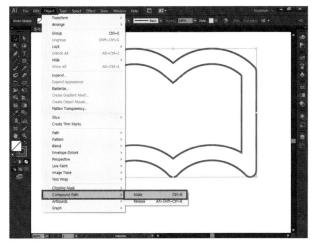

19 하나가 된 오브젝트를 선택하고, 면색은 C50M90Y0K0, 선색은 None으로 설정합니다.

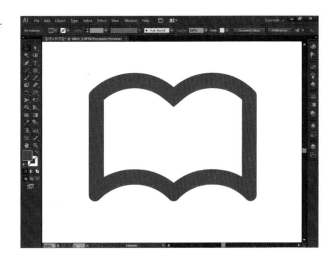

20 책 모양에서 가운데 부분을 만들기 위해서 'Rounded Rectangle Tool'로 둥근 모서리 직사각형을 만듭니다. 면색은 C50M90Y0K0, 선색은 None으로 설정합니다.

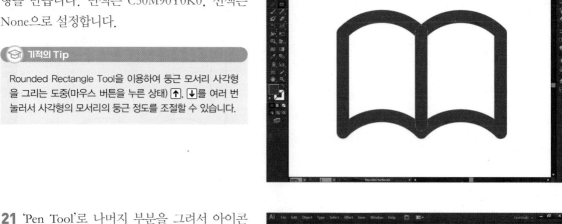

21 'Pen Tool'로 나머지 부분을 그려서 아이콘 모양을 완성한 후, 면색은 C50M90Y0K0, 선색은 None으로 설정합니다. 겹쳐진 부분의 삼각형의 면색은 C50M100Y0K40, 선색은 None으로 설정합니다. 도서관 아이콘이 완성되었습니다. 모두 선택하고, Ctrl + G를 눌러 그룹으로 만듭니다.

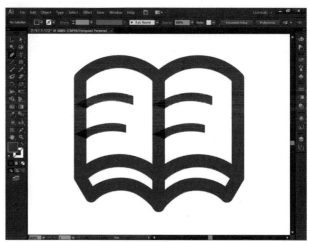

22 'Ellipse Tool'을 선택하고, Shift를 누른 채 작업창을 드래그하여 정원을 만든 후, 면색은 None, 선색은 C70M10Y0K0으로 설정합니다. 'Selection Tool'로 원을 선택하고, 옵션 바에서 'Stroke'에 적당한 수치를 입력하여 다음과 같은 두께의 원으로 만든 후, [Object] 〉 [Path] 〉 [Outline Stroke]를 선택하여 면 오브젝트로 변환합니다.

23 공 모양의 중앙 빈 곳에 실밥 모양을 그려 넣기 위해서 'Pen Tool'로 사각형 2개를 각각 그린 후, 배치합니다. 연한 부분의 면색은 C70M10Y0K0, 진한 부분의 면색은 C100M30Y0K0, 선색은 모두 None으로 설정합니다.

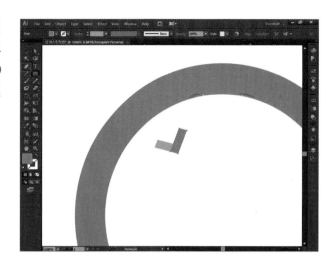

24 'Selection Tool'로 2개의 오브젝트를 함께 선택하고, Alt를 누른 채, 드래그하여 복사합니다. 복사된 오브젝트의 크기 조절점을 이용하여 회전하고, 배치합니다. 여러 번 반복하여 야구공의 실밥 모양을 만듭니다.

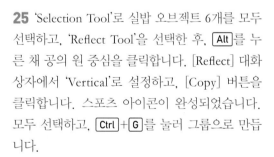
기적의 Tip

- 오브젝트 복사하기 : Alt를 누른 채 오브젝트를 마우스로 드래그하거나 오브젝트를 선택하고, Ctrl+C, Ctrl+V를 누릅니다.
- Selection Tool로 오브젝트 회전하기 : 크기 조절점의 외곽을 드래그하면 회전 기능이 적용됩니다.

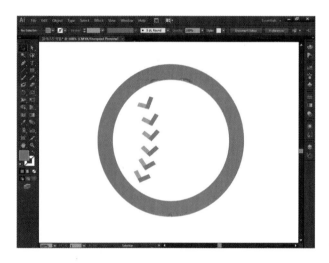

25 'Selection Tool'로 실밥 오브젝트 6개를 모두 선택하고, 'Reflect Tool'을 선택한 후, Alt를 누른 채 공의 원 중심을 클릭합니다. [Reflect] 대화상자에서 'Vertical'로 설정하고, [Copy] 버튼을 클릭합니다. 스포츠 아이콘이 완성되었습니다. 모두 선택하고, Ctrl+G를 눌러 그룹으로 만듭니다.

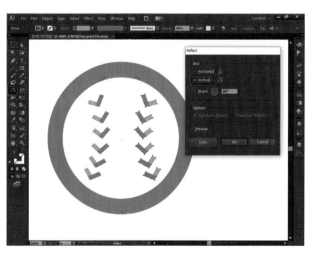
기적의 Tip

Reflect Tool을 이용하여 오브젝트를 반대로 뒤집어 복사할 때 Alt를 누른 채 어느 한 지점을 클릭하여 복사되는 기준점을 설정할 수 있습니다.

26 완성된 각 아이콘들을 다음과 같이 정렬하여 배치한 후, [Ctrl]+[G]를 눌러 그룹으로 만듭니다.

🎓 기적의 Tip

'Selection Tool'로 아이콘을 모두 함께 선택하고, Align 패널에서 Align To : Align to Selection으로 설정한 후, Align Objects : Align Vertical Center, Distribute Objects : Horizontal Distribute Center를 차례로 클릭하여 쉽게 정렬할 수 있습니다.

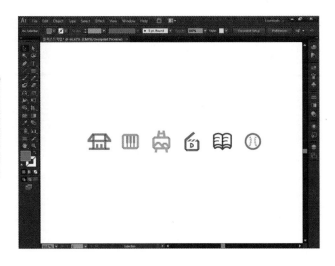

03 패턴 만들기

01 'Pen Tool'을 선택하고, [Shift]를 누른 채 삼각형 모양을 그린 후, 면색은 C2M87Y58K0, 선색은 None으로 설정합니다.

🎓 기적의 Tip

Pen Tool로 직선을 그릴 때 [Shift]를 누르면서 클릭하면 수평선과 수직선, 45° 대각선을 그릴 수 있습니다.

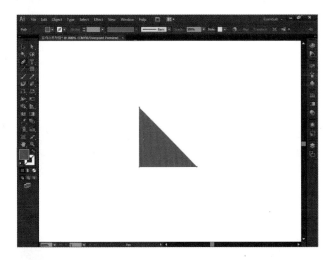

02 같은 방법으로 삼각형을 5개 더 그리고 다음과 같이 불규칙하게 배치합니다. 시계방향으로 면색 C62M19Y4K0, C52M90Y13K1, C26M39Y67K2, C62M4Y100K0, C1M38Y94K0로, 선색은 모두 None으로 설정합니다. 'Selection Tool'로 모든 삼각형을 함께 선택하고, [Ctrl]+[G]를 눌러 그룹으로 만듭니다.

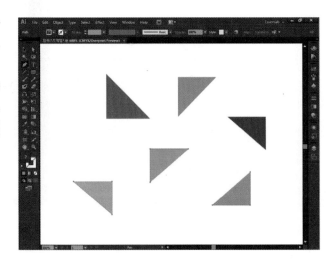

04 영화 필름 만들기

01 'Rectangle Tool'을 선택하고, 가로가 긴 직사각형을 그린 후, 면색은 C0M0Y0K100, 선색은 None으로 설정합니다.

> **기적의 Tip**
>
> 디자인 원고에서 검은색은 K100으로만 표시되어 있습니다.

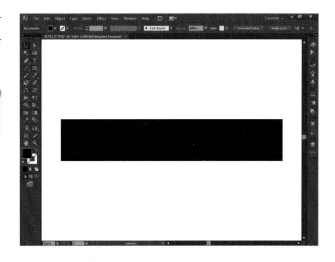

02 'Rounded Rectangle Tool'을 선택하고, 직사각형의 왼쪽 부분에 가로가 약간 긴 둥근 모서리 사각형을 만듭니다. 면색을 C0M0Y0K0, 선색은 None으로 설정합니다. 이때 윗 부분과 아래쪽 부분은 필름 구멍을 만들기 위해서 공간을 남겨 둡니다.

> **기적의 Tip**
>
> Rounded Rectangle Tool을 이용하여 둥근 모서리 사각형을 그리는 도중(마우스 버튼을 누른 상태) ↑, ↓를 여러 번 눌러서 사각형의 모서리의 둥근 정도를 조절할 수 있습니다.

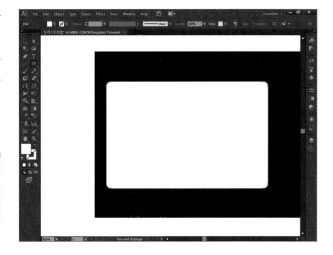

03 'Rounded Rectangle Tool'을 선택하고, 필름 구멍이 들어갈 부분에 세로가 약간 긴 둥근 모서리 사각형을 만듭니다. 면색을 C0M0Y0K0, 선색은 None으로 설정합니다. 이때 아래쪽 둥근 모서리 사각형과 왼쪽 끝이 정렬되도록 배치합니다.

> **기적의 Tip**
>
> 정확한 정렬을 위해서는 Align 패널을 열어서 2개의 오브젝트를 선택하고, Align Objects : Horizontal Align Left를 클릭합니다.

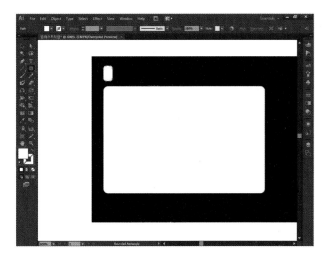

04 'Selection Tool'로 마지막에 만든 둥근 모서리 사각형을 선택하고, [Alt]+[Shift]를 누른 채, 오른쪽으로 드래그하여 복사합니다. 총 7개의 구멍을 더 복사합니다. 이때 가장 오른쪽에 위치한 둥근 모서리 사각형은 아래 필름과 오른쪽 끝이 정렬 되도록 합니다.

> **기적의 Tip**
>
> 정확한 정렬을 위해서는 Align 패널을 열어서 2개의 오브젝트를 선택하고, Align Objects : Horizontal Align Right를 클릭합니다.

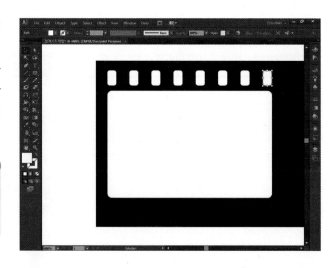

05 필름 구멍 오브젝트의 간격을 정확히 정렬하기 위해서 'Selection Tool'로 함께 선택하고, Align 패널에서 'Align To: Align to Selection'으로 설정한 후, 'Distribute Objects : Horizontal Distribute Center'를 차례로 클릭하여 간격을 일정하게 정렬합니다.

> **기적의 Tip**
>
> • 정확한 선택을 위해서 [Ctrl]+[+], [Ctrl]+[−]를 눌러 줌인/줌아웃을 이용하는 것이 좋습니다.
> • 여러 개의 오브젝트를 선택할 때는 드래그하여 선택하거나 [Shift]를 누른 채 하나씩 클릭하여 선택하면 됩니다.

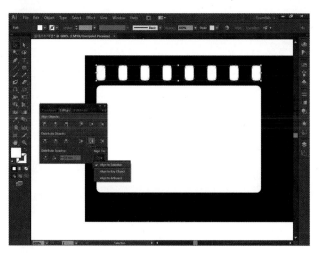

06 'Selection Tool'로 필름 구멍을 모두 함께 선택하고, [Alt]+[Shift]를 누른 채, 아래쪽으로 드래그하여 복사합니다. 위쪽과 비슷한 세로 위치에 배치하기 위해서 [↑], [↓]를 여러 번 눌러 세밀하게 조정합니다.

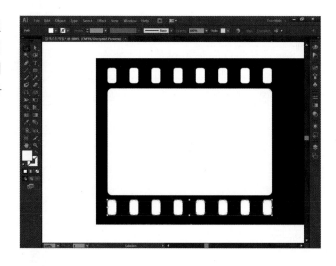

07 'Selection Tool'로 안쪽에 있는 둥근 모서리 사각형을 모두 함께 선택하고, [Alt]+[Shift]를 누른 채, 왼쪽으로 드래그하여 복사합니다. 아래쪽에 검은색 직사각형을 선택하고, 좌우 크기 조절점을 드래그하여 복사된 필름 크기에 맞게 맞춥니다.

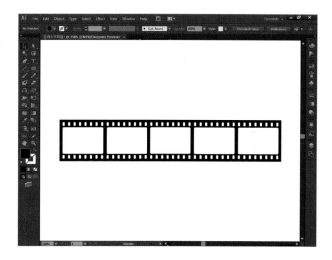

08 'Selection Tool'로 모든 필름 오브젝트를 함께 선택하고, [Object] 〉 [Compound Path] 〉 [Make]를 선택합니다.

🎓 **기적의 Tip**

Compound Path를 적용하면 모든 오브젝트가 하나로 합쳐지며, 필름에서 흰색 부분은 자동으로 계산되어 비어있는 투명한 영역으로 만들어 집니다. 만약 다시 각각의 독립된 오브젝트로 되돌리기 위해서는 [Object] 〉 [Compound Path] 〉 [Release]를 선택합니다.

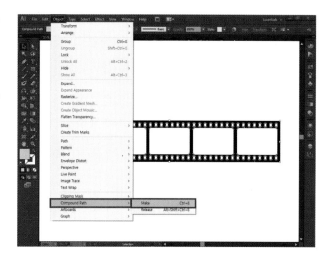

09 하나로 만들어진 필름 오브젝트가 선택된 상태에서 [Effect] 〉 [Wrap] 〉 [Arch]를 선택하고, [Wrap Options] 대화상자가 열리면 'Style : Horizontal', 'Bend : −30%', Distortion의 'Horizontal : −34%', 'Vertical : 0%'로 설정한 후, [OK] 버튼을 클릭하여 입체감을 있는 둥근 필름 모양으로 만듭니다.

🎓 **기적의 Tip**

• Wrap : 다양한 변형 효과를 줄 수 있습니다.
• Wrap Options 열기 : [Shift]+[Ctrl]+[Alt]+[W]
• Preview 옵션을 체크하면 변형을 실시간으로 확인하면서 작업할 수 있습니다.

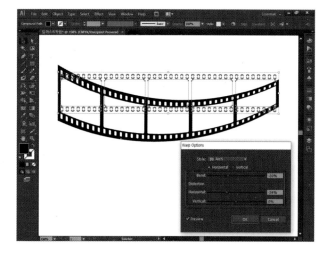

10 변형된 필름 오브젝트가 선택된 상태에서 [Object] > [Expand Appearance]를 선택하여 효과를 지우고 일반 오브젝트로 변환합니다.

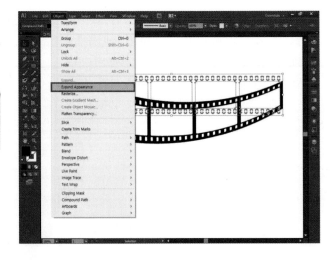

11 'Shear Tool'을 선택하고, Shift 를 누른 채, 위쪽으로 드래그하여 다음과 같은 모양으로 변형한 후, Ctrl + G 를 눌러 그룹으로 만듭니다.

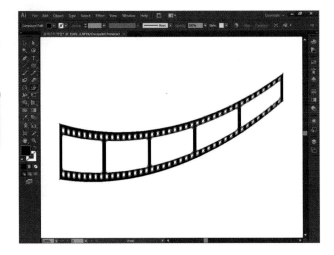

05 열기구 만들기

01 'Pen Tool'을 선택하고, 면색을 None, 선색은 임의로 설정한 후 곡선을 그려 나갑니다.

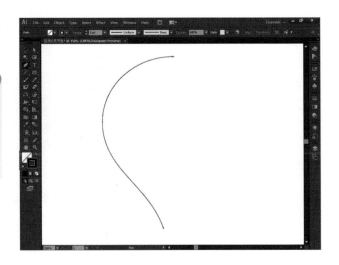

02 'Pen Tool'로 열기구의 위쪽 부분을 그립니다.

> 🎓 **기적의 Tip**
>
> • Pen Tool을 이용하여 오브젝트를 그릴 때 시작점과 끝점
>   이 만나도록 닫힌 곡선으로 만드는 것이 중요합니다.
> • 최근 시험에서 일러스트의 난이도가 점차 올라가고 있습
>   니다. 특히 복잡한 드로잉 요소가 많이 출제되므로 100%
>   똑같이 그릴 수는 없더라도 짧은 시간에 어느 정도 비슷한
>   형태를 만들 수 있도록 Pen Tool을 이용한 드로잉을 충분
>   히 연습하도록 합니다.

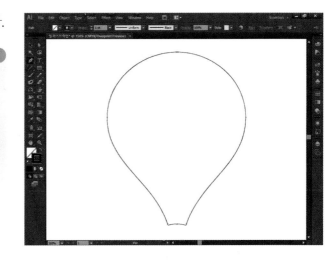

03 'Selection Tool'로 열기구 위쪽 오브젝트를 선택하고, 면색은 C0M35Y100K0, 선색은 None 으로 설정합니다. [Ctrl]+[C]를 눌러 복사하고, [Ctrl]+[V]를 3번 눌러 같은 위치에 3개를 붙여넣기합니다.

> 🎓 **기적의 Tip**
>
> 오브젝트를 복사하기 위해서 [Ctrl]+[C]를 눌러 복사한 후,
> 다음과 같은 옵션으로 붙여넣기할 수 있습니다.
> • [Ctrl]+[V] : 일반 붙여넣기로 원본과 다른 위치에 붙여넣기
>   됩니다.
> • [Ctrl]+[F] : 원본 오브젝트의 같은 위치 앞쪽에 붙여넣기
>   됩니다.
> • [Ctrl]+[B] : 원본 오브젝트의 같은 위치 뒤쪽에 붙여넣기
>   됩니다.
> • [Shift]+[Ctrl]+[V] : 원본과 같은 위치에 붙여넣기 됩니다.

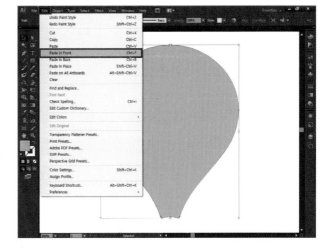

04 'Pen Tool'을 선택하고, 면색을 None, 선색은 임의로 설정한 후 열기구에 무늬를 그려 넣습니다.

> 🎓 **기적의 Tip**
>
> 양쪽에 같은 모양의 오브젝트는 하나만 그린 후, Reflect
> Tool을 이용하여 반대로 복사하는 것이 시간절약에 도움이
> 됩니다.

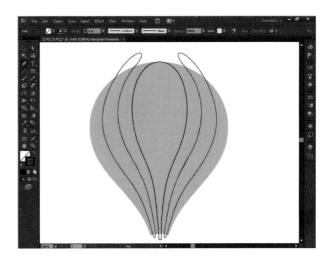

05 'Selection Tool'을 선택하고, 빈 공간을 클릭하여 모든 선택을 해제합니다. 'Selection Tool'로 Shift 를 누른 채, 열기구 오브젝트 하나와 무늬를 차례대로 선택한 후, Pathfinder 패널에서 'Shape Modes : Intersect'를 클릭하여 선택된 오브젝트 중에서 겹치는 부분만 남기도록 합니다.

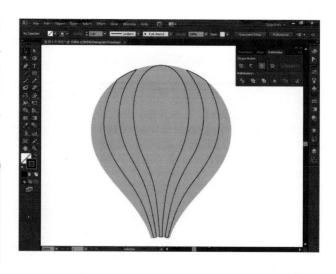

> **가적의 Tip**
>
> • Selection Tool로 Shift 를 누른 채, 오브젝트를 선택하면 함께 선택이 됩니다.
> • 드래그하여 전체 선택하지 않는 이유는, 복사된 3개의 열기구 오브젝트 중에서 하나만 선택이 되어야 하기 때문입니다.

06 'Selection Tool'로 무늬 부분을 선택하고, 면색은 C0M0Y0K0, 선색은 None으로 설정합니다.

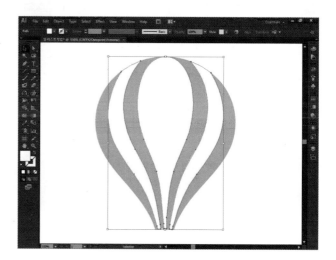

07 열기구에 그림자를 만들기 위해서 'Pen Tool'을 선택하고, 다음과 같은 모양을 그립니다.

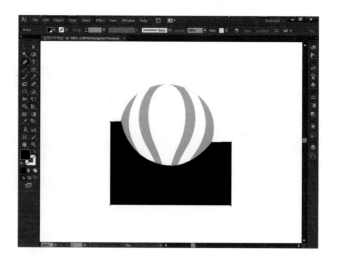

08 'Selection Tool'로 Shift를 누른 채, 열기구 오브젝트 하나와 그림자 모양 오브젝트를 차례 대로 선택한 후, Pathfinder 패널에서 'Shape Modes : Intersect'를 클릭하여 선택된 오브젝트 중에서 겹치는 부분만 남깁니다. 그림자의 면색은 C0M0Y0K100, 선색은 None으로 설정 합니다.

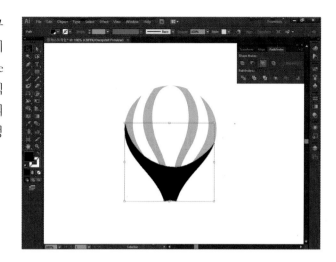

09 그림자 오브젝트가 선택된 상태에서 Appearance 패널을 열고, Fill의 Opacity를 클릭한 후, Opacity : 20%로 설정하여 투명도를 적용합니다.

> 🎓 **기적의 Tip**
>
> Opacity는 불투명도를 조절하는 옵션으로서 수치가 낮을수록 투명하게 됩니다.

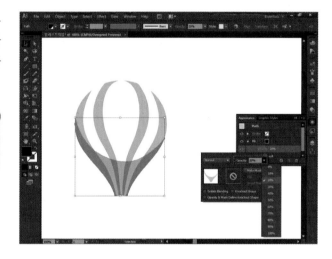

10 'Pen Tool'로 무늬에 들어갈 오브젝트를 크게 그린 후, 'Selection Tool'로 Shift를 누른 채, 열 기구와 방금 그린 오브젝트를 선택하고, Pathfinder 패널에서 'Shape Modes : Intersect'를 선 택합니다. 아래쪽 무늬의 면색은 C0M60 Y100K0, 선색은 None으로 설정합니다.

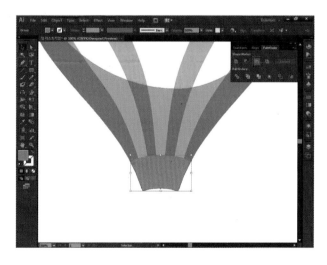

11 'Rounded Rectangle Tool'로 세로가 조금 긴 둥근 모서리 직사각형을 만듭니다. 면색은 C25M40Y65K0, 선색은 None으로 설정합니다.

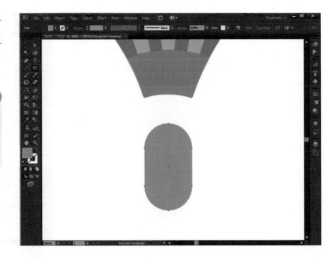

12 위쪽 부분을 삭제하기 위해서 'Rectangle Tool'로 둥근 모서리 직사각형의 위쪽 부분에 직사각형을 그린 후, 면색은 임의의 색상, 선색은 None으로 설정합니다. 'Selection Tool'로 2개의 사각형을 함께 선택하고, Pathfinder 패널에서 'Shape Modes : Minus Front'를 선택합니다.

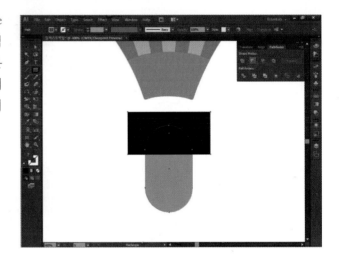

13 잘려진 사각형이 선택된 상태에서 Ctrl + C, Ctrl + F를 눌러 복사, 붙여넣기합니다. 아래쪽에 그림자를 넣기 위해서 'Pen Tool'로 그림자 모양을 사각형보다 크게 그린 후, 'Selection Tool'로 Shift를 누른 채, 사각형과 방금 그린 오브젝트를 선택하고, Pathfinder 패널에서 'Shape Modes : Intersect'를 선택합니다.

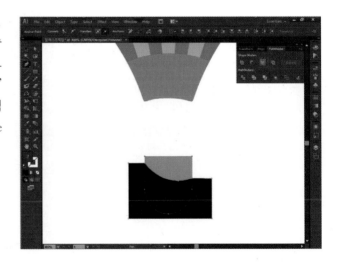

14 아래쪽 그림자의 면색을 C25M40Y65K30, 선색은 None으로 설정합니다. 'Rounded Rectangle Tool'로 가로가 조금 긴 둥근 모서리 직사각형을 다음과 같이 위쪽 부분에 만든 후, 면색은 C25M40Y65K30, 선색은 None으로 설정합니다.

15 'Rectangle Tool'로 위쪽 열기구와 아래쪽 오브젝트를 이어주는 세로가 긴 직사각형의 선을 4개 그린 후, 면색은 C25M40Y65K30, 선색은 None으로 설정합니다. 'Selection Tool'로 4개의 직사각형을 함께 선택하고, 마우스 오른쪽 버튼을 클릭하여 [Arrange] 〉 [Send to Back]을 선택합니다.

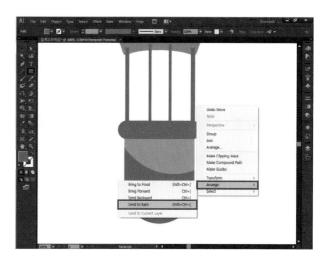

16 열기구가 완성되었습니다. 디자인 원고와 비교하여 확인한 후, Ctrl + G 를 눌러 그룹으로 만듭니다.

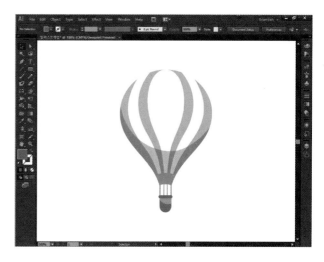

01 'Rectangle Tool'을 선택하고, 작업창의 빈 공간에 긴 직사각형을 만든 후, 면색을 C0M0Y0K60, 선색을 None으로 설정합니다. 'Selection Tool'로 직사각형을 선택하고, Alt 를 누른 채, 드래그하여 2개 복사합니다. 90°만큼 회전하고, 조절점을 드래그하여 크기를 조절한 후, 배치합니다.

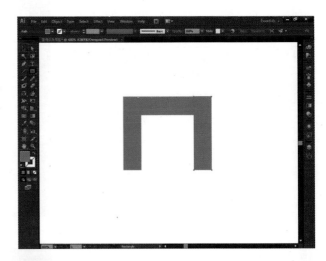

02 'Selection Tool'로 직사각형을 선택하고, Alt 를 누른 채, 드래그하여 복사합니다. 회전하고, 조절점을 드래그하여 크기를 조절한 후, 배치합니다. 회색이 면색은 C0M0Y0K60, 빨간색의 면색은 C0M89Y50K0, 파란색의 면색은 C80M36Y0K0, 오렌지색의 면색은 C0M60Y100K0, 녹색의 면색은 C60M0Y100K0으로 선색은 모두 None으로 설정합니다.

🎓 기적의 Tip

사각형을 복사하여 로고를 만드는 이유는 모두 같은 두께로 만들기 위해서입니다.

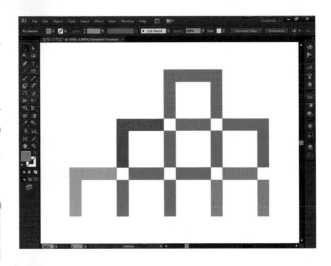

03 로고의 중간에 빈 부분을 채워 넣기 위해서 'Rectangle Tool'로 정사각형을 그린 후, 면색을 C0M0Y0K100, 선색을 None으로 설정합니다. 모두 채워 넣은 후, 'Selection Tool'로 드래그하여 함께 선택하고, Ctrl + G 를 눌러 그룹으로 만듭니다. 디자인 원고와 비교하여 확인한 후, Ctrl + S 를 눌러 일러스트 작업을 저장합니다.

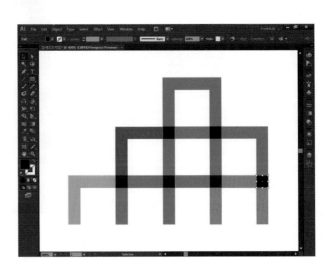

03 포토샵 작업

01 작업 준비하기

01 포토샵을 실행하고, [File] > [New]를 선택하여 [New] 대화상자에서 'Width : 166mm, Height : 246mm, Resolution : 300Pixels/Inch, Color Mode : CMYK Color'로 설정한 후, [OK] 버튼을 클릭합니다.

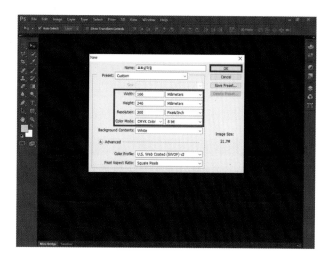

기적의 Tip

- Ctrl + N : New(새로 만들기)
- Resolution : 300Pixels/Inch은 인쇄, 출판을 위한 최적의 해상도 설정입니다. 하지만 작업 파일의 크기가 커지고 고사양의 컴퓨터가 요구됩니다. 시험에서 제출할 파일의 총 용량은 10MB 이하이기 때문에 파일크기는 크게 문제가 되지 않지만 시험장마다 다른 컴퓨터 사양으로 인해 작업 진행에 어려움이 예상되는 경우, 150~250 정도의 해상도를 설정하는 것이 좋습니다.

02 '일러스트작업' 창에서 그리드를 선택하고, Ctrl + C 를 눌러 복사합니다.

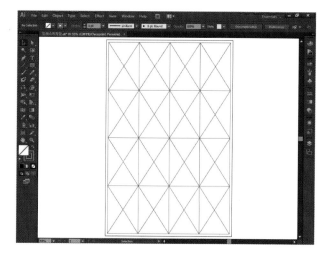

기적의 Tip

그리드가 잠겨 선택되지 않는 경우, [Window] > [Layers]를 선택하고, Layers 패널에서 해당 레이어의 Toggles Lock 아이콘을 클릭하여 레이어 잠금을 해제하거나, Alt + Ctrl + 2 를 눌러 오브젝트 잠금을 해제합니다.

03 '포토샵작업' 창에 Ctrl + V 를 눌러 붙여넣기한 후, [Paste] 대화상자에서 'Pixels'를 선택하고, [OK] 버튼을 클릭합니다. Enter 를 눌러 그리드를 확정하고, Layers 패널에서 이름을 그리드로 변경합니다. 'Move Tool'을 선택하고, Ctrl 을 누른 채 'Background' 레이어와 함께 선택한 후, 옵션 바에서 'Align vertical centers', 'Align horizontal centers'를 클릭하여 정렬합니다. '그리드' 레이어만 선택하고, 'Lock all' 아이콘을 클릭하여 잠근 후, [File] 〉 [Save]를 선택하여 포토샵작업.psd로 저장합니다.

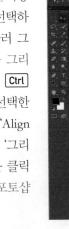

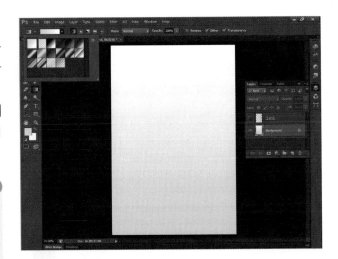

> 🎓 **기적의 Tip**
>
> 항상 작업 시작과 도중에는 예기치 못한 상황을 대비하여 수시로 하는 저장하는 습관을 길러야 합니다.

02 배경 만들기

01 배경 색을 채우기 위해서 Layers 패널에서 'Background' 레이어를 선택하고, 전경색을 C0M0Y0K15, 배경색을 C0M0Y0K0으로 설정합니다. 'Gradient Tool'을 선택하고, 옵션 바에서 'Foreground to Background'로 설정한 후, Shift 를 누른 채 아래에서 위로 드래그하여 그라데이션 배경을 만듭니다.

> 🎓 **기적의 Tip**
>
> • Foreground to Background는 전경색에서 배경색으로 변하는 그라디언트를 적용합니다.
> • 그라디언트를 적용할 때 Shift 를 누르면 수평, 수직, 45° 정 방향으로 그라데이션을 그릴 수 있습니다.
> • 그라디언트는 시작점과 끝점의 위치에 따라 결과가 달라질 수 있습니다. 결과물이 맘에 들지 않을 경우, Ctrl + Z 를 눌러 이전 명령을 취소한 후, 다시 그라디언트를 적용합니다.

02 배경에 사용할 이미지를 넣기 위해서 [File] 〉 [Open]을 선택하고, [Open] 대화상자가 열리면 보케.jpg을 찾아 선택한 후, [Open] 버튼을 클릭하여 이미지를 불러옵니다.

> 🎓 **기적의 Tip**
>
> 소스(제공 파일) 다운로드 : 영진닷컴 이기적 수험서 사이트 (license.youngjin.com) [자료실] − [컴퓨터그래픽스]에서 '2023 컴퓨터그래픽스운용기능사 실기 부록 자료'를 다운받으실 수 있습니다.

03 이미지가 열리면 색조 수정을 위해서 [Image] 〉 [Adjustments] 〉 [Hue/Saturation]을 선택합니다. [Hue/Saturation] 대화상자가 열리면 'Colorize : 체크', 'Hue : 180' 'Saturation : 18, Lightness : 24'로 입력한 후, [OK] 버튼을 클릭합니다.

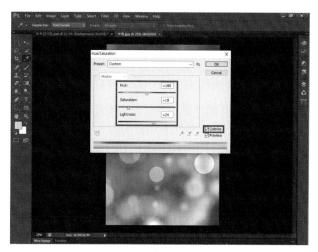

> 🎓 **기적의 Tip**
>
> • Hue/Saturation : Ctrl + U
> • Hue/Saturation은 이미지의 색상, 채도, 밝기를 수정할 때 사용합니다

04 이미지를 확인한 후, Ctrl + A 를 눌러 전체 영역을 선택하고, Ctrl + C 를 눌러 복사합니다.

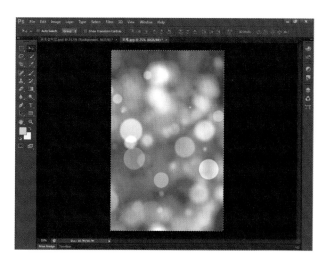

> 🎓 **기적의 Tip**
>
> • Ctrl + S : [Select] 〉 [All] 선택과 같은 기능이며 이미지의 전체영역을 선택합니다.
> • 몇 가지 자주 사용하는 중요한 기능은 단축키를 외워서 사용해야 시간을 단축할 수 있습니다.

05 '포토샵작업' 창으로 돌아와 Ctrl+V 를 눌러 보케 이미지를 붙여 넣습니다. Ctrl+T 를 눌러 크기 조절점을 나타내고, 크기와 위치를 조절하여 다음과 같이 전체 영역 크기에 맞춰 배치한 후, Enter 를 눌러 확정합니다. Layers 패널에서 레이어의 이름을 보케 배경으로 변경한 후, 레이어 위치를 '그리드' 레이어 아래로 이동합니다.

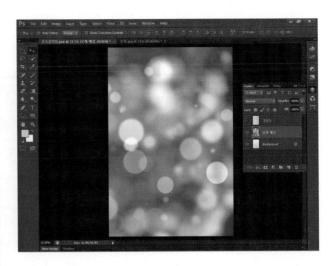

🎓 기적의 Tip

• Ctrl+T : Free Transform
• Free Transform을 이용하여 크기 조절을 할 때, 이미지의 가로, 세로 비율을 유지하기 위해서 반드시 모서리의 점을 Shift 를 누른 채 드래그해야 합니다.

06 Layers 패널의 'Add Layer mask' 아이콘을 클릭하여 '보케 배경' 레이어에 마스크를 적용합니다. 전경색을 C0M0Y0K0, 배경색을 C0M0Y0K100으로 설정한 후, 'Gradient Tool'을 선택하고, 옵션 바에서 'Foreground to Background'를 선택합니다. 'Gradient Tool'로 이미지의 중앙 부분에서 상단까지 드래그하여 다음과 같이 이미지 상단이 자연스럽게 사라지게 합니다.

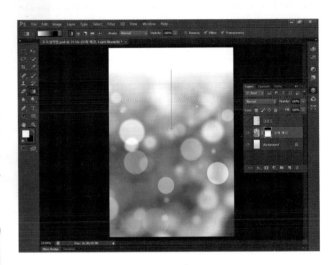

🎓 기적의 Tip

레이어 마스크를 적용함과 동시에 전경색과 배경색이 흰색과 검정색으로 자동 설정되기 때문에 따로 바꿀 필요는 없습니다. 혹시 바뀌지 않는 경우 수동으로 설정해야 합니다.

07 Layers 패널에서 '보케 배경' 레이어의 'Opacity'를 30%로 설정합니다.

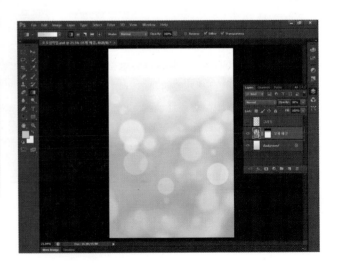

🎓 기적의 Tip

• 실제 시험에는 정확한 수치로 입력하는 것보다는 슬라이더를 마우스로 조절하거나 마우스 휠로 수치를 변화시키면서 눈으로 확인하고, 적당한 수치를 찾는 것이 좋습니다.
• '그리드' 레이어는 계속 켜둘 필요는 없습니다. 디자인 원고와 비교하여 위치나 크기 등을 확인해야 할 경우 중간 중간 활용하면 됩니다.

08 [File] 〉 [Open]을 선택하고, [Open] 대화상자가 열리면 조명.jpg을 찾아 선택한 후, [Open] 버튼을 클릭하여 이미지를 불러옵니다. 이미지가 열리면 Layers 패널 오른쪽에 위치한 Channels 패널을 클릭하여 각 채널이 보이면 [Ctrl]을 누른 채, Red 채널의 썸네일을 클릭하여 특정 영역을 선택한 후, [Ctrl]+[C]를 눌러 복사합니다.

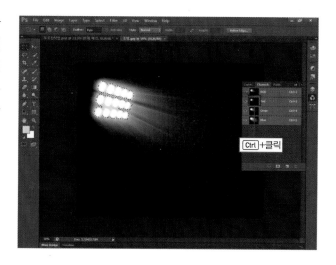

09 '포토샵작업' 창으로 돌아와 [Ctrl]+[V]를 눌러 조명 이미지를 붙여 넣습니다. [Ctrl]+[T]를 눌러 크기 조절점을 나타내고, 크기와 위치를 조절하여 왼쪽 상단 부분에 배치한 후, [Enter]를 눌러 확정합니다. Layers 패널에서 레이어의 이름을 조명 배경으로 변경한 후, 레이어 위치를 '그리드' 레이어 아래로 이동합니다.

> 🎓 **기적의 Tip**
> 어떠한 기능을 적용하기 전에 Layers 패널에서 해당 레이어가 선택되어 있는지 확인합니다.

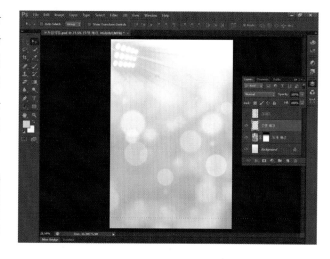

10 조명 배경의 색조 수정을 위해서 [Image] 〉 [Adjustments] 〉 [Hue/Saturation]을 선택합니다. [Hue/Saturation] 대화상자가 열리면 'Colorize : 체크', 'Hue : 180' 'Saturation : 18, Lightness : 10'으로 입력한 후, [OK] 버튼을 클릭합니다.

11 상단 부분에 바를 만들기 위해서 Layers 패널에서 새 레이어를 만들고, 이름을 상단 띠로 변경한 후, 위치를 '그리드' 레이어 아래로 이동합니다. 'Rectangular Marquee Tool'로 상단 부분을 선택하고, 전경색을 C0M90Y50K0으로 설정한 후, Alt + Delete 를 눌러 색을 채웁니다. Ctrl + D 를 눌러 선택영역을 해제합니다.

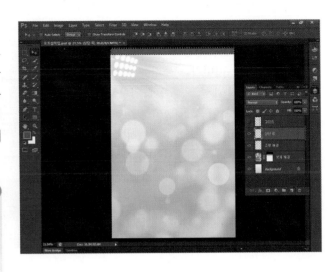

03 영화 홍보패널 만들기

01 Layers 패널에서 새 레이어를 만들고, 이름을 영화스크린으로 변경한 후, 위치를 '그리드' 레이어 아래로 이동합니다. 'Rectangular Marquee Tool'로 중앙 부분을 디자인 원고의 크기와 비율로 선택하고, 전경색을 C0M0Y0K45로 설정한 후, Alt + Delete 를 눌러 색을 채웁니다. Ctrl + D 를 눌러 선택영역을 해제합니다.

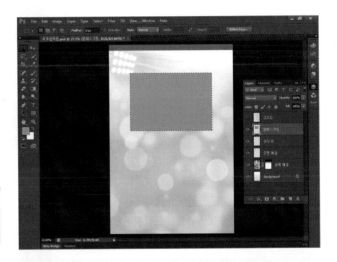

02 외곽선 효과를 적용하기 위해서 Layers 패널에서 '영화스크린' 레이어를 더블클릭하여 [Layer Style] 대화상자를 엽니다. 'Styles : Stroke'를 클릭하고, 'Size : 10px, Color : C0M0Y0K0'으로 설정한 후, [OK] 버튼을 클릭합니다.

03 이미지를 넣기 위해서 [File] 〉 [Open]을 선택하고, [Open] 대화상자가 열리면 광대.jpg을 찾아 선택한 후, [Open] 버튼을 클릭하여 이미지를 불러옵니다. 이미지가 열리면 Ctrl+U를 눌러 [Hue/Saturation] 대화상자를 열고, 'Saturation : −50, Lightness : 10'으로 입력한 후, [OK] 버튼을 클릭합니다.

🎓 **기적의 Tip**

Saturation 수치가 낮아질수록 이미지의 채도가 낮아져 색감이 연하고 탁해집니다.

04 이미지의 밝기와 대비를 수정하기 위해서 [Image] 〉 [Adjustment] 〉 [Levels]를 선택하고, [Levels] 대화상자에서 각 슬라이더를 다음과 같이 조절한 후, [OK] 버튼을 클릭합니다.

🎓 **기적의 Tip**

• Ctrl+L : Levels
• [Levels] 대화상자에서 중앙에 위치한 3개의 슬라이더 조절점은 각각 밝기 조절 역할을 합니다. 왼쪽 조절점은 어두운 부분을 어둡게, 중앙 조절점은 전체 밝기를, 오른쪽 조절점은 밝은 곳을 밝게 조절할 수 있습니다.
• 각 슬라이더 아래 위치한 수치는 중요하지 않습니다. 슬라이더를 좌우로 움직이면서 이미지의 변화를 눈으로 확인하면 됩니다.

05 'Rectangular Marquee Tool'로 이미지의 중앙 부분만 디자인 원고의 크기와 비율대로 선택하고, Ctrl+C를 눌러 복사합니다.

06 '포토샵작업' 창에 Ctrl+V를 붙여 넣고, Ctrl+T를 눌러 크기와 위치를 조절하여 회색 액자보다 조금 더 작은 크기로 정중앙에 배치합니다. Layers 패널에서 레이어의 이름을 광대로 변경하고, 위치를 '그리드' 레이어 아래로 이동합니다.

> 🎓 **기적의 Tip**
>
> 이미지가 회색 액자에 맞지 않을 경우, Rectangular Marquee Tool로 이미지의 상하좌우 부분을 선택하고 지우면 됩니다.

07 이미지에 입체감 효과를 적용하기 위해서 Layers 패널에서 '광대' 레이어를 더블클릭하여 [Layer Style] 대화상자를 엽니다. 'Styles : Bevel & Emboss'를 클릭하고, 'Style : Pillow Emboss', 'Technique : Smooth', 'Depth : 100%', 'Size : 10px', 'Soften : 0px'로 설정한 후, [OK] 버튼을 클릭합니다.

🔵 04 영화 필름 3D 효과 내기

01 '일러스트작업' 창에서 영화 필름을 선택하고, Ctrl+C를 눌러 복사합니다. '포토샵작업' 창에 Ctrl+V를 눌러 붙여넣기합니다. [Paste] 대화상자에서 'Pixels'를 선택하고, [OK] 버튼을 클릭한 후, 디자인 원고를 참고로 크기를 조절하여 광대 이미지 위에 배치합니다. Layers 패널에서 레이어의 이름을 필름01로 변경하고, 위치를 '그리드' 레이어 아래로 이동합니다.

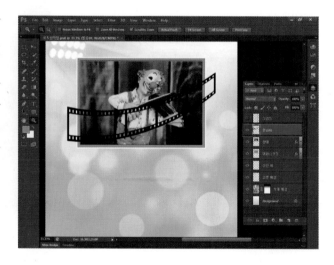

02 필름의 밝기와 대비를 수정하기 위해서 [Image] 〉 [Adjustment] 〉 [Levels]를 선택하고, [Levels] 대화상자에서 각 슬라이더를 다음과 같이 조절한 후, [OK] 버튼을 클릭합니다.

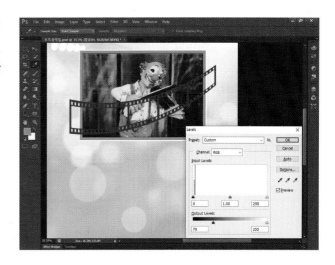

03 영화 필름의 구멍을 색상으로 채우기 위해서 Layers 패널에서 새 레이어를 만들고, 이름을 필름 배경01로 변경한 후, 위치를 '필름01' 레이어 아래로 이동합니다. 'Polygonal Lasso Tool'로 영화 필름의 위쪽 구멍들을 선택하고, 전경색을 C0M0Y0K20으로 설정한 후, [Alt]+[Delete]를 눌러 색을 채웁니다. [Ctrl]+[D]를 눌러 선택영역을 해제합니다.

🎓 **기적의 Tip**

Polygonal Lasso Tool을 이용하여 특정 영역을 선택할 때 화면을 확대([Ctrl]+[+])하고, 선택하는 것이 좋습니다.

04 같은 방법으로 아래쪽 구멍들도 'Polygonal Lasso Tool'로 선택한 후, [Alt]+[Delete]를 눌러 색을 채우고, [Ctrl]+[D]를 눌러 선택영역을 해제합니다.

05 [File] 〉 [Open]을 선택하고, 영화명장면 A.jpg를 불러옵니다. 이미지가 열리면 Ctrl + A 를 눌러 전체영역을 선택하고, Ctrl + C 를 눌러 복사합니다.

06 '포토샵작업' 창으로 돌아와 Ctrl + V 를 눌러 영화명장면A 이미지를 붙여 넣습니다. Ctrl + T 를 눌러 크기 조절점을 나타내고, 크기와 위치를 조절하여 영화 필름의 가장 왼쪽 빈 공간에 배치하고, 다시 Ctrl 을 누른 채 모서리 크기 조절점을 자유롭게 조절하여 공간의 모양에 맞게 수정한 후, Enter 를 눌러 확정합니다. Layers 패널에서 레이어의 이름을 영화명장면A로 변경한 후, 레이어 위치를 '필름 배경01' 레이어 아래로 이동합니다.

> 🎓 **기적의 Tip**
>
> Free Transform 기능으로 이미지의 크기를 조절할 때 Ctrl 을 누른 채, 각 조절점을 조절하면 사각형이 아닌 자유로운 모양으로 편집할 수 있습니다.

07 이미지의 밝기와 대비를 수정하기 위해서 [Image] 〉 [Adjustment] 〉 [Levels]를 선택하고, [Levels] 대화상자에서 각 슬라이더를 다음과 같이 조절한 후, [OK] 버튼을 클릭합니다.

08 [File] 〉 [Open]을 선택하고, 영화명장면 B.jpg를 불러옵니다. 이미지가 열리면 Ctrl+A를 눌러 전체영역을 선택하고, Ctrl+C를 눌러 복사합니다.

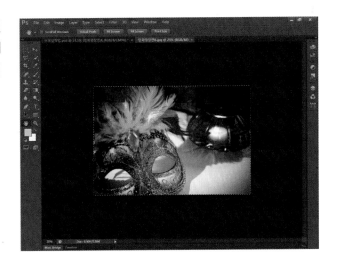

09 '포토샵작업' 창으로 돌아와 Ctrl+V를 눌러 영화명장면B를 붙여 넣습니다. Ctrl+T를 눌러 크기 조절점을 나타내고, 크기와 위치를 조절하여 영화 필름의 두 번째 빈 공간에 배치하고, 다시 Ctrl을 누른 채 모서리 크기 조절점을 자유롭게 조절하여 공간의 모양에 맞게 수정한 후, Enter를 눌러 확정합니다. Layers 패널에서 레이어의 이름을 영화명장면B로 변경한 후, 레이어 위치를 '필름 배경01' 레이어 아래로 이동합니다.

10 이미지의 색조를 수정하기 위해서 [Image] 〉 [Adjustments] 〉 [Hue/Saturation]을 선택합니다. [Hue/Saturation] 대화상자가 열리면 'Saturation : −100, Lightness : 10'으로 입력한 후, [OK] 버튼을 클릭합니다.

> 🎓 **기적의 Tip**
>
> Saturation 수치가 −100이 되면 흑백 이미지가 됩니다.

11 이미지의 밝기와 대비를 수정하기 위해서 [Image] 〉 [Adjustment] 〉 [Levels]를 선택하고, [Levels] 대화상자에서 각 슬라이더를 다음과 같이 조절한 후, [OK] 버튼을 클릭합니다.

12 위와 같은 방법을 이용하여 영화 필름의 각 빈 공간을 해당 이미지로 채워 넣습니다.

13 다음으로 영화 필름에 입체감을 만들기 위해서 뒷면을 만들어 넣어 보겠습니다. Layers 패널에서 Ctrl을 누른 채, '필름01', '필름 배경01' 레이어를 차례대로 클릭하여 함께 선택합니다. 2개의 레이어를 'Create a new Layer' 아이콘에 드래그하여 복사합니다.

14 복사된 2개의 레이어가 함께 선택된 상태에서 Ctrl+E를 눌러 레이어를 하나로 합치고, 레이어의 이름을 필름뒷면01로 변경한 후, 레이어 위치를 '영화스크린' 레이어 아래로 이동합니다.

기적의 Tip

Merge Layers : Ctrl+E

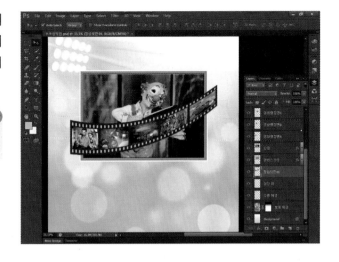

15 화면을 확대하고, 'Rectangular Marquee Tool'로 영화 필름의 오른쪽 부분만을 다음과 같이 선택합니다. Ctrl+T를 눌러 크기 조절점을 나타내고, 마우스 오른쪽 버튼을 누른 후, [Flip Horizontal]을 선택합니다.

기적의 Tip

• Ctrl++ : 화면 확대하기
• Ctrl+- : 화면 축소하기
• Flip Horizontal : 좌우 뒤집기

16 뒤집힌 필름 모양을 Ctrl을 누른 채 모서리 크기 조절점을 자유롭게 조절하여 꺾어진 필름 모양에 맞게 수정한 후, Enter를 눌러 확정합니다.

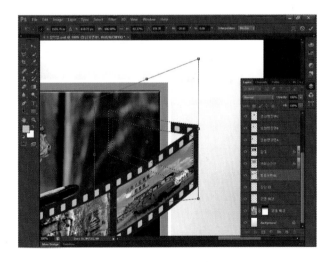

17 필름의 빈 공간을 채워 넣기 위해서 Layers 패널에서 새 레이어를 만들고, 이름을 필름뒷면 배경01로 변경한 후, 위치를 '필름뒷면01' 레이어 아래로 이동합니다. 'Polygonal Lasso Tool'로 뒷면 영화 필름의 빈 공간보다 넓게 선택하고, 전경색을 C0M0Y0K75로 설정한 후, Alt + Delete 를 눌러 색을 채웁니다. Ctrl + D 를 눌러 선택영역을 해제합니다.

18 Layers 패널에서 '필름뒷면01' 레이어를 선택하고, Ctrl + L 을 눌러 [Levels] 대화상자에서 각 슬라이더를 다음과 같이 조절한 후, [OK] 버튼을 클릭합니다.

> **기적의 Tip**
>
> 필름뒷면 레이어는 앞쪽보다 어두워야 하므로 Levels로 밝기를 조절한 것입니다.

19 영화 필름 왼쪽 부분의 뒷면도 위와 같은 방법으로 만들어 배치한 후, 레이어의 이름을 필름 뒷면02로 변경합니다.

20 Layers 패널에서 '필름01' 레이어를 선택하고, 'Create a new Layer' 아이콘에 드래그하여 복사한 후, 이름을 필름02로 변경합니다. 'Move Tool'로 레이어를 위쪽으로 이동하여 다음과 같은 위치에 배치합니다.

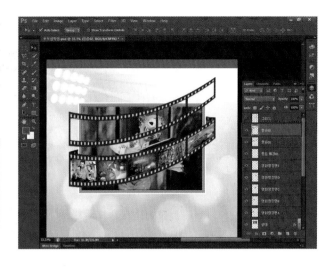

🎓 **기적의 Tip**

Layers 패널에서 레이어를 선택하고 도큐먼트에서 Move Tool을 이용하여 레이어를 이동할 때 다른 레이어가 자동으로 선택될 때는 상단 옵션 바의 Auto-Select 기능을 잠시 체크 해제하고, 레이어를 이동하는 것이 안전합니다.

21 'Rectangular Marquee Tool'로 복사된 영화 필름의 오른쪽 부분을 다음과 같이 선택한 후, Delete 를 눌러 삭제합니다.

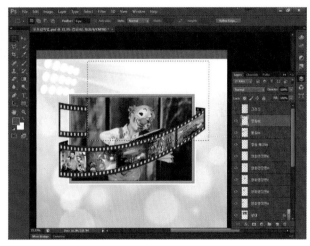

22 Ctrl + T 를 눌러 크기 조절점을 나타내고, Ctrl 을 누른 채 모서리 크기 조절점을 자유롭게 조절하여 다음과 같이 입체감 있게 수정한 후, Enter 를 눌러 확정합니다.

23 복사된 영화 필름의 빈 공간을 채우기 위해서 Layers 패널에서 새 레이어를 만들고, 이름을 필름배경02로 변경한 후, 위치를 '필름02' 레이어 아래로 이동합니다. 'Polygonal Lasso Tool'로 영화 필름의 빈 공간을 선택하고, 전경색을 C0M0Y0K20으로 설정한 후, Alt + Delete 를 눌러 색을 채웁니다. Ctrl + D 를 눌러 선택영역을 해제합니다.

24 앞서 필름 뒷면을 만든 방법을 그대로 반복 사용하여 복사된 영화 필름의 뒷면도 만든 후, 레이어의 이름을 필름뒷면03으로 변경합니다.

25 위와 같은 방법으로 영화 필름을 복사하여 영화스크린의 오른쪽 하단 부분을 다음과 같이 입체감 있게 채워 넣습니다.

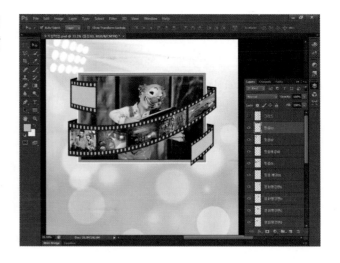

05 열기구 배치하기

01 '일러스트작업' 창에서 열기구를 선택하고, Ctrl + C 를 눌러 복사합니다.

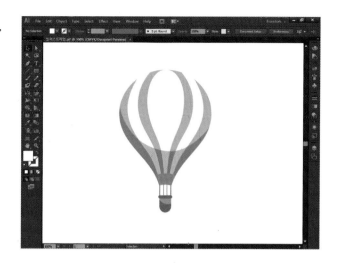

02 '포토샵작업' 창에 Ctrl + V 를 눌러 붙여넣기합니다. [Paste] 대화상자에서 'Pixels'를 선택하고, 디자인 원고를 참고하여 크기를 조절한 후, 다음과 같은 위치에 배치합니다. Layer 패널에서 레이어의 이름을 열기구로 변경한 후, 레이어 위치를 '그리드' 레이어 아래로 이동합니다.

03 그림자 효과를 적용하기 위해서 Layers 패널에서 '열기구' 레이어를 더블클릭하여 [Layer Style] 대화상자를 엽니다. 'Styles : Drop Shadow'를 클릭하고, 'Opacity : 50%', 'Distance : 11px', 'Size : 0px'로 설정한 후, [OK] 버튼을 클릭합니다.

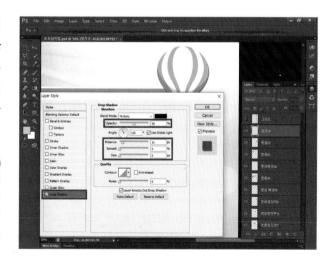

> 🎓 기적의 Tip
>
> 작업 시작과 도중에는 저장을 수시로 하는 습관을 길러야 합니다. 시험장에서 작업 도중 갑자기 컴퓨터가 꺼지거나 프로그램이 오류가 나면 다시 처음부터 작업을 해야 하는 경우가 생길 수 있기 때문입니다.

06 로고타이틀 배치하기

01 '일러스트작업' 창에서 로고타이틀을 선택하고, Ctrl+C를 눌러 복사합니다.

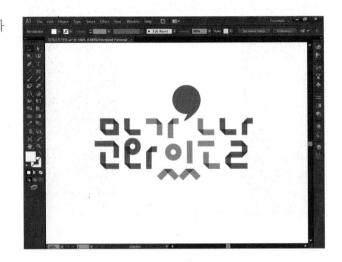

02 '포토샵작업' 창에 Ctrl+V를 눌러 붙여넣기합니다. [Paste] 대화상자에서 'Pixels'를 선택하고, [OK] 버튼을 클릭한 후, 크기와 위치를 조절하여 다음과 같은 위지에 배치합니다. Layers 패널에서 레이어의 이름을 로고타이틀로 변경한 후, 위치를 '그리드' 레이어 아래로 이동합니다.

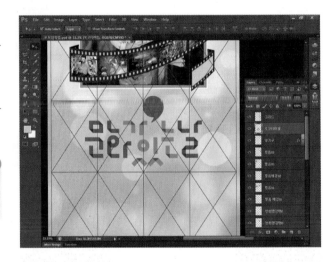

> 🎓 기적의 Tip
>
> 일러스트에서 만든 오브젝트를 배치할 때 그리드 레이어를 켜서 디자인 원고의 크기와 위치를 참고하여 배치합니다.

03 로고타이틀에 패턴 장식을 넣기 위해서 '일러스트작업' 창에서 패턴을 선택하고, Ctrl+C를 눌러 복사합니다.

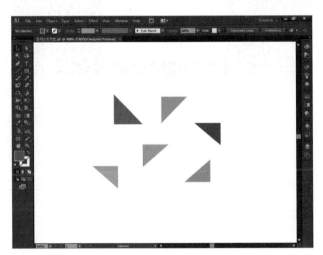

04 '포토샵작업' 창에 Ctrl+V를 눌러 붙여넣기합니다. [Paste] 대화상자에서 'Pixels'를 선택하고, [OK] 버튼을 클릭한 후, 크기와 위치를 조절하여 다음과 같이 로고타이틀의 왼쪽 위치에 배치합니다.

05 Move Tool로 Alt을 누른 채, 패턴을 아래로 드래그하여 복사하고, 마우스 오른쪽 버튼을 눌러 [Flip Horizontal]을 선택한 후, Ctrl를 눌러 확정합니다. 디자인 원고를 참고로 방향키 ←, →, ↑, ↓를 눌러 위치를 세밀하게 조절하여 배치합니다.

06 같은 방법으로 패턴을 복사하여 로고타이틀의 오른쪽에도 배치합니다. Layers 패널에서 4개의 패턴 레이어를 Ctrl을 누른 채, 차례대로 함께 선택하고, Ctrl+E를 눌러 하나로 합친 후, 이름을 패턴으로 변경합니다.

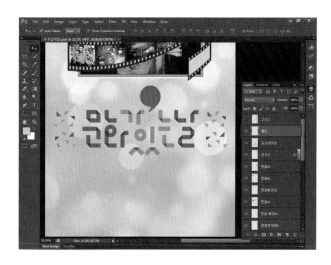

01 '일러스트작업' 창에서 문화 아이콘을 선택하고, Ctrl+C를 눌러 복사합니다.

02 '포토샵작업' 창에 Ctrl+V를 눌러 붙여넣기합니다. [Paste] 대화상자에서 'Pixels'를 선택하고, [OK] 버튼을 클릭한 후, 크기와 위치를 조절하여 다음과 같이 로고타이틀의 아래 위치에 배치합니다. Layers 패널에서 레이어의 이름을 문화아이콘으로 변경한 후, 위치를 '그리드' 레이어 아래로 이동합니다.

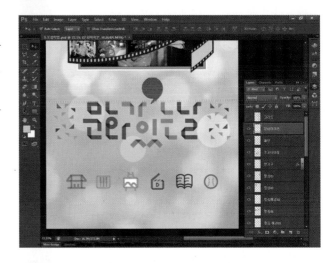

03 '일러스트작업' 창에서 로고타이틀을 선택하고, Ctrl+C를 눌러 복사한 후, '포토샵작업' 창에 Ctrl+V를 눌러 붙여넣기합니다. [Paste] 대화상자에서 'Pixels'를 선택하고, [OK] 버튼을 클릭한 후, 크기와 위치를 조절하여 다음과 같이 상단 왼쪽에 배치합니다. Layers 패널에서 레이어의 이름을 상단 로고로 변경한 후, 위치를 '그리드' 레이어 아래로 이동합니다.

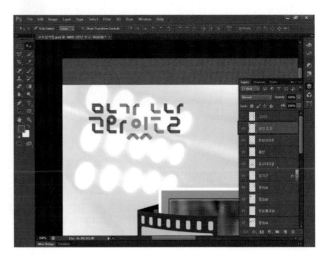

04 외곽선 효과를 적용하기 위해서 Layers 패널에서 '상단 로고' 레이어를 더블클릭하여 [Layer Style] 대화상자를 엽니다. 'Styles : Stroke'를 클릭하고, 'Size : 4px', 'Color : C0M0Y0K0'으로 설정합니다.

🎓 **기적의 Tip**

다른 효과를 이어서 적용하기 위해서 [OK] 버튼을 누르지 않습니다.

05 이어서 [Layer Style] 대화상자에서 'Styles : Drop Shadow'를 클릭하고, 'Opacity : 75%', 'Distance : 6px', 'Size : 6px'로 설정한 후, [OK] 버튼을 클릭합니다.

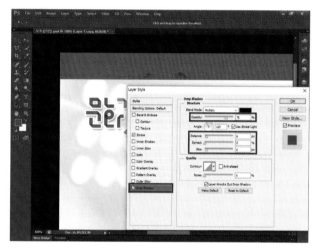

06 '일러스트작업' 창에서 지역문화진흥원 로고를 선택하고, Ctrl + C 를 눌러 복사합니다.

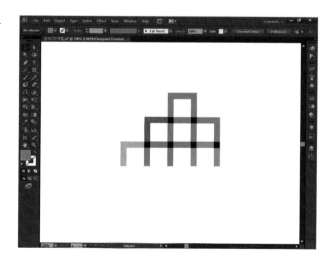

07 '포토샵작업' 창에 [Ctrl]+[V]를 눌러 붙여넣기합니다. [Paste] 대화상자에서 'Pixels'를 선택하고, [OK] 버튼을 클릭한 후, 크기와 위치를 조절하여 다음과 같이 문화아이콘의 아래 위치에 배치합니다. Layers 패널에서 레이어의 이름을 지역문화진흥원 로고로 변경한 후, 위치를 '그리드' 레이어 아래로 이동합니다.

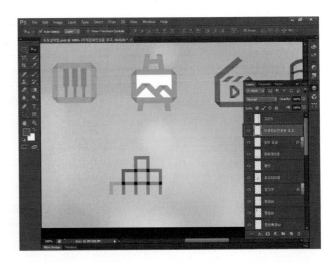

08 '일러스트작업' 창에서 영화 필름을 선택하고, [Ctrl]+[C]를 눌러 복사한 후, '포토샵작업' 창에 [Ctrl]+[V]를 눌러 붙여넣기합니다. [Paste] 대화상자에서 'Pixels'를 선택하고, [OK] 버튼을 클릭한 후, 크기와 위치를 조절하여 다음과 같은 위치에 배치합니다. Layers 패널에서 레이어의 이름을 필름 배경으로 변경한 후, 위치를 '조명배경' 레이어 아래로 이동합니다.

09 Layers 패널에서 '필름 배경' 레이어의 'Opacity'를 12%로 설정합니다.

⑧ 검토 및 저장하기

01 Layers 패널에서 '그리드' 레이어를 켠 후, 디자인 원고와 전체적으로 비교하여 검토합니다. 검토가 끝나면 '그리드' 레이어의 눈을 끄고, Ctrl + S 를 눌러 저장합니다.

🎓 **기적의 Tip**

Ctrl + S : Save(저장하기)

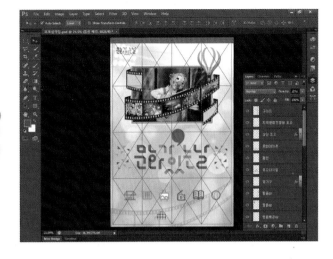

02 Layers 패널에서 '그리드' 레이어 바로 아래 레이어를 선택한 후, Ctrl + Alt + Shift + E 를 눌러 모든 레이어가 합쳐진 새 레이어를 만듭니다.

🎓 **기적의 Tip**

Ctrl + Alt + Shift + E 를 누르면 현재 보이는 모든 레이어를 하나의 새 레이어로 만듭니다. 기존의 레이어는 지워지지 않고 그대로 유지되므로 혹시 모를 수정 작업에 유리합니다. 또한 RGB 모드로 변환하기 전 색상 조합을 그대로 유지할 수 있습니다.

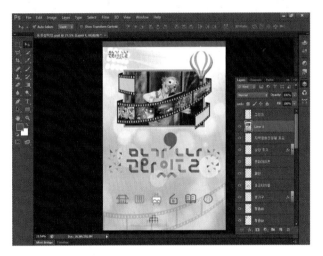

03 [Image] 〉 [Mode] 〉 [RGB Color] 메뉴를 선택하여 RGB 모드로 전환하고, [Adobe Photoshop CS6 Extended] 대화상자가 열리면 [Don't Flatten] 버튼을 클릭합니다. [File] 〉 [Save As] 메뉴를 선택하여 '파일이름 : 자신의 비번호(예를 들어 01번이면 01)'을 입력합니다. [JPEG Options] 대화상자가 열리면 'Quality : 12'로 설정하고, [OK] 버튼을 클릭합니다.

🎓 **기적의 Tip**

• 제출해야 할 파일(포토샵에서 만든 JPG 파일+인디자인 파일)의 용량은 총 10MB 이하입니다.
• Quality는 JPEG의 압축 품질을 설정하는 옵션으로써 수치를 낮게 설정하면 용량이 매우 줄어들며 화질이 손상됩니다. 따라서 허용하는 용량 내에서 최대한 높은 수치로 설정하여 화질이 최대한 떨어지지 않도록 합니다.

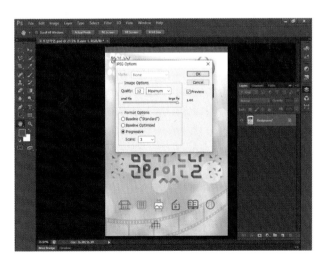

04 인디자인 작업

01 작업 준비하기

[File] 〉 [New] 〉 [Document]를 선택하여 'Number of Pages: 1, Facing Pages : 체크 해제', 'Page Size: A4', Margins 'Make all settings the same : 해제, 'Top: 25.5mm, Bottom: 25.5mm, Left: 22mm, Right: 22mm'로 입력한 후, [OK] 버튼을 클릭합니다.

> **기적의 Tip**
>
> • Ctrl + N : New Document(새로 만들기)
> • A4의 가로 길이 210mm에서 166mm를 뺀 값은 44mm이고, A4의 세로 길이 297mm에서 246mm를 뺀 값은 51mm이므로 이 여백을 2등분하여 각각의 여백으로 지정합니다.

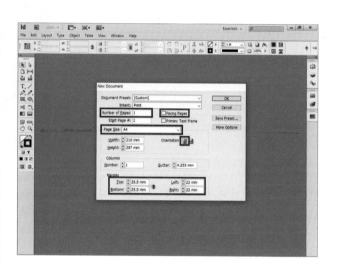

02 안내선 만들기

01 실제크기의 안내선이 만들어졌으면 안내선의 위쪽, 아래쪽, 왼쪽, 오른쪽의 안쪽으로 3mm를 뺀 작품규격 크기의 안내선도 만들어야 합니다. 눈금자의 기준점을 드래그하여 왼쪽 위의 안내선 교차지점에 이동시켜 기준점이 0이 되도록 합니다.

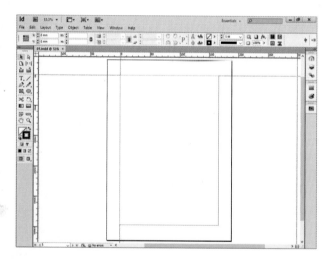

02 'Zoom Tool'로 실제크기 안내선 왼쪽 위를 드래그하여 확대하고, 왼쪽 눈금자에서 마우스를 드래그하여 0mm 지점에서 오른쪽으로 3mm만큼 이동한 지점과 위쪽 눈금자에서 마우스를 드래그하여 0mm 지점에서 아래쪽으로 3mm만큼 이동한 지점에 안내선을 가져다 놓습니다.

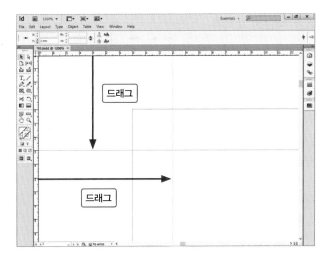

> 🎓 **기적의 Tip**
>
> 왼쪽 눈금자에서 안내선을 꺼내 컨트롤 패널에서 'X : 3mm'로 입력하고, 위쪽 눈금자에서 안내선을 꺼내 'Y : 3mm'로 입력하여 정확히 배치할 수 있습니다.

03 'Hand Tool'을 더블클릭하여 윈도우 화면으로 맞춘 후, 실제크기의 안내선 오른쪽 아래를 'Zoom Tool'로 확대합니다. 왼쪽 눈금자에서 마우스를 드래그하여 166mm 지점에서 왼쪽으로 3mm만큼 이동한 지점(163mm)과 위쪽 눈금자에서 마우스를 드래그하여 오른쪽 아래의 246mm 지점에서 위쪽으로 3mm만큼 이동한 지점(243mm)에 안내선을 가져다 놓습니다.

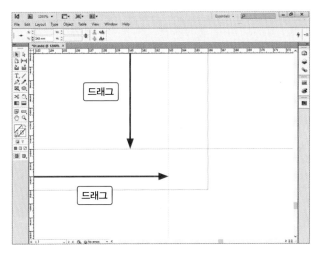

> 🎓 **기적의 Tip**
>
> 왼쪽 눈금자에서 안내선을 꺼내 컨트롤 패널에서 'X : 163mm'로 입력하고, 위쪽 눈금자에서 안내선을 꺼내 'Y : 243mm'로 입력하여 정확히 배치할 수 있습니다.

⑬ 재단선 그리기

01 왼쪽 위를 'Zoom Tool'로 확대한 후, 'Line Tool'을 클릭하고, Shift 를 누른 상태에서 왼쪽 위의 세로 안내선과 실제크기 안내선 경계 부분에 수직으로 드래그하여 5mm 길이의 재단선을 그립니다. 가로 안내선과 실제크기 안내선 경계 부분도 수평으로 드래그하여 5mm 길이의 재단선을 그립니다. 두 재단선을 'Selection Tool'로 Shift 를 누른 상태에서 각각 클릭하고, Ctrl + C 를 눌러 복사합니다.

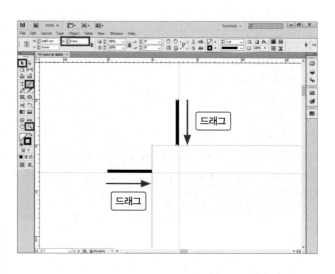

> 🎓 **기적의 Tip**
>
> 컨트롤 패널에서 'L' 값을 참고하여 수치를 확인하거나 입력할 수 있습니다. 디자인 원고에서 재단선의 규격에 대한 언급이 없지만 5mm~10mm 정도가 적절합니다.

02 '오른쪽 위를 'Zoom Tool'로 확대한 후 Ctrl + V 를 눌러 붙여넣기합니다. 컨트롤 패널에서 'Rotate 90° Clockwise'를 클릭하여 위치를 변경한 후, 안내선에 맞춰 배치합니다. 동일한 방법으로 아래쪽의 재단선도 만듭니다.

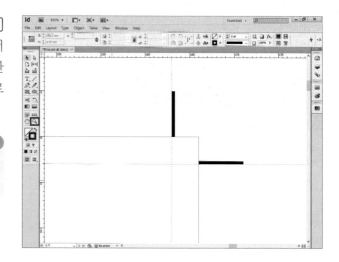

> 🎓 **기적의 Tip**
>
> 아래쪽의 재단선도 컨트롤 패널에서 'Rotate 90° Clockwise'를 클릭하고, 안내선에 맞춰 배치하면 됩니다.

이미지 가져오기

01 [File] 〉 [Place]를 선택하여 01.jpg를 선택하고 [열기] 버튼을 클릭합니다.

🎓 기적의 Tip

[Ctrl] + [D] : Place

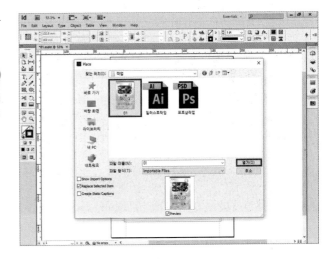

02 실제크기 안내선의 왼쪽 위에 마우스를 클릭하여 이미지를 삽입합니다. 마우스 오른쪽 버튼을 클릭하여 [Display Performance] 〉 [High Quality Display]를 선택합니다. 외곽선 생략여부를 반드시 확인한 후, 다음 작업으로 넘어갑니다.

🎓 기적의 Tip

- 컨트롤 패널에서 'Reference Point'를 왼쪽 상단 점을 클릭하고 'X : 0mm, Y : 0mm, W : 166mm, H : 246mm'를 확인합니다. 수치가 차이가 날 경우 위와 같이 수치를 직접 입력해 줍니다.
- 이미지를 삽입한 후, 디자인 원고의 지시사항에 작품 외곽선을 표현 또는 표시 여부에 관한 문구를 반드시 확인하고, 그려야 할 경우, 재단선을 따라 1pt 두께의 검은색으로 외곽선을 그려 줍니다.

01 다음으로 글자를 입력해 보겠습니다. 'Type Tool'을 선택하고, 로고타이틀의 말풍선 왼쪽을 드래그하여 글상자를 만듭니다. 글상자에 일상의를 입력하고, 'Type Tool'로 글자를 블록 지정하여 컨트롤 패널에서 디자인 원고를 참고로 글꼴과 크기를 적절히 설정한 후, 툴 박스에서 글자 색상을 C0M90Y50K0으로 설정합니다.

> 🎓 **기적의 Tip**
>
> 글자를 입력할 때는 먼저 글상자를 만들어야 합니다.

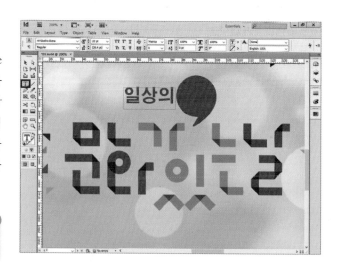

02 다음 글자를 입력하기 위해서 'Type Tool'을 선택하고, 로고타이틀의 말풍선에 글상자를 만듭니다. 글상자에 쉼표를 입력하고, 'Type Tool'로 글자를 블록 지정하여 컨트롤 패널에서 디자인 원고를 참고로 글꼴과 크기를 적절히 설정한 후, 툴 박스에서 글자 색상을 C0M0Y0K0으로 설정합니다.

> 🎓 **기적의 Tip**
>
> 상단의 컨트롤 패널에서 수정해야 할 문자속성 옵션이 없는 경우, [Type] 〉 [Character]를 선택하여 [Character] 패널에서 세부옵션을 조절할 수 있습니다.

03 'Type Tool'을 선택하고, 로고타이틀 아래에 글상자를 만듭니다. 문화가 있는 마지막 수요일엔 영화관으로 오세요!를 입력한 후, Paragraph 패널에서 'Justify with last line aligned left'를 클릭하여 양쪽 정렬합니다. 'Type Tool'로 글자를 블록 지정하여 컨트롤 패널에서 디자인 원고를 참고로 글꼴과 크기를 적절히 설정한 후, 툴 박스에서 글자 색상을 C0M0Y0K78로 설정합니다.

> 🎓 **기적의 Tip**
>
> Paragraph 패널 열기 : [Type] 〉 [Paragraph]

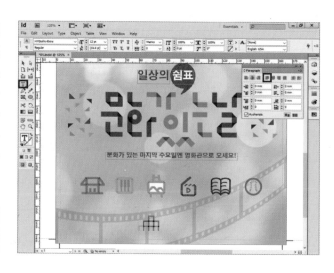

04 'Type Tool'로 문화재 아이콘 아래에 글상자를 만들고, 문화재를 입력한 후, Paragraph 패널에서 'Justify with last line aligned left'를 클릭하여 양쪽 정렬합니다. 'Type Tool'로 글자를 블록 지정하여 컨트롤 패널에서 디자인 원고를 참고로 글꼴과 크기를 적절히 설정합니다. 툴 박스에서 글자 색상을 C39M56Y85K25로 설정합니다.

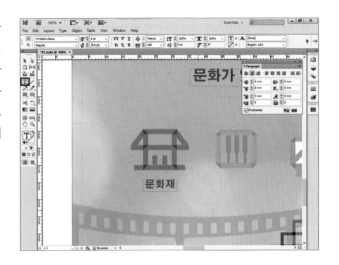

05 같은 방법으로 각 문화아이콘 아래에 글상자를 만들어 다음 글자를 입력하고, 색상을 아래와 같이 설정합니다.

공연 : C75M9Y100K0
전시 : C0M60Y100K0
영화 : C11M100Y48K0
도서관 : C48M88Y0K0
스포츠 : C80M36Y0K0

06 'Type Tool'로 지역문화진흥원 로고 오른쪽에 글상자를 만들고, 지역문화진흥원과 Regional Culture & Development Agency를 각각 입력한 후, 'Type Tool'로 글자를 블록 지정하여 컨트롤 패널에서 디자인 원고를 참고로 글꼴과 크기를 적절히 설정합니다. 툴 박스에서 글자 색상을 모두 C0M0Y0K92로 설정합니다.

06 비번호 입력하기

이미지 왼쪽 아래를 'Zoom Tool'로 확대하고 'Type Tool'로 비번호(등번호)를 입력한 후 글자를 블록 지정하여 컨트롤 패널에서 '글꼴: Dotum, Font Size: 10pt'로 지정합니다.

🎓 기적의 Tip

비번호(등번호)를 재단선 끝선에 맞추어 배치합니다.

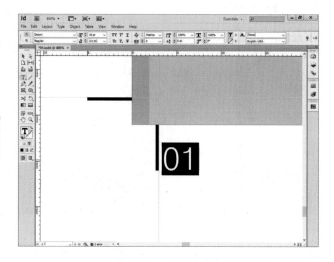

07 저장하고 제출하기

01 [File] 〉 [Save]를 선택하여 파일이름을 자신의 비번호 01로 입력한 후 [저장] 버튼을 클릭합니다.

02 'Hand Tool'을 더블클릭하여 결과물 전체를 확인합니다. 작업 폴더를 열고, '01.indd'와 '01.jpg'만 제출합니다. 출력은 출력지정 자리에서 '01.indd'를 열고 프린트합니다. 프린트된 A4 용지는 시험장에서 제공하는 켄트지의 한 가운데에 붙여 제출합니다.

🎓 기적의 Tip

제출해야 할 파일(포토샵에서 만든 JPG 파일+인디자인 파일)의 용량은 총10MB 이하입니다.